本成果受到中国人民大学 2018 年度
"中央高校建设世界一流大学（学科）和特色发展引导
专项资金"支持

全球货币与金融体系的
民本主义政治经济学

The Power of Money:
Relations among Politics,
the Market and the People

货币权力与人

翟东升 —— 著

中国社会科学出版社

图书在版编目（CIP）数据

货币、权力与人：全球货币与金融体系的民本主义政治经济学／翟东升著．—北京：中国社会科学出版社，2019.5（2025.9重印）

（中国与世界秩序研究丛书）

ISBN 978-7-5203-4402-9

Ⅰ.①货… Ⅱ.①翟… Ⅲ.①国际货币体系—政治经济学—研究 ②国际金融体系—政治经济学—研究 Ⅳ.①F821.1②F831

中国版本图书馆 CIP 数据核字（2019）第 086273 号

出 版 人	季为民
责任编辑	王 茵　白天舒
特约编辑	郭 枭
责任校对	李 剑
责任印制	李寡寡

出　　版	中国社会科学出版社
社　　址	北京鼓楼西大街甲 158 号
邮　　编	100720
网　　址	http://www.csspw.cn
发 行 部	010-84083685
门 市 部	010-84029450
经　　销	新华书店及其他书店

印刷装订	北京君升印刷有限公司
版　　次	2019 年 5 月第 1 版
印　　次	2025 年 9 月第 15 次印刷
开　　本	710×1000　1/16
印　　张	25.25
插　　页	2
字　　数	342 千字
定　　价	99.00 元

凡购买中国社会科学出版社图书，如有质量问题请与本社营销中心联系调换
电话：010-84083683
版权所有　侵权必究

目 录

第一章 议题与方法
　　——民本主义政治经济学的方法与基本命题 …………（1）

第一节　民本主义政治经济学初探 ……………………………（1）
　　一　民本主义的中国传统思想渊源 …………………………（1）
　　二　欧洲人本主义政治经济思想的镜鉴 ……………………（7）
　　三　马克思人本主义理论和中国共产党民本主义实践 ……（9）
　　四　本书的民本主义政治经济学 ……………………………（12）

第二节　人与物的关系 …………………………………………（16）
　　一　财富的源头是人的劳动和消费 …………………………（16）
　　二　中心掠夺外围的是其人而非其物 ………………………（22）
　　三　马尔萨斯人口论的谬误与流毒 …………………………（26）
　　四　"资源诅咒" ………………………………………………（30）

第三节　政府、市场与人民 ……………………………………（34）
　　一　关于公私关系的流行错觉 ………………………………（34）
　　二　民本主义视角下的政府与市场关系 ……………………（39）
　　三　强国家的缔造 ……………………………………………（45）

第四节　中心与外围 ……………………………………………（50）
　　一　中心与外围之间的差异和变迁 …………………………（50）

二　融资结构的中心外围差异 …………………………………… (54)
　　三　分化与演进中的中心外围关系 ……………………………… (58)
　第五节　可贸易部门和非贸易部门 ………………………………… (65)
　　一　一价定理与可贸易品 ………………………………………… (65)
　　二　GDP-PPP之误与"巴库斯—史密斯谜题" ………………… (69)
　　三　如何发展可贸易部门 ………………………………………… (71)

第二章　货币国际化与全球货币体系的重构 …………………… (75)
　第一节　全球货币体系的演进轨迹：从金银复本位到
　　　　　美元霸权 …………………………………………………… (75)
　　一　从复本位到金本位 …………………………………………… (75)
　　二　从金币本位到金汇兑本位 …………………………………… (79)
　　三　英美间货币权势的博弈与转移 ……………………………… (83)
　　四　摆脱黄金枷锁的美元霸权 …………………………………… (88)
　　五　关于货币本质的争论 ………………………………………… (93)
　第二节　政治经济学视角下的美元霸权：幂律 …………………… (94)
　　一　货币国际化指数及其幂律 …………………………………… (94)
　　二　美元霸权的好处 ……………………………………………… (98)
　　三　美元"嚣张特权"的条件和代价 …………………………… (104)
　第三节　德国马克与日元：货币国际化的经验教训 ……………… (108)
　　一　内政与金融体制论 …………………………………………… (110)
　　二　实体经济质量决定论 ………………………………………… (113)
　　三　国际政治决定论 ……………………………………………… (116)
　　四　货币国际化的次序和时间窗口 ……………………………… (121)
　　五　对人民币国际化的启示 ……………………………………… (124)
　第四节　人民币国际化的政治经济学 ……………………………… (126)

一　人民币国际化的进展 ································· (126)
　二　围绕人民币国际化的争论 ·························· (130)
　三　人民币国际化的未来发展前景 ······················ (133)
　四　人民币进一步国际化对中国经济的重塑 ············· (138)

第三章　美元体系的风险结构与定价 ························ (142)
　第一节　后布雷顿森林体系的结构性特点与缺陷 ············ (142)
　　一　美元之梦取代黄金之梦 ···························· (142)
　　二　主权货币作为全球储备 ···························· (147)
　　三　无锚货币与浮动汇率体系的基因缺陷 ··············· (154)
　　四　未来的补救方案 ·································· (159)
　第二节　政治视角下的央行与货币政策 ····················· (160)
　　一　央行及其独立性的演变 ···························· (160)
　　二　新自由主义与央行独立性 ·························· (163)
　　三　美联储的货币政治 ································ (166)
　　四　后危机时代的非常规货币政策 ······················ (171)
　第三节　远端利率与人口春秋比 ···························· (177)
　　一　究竟是什么决定远端利率背后的资金需求：
　　　　投资还是消费？ ·································· (177)
　　二　人口结构视角下的远端利率 ························ (184)
　　三　负利率时代的出现 ································ (192)

第四章　金融权势与新自由主义全球化的兴衰 ··············· (195)
　第一节　金融利益在美国政治经济体系中的崛起 ············ (195)
　　一　金融业的游说与权力俘获 ·························· (195)
　　二　金融去监管化 ···································· (200)

三　金融压倒实业 …………………………………………（205）
　　四　"大到不能倒"（too big to fail）………………………（210）
第二节　全球化的兴衰：从新自由主义到民粹主义 ……………（215）
　　一　美式全球化的兴起与突变 …………………………（215）
　　二　新自由主义的流行与证伪 …………………………（217）
　　三　贫富分化与民粹崛起 ………………………………（222）
第三节　全球化兴衰与中国的战略定位 …………………………（228）
　　一　国际格局变迁与全球化兴衰 ………………………（228）
　　二　中国是美式全球化的重要参与方 …………………（234）
　　三　美式全球化退潮期的中国应对 ……………………（238）
第四节　国际金融中心的政治经济学 ……………………………（242）
　　一　国际金融中心的变迁 ………………………………（242）
　　二　金融中心与政治 ……………………………………（246）
　　三　如何打造亚洲和中国的金融中心？ ………………（248）

第五章　汇率的政治经济学 ……………………………………（253）
第一节　汇率制度的选择与利弊 …………………………………（253）
　　一　汇率制度的分类及其优缺点 ………………………（253）
　　二　经济金融学视角下的汇率制度选择 ………………（257）
　　三　国际政治经济学的视角下的汇率制度选择理论 …（261）
第二节　对汇率的民本主义政治经济学理解 ……………………（269）
　　一　汇率研究的路径问题 ………………………………（269）
　　二　关于汇率的常见谬误 ………………………………（273）
　　三　汇率波动与经济基本面的实证关系 ………………（277）
　　四　汇率波动与非经济因素关系的实证检验 …………（280）
第三节　美元、人民币与"一带一路"货币汇率 ………………（286）

一　美元指数 …………………………………………………… (286)
　　二　人民币汇率的未来趋势 …………………………………… (291)
　　三　模型建构与"一带一路"国家汇率稳定性预测 ………… (295)
　第四节　人民币汇率波动的政治经济博弈 ………………………… (298)
　　一　2005年之前：贬值、低估与固定汇率政策的
　　　　再分配效应 ………………………………………………… (298)
　　二　2005—2012年中美之间围绕汇率升值问题的
　　　　双层博弈 …………………………………………………… (303)
　　三　中美汇率争论的两个问题 ………………………………… (309)
　　四　新时代的人民币汇率 ……………………………………… (313)

第六章　债务的政治经济学 ……………………………………… (316)
　第一节　债务的政治经济学 ………………………………………… (316)
　　一　关于债务杠杆的基本事实 ………………………………… (316)
　　二　从莱因哈特到雷伊·达里奥：美国知识界的债务情结 …… (322)
　　三　美国联邦债务的政治解读 ………………………………… (326)
　第二节　中国债务的政治经济学 …………………………………… (333)
　　一　中国债务问题的态势 ……………………………………… (333)
　　二　围绕杠杆率的探索与教训 ………………………………… (338)
　　三　如何解决民营资本融资难的问题 ………………………… (342)
　　四　中国债务的改进空间 ……………………………………… (345)
　第三节　债务评级的霸权 …………………………………………… (348)
　　一　评级霸权何以形成？ ……………………………………… (348)
　　二　现有信用评级体系的治理缺陷 …………………………… (352)
　　三　全球与中国评级市场的治理与改进 ……………………… (358)

第七章 结论 ·· (362)
　　一 对流行谬见的批判 ·· (362)
　　二 若干观点与猜想 ·· (365)

参考文献 ·· (369)

后记与鸣谢 ·· (388)

自　序

酝酿本书的十年，恰好就是后金融危机的十年。由于国际金融危机的冲击，货币金融研究在全球学术圈都成为一门显学。这十年间有许多同行学者围绕金融货币问题出版了大量专著，其数量之多已经超过了专业人士的阅读能力。但即便如此，笔者发现这个领域仍然存在着不少谬误和错觉，比如在债务、利率、汇率等问题上，许多意见领袖和关键人物的底层知识竟然是完全错误的，不少声誉卓著的学者也常常说出外行话来。之所以有这种匪夷所思的局面，笔者发现主要是过去四十年间新自由主义几乎垄断了在货币金融领域的知识创造和传播。央行独立性、市场化、全球化，这些概念已经在某种程度上成为全球政治正确的表述而不是技术性概念和政策工具。任何曾经高明的东西，一旦成为教条，就会让人变得愚钝僵化。后金融危机时代，新自由主义在西方知识界的信用已经趋于破产，但是在中国由于种种原因仍然很受追捧。看到那么多学术界和政策界的大人物被右翼意识形态催眠而不自知，笔者对他们充满了同情。所以，尽管笔者并非一个经典意义上的左翼学者，但是在本书中把重心放在对自由主义观点的批判上，揭露他们所传播的伪知识，并努力提供一套替代性的理论框架和知识体系。

如何知道本书提供的替代性理论和新命题、新观点才是相对正确的？或者说，笔者的理论自信从何而来？

首先，笔者相信卡尔·波普尔的证伪哲学，即没有谁手中能掌握绝对真理，包括笔者在内。在课堂上，笔者一直提醒学生们，我们大学教授写书的第一动力是为了评职称和完成学术考核任务，至于探究和传播真理则在其次。所以敢于并乐于怀疑一切大师、权威和经典，是走向思想独立的必要的第一步，也往往是最难的一步。本书中提供的替代性知识也必然包含着许多谬误，但其最大价值在于：让那些原本以为自己掌握了很多知识的读者们意识到，他（她）此前自以为了解的事情很可能是存在着严重的错误。

其次，笔者相信读者们的智力和判断力。由于议题的专业性，本书的潜在读者群显然拥有高于中国当下平均值的知识基础和智力水平，而按照美国学者们的实证研究，中国人的逻辑得分平均值又显著高于全球平均值，因此笔者对本书读者的逻辑能力和判断力很有信心。当他们读到本书一系列特立独行的观点，看到本书提供的大量数据图表，并用现实世界的各种现象去比对和证伪的时候，相信其中多数人会逐步意识到此前他们在弥散的自由主义知识氛围中被植入的许多观念是多么荒唐。

最后，正如小平同志所说，实践是检验真理的唯一标准。笔者喜欢金融投资大师乔治·索罗斯（他恰巧也是卡尔·波普尔的门生）的一句名言，put your money where your mouth is，即用真金白银在市场上验证自己的理论和判断。过去20年来，笔者设立了一个封闭账户，在持续满仓做多并且不用杠杆的前提下，笔者的账户从500元人民币变成了36万元，复合年化收益率达到了38%，而同期上证指数仅仅从1999年的1800点上涨到3000点。其原因，当然离不开自身相对于绝大多数国内市场参与者的某些信息和知识优势，但更主要的还是因为笔者在知识框架的构建上优于包括多数公募基金经理在内的各路竞争对手们。笔者常在课堂上说，公募基金经理们主要是财政金融主义学院和经济学院的课堂培养出来的，而他们的学生极少有人来旁听中国人民大学国际关系学院的课程。这虽是玩笑话，但逻辑上讲，所有的无风险收益都来自他人的错误，上述账户的高收益不是因为笔者高明，而是交易对手们多数被错误的思想体系催眠了。

实践也可以用来证伪自由主义理论体系。就投资实践而言，西方经济学专业的教授们极少有在金融市场上投资盈利的案例，亏损连连、屡战屡败的倒是常有耳闻。华尔街很少会邀请西方经济学名家们去公司演讲，许多著名的资产管理公司（比如大奖章基金和司度基金）在录用人才的时候喜欢招聘物理学、数学、生物学、气象学等学科博士，但坚决不招收经济学、金融学毕业的年轻人，其中道理可见一斑。就政策实践而言，20世纪80年代以来，从美国学得了新自由主义经济学的人通过各种渠道主导了多数发展中国家的政策，其发展效果很不尽如人意；连美国自己也被那一套伪社会科学弄得金融泡沫化和经济虚拟化，相对于全球的国力优势持续削弱。正因此，笔者也衷心希望中国社会科学学术界能真正找到理论自信和文化自信，抛开欧美同行设定的框框，用我们自身的经验、智慧和全球视野，建构出真正能解释历史、现实乃至未来的政治经济学。相信本书也将成为这一伟大的知识创造过程早期的一小步。

翟东升

2019 年 3 月 30 日

第一章

议题与方法

——民本主义政治经济学的方法与基本命题

◇第一节 民本主义政治经济学初探

一 民本主义的中国传统思想渊源

在过去百年来，民本主义这个概念主要是中国政治学界在使用。其思想源头可以追溯至商周时期，并在此后的三千年里被历代政治人物和思想家们不断地阐述和应用，逐步成为中国政治思想传统的核心内容之一。《尚书·夏书·五子之歌》中最早表达出"民为邦本，本固邦宁"的思想。"天聪明，自我民聪明；天明畏，自我民明威""民之所欲，天必从之""天视自我民视，天听自我民听"① 这些表述都意味着天意和民意是高度统一的。"天惟时求民主"，意味着天道无常，时刻在准备着为百姓寻找合适的领袖。②

到了春秋战国时期，民本思想更加成熟，诸子百家中很多代表性人物

---

① 《尚书·周书·泰誓》，王世舜译注，中华书局2011年版。
② 《尚书·多方》，王世舜译注，中华书局2011年版。

都有民本思想的观点传世，老子认为："圣人无常心，以百姓之心为心。"①孔子说："百姓足，君孰与不足？百姓不足，君孰与足？"②强调了民与君之间具有利益共生性。管子说："夫霸王之所始也，以人为本。本理则国固，本乱则国危。……政之所兴，在顺民心；政之所废，在逆民心。民恶忧劳，我佚乐之。民恶贫贱，我富贵之。民恶危坠，我存安之。民恶灭绝，我生育之。"③

如果说，春秋时期的民本思想体现为统治者以顺应民心为手段巩固和提升其统治的话，那么战国时期的民本思想越来越表现出以民众为目的而非手段的理论倾向。

孟子主张选贤必须听取"国人"的意见："左右皆曰贤，未可也；诸大夫皆曰贤，未可也；国人皆曰贤，然后察之，见贤焉，然后用之。左右皆曰不可，勿听；诸大夫皆曰不可，勿听；国人皆曰不可，然后察之，见不可焉，然后去之。"④孟子更重要且引起后世争议的民本主张是"民为贵，社稷次之，君为轻""保民而王，莫之能御也"。⑤这暗示着君王若无道，天下之人就可以共诛之，这种观点为改元革命提供了潜在理论依据，所以在明朝洪武五年引起朱元璋的愤怒，他亲自下令废除孟子在孔庙中配享的地位。

战国末期荀子和西汉贾谊都提出民的利益是确立君王社稷的目的所在。荀子说："君者舟也，庶人者水也。水则载舟，水则覆舟。""天之生民，非为君也。天之立君，以为民也。"⑥贾谊提出"故夫民者，至贱而不可简也，至愚而不可欺也。故自古至于今，与民为仇者，有迟有速，而民必胜之"

---

① 《老子·第四十九章》，李存山校注，中州古籍出版社 2008 年版。
② 《论语·颜渊》，张燕婴译注，中华书局 2006 年版。
③ 《管子·牧民》，李山注解，中华书局 2009 年版。
④ 《孟子·梁惠王下》，方勇译注，中华书局 2010 年版。
⑤ 同上。
⑥ 《荀子·大略》，孙安邦等译注，山西古籍出版社 2003 年版。

"夫民者，万世之本也。""国以民为本，社稷亦为民而立。"①

载舟覆舟的类比被唐代帝王接受。唐太宗被后世称为明君，除了贞观之治的文治武功，很重要的一个原因在于他的民本主义观点广为传颂："民可载舟亦可覆舟，为君之道，必须先存百姓，若损百姓以奉其身，犹割股以啖腹，腹饱而身毙。""凡事皆须务本，国以人为本。"② "君依于国，国依于民。"③

宋代理学家二程（程颐、程颢）主张，"为政之道，以顺民心为本，以厚民生为本，以安而不扰为本"。④

综上所述，民为邦本、天视民视、民贵君轻、载舟覆舟、立君为民，这些被现代人称为民本主义的思想和表述延续了三千年之久，成为中国政治思想史的主线之一。民本思想为君王的权力合法性提供了理论依据，并将天命论的古典意识形态同民意支持度的治国理政经验实现了融合与转换。古典民本思想的核心命题，在笔者看来是民众与政权的共生关系：天下的治理需要遵循天意和道德规范的君王，但是天意本质上就是民意，君王的成就和命运离不开民众的支持。

以民为本并非欺骗和愚弄百姓的说辞，而的确是对王朝利益和民众利益的共生性的表达：没有哪个王朝希望得罪民众而失去其天命。真正的问题在于君王和民众之间的权力代理人是官僚和知识精英，而这恰恰是古典民本思想的缺位和盲区。

民本主义并没有仔细探讨官僚这种在君与民之间的第三力量的道义责任和利益指向，而民本思想的提出者和评判者其实主要是知识精英。学而优则仕，当这个群体取得了功名、掌握了话语权和代理权之

---

① 《贾谊〈新书〉卷九·大政上》，阎振益等校注，中华书局2000年版。
② 骈宇骞：《贞观政要·务农》，中华书局2011年版。
③ 司马光：《资治通鉴》卷一九二，中华书局2009年版。
④ 程颢、程颐：《二程集·文集卷五》，中华书局1981年版，第531页。

后，他们既不是普通的民，又不是皇权本身，而是官僚阶级。中国历代治理体系中，存在君、民、官之间的三角博弈。民本思想的提出者们并没有将自己代入理论的要求中，而王朝覆灭和周期更替的推手通常不是君王本人或者家庭成员的荒淫无度，而是官僚阶层的代理人问题积重难返。

明清时期江浙工商经济的发育，孕育出地区市场经济的繁荣和早期资产阶级萌芽。东林党人所代表的工商利益在地域和阶级利益上有别于全国的传统农业利益和皇权，并在明代后期的党争中扮演核心角色。东林党这个知识—官僚集团号称以天下为己任，但是在政治实践中却沦为党争的核心势力，并让其代表的工商利益和官僚集团压倒皇权和农业利益，导致国家治理中的失衡。他们的民本思想一方面将工商利益植入"民利"的概念之中；另一方面以不应与民争利为理由，拒绝从工商业中为王朝提供财力，拒绝从富足的江南征税以赈灾戍边，而令明末的税源单一化为农业税。明末的大规模流民作乱、外族入侵和最终政权灭亡，同东林党的所作所为关系密切。覆巢之下，安有完卵，东林党人中少数如黄宗羲这样的忠义之士流落山林成为游侠抵抗势力，东林党中的所谓清流领袖们则聚集在北京城门口跪迎清军投降保官，而他们富足的家乡最终被清军野蛮屠杀劫掠，其历史结局可谓充满戏剧性和讽刺意味。

中国政治学界关于民本思想传统的研究通常会抬高明末清初黄宗羲的民本思想，而贬低和批判古典传统思想，理由是黄宗羲的思想最接近欧洲民主理念，而儒家传统则是在服务君权。黄宗羲作为明朝遗臣和反清复明的失败斗士，带着对清政权的痛恶和对南明政权的失望①回归儒学研究和教育，由此走向了民本思想的"极限状态"。或者毋宁说，由于其人生经历和对清廷政治态度的特殊性，他的思想成为中国传统民本思想中的异类

---

① 黄宗羲去世之前，反复要求给自己着常衣，散发，葬入石棺以求速朽，表达出他不为清朝之民的意愿。

和极端主义者。"古者，以天下为主，君为客。凡君子所毕世而经营者，为天下也。"① "我之出而仕也，为天下，非为君也；为万民，非为一姓也。"②

且不论古典民本思想事实上隐含着革命的正当性，单从学术方法论角度，这种扬黄抑古式的批判是违背历史研究的基本方法论规范的，因而是政治批判而非学术批判。历史主义的基本要求是将研究对象放进其自身所处的历史背景和语境中去理解与评判，而中国政治学界对古典民本思想的批评几乎无视东西方文明体系的基因差异和时代的基本条件而对中国古人提出了超越时空的思想要求和理论标准。用缺乏民主觉悟来批判中国古典儒家民本思想，就好比责怪西北牧民不会游泳或者要求福建渔民擅长牧羊一样荒唐。公允地说，中国古人在农—牧文明时代表现得相当出色，在中华农耕帝国的时空框架内创造了辉煌的文明成果，其政治稳定性、技术复杂性、经济发展水平以及人口密度都领先了同时代的欧洲乃至全球各文明长达千年之久。近代东亚的相对落后是由于19世纪中叶欧洲启动工业化之后出现了东西方之间的巨大技术代差，在此基础上西方通过武力入侵和货币体系转换而导致东亚大陆的快速贫困化。③ 西方对东方的反超主要原因不在于其政治和社会制度的独特性，而是商业制度创新和市场规模扩张带来的技术进步。西式民主以社会集团的权益为核心，而中式民本以对社会整体的伦理责任为核心。④ 以西方的政治和社会制度来否定和评判包括古典政治思想和制度在内的一切中华古典文明成果，其实是中国近现代知

---

① 黄宗羲：《明夷待访录·原君》，中华书局2011年版。
② 同上。
③ 关于金银复本位向金本位的转变导致金银比价的巨幅变动和清朝后期的贫困化，见本书第二章第一节的相关讨论。
④ 潘维：《比较政治学理论与方法》，北京大学出版社2014年版，第135页。

识分子阶层失去了文明自信而被西方殖民话语俘获之后的结果。① 从最新的全球趋势来看，选举民主制度表现出以下几个特点：一是选举民主制度主要是在新教文明圈内获得相对成功，在非基督教文化圈内制度绩效令人失望；二是成功的选举民主国家都是先实现了工业化再推行民主，反过来先搞选举民主再搞工业化的目前没有一个成功案例；三是多党选举民主并不能解决后发国家所期望解决的许多问题，比如经济技术赶超、腐败治理、政策输出效率、贫富分化、阶级固化、地区分裂主义等；四是在21世纪初全球传播方式变革和政治极化的时代大背景下，欧美自身的民主制度也有待进一步改革和完善。在此趋势下，再用西方式民主概念当作终结历史的标准来评判中国民本思想的优劣与先进性，很不恰当。

在笔者看来，民本思想的可贵之处恰恰在于民权与君权的共生关系，而不是像马基雅维利那样强调君主的绝对权威或者像欧洲启蒙运动那样让民众反客为主。当代中国的政治治理模式一直在探索如何与时俱进，并且采取了积极、审慎而务实的态度。但是无论如何改革，都理应与中国传统文明特质保持一定的延续性，也必须与中国政治经济社会民族等各方面的结构特点相适应，并且必须保证是问题导向而不是外来理论导向的改革设

---

① 近现代中国有一部分知识分子严重缺乏全球视野和历史感，情感充裕而理性不足，在自然科学领域的知识基础和学习能力也相对弱，在弥补和追平东西方的技术差距方面落后于日本甚至韩国的同行，但是这个掌握了话语权的文人群体，通过贩卖西方中心论的历史观、价值观、世界观来抬高身价并掩盖其自身思想的贫困。他们通过怪罪古人的所谓专制和中国普通民众的"麻木"而掩盖自身作为知识精英的无能和失职，表现出惊人的逆向种族主义倾向。中国的先贤们很好地完成了他们自己的时代任务，而今人的困境和落后主要是今人自己的问题，应该通过今人的努力来奋发图强，而不是在意识到落后之后失去对自身文明乃至人种的信心，更不能把责任怪罪给祖宗。苛责古人既无助于理解和解决真问题，更导致矮化自身传统，放弃自身主体地位，主动剥夺了自身文明参与全球文明间竞争与交流的机会和权利。在制度和文化领域，东西方之间的长期竞争刚刚拉开序幕，有些人还没充分地正面竞争便已弃权跪地投降，其气节可能连东林党都不如。

计。目前来看，民本主义和由此衍生出的协商民主已经展现出很好的发展潜力。现代意义上的国家与社会的共生关系和动态平衡，需要社会科学的理性研究而不是意识形态化的审美批判。

二 欧洲人本主义政治经济思想的镜鉴

欧洲思想史的学者们更常用的概念是人本主义，其最初含义是把人从神的权威中解放出来，重新获得主体地位。在政治经济学领域的表现是将学术理论的核心关注回归人本身的需求和禀赋而不是对物的聚焦。民本主义与欧洲人本主义有显而易见的相通之处，但是又有重大区别。欧洲人本主义仍然是个体本位导向的，即将个人看作价值主体。有趣的是，人本主义在理论上是反对基督教神学传统的，但其个人价值本位恰恰沿袭自基督教神学形成的思维惯性，因为基督教世界观将个体而不是族群作为终极审判的客体。作为政治经济体系的研究对象，个人的意义是相当有限的：个体仅仅是多种研究对象的一种而已，其他还包括家庭、社群、企业、产业、民族、教派、阶级、政党、国家、国家联盟等"想象的共同体"。因此，在本书的政治经济学体系中，更恰当的表述应该是民本政治经济学，因为这一中国特色的概念淡化了人本主义的个体价值本位色彩，与中国和其他非西方世界的政治经济体制更加兼容，对于现实世界也有更好的描述和解释能力。

最早被定义为人本主义的政治经济学家是生活在法国的瑞士学者西斯蒙第，其学术思想从最初的亚当·斯密拥趸转向了对自由主义古典政治经济学的系统批判，其中最引人注目之处是他提出"政治经济学的研究对象是人人分享物质财富""应把'人'作为出发点和归宿""把财富看作获得社会幸福的手段"，把关于人的福利和财富分配的理论作为中心。他批判古典自由主义学派只关心财富不关心人，抽象地追求财富增长，而不问为谁的利益去积累财富，只是把尽可能地生产大量廉价物品作为国家的目的。

在他看来，古典学派"只需关心生产财富，不必担心消费和需求，……认为人的消费和欲望是永无止境的，总是会把所有这些财富转化为享受的"。西斯蒙第则认为"决定生产在多大程度上合算的是生产同消费的比例"。① 而古典学派的理论舍本逐末，丢掉了人和真正利益，只关心物的进步，不关心人类的进步，为了眼前的利益牺牲了未来。

西斯蒙第强调了政府对市场竞争及其分配结果的调节之必要性。自由主义主张市场的神奇机制下个人私利的斗争会产生最大的公益，他驳斥了这种观点，主张"正如家庭的兴旺要求家长量入为出，生产多少要根据消费的需要而定，同样地，在公共财富的管理上，最高当局必须监督市场和约束个人，使他们为大家的利益而努力，当局永远不要忽略了财富的构成与分配，因为正是这一收入应该使所有阶级分享富裕和繁荣的好处；当局要特别保护贫穷的劳动阶级，因为它最没有能力自己保卫自己，往往为了别的阶级而被牺牲掉，它的痛苦成为最大的困难。最后，当局应该特别关心的不是国家财富或收入的增长，而是使之恒久和均衡，因为幸福有赖于长期在人口和收入之间保持一个不变的比例"。②

出于对人的价值的尊重，西斯蒙第用大量的笔墨探讨为什么需要对农民阶级予以保护和支持，更强烈谴责当时仍然在全球流行的奴隶制；他批判马尔萨斯人口论，意识到日内瓦的生育率已经下降到3%以下，而不是像马尔萨斯吓唬读者的那样呈级数增长最终导致饥馑和贫困化③；他甚至意识到了人口年龄段的不同消费特征，这些思想在少子老龄化的21世纪才凸显出其前瞻性和正确性。上述这些观点对于后世福利主义政治经济学的发

---

① ［瑞士］西斯蒙第：《政治经济学研究》，胡尧步、李直、李玉民等译，商务印书馆2014年版，第1—8页。
② 同上书，第104页。
③ 同上书，第88—89页。

展具有很好的启发意义,对于当今世界流行的新自由主义唯市场论政治经济学思潮是一种不错的解毒剂。

当然作为一位两百年前的欧洲学者,西斯蒙第的政治经济学认识有其时代和地域的局限性:他偏好宗法制的农业以及行会制的手工业,尽管知道已经无法退回过去的田园生活,但他认为有些治标的办法可以减缓资本主义工业化大生产对传统欧洲社会的撕裂和冲击,包括不鼓励新的发明、在工业中排除巨额资本、阻止各种恶性竞争等。

西斯蒙第的人本主义政治经济学观点对普鲁东产生重大影响,而由于普鲁东的影响,1844年前后,青年马克思曾经读过西斯蒙第的著作。[①] 马克思评价西斯蒙第"中肯地批判了资产阶级生产的矛盾,但他不理解这些矛盾,因此也不理解解决这些矛盾的过程""在这方面,他常常求助于过去,他成为'过去时代的赞颂者'……"[②] 这种怀旧浪漫主义与理论局限性,体现出西斯蒙第的"小资产阶级立场和狭隘眼界"。

三 马克思人本主义理论和中国共产党民本主义实践

马克思在吸收批判了康德、黑格尔、费尔巴哈等人的人本主义思想后形成了自身的人本主义思想体系。在其哲学、政治经济学和科学社会主义三大理论板块中都有人本主义特色。就马克思主义政治经济学而言,人本主义的核心是劳动价值论和人在资本主义生产方式中的异化的理论。当然马克思也谈到了人的需要,但是主要是在哲学意义上谈的,而非放在政治经济学的框架内展开具体的探讨。他认为人类本质是生产实践,人的现实

---

① 张一兵:《西斯蒙第人本主义经济学的哲学解读》,《洛阳师专学报》1998年第6期。

② 《马克思恩格斯全集》(第26卷),中共中央马克思恩格斯列宁斯大林著作编译局译,人民出版社1958年版,第55页。

本质是社会关系，而人的内在本质是人的需要。马克思主义人本思想确立了人的主体地位，以实现人的全面自由发展和个性解放为其出发点和落脚点。笔者认为，如果他将人的需求放在政治经济学的分析框架中加以展开，那么他的政治经济学理论将更加完整，后世根据其理论而展开的社会主义制度探索（比如苏联模式的设计）中也不至于过于侧重生产而忽视需求。

中国共产党领导的革命和建设事业的成功，关键在于将马克思主义的基本哲学原理同中国的实践相结合，即完成了马克思主义的中国化。值得注意的是，马克思经典理论中的人本思想在中国共产党的历代领导人那里成功地同中国古典的民本主义结合在一起，成为指导中国革命事业和中国特色社会主义建设的重要指导思想。

中国共产党的革命高度依靠对人民群众的成功动员，而其背后的伟力来源于为人民服务的政治使命。中国共产党从成立之日起就高度重视人民的利益，在其一大党纲就指出："我们党的最终目标是实现共产主义，是为整个人类的共同解放而奋斗的，是代表着绝大多数人的根本利益的。"毛泽东从唯物主义出发强调人民群众的历史地位和作用，认为"人民，只有人民，才是创造历史的动力"。① 强调共产党这个队伍的根本宗旨就是全心全意为人民服务，将人民群众的利益视为最高标准，行动要合乎人民群众的根本利益。1929 年，他在《中共中央给红军第四军前委的指示信》中第一次提到了"群众路线"这个概念。毛泽东从马克思主义哲学的角度，并从解决实践与认识、领导与群众的关系入手，总结出党的群众路线的工作方法就是一切依靠和为了群众，从群众中来和回到群众中去。此路线也是党的根本政治路线，体现了毛泽东对人民群众的肯定和重视。毛泽东还特别强调人民的利益，并认为党的利益以人民的利益为标准，在《为人民服务》中就有所体现："我们如果有缺点，就不怕别人批评指出。不管是什么人，

---

① 《毛泽东选集》（第三卷），人民出版社 1991 年版，第 1031 页。

谁向我们指出都行。只要我们为人民的利益坚持好的，为人民的利益改正错的，我们这个队伍就一定会兴旺起来。""应该使每个同志明了，共产党人的一切言论行动，必须以合乎最广大人民群众的最大利益，为最广大人民群众所拥护为最高标准。"虽然毛泽东的人本思想存在着重集体而忽视个人权利等局限性，但其在中国现当代人本思想中有着极其重要的地位，丰富了马克思主义人本思想，在其实践上也促进了中国民主革命的胜利和新中国的诞生。

在改革开放时代，尽管是以经济建设为中心，中共领导人仍然高度重视人民群众的利益和诉求。邓小平在1992年视察南方时，提出了"三个有利于"作为衡量工作得失的标准，其中一条便是是否有利于提高人民的生活水平。江泽民在《庆祝中国共产党成立八十周年》的讲话中提出："我们建设有中国特色社会主义的各项事业，……要努力促进人的全面发展……我们要在发展社会主义社会物质文明和精神文明的基础上，不断推进人的全面发展。""胡锦涛更是提出了以人为本的科学发展观。在党的十六届三中全会上，他提出："坚持以人为本，树立全面、协调、可持续的发展观，促进经济社会和人的全面发展。""要依靠人民，为人民谋幸福，将人民的利益作为出发点和落脚点，真正做到"情为民所系、权为民所用、利为民所谋"。

2012年之后，中国特色社会主义建设事业在习近平总书记的引领之下进入了新时代。习近平总书记的治国理政思想体现出非常鲜明的民本主义色彩，他在各种讲话中引用过大量古代先贤的民本主义经典语录。"群众路线""三严三实""以人民为中心"以及对新时代核心矛盾的认识，无不体现出民本主义的主张。他的民本主义理念不仅仅表达在话语中，更体现在政策导向上。全面精准扶贫，绿水青山的环保政策，公平正义的司法改革等，都是围绕人民群众尤其是中下层群众的需求而展开的。这些都充分体现出习近平总书记是把人民根本利益当作一切经济工作的根本标准或尺度，一切经济工作和经济发展都要尊重人民，以人民为中心。①

四 本书的民本主义政治经济学

中国发展到今天，经历了左与右的不同路线的探索。左翼思想和右翼思想都是来自海外，是西学东渐的结果。在东西方思想的冲击和危机的逼迫之下，19世纪中期以来的中国通过反复的、大规模的社会试验和探索，付出了巨大的代价，也取得了伟大的成就，但在政治经济学理论总结方面做得还很不够。民本主义政治经济学希望能在中国特色社会主义道路的理论化方面做出一点贡献。

民本者，以人民为本之谓也。民本主义政治经济学最核心的主张就是围绕人而不是物来展开对经济活动的跨学科分析，研究的核心是人而不是物，更不是资本、价格和利润这些物的符号与化身。

民本主义在政治路线上希望能够超越简单的左右之分。在西方政治和学术传统中，"左"代表下层社会，代表劳动者利益；"右"代表精英阶级，代表资本的利益。民本主义政治经济学则认为这种阶级为基础的二元对立思维不符合中国社会的传统与国情，更未必有利于指导未来社会的发展道路和建设理念。以民为本视角下，底层大众和社会精英都是人民群众的组成部分，都是历史的创造者。

民本主义政治经济学的政策实践指向就是要以人民为中心建设中国特色的社会主义，而不能以物为中心、以资本积累为中心、以市场为中心。40年拥抱世界市场体系的探索中，如果说有什么可以改进的地方，那就是重物而轻人的倾向，就是把发展和现代化更多地理解为物的堆积和升级，而不是人的能力的提升和人的需求的满足。中国共产党十八大以来，"以人民

---

① 韩庆祥：《习近平总书记经济思想的民本情怀》，央广网，2016年2月4日，http://finance.cnr.cn/gundong/20160204/t20160204_521333531.shtml。

为中心",这个关键词逐步成为新时代的主题词,预示着民本主义政治经济学的理论空间正在徐徐打开,相应的实践探索有待拓展。

各种形式的左翼政治经济学理论在20世纪80年代以来失守其理论阵地,令新自由主义在包括中国在内的全球知识界和政策界形成一家独大之势,主要是因为左翼政治经济学理论诸流派没有与时俱进,缺乏对现实的指导意义和对市场波动的解释力,也过多地陷入教条而未能展示出对未来新世界的想象力。在政策实践上,体系外围国家根据拉美结构主义政治经济学理论搞的进口替代工业化全面失败;根据苏联道路搞的计划经济随着苏东体系的崩溃而声誉扫地,连带作为其理论源头的经典马克思列宁主义政治经济学也受到了质疑;欧洲以福利主义为导向的民主社会主义探索导致国家债台高筑,人民好逸恶劳,产业竞争力下降。实践探索的接连挫折让英美金融资本所资助的新自由主义理论得以自诩为主流经济学,并通过国际多边机构和西方的贸易、投资、援助、教育政策而扩散到全球。

2008年国际金融危机的爆发,暴露出新自由主义全球化的一系列内在缺陷,暴露了其伪科学真右翼的面目。事实上,以新自由主义为核心的西方经济学理论家们,尽管以其市场崇拜和资本崇拜而闻名,却无法帮助其信徒在市场上战胜交易对手获得利润,而只能指望资本的捐赠和供养。他们甚至宣称市场是完美的因而不可战胜,而这一点恰恰遭到了其金主——金融资本家们(索罗斯、巴菲特及其合伙人)的嘲讽。但即便如此,目前的思想市场上,还欠缺一种能够功能性地取代新自由主义理论体系的替代物,即一套能够指导国家治理和市场实践的政治经济学理论体系。民本主义政治经济学的产生与发展,建基于中国特色社会主义道路的伟大探索和中国工业化的伟大胜利以及未来中国引领的人类命运共同体建设的伟大实践,将能够填补新自由主义退潮之际留下的全球性理论空缺。

民本主义政治经济学区别于西方两百年来各类政治经济学流派之处,可以通过四组关系来表达其核心观点:人与物的关系;国家与市场的关系;

中心与外围关系；可贸易品与非贸易品的关系。这四组关系事实上是同构的，前者是财富、繁荣和发展的源头，而后者是前者的衍生与拓展。前后具有共生性，但前者才是矛盾的主要方面和变革的关键所在。

在人与物的关系上，马克思主义认为财富的来源是人而不是物，自由主义传统则重物而轻人。自由主义传统重视交易而轻生产、轻分配，这固然错误，但是传统马克思主义作为人类工业化早期诞生的政治经济学理论，在这个问题上的认识也不够完善。传统马克思主义劳动价值论的理论含义是人的劳动创造价值，是财富的唯一来源；其政策实践指向消灭资本、重视生产而忽视消费的苏联模式，指向的是鼓励工人通过罢工等方式同资本和管理层斗争以争取更多分配权。民本主义政治经济学认为财富的来源是人而不是物，这与马克思主义一脉相承。但民本主义认为劳动和资本具有统一性而不是对立性，双方是共生关系。财富的来源是人而且只是人，但不仅仅来源于人的生产与投资经营活动，也来源于人的消费行为。没有了消费，生产和投资的结果就是过剩产能和无效劳动。苏联模式的问题就在于重生产而轻需求和消费，最终导致低效和浪费。所以，中国特色社会主义道路的探索相对于苏联模式的成功之处在于，我们借鉴吸收了美国体制的市场经济，面向全球开放市场，从而以国内外需求为导向来组织生产，平衡了人的生产和消费这两大因素，实现了持续的高速增长。

在中心与外围关系上，传统结构主义政治经济学认为外围之所以贫困是因为遭受了中心的剥削，因为被世界市场体系锁定在专业而异质化的生产中，外围富饶的自然资源和大宗商品被中心地区通过不公平的交易而掠夺走了。要想摆脱体系的剥削和束缚，只有脱离体系，关门搞建设，用进口替代来发展小而全的工业体系。其结果是南方国家普遍的工业化失败。民本主义认为，结构主义在对全球市场体系的描述上是大体正确的，但是在开处方上则是南辕北辙的。结构主义思想家的错误根源在于，他们同自由主义经济学一样，认为财富是物而不是人，认为中心国家借助开放性的市场体系掠夺了他们的自然资源。但真相是：财富并非来源于物而是人的能力提升和消费需求，一旦闭关锁国，就自动地失去了全球人口的需求塑造的大市场，也就失去了发展的巨大动力源泉。中心与外围之间的确存在汲取、剥削和依附关系，但发挥关键作用的不是物的流动而是人的流动，即中心从外围汲取了宝贵的人力资本和精英阶级，从而导致外围国家竞争力的低下。民本主义强调有步骤的开放性，主张应该通过基础设施建设、产业政策和教育政策等手段在开放中逐步拾级而上，让（多数）本国国民的国际竞争力提升。

在政府、市场与人民的关系上，民本主义政治经济学强调政府与人民的共生关系，强调国家应该以人民为目的，以市场为手段发展经济，强调国家创造、维护和利用市场的基本事实。

在政府与市场关系的问题上，自由主义的认识是本末倒置的：他们将政府视为一种扭曲资源配置效率的恶，而将市场视为一种自然之物，是可以从其政治、社会、文化传统中脱嵌出来的神奇存在。

传统马克思主义受古典自由主义经济学和欧洲地域性经验的影响，也将经济视为基础，将国家和政府视为上层建筑。但实际上，阶级斗争现象仅仅是西欧的社会历史传统，在全球社会传统中属于特例。国家政权才是一切的根本。从人类历史来看，族群、部落之间的斗争是殊死的竞争、搏杀和淘汰，而不是财富和权利分配的问题那么简单。国家不是在阶级斗争中产生的，而是在为了同外部力量争夺生存权的残酷斗争中产生的。身为被统治者并非最悲惨的处境，失去了自身民族政权和国土的贱民和奴隶阶级才是最悲惨的。马克思和恩格斯作为长期生活在资本主义体系的体系中心的知识分子很难意识到这个方面的事实。被统治者之所以在绝大多数时候不会奋起反抗统治者，不仅仅是因为统治者的文攻武卫愚弄和恐吓，还因为他们通过努力和好运，无论是资本积累、教育科举还是战功冒险，其实是有一定机会挤入阶级上行通道的，而他们真正恐惧的是沦为失去民族政权依附的贱民与奴隶。

民本主义政治经济学的另一个实用创新在于将商品和经济部门分为可贸易品与非贸易品，并将前者视为财富的创造环节，将后者视为财富的再分配环节。通过这种分类，我们能更好地解释经济结构变迁和社会分化，也可以比左右两翼的经济学更好地解释乃至预测跨境经济金融活动中的关键问题：汇率的波动。

◇ 第二节 人与物的关系

一 财富的源头是人的劳动和消费

纵向来看，人类社会一万年来的历史发展轨迹，是人的能力不断提升从而摆脱自然之物对我们的束缚。远古的原始社会，人们以采摘和狩猎为生，人类生存高度依赖自然世界所能提供的食物和原料；而随着经济社会形态的演进，在游牧和农业社会，人类的生存更多依靠自身对田地、草场和动植物种群的经营，尽管自然条件仍然会不时地带来或好或坏的影响；而今天的我们生活在现代工业和服务业社会中，自然因素对整个人类生活造成的影响越来越小，人类可以上天入地，可以预测乃至操控局部天气，可以通过自己的活动很大程度上改变环境。某种程度上，现代人已经获得了古人所设想的神仙具备的绝大多数能力与生活水平。人类越来越脱离自然母体而变成自为之物种。

如果把分析视角从纵向变为横向，不难发现今天的世界市场体系中，越是处于中心的发达经济体，其服务业在经济和就业中所占比重越高，而服务业相对于农业和制造业更少地动用物的要素，更多地依靠人的技能和知识。即便在制造业和农业产出中，越是发达国家，源于自然之物的增加值的比例越低，而源自人的知识、技巧、工艺、资本投入的增加值比例越高。

上述趋势和格局都告诉我们，发展的真正含义是人的能力的发展和由此带来对人的需求的满足，而不是自然之物的堆积与挥霍。离开了人的发展与需求，纯粹的自然之物并无价值可言，是人的欲望和需求赋予了它们以功能和价值，当这种功能和价值放到市场上交易的时候，它们才有了价格。在现实生活中，无论是用市场还是用计划来配置自然资源，都不会出现资源完全被消耗光的场景，因为当一种资源真的变得越来越稀缺时，其采掘和使用成本就会变得越来越昂贵。有至少两种力量一起构成了一种无形的边界约束资源价格的上升空间，一是市场力量，二是人类社会的创造力。在市场经济中，某种资源价格上升会导致使用量的减小，无论是该资源的节约型应用技术还是以别的廉价资源替代该资源的颠覆性技术，最终我们将看到价格难以继续上升。自然资源对财富贡献的比例总体上随时间下降。试想服装、电脑、手机、汽车中的棉纤、金属、塑料值多少钱？听音乐、看病、旅游、接受培训的花费中有多少与自然资源相关？随着人类的技术进步，资源在边际上的重要性是下降的，稀缺性总的来说在减少。从过去三百年的经济史和价格史看，1972 年之前的大宗商品价格整体上是往下走的，仅仅在无硬锚的货币体系确立之后我们才能见到震荡上行的大宗商品价格趋势。1972 年之后的全球货币体系脱离了硬锚，所以用美元计价反映自然资源整体价格的 CRB 指数[①]出现了整体震荡上行的趋势。但是图 1—1 可以撇除货币扩张带来的价格错觉，揭示出该时期的真相：自然资源价值在财富增量中的占比在持续下行。

人如何创造了价值？笔者认为价值的产生过程既包括供给和创造，也

---

① CRB 指数（Commodity Research Bureau Index），又称大宗商品指数，是由美国商品调查局依据世界市场上若干种基本的经济敏感商品价格编制的一种期货价格数，用来反映国际大宗商品期货价格。——编者注

包括需求。马克思主义经典理论家强调劳动价值论，即唯有劳动生产创造价值，而资本不能创造价值，无论是以货币形式出现的资本还是物的形式出现的资本，都不是价值之源。从本书的民本主义政治经济学看来，这个理论无疑是正确的，但还不够完整。人除了作为劳动者之外，还是消费者。消费同生产一起构成了一个有意义的经济活动的循环。① 过去苏联所构想的社会主义经济体制重生产而轻消费，重供给而轻需求，这种偏颇失衡为其后来的失败埋下了伏笔。中国特色社会主义市场经济体制融合了苏联、美国这20世纪后期两个超级大国的制度探索的经验教训，将供给侧和需求侧有机结合起来，相当于在苏联、美国这对"正题—反题"的矛盾体基础上升华而出的"合题"。

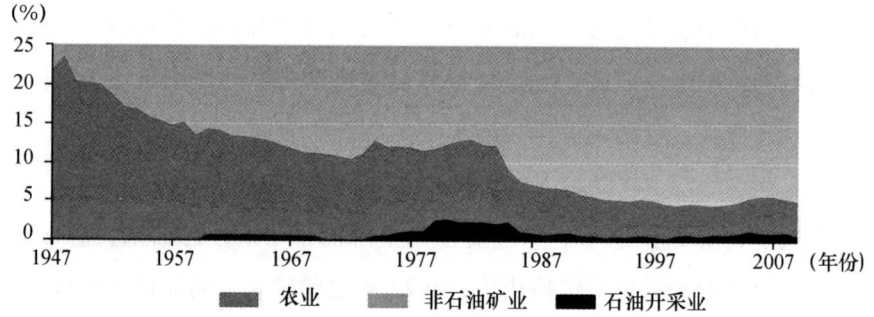

图1—1　自然资源价值占人类享用财富的比例在下降（1947—2007年）

资料来源：转引自黄文政、梁建章《自然资源压力不是限制生育的理由》，新浪博客，2014年7月8日，http：//blog.sina.com.cn/s/blog_72c46fb80102uwr5.html。

如何让有效需求最大化？笔者的民本主义政治经济学认为有两大方面

---

① 马克思主义经典理论家们之所以对消费不够重视，是因为在他们所处的早期工业化时代，人类主要还是面临供给瓶颈。但是如今的全球产能过剩、老龄化和负利率时代，让学者们更能意识到需求的重要。

影响需求:一是社会财富的分配结构;二是人口的年龄结构。

财富分配结构对有效需求的影响,政治经济学界已经有很多辩论。在一个贫富分化严重的社会中,穷人有很多需求但是没有购买力,因而难以构成有效需求。富人已经拥有了各种商品和服务,因此其收入的边际消费倾向远低于穷人。所以,均贫富有利于扩大有效需求。当然,事物的另一面是如何人为地消灭贫富差距很容易打击个体的积极性,导致生产和供给一侧的萎靡。而在一个开放性的全球市场中,假如一个国家需求最大化的同时供给侧缺乏竞争力,那么就会沦为失败者。所以,必须在分配政策中找到一个平衡点,既能较好地控制贫富差距,又能予以社会个体以足够的激励。

学术界讨论得较少的是人口的年龄结构对需求的影响。人一生的需求在统计意义上是定数:我们无法预测某人在某个年龄会做什么,但是基于大数定理,我们完全可以预测与之同龄的数千万人在某个年龄大概率会做什么。对教育的需求,对婚育的需求,对房产和汽车的需求,对医疗服务的需求,都与人的生命周期关系密切。

以人口统计作为研究重点和投资策略理论基础的美国投资专家哈瑞·丹特(Harry S. Dent)详细论述了人的年龄结构与消费之间的关系。[①] 美国劳工统计局的消费者支出调查显示,支出随着年龄的变化而不断变化。人在46岁左右达到其一生中消费的最高峰。从出生之时起一直到20多岁,人是净消费者;加入劳动力大军后开始有收入,但由于收入的有限,此时的支出仍然是为了满足基本需求;随着年龄的增长,工资收入在不断上升,消费不断增加,直到过了消费高峰期,即46岁以后,此时子女已经离开了家庭独立生活,大规模的消费支出诸如房产等也已经购置,人的消费便进入了一个下降期;然而在其退休前,其所挣得的收入依然在不断增加,储

---

① [美] 哈瑞·丹特:《人口悬崖》,萧潇译,中信出版社2014年版。

蓄率开始出现一个陡峭的上升；在平均退休年龄64岁左右时，其净资产达到最大值，即单位收入与单位消费的差值达到最大；退休以后收入陡然降低，所消费的是此前的储蓄，所以消费和收入同时下降。由于身体和家庭的原因，老人们多半会选择减少消费，将储蓄作为遗产留给子女，直至生命的终结。

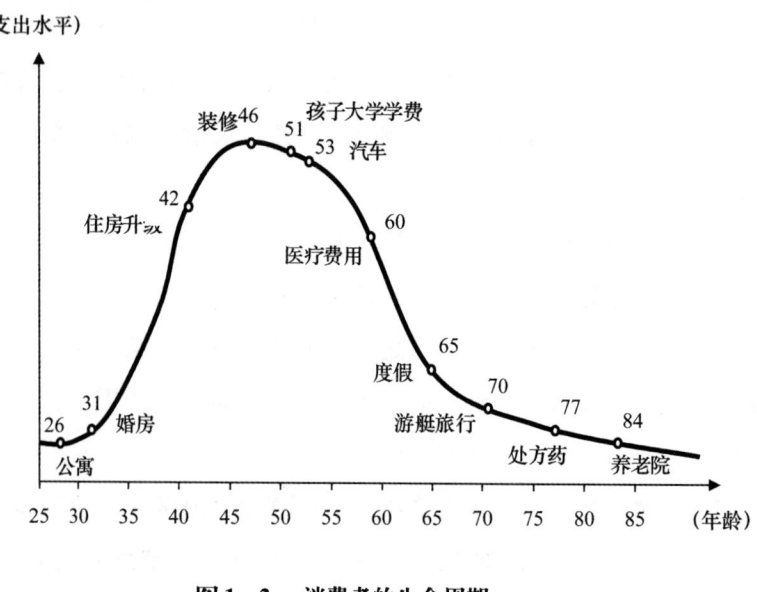

图1—2　消费者的生命周期

资料来源：U. S. Census Bureau，Dent Research。

人口的年龄结构可以说明很多问题，因为人的生命周期中许多经济和社会活动都自有其"时"，它们在统计意义上是定数。笔者在研究中发现，可以用人口年龄结构来解释乃至预测不同经济体的潜在增长率、通胀、利率与汇率。对此，本书的利率和汇率章节都会展开论述。

结合上述财富分配结构和人口年龄结构这两大需求影响因素，笔者主张一种不同于苏联、美国和欧洲体制的新社会保障体系。公共部门应该对个体的出身差异予以必要而充分的补偿，因为生在贫困愚昧之家不是孩子自己的错，生在显贵富豪之家也不是孩子自己努力的结果。政府应该给予贫穷家庭的孩子和年轻人以足够的支持和帮助，不仅要让他们拥有足够的医疗卫生和教育培训资源，还要让他们有创业和奋斗的勇气和底气。但是对于 40 岁以后的成年人而言，其财务和健康状况是他前半生选择和努力的结果，个体必须对自己的选择负责。如果给予中老年群体以各种社会福利保障，那么就是在削弱乃至剥夺个体奋斗的动力，培养国民不负责任和好逸恶劳的品质，最终带来民族的衰败。人在前半生的许多行为，包括生儿育女、创业创新，都是代价巨大但是对社会有正外部性的，所以公共部门应该予以足够的激励和补偿。换言之，同样一笔钱经由公共部门再分配，如果补贴给 40 岁之前的人口，以营养补助、教育资助、创业风险补偿、生育补贴等形式给予他们各种支持，由于其边际消费倾向很高，所以既扩大了总需求，又降低了贫富差距，更提升了劳动力的长期竞争力。而如果将这笔钱分配给中老年人，由于其边际消费倾向低于年轻人，对总需求扩张作用有限，更会通过吃全社会大锅饭的风气而打击民众个人奋斗的动力。中国传统社会中的"养儿防老"和勤俭节约，是一种有利于个体和民族整体生息繁衍的优良传统，它鼓励人们对自己的未来负责并对下一代进行投资。亚裔人口在全球各地的高储蓄率行为模式在笔者看来亦源自这种价值观和人生观。欧洲现代史上的各类制度探索，以后见之明来看，有些是误入歧途的，比如退休制度和高福利制度，这些制度在笔者看来是以个人价值为本位、视劳动为负担的错误"社会主义"试验。东亚社会的优秀文化与社会传统，不应被退休制度和福利制度替代掉。中国特色社会主义的进一步完善，必须考虑这样一个制度改革和制度创新的重要方向，从而确保我们的可持续发展和长期竞争力。

　　人口的年龄结构源自两大因素：生育率和迁徙。关于生育率，下文将予以展开论述。此处先讨论人口迁徙的政治经济学含义。

二 中心掠夺外围的是其人而非其物

世界市场体系的外围国家在谴责体系中心国家的剥削与罪恶时，总是强调后者觊觎其富饶的自然资源，似乎后者的富足源自对全球自然资源的暴力掠夺、窃取和诈骗。如果沿着这种思维去设计并实施相应的对外经济政策，外围国家将更加贫穷衰败，因为其基本理念是本末倒置的。财富的源头其实是人的能力和需求而不是物的堆积，而体系中心对外围的资源汲取主要体现在对其人的要素的汲取而非通常所认为的资源掠夺。

中心外围关系如何导致外围被锁定在贫穷落后的不发达状态？笔者认为主要是因为人的流失。这种流失体现在三个方面：其一，精英人口的人力和金融资本向中心的流动导致外围地区失血；其二，借助自身的技术和知识优势，质优价廉的工业制成品的倾销占去了外围地区人的需求（市场空间）；其三，外围地区的资源开发与出口挤压当地人的发展空间，即所谓资源诅咒。

先说人口流动。不同层次的人口跨境流动能力大不相同。高端人才是各国争相延聘的对象，而没有受过教育和培训的人口则通常被拒之门外。发展中国家的精英教育使得其最优秀的年轻人获得向体系中心迁徙的能力与资格。这种跨境迁徙，对于迁徙的个体而言，是追求个人发展空间和良好物质条件的合理选择。对于母国而言，则是一种重大的财富流失：因为要培养一个精英，政府或者家庭需要在数百个年轻人身上投入养育和教育的资源，真正有竞争力的顶级人才却在最后时刻被体系中心给收割走了。对于人才流入国而言，这是一笔一本万利的买卖，所要支付的仅仅是对少数人的工资而已，而其带来的竞争能力的提升是无与伦比的。关于精英与大众的关系，以色列著名历史和人类学学者尤瓦尔·赫拉利（Yuval Harari）在《人类简史》中认为，文明之间和国家之间的竞争关键体现为各自精英之间的竞争。① 一国普通大众之所以能比另一国的大众生活得更好，主要是因为他们的政治、经济、科技、军事各领域的精英在国家间竞争中获得了优势。大众和精英之间是一种典型的共生关系，而外围的精英被收割走之后，余下的大众很难提升其竞争力；本应肩负带动母国发展的那些移民精英则在大洋彼岸服务于他国，带来的那点侨汇远不足以弥补其损失。

在美国，我们可以看到其最有竞争力、最高附加值的部门以及最优秀的大学里中充斥着来自东亚、南亚、苏联东欧地区的知识精英。他们当然可以安慰自己说，美国为自己提供了很好的发展环境，自己一生努力推进的知识创造和技术进步属于全人类。但是这显然不是事实，因为美国对他们的母国往往在实施着不同程度的技术禁运和限制，而不是知识的共享，哪怕是收费昂贵的租用和购买都可能是违法的。

当然，还有很多不那么杰出的精英也被吸引到体系中心和准中心国家，以分享其优越的生活水平。笔者在美欧等地学习和工作中，遇到过不少来自发展中国家的高学历移民，他们的人生不算失败，但恐怕不是最初期望的那么精彩。美、加、澳等移民国家非常奢侈地挥霍着发展中国家的人才，将外围地区的栋梁之材浪费在餐饮、装修、园丁、司机等低层次岗位上，形成全球意义上的资源错配和浪费。② 其中有即将退休的老人向笔者感叹，自己作为墨西哥大学最优秀的毕业生，本应为自己祖国的发展做出贡献并收获应有的荣誉和成就感，但是在所谓"美国梦"的诱惑之下移民来到了美国。回顾一生，他为了生存而不得不做了二十几种不同的工作，"美国梦"

---

① ［以色列］尤瓦尔·赫拉利：《人类简史（从动物到上帝）》，林俊宏译，中信出版社2014年版。

② 这些国家接受移民时对申请者的学历、职业资格和财富量要求很高，但是在他们移民之后对这些学历和资格一概不予承认。这意味着移民使得他们此前的人力资本积累归零。这种政策背后体现出的真实意图是，这些国家看中的其实并不是这些移民的知识和能力，而是他们自己带来的积蓄和由此转化的消费。有限的白领工作一定要留给本国的主流人口，留给外来移民的岗位主要是本国人不愿意从事的蓝领工作。

对他而言是一个谎言，他觉得自己的一生被偷走了。

中国最优秀的人才，比如北京大学、清华大学、中国科技大学等名校的理工科人才有不小的部分去了美、欧、日等国家与地区。好在中、印这样的人口大国有较大的回旋余地，流失一部分之后还有很多人才堪用，而且质量并不太低。中国这样的巨型外围国家凭借其规模优势，可以承受一部分精英人才的流失，并通过人才回流计划来促进中心的先进技术、理念、创意的定向溢出，因而我们可以把精英移民导致的智力流失（brain drain）视为中国同体系中心接轨、向中心学习的交易代价。但是这种人才流失，对于绝大多数发展中小国的竞争力而言是非常严重的打击，大大拖慢其发展和追赶的步伐。

国际人才流动如此，国内不同地区间的人口流动也有类似机理。凡是人口流出的区域都会陷入不发达的恶性循环：广东和福建的侨乡通常都不易发展起来，就是因为人口习惯于流出，开花结果都在墙外，叶落归根时带回来的能量其实非常有限。相反，太湖周边区域的地域文化则认为世上最好是家乡，有能力的人都是在家乡办乡镇企业，所以无锡下属的一个县竟然拥有近40家上市公司，其经济堪比中西部省份的规模。

中国东北地区的经济相对停滞，以部分自由主义经济学家和企业家群体的视角来看，主要是因为腐败、官僚主义和对民营企业的不友好。但是这种意识形态和利益导致的偏见显然无法解释这样一个事实：其他同样存在上述问题的地区为什么没有那么差？林毅夫教授的新结构主义认为东北的产业定位有问题，应该搞服装纺织行业然后渐次升级。这一点笔者也恐难苟同，因为其主张相当于让东北退回到低端产业链，然而随着人民币汇率的强势和全国人工工资的提升，中国的纺织服装行业在全球的竞争力将是不乐观的，而且东北恐怕很难雇用到大量廉价女工了。笔者认为，东北之所以出现经济增速的持续下滑，是因为人口结构与人口流动的问题。

由于东北是中国各大区域中最早实现工业化和城市化的区域，或者说现代化最早的区域，所以也是男女平等和女性受教育水平上升最早的区域，由此导致生育率先于全国各地下降,① 因而也就先于全国开始老龄化进程。老龄化对经济增长的压制作用非常明显,主要是消费能力的下降带来市面萧条。如果仅仅是老龄化本身,那么东北的问题还比较好解决,然而老龄化带来的相对萧条触发了自我强化的恶性循环趋势。由于市面萧条,东北地区的年轻人在接受高等教育之后发现很难在家乡找到体面的工作和商业机会,所以必须前往京津地区、长三角地区和珠三角地区才能找到其前途。同时因为气候因素,富裕的东北老年人习惯于候鸟般地飞往海南、云南等地生活,② 这进一步压缩了东北地区的本地消费和资产价格,从而导致年轻人更难生存发展。于是我们看到了一个恶性循环:老龄化带来的萧条驱离年轻人,而富裕的中老年人口和受过高等教育的年轻人的南向迁徙进一步加剧老龄化和需求萎缩。振兴东北的有效策略,除了常见的产业再定位、中央加大转移支付力度等手段,必须找到符合市场规律和人性需求的办法在人口流出的问题上尽快止血。

人口流动导致地区人口年龄结构变化的原理,可以解释为什么东北的养老金账户入不敷出,而深圳地方财政竟然有七千亿元的盈余无处可用。也正是根据同样的原理,笔者为一些地方政府提供的竞争策略是用"抢人"代替此前的"抢资本"。③ 如果说新自由主义经济学的发展政策建议是讨好和竞争外商直接投资并为之不惜压低本地民众的福利,那么民本主义政治经济学的发展思路则是:在发展制造业的同时,着力吸引外部年轻人口流入本地区,从而既扩大了本地市场规模,又有利于本地财政的可持续发展。通过开放落户并对外地年轻人提供购房补贴,可以让其家庭将原本在别处购买房产的巨额现金流一次性转移至本地,而由于土地财政的作用,房价

---

① 生育率的下降有很多因素,最有力的解释因素是女性受教育水平的上升。
② 由于东北一百年来本身就是一个典型的移民社会,宗族势力和故土情节并不严重,所以经济环境变化之后,人们进一步迁移的心理门槛并不高。
③ 2008年国际金融危机之后,中国的资本不再稀缺,但是年轻人口开始持续萎缩。

中的50%—60%会转化成地方政府的收入。这个外来新家庭的每一次消费，都会扩大本地市场的活跃度；这个新家庭比起本地居民有着更好的外部联系，从而帮助本地区在对区域外经济联系上更加活跃。更重要的是，背景多元的人口聚集对于创新和竞争非常有帮助。

当然，这个政策本身具有以邻为壑的特点，一个地方吸引到更多年轻人获得生命力，意味着别的地方将会失去年轻人失去生命力。但是好的方面是，这种民本主义政策的普及将促使整个社会对年轻人更加友好，整体政策组合倾向于为社会的未来投资，而不是（封建主义的）对过往的资历和权利给以补偿，更不是（新自由主义的）对资本予以额外奖赏。

三　马尔萨斯人口论的谬误与流毒

"要想富，少生孩子多修路。"改革开放时代的这句口号曾经在中国深入人心，但很遗憾的是，它在理论上是与马克思主义和民本主义基本理念相悖的，政策实践上是错误而且代价巨大的。这句口号成功地将如下公式具象化：人均财富=GDP/人口，即要想变得富足，就要把分子尽可能做大，把分母尽可能做小。在这个公式和口号中，GDP指向物资及其生产能力的积累，比如公路、港口、机器设备、高楼大厦、消费商品。而人，则被视为对财富的分配和消费者。

这个公式具有很大的误导性，因为事实上，作为分母的人既是生产者、又是消费者；分子GDP和分母人口之间是相互纠缠、互为因果的关系。这个公式没有揭示出导致财富增长或者灭失的真正机理，而是把两个存在循环共生关系的分子和分母相除，这种除法除了带来思想的混乱之外，并不能说明任何问题。值得注意的是，这种西方主流经济学界经常犯的方法论错误，在其他许多领域我们会反复看到，比如华尔街金融思想家提出的去杠杆命题，也是如此。（本书关于债务的章节将探讨此问题）

割裂分母与分子的结构性关系，或者用分母分子关系简单粗暴地讨论人类社会的某个侧面并以此操作政策手术刀的人，笔者称之为混进社会科学队伍的机械师。他们不重视人类社会的复杂性，看不到分子和分母都不过是动态社会的不同侧面而已，而总是把活生生的人看作冷冰冰的钢铁，哪儿多了就锯切，哪儿少了就焊接，殊不知这种思维的政策后果必然导向用钢锯大锯活人的残忍魔术。他们总是对自己那点儿来源于物理学和机械工程学的思维框架过度自信，最终给社会带来的伤害远大于他们试图解决的问题。

这句口号所蕴含的思想源自 20 世纪 70 年代著名的罗马俱乐部报告，由联合国人口委员会和洛克菲勒基金会向全球外围国家政府大力推广，中国只是外围国家政府中落实能力比较强大而已。罗马俱乐部的报告，强调资源的有限性和人类的"贪婪"消费对资源和自然的破坏。按照他们的算法，石油、天然气、钢铁等资源，都会在数十年内被人类消耗完。该报告思想源头可以追溯到古典自由主义经济学家马尔萨斯的人口理论，即认为人口的增长呈指数式增长，而物质生产的增长则是线性的，一旦指数增长的人口超过线性增长的物质生产，那么人均财富量将会减少，世界将陷入混乱和无序。

马克思曾批评马尔萨斯说，"用永恒的自然规律去解释人口过剩，当然比用资本主义生产的纯粹历史的规律去解释更加便利，更加符合……统治阶级的利益"。① 现代西方马克思主义者认为：人口变化是收入变化和经济体制变化的一个函数，而不是相反。所谓人口增长同食品供应之间的竞赛是一种错觉。如果有什么竞赛的话，那是在人口增长与经济发展之间，只有经济发展才能解决所谓人口过剩的两个方面，因为经济增长能增加食品的供应，同时减少人口的增长。②

---

① 《资本论》第一卷第 15 章第四节，中共中央马克思恩格斯列宁斯大林著作编译局译，人民出版社 1972 年版，第 578 页。
② ［美］保罗·巴伦：《增长的政治经济学》，纽约每月评论出版社 1957 年版，第 243 页，转引自［美］查尔斯·威尔伯《发达与不发达问题的政治经济学》，高铦等译，商务印书馆 2015 年版，第 96—100 页。

20世纪70年代两次石油危机和全球性通胀似乎证实了马尔萨斯主义的有效性。但是从20世纪80年代以来我们看到的事实是,尽管进入工业化和消费社会的人口翻了不止一番,全球自然资源却并没有加速耗竭,反而探明储量越来越多。资源的价格也仅仅是周期性地波动而已,并没有像他们所预测的那样涨到全人类都买不起,更没有导致发达国家的人均消费减少。他们究竟错在什么地方?笔者认为,一是他们忘了人既是消费者也是生产者和创造者这个基本事实,二是没有理解人口生育率同现代化变迁的关系。

人口的总和生育率(Total Fertility Rate,TFR)并非总是维持在高位。一个社会一旦实现现代化,尤其是当其女性人口的受教育水平上升之后,生育率便几乎不可逆地迅速下降。一个社会要维持总人口的稳定,不考虑移民的情况下,需要总和生育率稳定在2.1—2.3(具体取决于卫生营养条件)。中华人民共和国成立之后,绝大多数中国妇女获得了与男性差不多的受教育机会,男女平等得到很好的落实。当这批长在红旗下的妇女进入育龄期之后,中国的总和生育率迅速下降到2以下,并长期维持在1.5—1.6。[①] 从一些比较案例来看,受马尔萨斯人口论和洛克菲勒基金会的蛊惑而大张旗鼓实施的计划生育政策,在总和生育率的下降问题上并没有起到关键性作用。

生育率的长期下降带来一系列问题,少子老龄化是其中最重要的趋势。它对经济增长、总需求、产业结构、利率、汇率、通胀乃至商业形态和政治氛围都会形成缓慢而不可逆转的形塑作用,对此在本书相关章节中将会反复提及。简单来说,少子老龄化社会的挑战不是劳动力不足(因为有科技进步带来技术对劳动力的替代),而是总需求不足,从而导致产能过剩。通胀率会持续走低,直至通缩。固定资产价格会持续下行,因为不再有那么多人需要使用这些资产,某些价格弹性小的资产甚至会出现零价赠送的现象,比如日本和欧洲的某些小镇房产。通货紧缩最终将利率压到负值,

---

① 关于中国的总和生育率TFR的估值,学术界和政策界有很多争论,笔者自己根据人口统计的年龄结构曲线得出的估算是1.5—1.6。

如同我们在欧洲国家债券和日本债券的收益率曲线上看到的那样,名义利率为负成为长期现象。而这反过来又为体系中心国家的债务率上升构造了一个天然的边界:老龄化社会的政府债务率持续高涨,让人们担忧信用破灭汇率暴贬,但是事实正相反,本书的研究发现,老龄化社会的汇率是最坚挺的或者说在导致汇率走强的各种变量中,老龄化是最有解释力的变量。恰如政治经济学者们在人口生育问题上曾经犯过的时代性误判一样,关于老龄化社会的经济金融含义,主流经济学者们再次集体误判。

自亚当·斯密以来的主流经济学家们都从经济制度以外因素中去寻找对贫困的解释,他们强调自然资源的匮乏以及人类缺乏远见的天性。创造一个有活力的市场经济和控制人口,成为克服贫困和不发达状态的战略的两大基础。教育培训和计划生育是美国经济科学家们提供的技术性解决思路,而技术性解决办法总是比政治解决办法容易。[①]

上述美式思维的特点是把人口的质量和数量对立起来,认为应牺牲数量提升质量。但是民本主义认为质量和数量并非相互排斥,而是相互促进的。人的能力和创造力并非源自个体的天赋,而是群体内互动的产物,来自人与人之间分工、合作、竞争,来自知识的交流、分享及其背后的相关投资。人口的聚集能带来人均财富的增长:人口的规模扩大,聚集的密度越高,同等条件下就越容易致富,因为它使分工合作的规模更大,市场规模更大,竞争也更激烈,技术创新所需的投资也更容易得到回报。当今世界经济的众多事实证明,规模效应和聚集效应,使得经济活动总体上更环保,资源能源更节省,技术进步更快。

教育的确是有帮助的,能够提升受教育群体在全球市场中的竞争力。但是仅凭教育本身无法达成发展,一个极端的例子是朝鲜的受教育水平曾经长期高于韩国,但双方的发展绩效差异巨大。教育的普及水平必须同国家的发

---

① [美]查尔斯·威尔伯:《发达与不发达问题的政治经济学》,高铦等译,商务印书馆2015年版,第96—100页。

展阶段和经济结构相称，学校教育同就业后的"干中学"相结合，才能事半功倍地提升劳动者的总体竞争力。落后国家将有限的资本和人力投资在少数精英身上的结果，是便于他们个人"孔雀东南飞"，移民至体系中心，而不一定是带动母国的穷人变富。人口的素质和教育，是发展的结果而不是其前提条件。它必须同强势有为的政府，恰当的产业结构等因素相结合，才能形成在某种可贸易品领域的比较优势，从而开启不断升级的良性循环。

中国共产党十八大之后，执行了三十多年的计划生育政策终于被改弦更张，主管部门被先合并后除名，生育控制渐进地放开，这既符合马克思主义和民本主义的基本政治经济学原理，也顺应民心和时代潮流。

四 "资源诅咒"

你希望自己的家乡人多地少资源贫瘠，还是希望自己家乡人少地多资源富饶？

笔者曾用这个问题在中国的各种课堂上测试听众（包括企业家、官员、大学生）的观念和认知，绝大多数人认为人的脑力和体力劳动能创造财富，但物也是财富，至少也能用来创造财富。传统观念认为丰富的煤炭资源是英国工业革命产生的主要原因之一。[①] 这种认识也符合我们的直观体验，比如说有的地方发现了富饶的自然资源，石油、天然气、煤炭、金银铜铁矿之类的自然资源可以直接向全球市场出售获得巨额现金收入，从而可以迅速过上富足生活。沙特阿拉伯、阿联酋等国富豪的奢靡之举令人印象深刻，中国国内的山西煤老板曾经也是出手豪阔的代名词。但是，从民本主义政治经济学角度看，富饶的自然资源不但不是财富的源头，反而会消灭财富和繁荣，其中的关键词就是"资源诅咒"。

---

① 文一教授在其著作中令人信服地驳斥了这种观点。参见文一《伟大的中国工业革命"发展政治经济学"一般原理批判纲要》，清华大学出版社2016年版，第109—110页。

1993年理查德·奥提（Richard Auty）在《矿业经济的可持续发展：资源诅咒》（*Sastaining Development in Mineral Ecnomies: Resourse Curse*）一书中首次提出"资源诅咒"（resource curse）这一概念，即资源丰富的国家和地区非但没能实现经济繁荣，反而出现了经济发展速度和水平长期低下、收入分配极不平等、人力资本投资严重不足、腐败和寻租活动盛行、内战频繁等一系列不利于经济持续增长的现象。一国或者一地自然资源的富集，不但不是上天对他们的恩赐，反而是对他们的诅咒。从宏观统计来看，一个国家一旦发现并大规模开采自然资源，那么在三五年内他们将经历一个资源业驱动的繁荣，但是在此后更长的时期内，往往出现一系列深度衰退，人均收入水平在低位徘徊，高通胀、高失业和政治动荡是常见现象。这种现象不但出现在治理能力羸弱的发展中国家，甚至连荷兰这样的老牌欧洲发达国家都难以免疫"资源诅咒"。

针对"资源诅咒"产生的原因，代表性理论有贸易条件论、"荷兰病"、人力资本论、资源经济类型论、资源冲突论以及资源过剩导致制度扭曲的理论。早期结构主义者普利维什（R. Prebisch）、辛格（H. Singer）与赫希曼（A. O. Hirschman）等人认为能源矿产等初级产品缺乏需求收入和价格弹性，导致发达的中心工业化国家和贫穷的初级产品出口国之间的"剪刀差"越来越大。[①] 拉文（Levin）指出，初级产品的价格剧烈波动使得一国税收大受影响，从而导致了不稳定的经济政策。"荷兰病"分析模式基于荷兰在发现丰富的天然气资源后制造业相对衰落的案例，指出资源出口型部门的过度发展削弱了制造业部门，使得一国的技术创新和人才培养相对停滞。

---

① R. Prebisch, *The Economic Development of Latin America and Its Principal Problems*, New York: Unitied Nations, 1950; H. Singer, "The Distribution of Gains between Borrowing and Investing Nations", *The American Economic Review*, Vol. 40, No. 2, Papers and Proceedings of the Sixty-second Annual Meeting of the American Economic Association, May, 1950, pp. 473 – 485; A. O. Hirschman, *The Strategy of Economic Development*, New Heaven: Yale University Press, 1958.

伯索尔（N. Birdsall）等人指出，在资源出口型国家，整个社会对于劳动力技能的需求较低，从而缺乏人力资本投资的激励，形成恶性循环。① 穆尔希德（S. M. Murshed）认为"资源诅咒"的内因不在于资源本身，而在于这些国家容易形成单一的"点资源经济"，相对于"散资源经济"更容易出现经济停滞。② 挪威籍演化主义经济学家埃里克·赖纳特（Erik Reinert）认为能源和矿石等资源品部门的生产是收入递减的，而发展则是要在全球分工中占据那些收入递增的行业与部门。③

在"资源诅咒"的制度内因方面，相关学者认为资源出口型国家更容易出现强权联盟、独裁、寻租等扭曲性政府行为，从而导致一国更容易出现内部及外部冲突，经济长期停滞，贫富分化不均。金融家慈善家索罗斯（George Soros）则认为"资源诅咒"主要源自资源采掘业对外围国家的治理形成腐化作用，因为采掘资源的国家中统治群体无须向普通民众分享权利，只需要维护好同外部几个大国和几家跨国公司的关系就可以获得巨额现金流。所以索罗斯认为，治理"资源诅咒"，一个必要的办法就是让那些资源出口国把出售资源获得的现金流主动或者被动地向全世界透明，接受全世界舆论的监督。④

美国国际政治经济学学者，贸易和平论的代表人物罗伯特·罗斯克兰斯（Robert Rosecrance）教授来中国人民大学访问时，笔者担任接待工作，曾有机会与他做较深入的交流。他指出了一个非常有趣的现象：第二次世界大战之后凡是能发展起来的经济体，都是人多地少缺资源的。日本、德

---

① N. Birdsall, T. Pinckney and R. Sabot, "Natural Resources, Human Capital and Growth", Carnegie Endowment for International Peace Working Paper, 2001.

② S. M. Murshed, "When Does Natural Resource Abundance Lead to a Resource Curse", IIED-EEP, Working Paper 04-01, 2004.

③ ［挪威］埃里克·赖纳特：《富国为什么富，穷国为什么穷》，中国人民大学出版社2013年版。

④ Michael Kaufman, Soros: the Life and Time of a Messianic Billionaire, New York: Vintage Books, 2002.

国迅速恢复了经济强国的地位，韩国、中国台湾、新加坡、中国香港、以色列无不如此。而自然资源丰富的经济体都发展得不怎么样，有些经济体一旦开始倚重资源采掘业，其制造业部门便进入长期衰退。

笔者认为"资源诅咒"并不是简单的一个因素或者一个机理导致的，而是多种因素混杂在一起，从而导致它如同牛皮癣一般难以治愈。从经济角度看，能源矿产的价格弹性小、波动大。在CRB指数的上升周期，资源采掘业迅速带来暴利，从而对其他正常产业（即需要人的不断努力才能提升一点点收益率的行业）形成挤压和排斥，导致经济结构和就业结构的单一化，人的能力被物的富饶取代。而到了CRB指数的低谷，则形成全面萧条和近乎全民失业的状态，经济与社会的稳定性受到伤害。

从政治上讲，资源型经济往往伴生着腐败和专权，更能引发不同族群之间、中央和地方之间、国与国之间的政治军事冲突，因为对资源的控制权天然具有排他性而非包容性，开采资源业不需要太多人的参与，只需要少数国际大公司的资本和技术投入便可。小国、弱国的珍贵资源更容易引发外部强权势力（国家或者大型跨国公司）的觊觎，后者有时通过暴力和政治手段而非交易方式获得其资源。许多政客为了专权，除了诉诸暴力手段外，也往往以高福利承诺向民众赎买权力，而当资源价格下行时，这种建基于物的采掘而非人的能力基础上的高福利，往往演变为高通胀和政治冲突。这种现象，无论在右翼君主专制政权还是左翼民粹政权中都有表现。

由于"资源诅咒"的病理机制复杂，医治的方案也必须对症施药、多管齐下，比如建立主权财富基金对资源业带来的现金流进行逆周期调节；压缩并调控资源采掘业的规模，让其现金流（而不是产量）长期稳定；补贴制造业和其他贸易品的生产与出口，从而使经济结构多元化；扩大再分配的范围使之惠及更多地区和族群，同时控制国民福利水平使之与国民的能力和努力相称。总之，避免资源业带来的经济波动性和对人的要素的挤出效应，是应对"资源诅咒"的基本原则。

◇◇第三节　政府、市场与人民

一　关于公私关系的流行错觉

政府、市场与人民的关系是政治经济学理论争论的核心问题之一。一个社会有机体中的公共部门和私人部门之间，究竟谁才是财富与繁荣之源？政府应该管什么、管多少才合适？要实现一个国家的富强，施策的重心应该放在庙堂还是江湖？冷战时期由于东西方阵营的对抗，原本一个社会科学的学术问题被异化成了政治问题，牵涉了太多意识形态的纷争。尽管冷战已经结束，但是相关问题的政治色彩并没有完全褪去。作为一个历史遗留现象，知识界和舆论界在相关议题上仍然有很多错觉。

第一种流行错觉主要是自由主义政治经济学散布的，他们将政府视为恶，视为对市场自然秩序的扭曲。自由主义政治经济学者普遍对公共部门持怀疑态度，而对私人部门则抱有极大好感乃至崇拜，他们认为政府是一种恶（尽管是必要的恶），而存在一种脱嵌于国家和社会有机体之外的自由市场，代表着效率和公平。因此，应该充分发挥市场配置资源的作用，越小的政府就是越好的政府，其功能应该仅限于守夜人角色。

在公私关系的论争中，之所以出现自由主义声音占上风的局面，除了有冷战以东方阵营崩塌告终的现实原因之外，还离不开一种广为流行的启蒙主义国家起源说的影响：根据若干著名政治启蒙理论家的想象和假设，国家的出现源自一群自由而平等的个体之间的契约以解决他们内部的问题。这种学说影响甚广，在以中产阶级为主体的西方社会已经成为默认的政治常识，也是其政治运行的基本伦理前提。但是无论这种关于应然的论说如何有效地建构了今天西方社会的实然，我们仍必须指出它不仅有悖于全球政治史的基本事实，而且也误导了人们对政治经济体系真实运行机制的理解和想象。

受自由主义影响的学者们都普遍地强调私人部门在财富创造过程中的重要性。这种观点跟我们的日常直观印象相符合：一个工人在机器旁从事生产劳动，高效地生产出产品；支持其工作的是科学家和工程师的智力活动，是企业管理人员、营销人员乃至外部的金融投资人士的经营管理活动使得这一经济活动得以提高其效率和价值；投资家仔细地权衡风险和收益，以确保资本被配置在最有效率最有前景的产业和企业中；企业家为了使自己的收益最大化而努力经营；家庭主妇精打细算挑选最有性价比的产品，把有限的家庭预算转化成家庭成员尽可能好的生活和发展开支……所有这些人基本可以纳入私人部门或者说市场力量。所以人们喜欢强调：财富是私人部门创造的，一定要善待和重视私人部门。而反观政府部门，则很容易感受到某些政府官员的傲慢、不负责任、人浮于事、懒惰推诿。在某些外围国家，我们还往往见到统治者及其爪牙的暴虐、无知、自私、贪婪、腐败。政府官员们不生产什么东西，却花费巨大；即便在一个治理水平较高的国家，公务员们的工作在多数情况下也是限制、约束甚至掠夺市场和社会的资源与空间。

在这个重大理论分歧上，要证伪自由主义并不困难。假如自由主义关于小政府的主张是正确的，那么当今世界的富国整体上应该是小政府大社会，而穷国应该是大政府小社会；而假如本书的民本主义政治经济学观点是正确的，那么政府大小同发展水平之间应该是正相关。

为了验证这样一个假设，笔者把2012年前后的全球100个经济体[①]的数据来进行分析，考察其政府规模同其发展绩效的相关关系。

---

① 之所以选择这100个经济体而不是200多个国家和地区的全样本，是由于排除掉了一些规模太小、人口太少的经济体，并根据数据的可获得性和完整性而确定的样本。

人类发展指数（HDI）

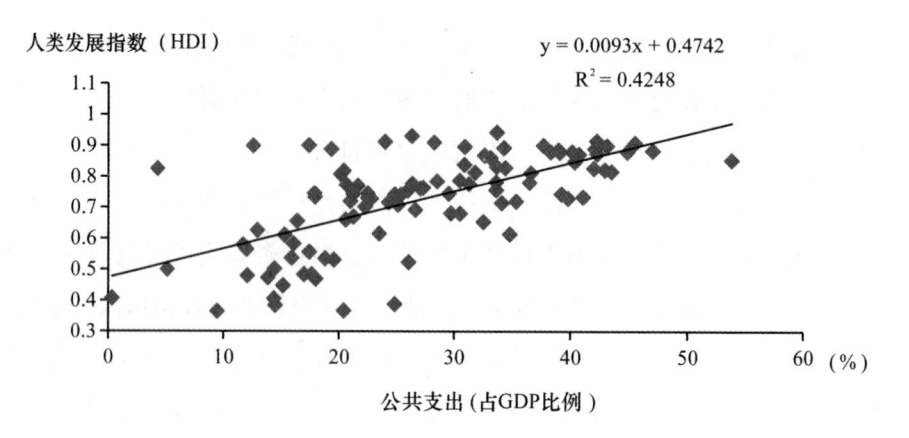

$y = 0.0093x + 0.4742$
$R^2 = 0.4248$

公共支出（占GDP比例）

图1—3　政府规模与人类发展指数（2012年）

资料来源：笔者根据联合国，世界银行整理。

图1—3的横轴表示政府开支占当年GDP的比例，越向右侧移动则越是大政府；纵轴则是当年各国在联合国人类发展指数①排行中的得分，越向上移动则其人民生活质量越高。每一个样本国家的状况都在此坐标中用一个点来表示。通过线性回归分析，两者间的关系昭然若揭：从整体上看，尽管存在各种偏离和特例，一个强大而有为的政府对于一国的发展构成重要支持。有些政府的大量支出使用在了非建设性的领域，比如内部战争和领导人雕像建设或者索性被若干腐败掌权者转移到了海外的私人账户中去。如果把这些失败国家的案例排除在外，那么政府在发展中的作用将更加显著；但即便把这些国家包含在样本中，两者正相关关系仍然是显著的。这张图证伪了自由主义政治经济学理论所主张的小政府理念，而与2015年度的诺贝尔奖获得者安格斯·迪顿（Angus Deaton）教授所主张的"邦弱国穷"的观念所一致。

关于国家和社会（包括市场和人民）关系的另一种错觉来自意识形态光谱

---

① 联合国发布的人类发展指数（HDI）是以预期寿命、教育和人均收入指标的统计综合指数，用于衡量全球各地区人类的发展水平与绩效。

的另一极端。苏联意识形态教条中，阶级斗争是理解社会政治经济现象的关键词。源自19世纪中期马克思主义经典理论家的理论认为经济基础决定上层建筑，国家（政府）是一种阶级斗争的暴力机器，其存在的理由是帮助统治阶级巩固其对被统治阶级的剥削和压迫；剥削统治阶级与被剥削被统治阶级之间的斗争关系是人类历史的主线，贯穿于原始社会、奴隶社会、封建社会、资本主义社会和未来社会主义社会的各个进化阶段；工人阶级代表着未来，其国际主义联合将改造全人类的政治面貌，最终可以实现对国家的消灭；在此之前，可以通过建设一个强大的无所不能的国家，由国家按照科学计划来配置一切资源从而实现生产力的跨越式大发展。站在21世纪中国社会传统和国家制度的立场上来看，上述政治经济学教条存在一系列理论、事实和政策谬误。

首先，国家与政权的产生从历史上看并非源自阶级斗争，而是不同族群之间为生存繁衍的空间而展开的残酷竞争和殊死对抗。生而为人，处于被剥削、被统治的地位并非最悲惨的处境，失去了自身族裔政权和国土的贱民和奴隶阶级才是最悲惨的，因为那意味着失去作为人的基本权利，其本人和子孙（假如还存在的话）的法理和伦理地位甚至与大牲畜资产无异。马克思和恩格斯作为长期生活在资本主义体系中心的知识分子很难意识到这个方面的事实。被统治者之所以在绝大多数时候不会奋起反抗统治者，不仅仅是因为统治者的愚弄和恐吓起了作用，还因为被统治者通过努力和好运，无论是资本积累、教育科举还是战功冒险，其实是有一定机会挤入阶级上行通道的，而他们真正恐惧的是沦为失去民族政权依附的贱民与奴隶。

其次，阶级分野和对抗现象主要是欧洲地区性社会文化传统，而不是全球性的规律。按照北京大学潘维教授的观点，阶级现象源自欧洲的长子继承制，其产生源自游牧文化，因为草原不能私有，不能分割成越来越小的地块，所以长子继承制就流行，而当这种制度传到农耕区，就成了稳定阶级划分的制度基础。由于家族财富归长子，多代累积的后果是非长子的后代们沦为平民乃至贫民。但是在东亚的农耕文明中,"靠自己生养劳力,就'多子多福',就'不孝有三,无后为大'。既然儿子是主要农耕劳动力,就不可能实行'长子继承'制。……西方视阶级为社会必然,中国人则未必。缺少了长子继承,而且多田的富家多妾,'多子多福',农耕社会就'富不过三代'。'富不过三代'就难以产生固定的社会分工。缺乏分工就难以支撑稳定的社会分层,难以培育阶级意识和阶级社会"。① 奴隶现象并非人类从原始社会进化之后的一个普遍发展阶段,而是一种在时间和空间维度都广泛存在但是非主流的制度安排,不能称之为文明和历史阶段。封建制度在中国早在2000多年前的秦朝时便基本结束,贵族从此成为特例而非常态,平等主义是中华文化的核心特征之一。东亚大陆上14亿人口的巨型国家无法将自己四五千年的文明削足适履地装进欧亚大陆西端半岛上5亿人两千多年历史的概念框架里去。带有欧洲中心论色彩的人类历史发展五段论并不符合全球的考古历史事实,更合理的分段可以是原始采摘狩猎文明、农业—牧业文明、工业文明以及后工业—数字文明(关于最新的这个阶段如何定义仍无定论)。

再次,对于国家和政府的消亡的观点显然是受到了当时欧洲流行的无政府主义的影响,却忽略了一个基本事实:国家的功能不仅仅是对抗外侮和巩固生产关系,它还向人民提供各种必要的公共产品,离开了这些公共产品,经济活动和社会秩序无以依托。所以,即便有一天世界政府取代了各个民族国家政权而实现了人类的大一统,只要人性没有本质变化,代表全人类整体和长远利益的政府的存在还是非常必要的。国家和人民之间主要是共生关系而不是压迫关系。

最后,将政府及其制度形式不断神化,把国家治理和经济发展的希望寄托在公共部门的威力与魔法之中,最终导致国家包办一切的全能主义政

---

① 潘维:《比较政治学理论与方法》,北京大学出版社2014年版,第75页。

治经济体系,这是苏联垮台和第三世界国家未能成功发展的原因之一。国家垄断几乎一切生产资料、资源配置和经济活动都按照科学的计划来实施,其结果是对人之需求的多样性和多变性的蔑视与忽略。战时紧急状态下,这种安排有其合理性甚至是优势,但是一旦进入和平时期,全面计划和国有经济的缺陷则越来越暴露出来。

无论是对市场的崇拜,还是对政府的神化,美、苏两大意识形态都体现出西方近现代思潮中的制度万能论。制度万能论其实是一神教思维方式的现代变形,只需将其逻辑框架中的神替换为制度,便可推演和创造一切万物。寻找一种万能的最佳制度来终结历史,如同创造一位万能的神来创造世界一样,可以将现实中所有的不确定性和迷茫都推给这个神化对象,因此西方政治学者们对最佳制度的痴迷如同物理和机械"民科"们对永动机的执着一般乐此不疲。但是中华文明在全世界文明史上的独特之处是从骨子里不信神而信人。欧洲的制度万能论伴随着船坚炮利呼啸而来带来了3000年未有之大变局,实用导向的中国人当然会很感兴趣,但是经历百年探索之后,我们很快意识到其中的荒诞之处。中国共产党从建党、成立中华人民共和国到改革开放的百年探索,对于苏、美两大阵营和两类意识形态先后都有过深度的接触和借鉴,但更重要的是对这两者都是采取了批判性学习的态度,并按照本国的国情和实事求是的原则摸索出适合中国革命与建设的独特道路,并且与时俱进地称之为新时代中国特色社会主义道路。因此,将"实事求是"这四个大字刻在中共中央党校和中国人民大学门口的延安石上,充分体现了中国共产党的道路自信和文明自信。

二 民本主义视角下的政府与市场关系

正如图1—3所提示的那样,这个世界的基本事实是,国家力量(相对社会)越强大,经济发展越好,人均GDP越高,其人民越活得像人样。这一事实似乎同我们的日常体验相违背，但用直观经验而非逻辑推理和数据验证去解释世界，是前科学时代的典型特征。科学研究，包括自然科学和社会科学研究的功能，在于借助一系列可证伪（甚至可重复）的方法帮助我们的认识超越表象、经验和常识，去理解那些隐藏在这个世界表象背后又远比我们的直观感受复杂而深刻得多的道理。在公与私的关系问题上，直观经验再次欺骗了我们，人们所观察到的私人部门的努力和财富循环之间的关系仅仅是表象，而支撑这种表象的底层结构，恰恰是公共部门的各种功能，它们如同空气之于人一般，很少被认可、更少被欣赏，却是各类经济活动须臾不可缺的生存基础。

一个基本事实是，几乎所有经济活动，都离不开某种公共产品（政府服务）的支持，越是高附加值的经济活动，越离不开复杂、专业而高成本的公共产品（政府服务）的支持。

最常见也最基本的公共产品是政府对暴力的垄断从而向其辖区内民众提供的安全与和平，舍此，人们无法参与到正常的生产和交易中去；教育和医疗的普及可以让经济活动获得健康而有能力的劳动者和创业者；进一步，如果能打击扰乱社会和市场秩序的行为，比如反垄断、反欺诈、反假冒伪劣，那么经济活动的效率和质量就能提高；再进一步，如果基础设施的投资能够得到补贴，其外部性能被政府行为所内部化，那么基础设施的进步将大大提升相关产业的竞争力；更进一步，通过法律的授权和对失信者的惩处，信用体系得以建立健全，它可以降低交易成本和资金成本，让交易和投资更易达成；通过压制地方政府和各种行业势力的保护倾向，可以建立一个统一的全国性市场，通过国际条约和贸易谈判，本国的优势商品可以进入其他国家的市场，统一和扩张内外市场的官方努力可以让本国的核心产业扩大产能从而获得规模效应和竞争力；假如想获得更快的技术进步，除了对技术研发进行补贴之外，还必须对知识产权进行合理而必要的保护，因而需要专门的法庭和执法队伍，这些公共产品都是为了对技术研发和创新所蕴含的外部性予以必要的弥补;① 社会保障体系和财富再分配体系可以塑造一个以中产阶级为主的社会结构,其功能是不但扩大了国内市场的总需求,而且降低了整个社会的政治和安全风险;新商业模式和新技术路线的推广,其门槛之所以高是因为传统模式和传统技术已经同社会进行了多年的磨合与共生,要撕裂并重构这种传统运行体系会带来一部分群体的痛苦、阻挠和反抗,所以政府必须对他们予以必要的压制、诱导和补偿,从而让社会技术进步和治理变革得以实现。② 总之,一国政府所提供的各类公共产品同该国的经济活动的规模扩张和复杂度提升之间,存在结构性的对应关系;政府越大越强、公共产品供给越充分,经济活动就越复杂、越高级。

事实上,即便是市场本身都是一种由政府部门创造和维护的复杂公共产品。美联储达拉斯分行华裔副行长文一教授也认同这种观点,在其书中对市场是政府的创造物有系统论述。他认为,贫穷、落后、工业化失败,始终是社会协作失灵的产物,而问题的根源在于,创建规模化的能让现代产业盈利的市场需要付出巨大的经济和社会协作成本,这一成本却被自亚当·斯密以来的市场原教旨主义和新自由主义经济学忽略了。自由市场并不自由,更不是免费的,它本质上是一种成本高昂的公共品,需要强大的国家力量才能创造。"市场的三大基石是:政治稳定、社会信任、基础设施。""基础设施直接决定了一个国家市场的时空结构,物流的大小、方向和速度。""正在中国大地上展开的工业革命,其源泉并非来自于技术升级

---

① 中国人民大学重阳金融研究院的高级研究员罗思义曾担任伦敦金融城高官,他认为:西方的技术进步密集区域离不开政府对其补贴。硅谷之所以成为创新之中心,是因为这个地方存在多所大学和公立科研机构,社会捐赠和政府投入的科研经费所产出的知识被相关人员用来开发新产品和新业务。参见罗思义《一盘大棋:中国新命运解析》,江苏凤凰文艺出版社 2016 年版。

② William Bonvillian, Charles Weiss, *Technological Innovation in Legacy Sectors*, Oxford: Oxford University Press, 2015, pp. 240 – 255.

本身，而是来自一个强势有为的政府所引领的连续不断的市场创造。"①

在文一教授看来，工业化和技术创新的水平是由市场规模决定的，而市场规模是由国家能力实现的。之所以是英国而非荷兰引爆了第一次工业革命，其根本原因是英国在政商强强联合体制下成功地开辟了18世纪全球最大规模的纺织品市场和棉花供应链，必然使得它在全国范围内采用纺纱机和工厂体系变得有利可图。类似地，是美国而非法国或者德国在19世纪末赶超并取代英国成为下一个超级大国，也在于美国的政商两界通力合作打造了一个比大英帝国更加广阔的国内外市场，当时美国对华政策中的"门户开放"主张便反映了这一历史背景。美国获得的巨大市场培育了世界上最伟大的发明家和工业巨头。今天，是中国而非印度做好了在21世纪取代美国制造业和技术创新地位的准备，也是因为中国在过去40年开创并继续开创着一个比美国还要巨大的超级市场，"一带一路"和东亚地区合作乃至国内的精准扶贫，都有助于进一步扩大市场规模，这一超级大市场定会孕育出比卡耐基、福特、摩根、洛克菲勒等还要伟大的企业和企业家。

在21世纪初的今天，笔者和文一教授的上述观念在普通读者看起来会显得非常新颖而叛逆，但实际上这个观点早已存在了千百年，只不过在新自由主义占据了主流之后，这一类观念被知识界和大众舆论遗忘了而已。在本书的民本主义政治经济学看来，以个人主义为本位和自由主义为底色的整个西方经济学理论体系，他们在搭建整个理论大厦的时候所使用的材料和工具都是非常有竞争力的，但是其施工图是颠倒的，明明要建造个烟囱，却挖了一口井，这种颠倒尤其体现在政府和市场的关系问题上。理论上本末倒置的结果是实践中的政策失败与投资失利，理论家和他们教出来的学生既不能治国也不能在市场上盈利，最终导致西方经济的理论家只好退回象牙塔自娱自乐玩弄数学的伪科学倾向。

---

① 参见文一《伟大的中国工业革命——"发展政治经济学"一般原理批判纲要》，清华大学出版社2016年版。

既然市场的建设和维持非常昂贵，那么公共部门为什么还要花如此大的资金、人力和时间成本去建设市场呢？图1—4可以阐释其中的逻辑关系。

图1—4　公共部门与私人部门经济活动的映射关系示意

资料来源：笔者自制。

图1—4中，底边的长度代表一个国家向其国民提供的公共产品，公共产品与上边的市场活动存在映射关系，公共产品越丰富，市场活动越活跃。但更重要的关系在于中间的那个公共部门和私人部门之间的交叉点。同等规模和质量的公共产品，如果该交叉点的位置向上滑动，那么在私人部门所投射出的经济活动便大大缩小，而假如该交叉点向下移动，则在私人部门投射出的经济活动迅速放大。这个点的位置便是综合税点，综合税率的高低对于国民经济规模具有巨大的杠杆效应。

图1—4中甲、乙、丙三个国家，底边等长意指他们的政府所提供的公共产品是等量的，区别在于中间的综合税点的位置高低。甲国政府花了每年新增财富（GDP）的近1/2来提供公共产品，在私人部门投射出那么多经济活动来；而乙国则征集了七成的新增财富才提供了与甲国政府同样的公共产品，结果是在私人部门投射出的经济活动远小于甲国；丙国则通过某些办法将公共产品的成本降了下来，所以私人部门的经济规模远远大于甲乙两国。

当然，这个结构图大大简化了现实中的公私部门之间公共产品与经济活动的映射关系，在现实中还存在的各种资源约束、时滞和摩擦，也存在公共产品的质量差异。但是这样一个逻辑关系可以帮助我们澄清政治经济学中许多原本似是而非的认识。

首先，假如存在绝对意义上的无政府状态，那么经济活动应该接近于零。在现实中，它意味着处于全面内战中的地区谈不上有什么经济发展可言，政权崩溃和军事冲突可以让原本富足的国家在很短时间内变得一贫如洗。"土匪出没的地方没有市场，欺诈横行的地方没有市场，'鸡犬之声相闻、老死不相往来'的地方没有市场"。① 有些发达国家政府（比如比利时和美国）缺位一段时间但是其经济并不受太严重的影响，是因为在其公共部门体系中，狭义的政府仅仅承担一小部分公共产品的供给，立法、司法、社会保障、边境控制、市场监管、军事安全等功能已经分散给半独立于狭义政府（比如美国的白宫和英国的内阁）的广义公共部门的各个子系统了，这恰恰说明了宏大公共部门的重要性。

其次，许多发展中国家之所以贫穷，主要不是由于他们的人民懒惰或者企业家精神不足，也不是政府挤压了市场作用［即用达隆·阿瑟莫格鲁（Daron Acemogla）的话说，是榨取式政治的存在］，而恰恰是因为政府无法"榨取"足够的财政和其他资源，从而无法提供有效公共产品。在笔者看来，政府的原型都是暴力，只不过有些政府及其背后的核心统治群体已经意识到，如果把爪子和牙齿收到所谓德治、法治、自由或者民主的遮羞布后边，道貌岸然地扮演一个讲规矩、有节制的角色，更有利于其稳定和生存。而许多发展中国家的政府及其统治群体则还处于饥饿状态，不得不随时现出暴力的原形。

再次，政府的能力和效率之积决定了国家的财富量。在确保政府功能输出稳定的前提下，通过提高政府效率，可以降低该政府对国民财富的资源汲取比例从而扩大乘数效应，财政学上称之为财政乘数。广义政府效率

---

① 文一：《伟大的中国工业革命——"发展政治经济学"一般原理批判纲要》，清华大学出版社 2016 年版。

就是图1—4中公私两大部门交叉点的高度同底边长度之比。有志于实现国家富强的政府，必须充分意识到自己所花费的每一元预算可能对应着私人部门的十元钱。增强政府能力则可以支持新的更高级的经济活动得以出现。在产业升级和发展背后，公共部门的能力扩张与升级才是关键所在。政府能干的事情越多，整个国家经济越是能现代化，越有竞争力。

最后，最理想的情况当然是让公务员群体努力工作而又领取尽可能低的报酬。但是即便是共产党员也要养家糊口。既要马儿跑，又要马儿不吃草，在逻辑上是不可能的。苏联的办法是通过树典型等手段给这些马儿以精神激励。苏联虽然为其人民提供了很不错的公共产品，包括国家安全、基础设施、教育和研发、社会保障、国际市场准入等，但是整体成本太贵，效率太低。他们缺乏一个"重商主义"政府，不理解市场这种高端公共产品的意义，也不允许市场的存在，不帮助民间创造市场和搭建商业平台，从而不能激活民间活力和创造力，因而缺乏微观进化动力，就像一个没有躯体的大脑，久而久之必然僵化、枯萎、不可持续。而华盛顿共识所推行的援助政策往往首先毁掉了发展中国家的大脑，只留市场这具躯体，结果躯体发育不好，甚至在开放的口号下控制这些躯体的往往是华盛顿的意志。中国改革开放以后保留了前30年所发育出来的大脑（政府），又配上了新的躯体（市场），相互促进，共同生长，成了富有头脑的巨人。而美国自身的办法则是通过面向全球发行用美元计价的政府债务来降低本国的即期综合税点。对于债务在现代经济体系和治国之术中的重要性，笔者将在本书的第二章关于美元铸币税部分和第六章关于债务的部分予以详细展开。

三 强国家的缔造

发展中国家为什么穷？对此问题，新自由主义经济学的答案主要是把责任推给发展中国家的政府和官员，认为他们太过腐败滥权，① 干预市场太多，限制了民众参与交易的积极性，吓跑了或者挤出了高效的跨国公司和私人资本，属于榨取式政权。这类泛泛而谈集中表现在 MIT 经济系教授阿瑟莫格鲁的《国家为什么失败》② 一书的同义反复和陈词滥调之中。

如果考察全球 150 个形形色色的发展中国家，不难发现真相：发展中国家政府部门的主要问题是软弱无力而不是管得太多，公共产品的供给与发达国家相比严重不足。对于外围国家而言，把公共部门搞正确，要比把市场和价格搞对更重要、更优先。

发展中国家与发达国家最大的不同，是政治与政府，然后才是技术、产业和经济方面。发展中国家的政治具有以下几个特点。一是精英们的人生前途和家庭梦想都放在西方。二是政府的能力非常有限，财政收入和公共服务所涉及的人口仅仅占据总人口的很少比例。要想把多数人口纳入政府的资源汲取框架中来，必须经历政治现代化，即 18 世纪后期以来全球发达地区陆续进行的大众政治动员和社会革命。三是政府在有限的资源基础上提供有限的公共服务，其成本很昂贵。这些发展中国家绝大部分是殖民体系瓦解之后的产物，继承的是人为殖民者武断划定的边界和故意设置的地缘和种族矛盾，建立和平与秩序就很困难，遑论更高层次的公共产品。

2015 年春，时任巴基斯坦财长曾经在美国卡耐基基金会的一次演讲中提供过一个很有意思的数字，该国缴税的人口占到总人口的 0.5%。这样的财政汲取能力，在一些被自由主义政治经济学教条洗脑的人眼里应该算是

---

① 腐败是外围地区贫穷的结果而不是原因。将外围地区的不发达归因在官员的腐败之上，是发达国家既想沽名钓誉地扮演施舍者，又不愿意拿出真金白银时的良好借口。既然这些发展中国家那么腐败，那么我们提供的援助岂不是被他们全部贪污掉了？既然这些发展中国家的官僚不值得信任，那么不如我们雇用自己人去分发援助物资。实际上，给非洲的一半援助款都被白人援助者作为人员和劳务费用占用掉了。

② ［美］德隆·阿西莫格鲁、［美］詹姆斯·罗宾逊：《国家为什么会失败》，李增刚译，湖南科学技术出版社 2015 年版。

好事，这是典型的小政府大社会。但是在现实中，这样的税收能力是灾难！正如上文所说，现代化程度同税收占 GDP 比例成明显的正相关关系。没有足够的税收，政府难以支撑国防和警察系统，从而难以提供有效的基本公共产品给国民：安全。没有足够的税收，政府难以雇用庞大而能干的公务员队伍——在许多发展中国家，公务员工资明显难以支持其家庭体面生活，即便部长的工资也难以负担，腐败是一种必然现象。没有足够税收，需要政府投资的那些大型公共项目和基础设施难以到位，贸易品部门的竞争力难以提升，工业化进程难以启动。类似巴基斯坦这样的所谓主权国家，名义上中央政府拥有主权，但其国家能力根本难以触及地方部落和家族，难以对后者形成有效的领导与规制，所以这样的主权是要打上大问号的。俄罗斯总统普京虽然在治国方式上颇有争议，但是他的某些见解颇为深刻，"这个世界上其实没有几个真正意义上的主权国家"，诚哉斯言。

旧结构主义的世界体系论在20世纪80年代式微之后，美国政治学界兴起了国家中心主义的潮流。国家中心主义对国家能力的过度乐观，对国家自主性的过分强调，使得其对现实世界的解释能力受到限制。在对国家中心主义的批判者中，犹太裔美国政治社会学家乔尔·米格代尔（Joel Migdal）教授脱颖而出，他系统阐述了国家与社会之间的互动和博弈。他认为在全球外围地区最常见的是弱国家强社会，即诸如部落、教会、行会、利益集团等各类社会组织的力量非常强大，而国家力量尤其是中央政府的力量不足以对这些社会力量实施有效的控制，因而也就难以从社会各界汲取包括税收在内的各种资源。在其政治社会学名著《强社会与弱国家》一书中，他指出当今世界的外围地区，堪称强国家的地方相对比较少，在他看来，以色列、古巴、中国（包括中国台湾）、日本、越南、朝鲜与韩国，是其中较少争议的强国家。[①] 不难看出，这些经济体几乎包含了第二次世界大

---

① ［美］乔尔·米格代尔：《强社会与弱国家：第三世界的国家社会关系及国家能力》，张长东译，江苏人民出版社2008年版，第281页。

战之后全球经济体系中陆续实现工业化和经济崛起的主要样本。

那么，强国家如何得以产生？与启蒙主义政治哲学家们所创造的契约论截然相反，民本主义政治经济学认为，强国家不是在自由平等的公民之间的契约中产生的，而是在暴力和动荡中孕育而成的。① 暴力集团之间的竞争，冲突和兼并最终导致在特定区域和族群内的暴力垄断格局，从而产生和平与繁荣。米格代尔教授也提到，从历史来看大规模的社会混乱对于强国家的出现具有必要性：它会削弱原有的社会控制，改变民众的生存策略，从而有机会建立起新的（对国家的）忠诚和认同。上述相对强的国家，都在近半个世纪里发生了大规模的社会骚乱、战争和动荡，摧毁了原有的社会结构。②

革命和战争的政治与社会后果，如同电脑的格式化，将旧的系统，包括其中的病毒和冗余一并抹除掉，新系统才得以安装运行。中国同一般发展中国家的重大区别在于，20世纪早期和中期的中国革命和之后的社会主义改造缔造了共产党领导下的超强国家，而绝大多数发展中国家则没有经历这种痛苦的革命和社会改造，因而也就难以建立强国家。中国共产党第一代领导集体完成的政治革命和社会革命，尽管在操作细节和技巧上有很多值得反思与改进之处，但是毕竟让中华民族完成了政治现代化的核心环节：政治、经济和心理上的觉醒与强国家建构，从而为人类史上最大的现代化工业国的形成打下最重要的基础。从这个意义上讲，新一代领导集体强调不能用前后两个30年相互否定，是很有道理的。

强国家的重要指标之一是社会成员的身份平等程度。只有打破了原有的社会樊篱，消除成员的出身导致的身份差异，才能构造强国家。在这个方面，连美国也不例外。在本书写作过程中，恰逢乔尔·米格代尔教授来

---

① 关于欧洲现代国家的诞生，详见 Charles Tilly, *Troubling Confessions: Coercion, Capital, and European States, AD 990 – 1992*, Hoboken, Wiley-Blackwell, Revised, 1992。

② [美] 乔尔·米格代尔：《强社会与弱国家：第三世界的国家社会关系及国家能力》，张长东等译，江苏人民出版社2012年版，第280—289页。

访。在交流中他提及美国所经历的几次大战带来社会的平等化和强国家。美国原本是由盎格鲁—撒克逊后裔主导的排他性的社会构造,南北战争解放了黑奴却并没有接纳他们进入主流社会,南北战争中对美国主流社会的重大改造是将来自欧陆的德国裔、斯堪的纳维亚裔、意大利裔移民接纳到主流族群中来;20世纪20年代中东欧俄罗斯移民和犹太族群也被接纳;第二次世界大战中,妇女也被动员进就业群体来,男女平等得以深化。

如果说战争、革命带来的社会动荡是强国家建立的必要条件的话,那么还有一些影响因素值得注意。在米格代尔教授看来,有助于建立强国家的因素包括:世界历史进程提供的机会,来自国内外的军事威胁,独立官僚体系的建立,以及出色的国家领导人。[1] 在笔者看来,大规模的基础设施建设也有利于强化国家地位,因为它能改变社会各阶层的经济竞争力和谈判地位,将该国内部原本大量非贸易品变为可贸易品,强化其分工和产出规模。不仅如此,基础设施的建设能够持续而根本性地改造相关社会构造和居民的生存策略,从而使原有社会结构瓦解,国家能力持续强化。此外,世俗化运动可以减少宗教势力对国家力量的干预,削弱其社会功能,从而有助于国家力量的强化。对某些核心资源的国有化控制,比如土地的国有化和矿产能源的国有化,固然有助于提升国家的财政汲取能力,但是对于国家能力的提升而言,对物的掌控最终还是无法取代对人的掌控。

此外,信息时代的到来也有助于外围地区的国家力量上升。信息化正在大大改造全球经济和产业的基本面貌,但是笔者认为未来更大的冲击将表现在国家治理能力和治理体系的变革上。一方面,借助信息化网络化手段,国家将变得明显扁平化,整体成本将大大降低,国家对个体的控制力和对社会的渗透力更加强化。另一方面,由于大众传媒被小众传媒替代,社会共识瓦解,政治将会变得非常极化,原本工业化时代产生的依赖于社

---

[1] [美]乔尔·米格代尔:《强社会与弱国家:第三世界的国家社会关系及国家能力》,张长东等译,江苏人民出版社2012年版,第280—289页。

会共识的主流治理形式（比如选举民主制度）也将不可持续。在此背景之下，制度探索和演进的窗口将再一次打开。在本节所关注的国家与市场、公共部门与私人部门的关系上，我们将看到国家能力大大增强，综合税率大大降低，而且大国相对于小国的优势将表现明显。①

如果承认本书的民本主义政治经济学对国家与市场关系的认识有道理，那么目前流行的发展理论和发展援助政策就值得做深度而系统的反思。目前的发展援助政策鼓励外部力量渗入受援国内部，扶持其非政府组织和社会力量，但是这意味着削弱和瓦解当地本已脆弱的国家权威结构，这些努力最终带来的伤害很可能大于其好处。对当地官员行政与治理能力的培训和提升应是发展援助中的核心所在，因为比起普通民众，官员素质对于发展的绩效更具有系统性重要性。

◇◇ 第四节 中心与外围

一 中心与外围之间的差异和变迁

中心外围的二分法在结构主义政治经济学理论传统中占据标志性地位。传统结构政治经济学强调中心对外围的剥削以及外围对中心的依附，强调二者之间政治经济旧秩序的不平等、不公平性质。中心与外围之间的政治经济状况存在质的区别。表1—1列举结构主义视角下的中心与外围之间的质的差异性，其中一部分是传统学派，而更多则是笔者对传统理论的拓展。

---

① 原本大国的劣势在于治理分层多，信息失真严重，管理成本高，但是在信息化时代，大国的劣势不再显著，而规模优势将越来越明显。

表 1—1　　　　　　　结构主义视角下中心与外围的比较

区别维度	中心	外围	理论视角
产业	先进制造业	小农经济和资源采掘	传统结构主义
产品附加值	高	低	
经济结构	复杂多样	单一	
经济技术约束	需求侧	供给侧	
受教育水平	高	低	
经济波动性与通胀率	低	高	民本主义
国际货币	发行者	储备者	
规则、标准与经济周期	倡导者与设定者	追随者与接受者	
国际债务	本币债务，高债务率	外币债务，低债务率	
直接投资	资本输出方	资本输入方	
贸易品与非贸易品比价	贸易品价格便宜	非贸易品价格便宜	
社会身份的等级结构	平等	不平等	
人口结构	少子老龄化	生育率高，人口年轻	
全球公共物品	提供者	购买者	
政治体制	体面的民主制度	失败民主或非选举制度	
国家相对社会的能力	强，大政府	弱，小政府	

资料来源：笔者自行整理。

传统结构主义者正确地描述（description）了中心与外围地区之间质的差异，但是他们的政策处方（prescription）① 是失败的，对中心外围之间差异的深层机理挖掘不足。如表1—1所列，笔者对中心外围的差异从民本主义政治经济学视角做了进一步的梳理和拓展，不难看出两者在经济、社会、政治和货币领域都存在明显差异，这些指标之间存在隐含的钩稽关系，而且其中有些指标与人们通常的想象和直觉恰恰相反。

---

① 他们为发展中国家开出的政策处方是自绝于全球市场体系，关起门来搞建设，自己生产资本和技术密集型产品，走进口替代型工业化。关于其政策的失败，将在下文展开更多分析。

在经济与金融货币领域，中心比外围的宏观经济稳定性更高，GDP增速的变化不是特别剧烈，通胀率更低；中心向外围输出FDI资本，通过承担风险而获得高收益率，而更多的情况则是向外围提供信贷，其中的关键问题是债务的定价货币（denomination currency）是中心国家的货币单位；反过来，外围国家也会向中心国家输出资本，但是以外汇储备的形式储存在对方的国债和金融债中，获得非常低的收益率。就债务率而言，中心国家的中央政府债务率普遍非常高，存量债务往往达到GDP的100%以上，而外围国家的债务率则难以上升到50%以上，这一事实与大众头脑中的直觉正相反。在中心国家，可贸易品质优价廉而非贸易品价格昂贵，换言之，人贵而物贱；在外围国家则正相反，人贱而物贵，外来的商品价格昂贵而本地的服务则非常便宜。

在上述经济现象的背后有着有趣的社会根源。正如笔者在下文将会专门谈及的，通胀和利率背后有很多影响因素，但是长期来看，最具决定性的因素是人口年龄结构，即中老年人和青少年之间的比例关系。年轻人占比越多则消费能力相对于生产能力而言越强大，结果是通胀和名义利率就越高；中老年人越多则通胀率和利率越低。名义利率的下降伴随着资产价格和政府债务率的长期上升，导致整个经济的杠杆率就越高。那么，什么导致了中心外围的人口结构差异呢？答案有很多，最重要的是教育水平尤其是女性教育水平的上升导致生育率的下降，以及人力资本和人均寿命的上升，从而在数十年之后形成少子老龄化的社会人口趋势。事实上，在笔者看来，考察一个社会现代性（modernity）的最重要指标莫过于女性受教育水平了。

进一步追问，哪些社会能够转型成男女平等的、教育资源普及的现代社会？笔者的观察是社会革命及其伴随的政治经济转型。社会革命意味着原有的社会等级结构被削弱甚至摧毁，阶级平等伴随着性别、种族之间的身份平等在法理和伦理上得以确立，而且另一个伴生物是（相对于家族、宗教、行会等社会各类组织的）强国家的诞生。社会革命往往是政治大变革（比如法国、苏联、中国）和战争（韩国）的结果，当然也可以是缓慢演进（英国）、移民（美国、以色列、加拿大和澳大利亚）和模仿（日本）的结果。总之，现代性是社会革命的结果，它意味着在法理和伦理上人的平等，意味着国家力量压倒家族、宗教和行会等社会力量，以及大政府、低生育率等现象。

有趣的是，政治上的平等是经济崛起的前提，但是民主是经济崛起的结果。通观过去两百多年的政治经济体系变迁，不难看出各国在工业化之前通常已经实现了社会身份意义上的平等和国家能力建设。① 但是体面的选举民主制度通常是在工业化完成之后才配享有的奢侈品，凡是在实现工业化之前急于享受多党选举民主制度的国家，目前似乎还找不到一例成功案例，但是陷入发展泥潭和政治僵局者比比皆是。究其原因，笔者提供的一种解释是，为了争夺全球市场份额，工业化是一个对内剥夺"剩余价值"以便对外补贴全球消费者的过程，而多党制和选举民主则意味着赋予了选民群体以分配的权利，两者之间难以兼容。这就好比一个家庭在积累资本的过程中，不能允许家庭成员大吃大喝；而那些还没积累资本就吃光用尽的家庭，通常会在原地打转。在笔者看来，制度本身是一种人为设计和竞争淘汰的演化的结果，而对于中心和外围国家而言，何种制度能够稳定下来其条件也是大不相同的。选举民主制度是工业化发展的结果而非原因。本书关于发展中国家的汇率的研究也证实了体系外围地区的选举民主与汇率之间呈负相关关系。

---

① 比如英国工业革命之前贵族与平民之间的平等性已经非常普及，法国大革命、苏联社会主义革命、美国的南北战争和解放黑奴、日本明治维新以及中国的社会主义改造，都发生在各自的工业化腾飞之前，韩国的封建和殖民社会等级构造则在惨烈的朝鲜战争中被大体摧毁了。广大发展中国家往往在获得独立之后并没有发动痛苦的社会革命与改造，所以其原有的身份等级秩序被保留下来，国家相对于社会的力量显得很弱小，所以在现代市场体系的竞争中无法崛起。

二 融资结构的中心外围差异

处于体系不同层次的国家需要不同的融资结构以与其经济和产业机构相匹配。

对于体系最中心的以创新为主的经济产业而言,敢于承担长期和巨大风险的创投(VC)基金和私募股权(PE)基金,是一种非常重要的资本机构,因为它们能够承受很大概率的创业和研发失败风险以博取成功后的高额成长和资本化收益。与之相应,对知识产权的保护和灵活而繁荣的资本市场是其背后重要的柔性基础设施和公共产品。当然,与创业有关的创新研发通常是在应用层面上的,而更底层的基础科学理论研究则离不开强大的公共部门提供的长期支持。

而对于致力于工业化的发展中国家而言,基础设施融资则离不开国家主导的长周期大资本量的投资,因为基础设施投资具有部分公共产品的特性,对于私人资本而言,为基础设施而征集土地的交易成本较高,投资规模大回收期长,更何况发展中国家的私人资本的规模通常比较有限。开发性金融无论对于发达国家还是发展中国家都是很有必要的。

致力于工业化的发展中国家可以依靠本国私人资本的积累,也可以努力争取国际金融机构的资金支持,还可以依靠外商直接投资或者从国际金融市场上债权融资。其利弊各不相同。

就历史经验来看,成功挤入体系中心国家主要是以本国储蓄转变为资本进行再投资的,日本对外国资本采取了相当排斥的态度。以本国储蓄为基础来发展的好处是利润可以充分地转化为本国居民的财富并最终转化为本国消费,其缺点是速度较慢,而且本国市场封闭的情况下,较难打开别国的市场。

依靠外商直接投资 FDI 来发展,其好处是可以借助外资直接融入全球供应链和分销网络中去，能够迅速实现大规模的生产和非农就业，并通过技术和管理经验的溢出效应而带动本国私人部门的工业化起飞。

但是其弊端也很明显，外资承担了很大部分风险，故要求的回报率通常很高，该国经济发展的较大一部分成果会让外国资本拿走，并且其借助资本规模和市场优势地位对本国的竞争者形成挤压，而本国政府部门和居民部门所得增加值相对有限，从而难以转化为本土市场的消费。这里有可能形成一种依附式发展的恶性循环：借助外资来发展取得了名义上的高增长，但是由于本国居民所得有限，因此更加依赖外资带来的国际市场准入，而不得不向外资进一步让利。这种发展模式到一定水平之后就难以进步，因为土地、人工和环境等要素价格逐步升值到一定程度，外资就会像牧群一样离开该国，去寻找下一片丰茂的水草，表现为资本撤出、汇率贬值和经济增长停滞。另外，外资的引入也会压抑民族工业技术积累的积极性。外资进来可以提供就业机会和管理经验，但是技术积累红利本国分享不到，因为技术是无形资产而且先进技术是不会轻易向发展中国家转让的。有了外资，许多发展中国家就缺乏积极性去开发自己的技术，因为即便开发了，早期也无法与外资竞争。长此以往就形成永久性的对外资的资本与技术依赖。文一教授认为克服这个问题的办法是循序渐进的自下而上的"进口替代"。[①] 以泰国为代表的一些东南亚国家陷入所谓的"中等收入陷阱"，其发展模式即是建立在对外资的过度依赖基础上；中国工业化过程中，既有大规模的招商引资，又有自主创新政策带来的自主技术积累。

拉美国家喜欢通过借入国际债务来融资，包括向国际金融机构和国际金融市场借入各种周期的债务。发展中国家的所谓"原罪"就是无法用本币在全球金融市场上融资，外围国家通过国际债务融资的特点是非本币计价从而让再融资的利率掌握在别人手中。国际金融资本的特点，借用华尔

---

① 文一：《伟大的中国工业革命"发展政治经济学"一般原理批判纲要》，清华大学出版社2016年版。

街的格言,"是在晴天的时候乐意把伞借给你,然后在下雨天执意要把伞收回去"。全球利率波动大,资本流动的方向和规模也具有很大的波动性。拉美国家在20世纪80年代初以及其他美元加息周期所经历的资本外逃、股汇双跌等金融货币危机,便是这种国际债务融资带来的后果。

国际债务融资中有一种特例是向国际金融机构比如世界银行、亚行或者某些发达国家的政府开发援助(ODA)融资。这种融资的特点是周期长利率低。但是其缺点也很明显:一是规模有限,二是有不少附带条件。有限的规模意味着这条融资路径难以持续扩张来支撑成功的工业化,而附带条件则意味着放弃了本国的若干重要选择,比如在政治制度和政策理念上的自主权。如果是接受特定国家的开发融资,那么附带的条件往往是优先(甚至排他性地)使用该出资国的产品、服务和技术路径,并在外交政策上满足其诉求。此外还可能由于信息不对称而面临某些陷阱,比如20世纪80年代前期包括中国在内的东亚国家都获得了日本的大量低息日元贷款,而1985年广场协议之后日元兑美元的快速暴涨导致这些借款国的实际负债大涨。正如日本格言所说,免费的就是最贵的。

向国际组织融资带来的政策自主权的丧失,从长期来看代价将非常巨大。这不是说国际金融组织处心积虑要故意坑害发展中国家,而是说事后来看,凡是跟着世界银行和美国财政部的指导意见走的发展中国家都难以发展起来。尽管这些机构所秉持的发展理念,比如所谓华盛顿共识,的确存在很大的理论缺陷,但是不能否认这些机构中的专家们多数是相信自己正在努力使这个世界变得更加美好。问题在于,能不能通过经济学和金融学的专业知识向世界各国提供一条带有普世性的发展道路?本书的答案是否定的。各国有不同的要素禀赋和文化制度传统,如果向一条全球一致的标准上靠拢就会导致削足适履。更严重的问题在于刻舟求剑,即把曾经成功的经验试图复制到落后国家,殊不知当年的经验已经在迭代竞争中过时失效了。由于全球总需求相对总供给的有限性,任何一轮工业化都只能有少数经济体成功,这就意味着前面成功者所使用的手段并不构成后续模仿者成功的充分条件。这就好比在总是由少数人打败多数人的金融市场上,过去的投资大师所使用的方法技巧,一旦成为公众知识便不再能够产生超额收益。同理,历史上工业化发展成功者的经验有较大可能构成后来者成功的必要条件,但是显然不能成为充分条件,因为其经验已经成为公共知识,当大家都知道其中诀窍的时候,其价值被对冲掉或者说中和掉了。更何况,世界银行等机构向全球发展中国家推销的发展模式,往往是中心国家的政治家和学术圈希望后来者去做的事,而不是他们的前辈们实际所做的事。① 1800 年以来,西方国家的工业化过程中,伴随的是严酷剥削劳动者,严重污染环境,严厉镇压殖民地的反抗,剥夺民众各方面权利,努力窃取他国技术诀窍,从而扶持本国制造业在国际市场上崛起,而不是今天世行所推崇的创新、绿色、和平、共享、法治、民主等。华盛顿共识,至少就其客观结果而言,相当于一种新殖民主义,用援助和优惠贷款的"条件性"(conditionality)将后发国家锁定在一种报酬递减和贫困化的产业分工之中,剥夺了其人民的发展可能而使之更加依赖自然之物。不仅如此,华盛顿共识的放任主义更使得发展中国家失去国家能力或政府主导经济发展的能力与意愿,而国家能力对于发展中国家的工业化十分关键。

可以推论,越往后,从外围向中心的竞争将越惨烈,难度也越大。发展的第一步,就是保持精神上的独立性和路径上的自主性。为了资金而出卖灵魂和自由,是走向失败的第一步。

外围国家如果能把握好全球资本和资金的价格周期,管理好国家信用,则可以适度利用国际金融市场的资本。否则,应当在向国际金融市场举债时保持高度的警惕和慎重。当然,为发展而融资仅仅是发展过程中的一部

---

① 剑桥大学张夏准教授的书名便是《富国陷阱:发达国家为什么踢开梯子?》,即发达国家一旦获得成功之后,即主动踢掉了梯子,不想让后发国家沿着他们当年的成功道路跟上来。

分工作，成功的关键还是在于产业的不断升级过程中让资本得到持续增加的回报。

三 分化与演进中的中心外围关系

相比于传统结构主义的中心—外围二分法，笔者认为中心和外围在20世纪70年代之后出现了同步分化。中心国家分化为以虚拟金融经济和高科技创新为主的英美资本帝国和以实体经济为主的欧陆国家、日本、韩国、新加坡等制造业强国，而外围国家则分化为以"物的生产"为主的大宗商品出口国和以人力的开发为主的劳动密集产品出口国。之所以在20世纪70年代开始出现上述分化，主要是由此后的一系列结构性变迁所驱动的，其中包括1971年美元黄金窗口关闭标志的法币时代的到来，1979年之后英美倡导新自由主义全球化，1989年东欧剧变导致两个平行体系合二为一，以及进入21世纪之后东亚供应链向中国的延伸和升级。

笔者在《中国为什么有前途——对外经济关系及其战略潜能》一书中曾经描述和对比过这种双重分化。分析某国在这个体系中到底处在什么位置，最主要的是看这个国家向整个体系出口何种东西以交换它所需要的商品和服务。从这个角度来考察所有的经济体，世界体系内的国家（和地区）大体可以分为四类，分别为中心国家、准中心工业国家、外围工业国家以及外围原料国家（见图1—5）。

第二次世界大战后处于全球市场体系中心地位的国家显然是美国，以及在较小意义上的英国。到21世纪初，美国出口最多的东西不是商品或服务，而是美元信用。其次是各种无形资产，包括商标和品牌的使用权与特许权、好莱坞为代表的音像制品，以及一些商业模式。至于粮食和军火等物质性商品则在金额上远不能与此前两大项相比。美国向全球提供流动性和技术，如同在太阳系中的唯一恒星太阳一样，向绕着它转动的行星们放

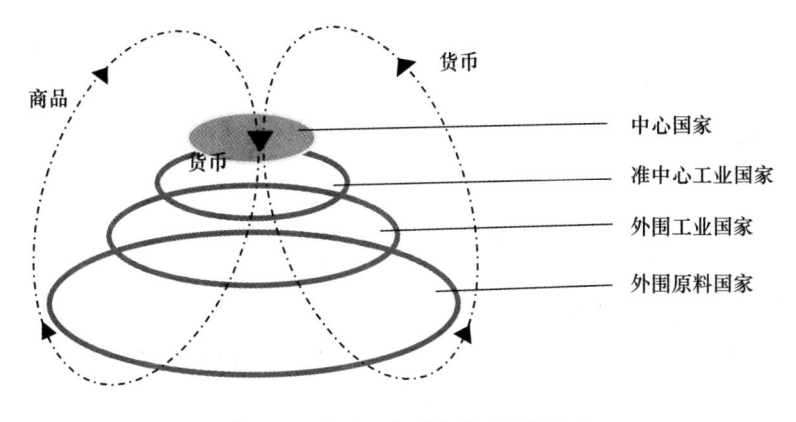

图1—5　商品、货币在体系中的流动

资料来源：笔者自制。

射热量。不同经济体在其不同轨道中，离太阳这个热源越远的行星越冷，离它越近的行星越温暖。

世界市场之所以如此积极地追捧美元和美国无形资产，是因为体系外围的绝大多数国家认同美国的实力优势、政治经济体制的优越性以及作为帝国的信用。人们之所以相信美元，并非如同美元纸币上所印制的那样"因为上帝而信任"，而是基于美国无与伦比的经济技术实力以及压倒性的军事和政治优势。美国的财富和力量又反过来导致了全世界对美国生活方式、价值观念以及承载或者象征了这些文化的商品与品牌的追捧。因此，可以将美国这个中央国家称为依靠信心生活的国家：依靠别人对他们巨大的实力优势和制度优越性的信任和信心，以及他们对这种信任与信心的坚定维护与巧妙使用 。

紧邻美国内核的是欧陆国家和日本等准中心国家，他们用来与世界交换的商品也有他们的货币，但是最主要还是精致的高附加值工业品与服务。西欧和日本既有体系中心国家的货币出口与虚拟经济特征，又保留着类似于外围国家的工业制造能力，所以笔者将他们称为准中心国家。他们依靠的是百年工业发展所获得的资本积累，加上在先进的研发能力以及管理组织能力基础上获得的技术和专利优势，所以可以称之为依靠理性和纪律而生存的国家。

在欧洲与日本的外围，是第三个层次的国家，即主要从事劳动密集型产业的国家，其中生存着世界上最多的人口。他们也生产工业品，但是与准中心国家相比，他们的工业生产在技术上远为简单，组织效率和管理技巧上明显落后，其产品与服务的精致复杂程度相对低下，其单个产品的零部件数量远不如前者之庞大，更缺少对核心技术和专利的掌握。中国及其大多数东亚邻国，以及南非、墨西哥、巴西、土耳其、部分中东欧国家的位置即在其中。由于他们提供了全世界最多的劳动力供给，所提供的产品和服务基本上属于劳动密集型，所以不妨称之为依靠勤劳而谋生的国家。

在体系同心圆的最外围，则分布着许多依赖能源和原料出口而生存的国家，这些国家覆盖着地表的最大面积，中东、拉美、南亚、非洲、俄罗斯、中亚等地的大量经济体都处于这第四个层次中。他们基本不创造或者制造东西来与世界交换，而是拿出祖先传下来的土地下埋藏之物来交换别人的劳动产品，所以，我们不妨称之为依靠运气生活的国家——他们生存的质量取决于脚底下的土地可以提供何种自然资源。

1979年中国进入这个分工体系以来的40年间，我们在全球市场体系中的位置出现了迅速的变化，从最初的原料提供国，到外围工业国，如今正在向准中心国家快速挺进。① 在中国之前，还有韩国和新加坡等经济体；在中国之后，还有越南、印度等经济体正在陆续启动挺进中心的进程。与此同时，我们也能看到有一批经济体在不同程度上经历了结构性的边缘化，

---

① 由于中国巨大的体量，东部发达地区和一线城市的经济发展水平已经向准中心层次靠拢，每年培养的工程师相当于美、欧、日、俄四大经济体的总和，每年专利的规模已经能与美国相竞争。但也正是由于中国体量的巨大和内部的多样性，人均GDP刚刚达到全球平均水平。

比如苏联东欧地区和南非、巴西、阿根廷等地。

表1—2　　　　　　　　分化后的中心—外围对比

项目\体系位置	中心国家	准中心工业国	外围工业国	原料提供国
代表性的国家	美国、英国	西欧、日本、韩国	中国、东南亚国家、墨西哥、巴西、土耳其、东欧国家、南非	俄罗斯、中东国家、非洲国家、拉美国家、南亚国家
向世界提供产品	货币、知识产权、商业模式、金融教育等高端服务	技术、知识产权、核心部件、资本密集型产品	组装产品、劳动密集型产品与服务	能源和原材料
成功所依赖的主要特质	国际信用与形象	教育与纪律	勤劳与节俭	运气或祖先遗产
要素禀赋	国际威望	技术能力和资本存量	劳动力规模和素质	丰富的人均可出口原材料
在体系中的比较优势	军事最强大	工程师最密集	劳动力最多	领土幅员最广
市场角色	世界的银行	研发中心和实验室	加工车间	矿场与林场
生物链中的角色	大型食肉动物	小型食肉动物	食草动物	植物与微生物
GDP（2017）规模（万亿美元）	22.00	20.00	20.00	14.60
人均GDP(2017)（万美元）	5.00	4.50	1.09	0.60

资料来源：世界银行，笔者自行整理。

上述事实说明，中心与外围之间具有大体稳定的比例结构，当中国这样的巨型经济体挤入体系相对中心位置时，就必然会有一些国家经历去工业化和边缘化。中国的挤入伴随着苏联、南非、拉美以及欧洲外围地区的去工业化，原因在于任何给定时刻的全球总需求是有限的。在货币领域更是如此，未来当人民币逐步成为国际主流货币时，就必然会有些货币的全球份额趋于萎缩乃至消失。

上述事实也说明，世界市场体系的结构固然存在刚性，但是通过正确的政策组合与努力，这种结构刚性并非不可突破，各国的命运与分工更非注定。也正是因为上述事实，本书的民本主义认为不宜在分析中牵涉太多价值批判，而应注重理解其结构与变迁，重在探讨"是什么"和"怎么办"，而不是沉迷于表达我们对这种世界结构中不公平不合理之处的愤怒和抗议。只有冷静地理解世界，才能有恰当的方式来适应并改造它。市场体系的运行是一种增量变革与存量调整之间的有机统一，既要看到结构存在的现实合理性，又要看到新的可能性。

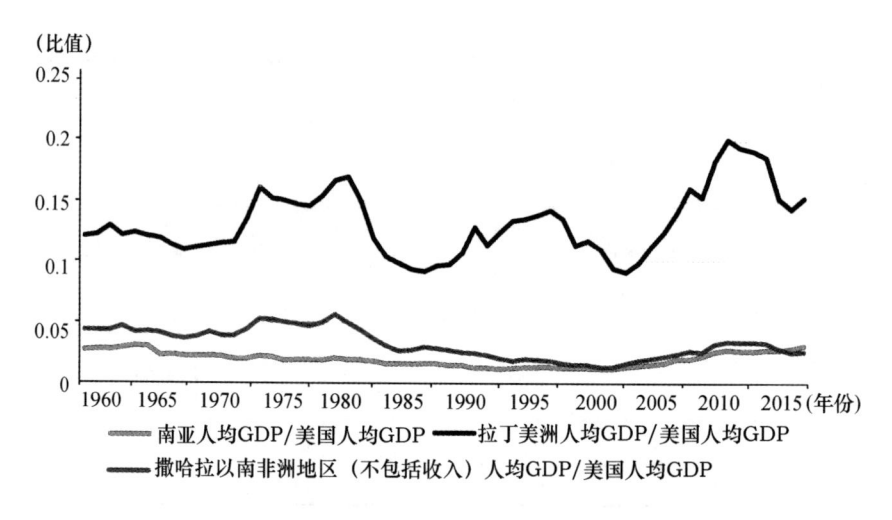

图1—6　外围地区人均GDP与美国对比（1960—2017年）

资料来源：世界银行数据库。

通常来说，参与到这种中心外围的分工中对几乎所有参与国都是一种理性选择，因为被人剥削固然悲剧，但是更悲剧的是没有人愿意剥削你。

必须承认世界市场体系的存在本身有其合理性和鲁棒性（robustness），[①] 而非某个阶级或者国家或者族群的阴谋操纵的结果。当今世界上，置身于体系之外的国家少之又少，朝鲜是一个特例：20世纪70年代之前，朝鲜的生活水平要高于韩国和中国，原因在于朝鲜的经济深度融入了以苏联为中心的东方社会主义阵营内的交换体系，而当时的中国则孤悬于东西方两个体系之外。在苏联解体之后，朝鲜被排斥在全球市场体系之外，导致生活水平下降。

从图1—6可以看出，世界市场体系的外围地区与中心地区的人均GDP之比长期看存在较大的稳定性。众所周知，美国在第二次世界大战后的人均GDP几乎呈线性增长，直到近年才开始出现颓靡之势，而这些外围地区与美国之间的比例呈现稳定性，这至少能提示我们两个问题：一是圈层的稳定性比人们想象的要强；二是中心对外围的确存在某种程度上的带动和溢出效应。

中心外围谁是本谁是末？笔者倾向于认为中心是发展和进步的动力所在，而外围经济活动则可以视作其衍生物。这与本章探讨的一国内部公共部门同私人部门之间的逻辑关系其实是高度一致的。全球市场体系是一种资本主义帝国，其政治经济学本质就是杠杆和信用。资本主义帝国实质上是世界政府的僭主，它不请自来地利用了全球公共产品供给的真空，主动扮演了某种程度的世界政府的角色，或者操纵联合国这个萌芽期的世界政府以自利。

世界市场体系的帝国之所以通常能成功运行一两个世纪，不仅仅因为其武力优势能压制外围的反抗，更是因为世界市场体系需要这样的僭主提供某些公共产品，比如航道安全、全球市场的开放性、反扩散、应对气候变化、基础性科研、各类国际标准的统一等。帝国从整个体系汲取资源，

[①] 鲁棒性（robustness）的音译，为健壮、强壮之义，鲁棒性指的主要是系统在一定条件下维持其某些性能的稳健性。——编者注

并向体系反哺某些公共产品,而外围参与者将其资源交给帝国中心来配置,所以中心外围的关系主要是一种共生关系而不仅仅是剥削关系。这就解释了一个第二次世界大战后的基本事实:与体系中的帝国(第二次世界大战至今的美国和 20 世纪 80 年代之前的苏联)走得越近的国家发展得越快,而自我孤立的国家则陷入相对停滞和贫困。

现代经济与传统经济的关键区别不在于制度,而在于技术。德意志帝国对英国的技术反超、苏联和美国之间的太空竞赛等案例皆可说明不同的制度都可以带来技术的进步,但是其共同特点是所费不赀。技术的进步不是一个或者一群天才的灵感导致的,而是巨量资本和高水平人力投入的结果,而巨大的投入必须要有巨大的市场来吸收其最终成果,才能形成可持续的技术进步。英国的工业革命来自全球(殖民地和半殖民地)市场的主导权,从而为其棉纺织工业提供了最大的市场吸纳能力。[①] 由此可以推理出中心与外围的共生关系:外围的人才、资源和市场向体系中心国家敞开大门,中心国家吸取了体系外围的人才和资本,能够投入巨量资本从事研发,从而获得技术突破和生产率提升;而体系外围国家通过贸易和技术溢出效应而获得好处,其生活水平也能得到部分提升,尽管其总的获益通常不如中心大。而那些自绝于体系之外的经济体则很容易出现技术停滞增长缓慢的前现代状态。

由于传统结构主义强调剥削关系忽略掉共生关系,因此片面强调通过全面"进口替代"来与中心脱钩,结果无法利用中心提供的巨大消费品市场;而市场规模又是任何落后国家开启工业革命或产业升级的必要条件,因此一旦失去体系中心的规模化大市场和上游技术,而自身市场又有限而且技术落后,发展中国家便进上一条死胡同。相反,"亚洲四小龙"和改革

[①] 参见文一《伟大的中国工业革命——"发展政治经济学"一般原理批判纲要》,清华大学出版社 2016 年版;黄琪轩《技术大国起落的历史透视——政府主导的市场规模与技术进步》,《上海交通大学学报》2013 年第 4 期。

开放以后的中国，充分利用共生关系，在出口导向的同时，循序渐进、自下而上地搞进口替代，先利用进口机器生产劳动密集型商品（比如纺织品、箱包、玩具），大批量出口到中心国家市场，以赚取最大微薄利润来创造自己的就业和补贴自己的产业升级，结果逐步往上游产业渗透，实行局部而渐进的"进口替代"，反而仅仅花了半个世纪就赶上了欧洲发达国家。[①] 传统结构主义政治经济学只强调剥削却看不到共生，导致其理论转化为政策实践后面临普遍的失败。而东亚的经验则充分说明中心外围关系中既有剥削又有共生，既有结构刚性又有改变的可能，体现出马克思主义辩证法思维的适切性与实用性。

由于结构本身的原因，一旦占据中心地位，一国的力量会被体系的杠杆作用放大，而外围国家的力量会被体系压缩。所以外围国家挑战中心是非常困难的，通常需要外围挑战者的经济规模远大于中心本身，才可能挑战中心国家所掌控的整个体系，而且还需要中心国家自己犯了严重的错误而处于极端虚弱之际。关于这个机理，笔者将在第三章全球化部分展开详细论述。

◇ 第五节 可贸易部门和非贸易部门

一 一价定理与可贸易品

2015年笔者在美国首府华盛顿特区的乔治城大学做访问学者，每个月都会去马里兰州和特区交界处的一个小镇上去理发。给我理发的通常是一位越南裔的中年妇女，她15分钟理发（不包括中国常有的洗头服务）劳动

[①] 参见文一《伟大的中国工业革命——"发展政治经济学"一般原理批判纲要》，清华大学出版社2016年版。

的收费是20美元。尽管她的服务颇为友善和称职，但我还是忍不住思考这样一个问题：假如这个服务过程发生在北京的郊区而不是华盛顿特区的郊区，即便劳动者还是她，服务对象仍然是我，劳动内容还是这样简单的15分钟，那么她的收费恐怕至多值5美元。假如这个工作地点转换到越南河内的郊区，那么她的收费应该为1—2美元。一模一样的劳动，在不同国家之间居然存在数倍甚至数十倍的差价，是因为这类劳动无法跨境贸易，所以不存在异地套利，因而也就不会遵守"一价定理"。所谓一价定理，是金融学的课程中讲授汇率时必然会讲到一个原理：在市场开放的前提下，如果忽略掉运输、税收和其他交易成本，那么同样的东西在世界任何一个角落理应卖一样价钱。这个定理是学者们研究汇率的逻辑前提，各种汇率定价模型都是基于这个思想来展开的，差异仅仅是模型中锁定的究竟是什么东西的价格。

理发和其他生活服务的定价取决于周边客户的富裕程度。这个小镇附近的查维查斯（Chevy Chase）和白萨斯塔（Bethesda）两地，都是富人云集的好学区，据美利坚银行的客户经理所说，此地2014年家庭收入中位数达到了17万美元。正是在这儿的理发椅上笔者产生出一个念头：非贸易品（non-tradable goods）的劳动和消费过程应当被定义作财富分配环节，它与税收和福利、资产价格变动、家庭成员之间的分享和赡养、慈善捐赠等经济行为一起，构成一个社会内部成员之间共享财富的渠道。

可贸易品和非贸易品之间存在质的差异。可贸易品由于跨境套利的存在而大体符合全球一价定理，故本文将其定义为财富的创造部门；非贸易部门，主要是大部分服务业，其价格在不同经济体的差异可以非常悬殊，而与其质量水平和客户偏好无关，故本文将其定义为社会财富的再分配环节。换言之，一个经济体通过其可贸易部门生产出产品、创造了财富，并通过贸易将其所造之物从全球市场上交换到自身所需，然后通过非贸易的部门（比如人们相互之间的服务）将这些价值在自身社会的各个群体中进行再分配。需要提醒读者的是，把非贸易品定义为财富分配环节，这里不存在对或者错的问题，而是方便或者不方便的问题。这些人造的概念和设定都是学者们为了理解和解释的方便而创设的分析工具，而随着时代的变迁和经济的发展，我们完全可以且应当创设新的概念以解释和分析新的事态。这个定义及其思想衍生品构成本书结构主义政治经济学的又一个不可或缺的内容。

决定一国居民收入水平的主要是该国可贸易品部门的竞争力，技术进步也主要体现在面向全球市场竞争的可贸易品部门。一个经济体的富裕程度，仅仅跟其可贸易部门在全球市场上的竞争力有关，而其非贸易部门的效率提升和质量提升对于其富裕程度的影响几乎可以忽略，因为它仅仅是分配环节，同样这么多东西，无论一个社会如何分配，人均量还是没有变。想象一下那位越南裔的美国理发师，如果她回到越南，在河内郊区无论如何打磨她的理发技巧和服务水平，她的报酬水平都无法大幅跃升，因为河内本地人的支付能力仅仅是美国精英阶级的1/10。世界各国各地区，凡是能生产出某些产品和服务并以较大规模和较好增加值水平销售出本国本地区之外的，那么其人均财富量和生活水平必然较高。凡是没有多少东西可以对外出售，或者附加值低的，那么其人民必然比较贫穷。如此，许多流行而含混的思想和概念便得以澄清，制造业为什么重要？所谓"实体经济"为什么重要？究竟哪些才算真正意义上的实体经济？其实，日常生活中人们使用制造业和实体经济等概念的时候，真正指称的是可贸易品。①

事实上，每个产品的生产、流通和消费中既包含了价值创造，也包含了价值分配，只不过由于它们的贸易半径不同，参与价值分配的空间和群

---

① 可贸易品包含了所有工业制成品，但是还包括一部分可贸易的服务。实体经济的概念则非常含混，制造和绝大多数服务都在其中，但是互联网信息产业和金融业往往被视为"非实体经济"。相比而言，可贸易品的概念能更清晰而直接地指向一个经济体贫富兴衰的关键原因。

体范围也有巨大差异。如果你交易半径中居住的都是穷人，那么你获得的价值通常不会高；假如分配半径中都是富人，那么所获通常不菲；假如分配半径非常巨大，那么你的所得取决于产品的定位和竞争力了。

是否可以（跨境）贸易，主要是从流通的角度来区分的，在很大程度上也不是非黑即白非此即彼的概念，而是一个渐变光谱：有的产品可以被运送到世界任何一个角落去出售，比如服装、玩具和手机；而有的产品则不然，比如某种口味独特仅为本地人所欣赏和接受的食物，易于变质而只能本地销售的生鲜食品或者个人对个人的直接服务如理发、按摩和洗车服务等。我们可以在这个渐变光谱上确定各个产品和服务的交易半径。交易半径越大的越是可贸易，而交易半径越小的则越是不可贸易。技术变迁和交通运输通信条件的改善，使得原本非贸易的劳动成果越来越可贸易，大量产品和服务在上述光谱上都向着贸易半径的远端迁移。

非贸易品由于技术变迁而越来越可贸易化，正在对社会经济运行模式产生深刻影响。传统的可贸易部门是制造业和农业，但是随着技术进步，尤其是互联网技术的发展成熟，很多非贸易部门正在变得可贸易，互联网对传统服务业的一系列改造，正在深度颠覆我们习以为常的生活场景和定价体系，无论是餐饮、交通、住宿、零售，还是教育和金融服务，都在变得非本地化：其服务的交付当然仍是在本地发生的，但是其订单撮合与支付，服务的后台支持等很多增值环节发生在外地乃至外国。随着原本非贸易的服务被技术切割出越来越多的可贸易部分，服务业价格也正在出现跨境的一致性趋势。这就意味着各个社会内部原先的财富分配渠道变得更加狭窄了，通过可贸易部门获利的群体向本国其他群体的财富溢出过程更加依赖于政府活动，既包括政府的福利发放，也包括公共部门的各类投资和服务对资产市场的影响。在此背景下，一方面资产市场的波动性会趋于扩大，即房产和金融投机致富显得越来越容易；另一方面如果政府对社会财富再分配的力度如果跟不上步伐的话，那么整个社会贫富分化会越来越严重。据此，我们可以提出一个政治经济学理论猜想：20世纪80年代以来全球性的（席卷了除欧洲和日本之外的全球绝大部分区域）贫富分化浪潮背后，不仅有新自由主义所主导的宏观政策调整因素，还有技术进步带来的经济活动的可贸易化趋势的结构性变迁，即原本的某些财富分享过程也变成了财富创造活动。

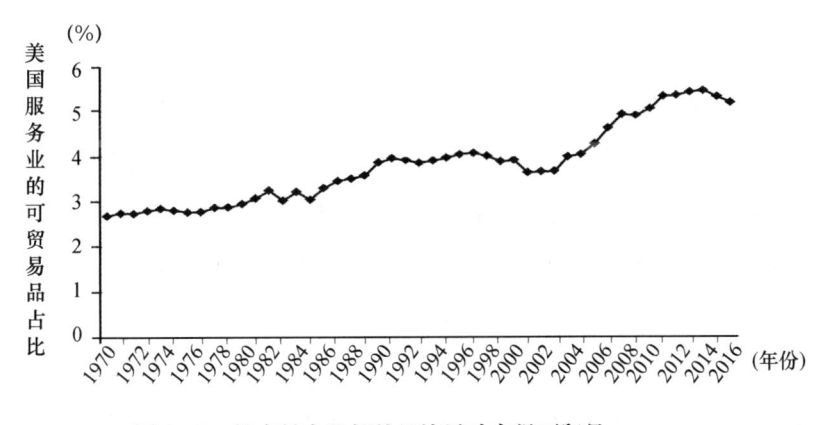

图1—7 越来越大比例的经济活动变得可贸易

资料来源：笔者自制。

所以，为了弥补可贸易品和非贸易品之间的转化导致的贫富分化，需要比过去更加大的力度来进行全社会的再分配。

二 GDP-PPP之误与"巴库斯—史密斯谜题"

20世纪中叶，当人们在比较不同国家的经济实力时，最喜欢用若干关键产品比如钢铁、煤炭、粮食产量的指标，比如当时的中国曾经以粮食和钢铁产量作为超英赶美的指标。但是这些产品其实在国际市场上存在着质量和价格的重大差异，因而不能简单类比。于是美欧逐步开始流行国内

（地区）生产总值 GDP 的计算。GDP 的计算也存在很大的谬误，比如说两个国家的人均 GDP 可能有 100 倍差距（比如美国与南亚某国），但是两国居民可比的生活水平差距显然不到百倍。于是学者们发明了不同的购买力平价（PPP）计算方法来修正 GDP 统计的偏差。不同研究机构的 PPP 估算方法各不相同，通常是越不发达的国家购买力平价的数值比按汇率换算值高出越多。

之所以要创造购买力平价的概念，是因为发达国家和发展中国家之间的物价有明显差异，所以要在市场汇率之外再评估出一个"购买力平价"来弥补这种差异。但是这个概念往往给人以错觉，似乎未来市场汇率将会向购买力平价靠拢，然而汇率价格史的真相是，绝大部分货币汇率的走势将与购买力平价所暗示的方向相悖。美国纽约大学的大卫·巴库斯（David Backus）和加拿大女王大学的格雷戈·史密斯（Gregor Smith）在 1993 年的一篇论文中提出了一个现象：购买力平价所暗示的汇率变动方向，往往普遍与后来的走势相反。尤其是发展中国家的汇率普遍被认为低估，所以其购买力平价往往远高于市场汇率，但是汇率市场的长期走势大幅下跌而不是向其购买力平价水平靠拢。这个现象被称为"巴库斯—史密斯谜题"。[1]

购买力平价这个概念带来的混乱与错觉远多于它能创造的便利和说明的问题，因而它不是社会科学研究中的好工具，而是一个政治宣传的好概念。笔者发现与其用购买力平价，还不如用中国古人的概念体系。2000 年前的中国思想家们用"轻—重"来表达他们对货币购买力的理解，其实这要优于西方经济学中的购买力平价概念。

创造和使用购买力平价概念的人，显然没有对经济体内部的可贸易部

---

[1] David K. Backus, Gregor W. Smith, "Consumption and Real Exchange Rates in Dynamic Economies with Non-Traded Goods", *Journal of International Economics*, Vol. 35, No. 3-4, 1993, pp. 297-316.

门和非贸易部门做必要的区分。在进行跨国经济比较时，我们应该抛开 GDP 或者 PPP，而直接将可贸易部门的产出规模或者增加值作为比较基准，因为可贸易品在不同国家的市场价格大体符合一价定理，从而具有可比较性。这样处理之后，许多似是而非的概念和逻辑将得以澄清。当我们讨论汇率，尤其是汇率的长期波动趋势时，也必须区分可贸易品和非贸易品，因为只有可贸易品才符合一价定理，换言之，对汇率的计算必须将非贸易品排除在外，才能有比较准确的判断。[①] 关于这一点，本书将在汇率一章加以展开。

如果用笔者所主张的这种比较方法，那么中国的可贸易部门产出规模和增加值已经超过了美国。而美国的 GDP 规模比中国仍然大 60% 左右，是因为其非贸易部门的 GDP 规模很大。为什么美国的非贸易部门远远大于中国？笔者认为主要是因为美国的城市化率比中国更高、家庭规模比中国更小、社会成员间的合作更加依赖市场交易。中国社会仍然有很大比例的相互服务与财富转移并非通过货币交易而是通过亲友邻居之间的互助与赠予来实现，所以这一块的 GDP 统计数据会相比美国小得多。

三 如何发展可贸易部门

如果本书所主张上述观点是有道理的，那么外围国家发展的核心问题就在于如何发展出一个具有国际竞争力的可贸易部门。

制造业是可贸易品，但可贸易部门不仅仅包括制造业。外围国家要想摆脱经济结构的单一和"资源诅咒"，传统的观点认为必须发展制造业，关于这一点，民本主义政治经济学当然是赞成的。但是笔者主张应该看到某

---

① 许多专业研究人员之所以在汇率判断上犯方向性错误，一个常见问题是把 CPI 作为分析的抓手，但是 CPI 的价格样本中间包含了大量的非贸易品，而非贸易品的价格永远不会趋同，因而对于我们讨论汇率是没有意义的。

些非制造业也属于可贸易部门，也有利于居民财富量的增长和经济竞争力的提升。比如说，带有更多生物技术含量的新兴农业、旅游影视和娱乐业、也具有明显的可贸易性，也能借助全球市场带来规模效应、效率提升和人的能力的发展。甚至某些传统观念中的虚拟经济，比如互联网服务和（全球性）金融投资服务行业，也具有很明显的可贸易特征。一部分外围国家，比如地理位置比较独特，人口规模比较小的国家，其实不必抛弃自己的比较优势和禀赋特征，强行挤上制造业工业化的独木桥。只要是能够带来本国人民在可贸易部门的能力积累，能让他们在全球市场上挣到钱的行业，都是可以带来财富增长的。但是有些产业虽然也依靠本国人民的勤劳智慧，但是无助于从全球市场上可持续地挣到越来越多的钱，那么致力于这些产业的政策措施其实是浪费资源和机会的。

在政治经济学传统中，不同学派的学者们争论了大半个世纪的重大问题是制造业发展的策略和路径。有的主张着眼于出口部门，搞出口导向的工业化；有的主张着眼于进口部门，搞进口替代的工业化。传统结构主义主张进口替代，但是从20世纪60—70年代的广泛实践来看，绝大多数是失败的。反而是日本、韩国等少数幸运儿，由于政治和安全原因无法顺利地走进口替代路线而不得不从低端的服装纺织等行业的出口开始做起，结果走出了逐步升级的工业化道路。林毅夫教授根据东亚的出口导向和产业升级成功经验，用动态比较优势的思路更新了传统结构主义。对此，笔者整体上是赞同的。

两种策略各有其利弊和应用前提。出口导向的好处是可以动员更多的人员进入到全球供应链体系中来，易于优胜劣汰，也能早日实现盈利，从而逐步积累资本，用时间换发展空间。但是其缺点是对外部市场的依赖非常大，自身经济缺乏必要的自主性，往往需要政治外交上的依附或者韬晦，这对于一个刚刚摆脱了西方殖民帝国势力独立的发展中国家是一个重大的内政挑战。进口替代策略最初容易获得本国内部的政治支持，但是长期来看易于被手段（官办企业）绑架，形成路径依赖和腐败低效的封闭系统。对此，林毅夫教授的专著中已经论述非常充分，在此不赘述。

事实上，东亚模式并不能完全用出口导向来概括，而是出口导向和进口替代的混合物。日本、韩国和中国都是重视民营企业的出口创汇，同时又通过产业政策和金融抑制政策为产业升级而做长期投资甚至是赌博。在笔者看来，进口替代与出口导向之间的争论，类似于攻守之间的关系。守则有余，攻则不足。守可以为攻创造条件积累资本，对于政治与社会发育还不够完善的发展中国家而言，执政者应努力先居于不败之地，以守为主，适时反攻。

小　结

本章首先梳理了民本主义政治经济学思想的国内国际渊源及其在经济学和政治学两大学科中的表现，并通过一系列二元关系展示了本书的民本主义政治经济学理论框架。显然，这些观点即不同于左翼结构主义的理论主张，也不同于自由主义和新自由主义的观点，更不是把两边的部分观点拼凑在一起，而是重构了一个内恰的新世界观，为理解我们所处的世界政治经济体系提供了一个多维而一致的新坐标体系。

本章的主要创新观点包括但不限于以下几个方面。（一）中心与外围是共生关系。中心吸纳资源，创造信用，产生技术突破。中心从外围获得的最重要资源是人才而非自然资源。（二）政府从人民中汲取财政资源，提供公共产品，市场本身也是公共产品之一。政府能力和效率之乘积决定了一国发展水平。（三）人是本，物是末，财富的唯一来源是人而不是物。人的生产和消费行为实现了财富。物在经济发展中作用越来越低，资源富集是一种诅咒。（四）应该把可贸易品的生产视为财富创造过程，而把非贸易品视为财富分配环节。可贸易部门的发展是一国富强之关键。技术变迁导致非贸易品的可贸易化，是全球贫富分化的原因之一。

本书的主题是关于全球货币与金融体系的民本主义政治经济学。正如读者可以看到的那样，此后的各个章节将以上述理论命题为逻辑基础，从不同侧面印证和丰富这个世界观的拼图。

第二章

货币国际化与全球货币体系的重构

◇ 第一节 全球货币体系的演进轨迹：从金银复本位到美元霸权

一 从复本位到金本位

在人类历史上，将金属作为一般等价物进行交换的实践由来已久，因为金属可分割、不易磨损，且产量受限而其价值在一定期间内较为稳定，铜、镍等贱金属都曾是重要的通货，比如在古代中国就在相当长的一段时期内依赖于铜钱。但是在地理大发现之后，全球经济逐渐连接为一个整体，在这个全球经济体系中起过重要作用、发挥过关键影响的贵金属，只有金和银两种。自15世纪以来，国际货币体系就围绕着金与银而形成，金银复本位制、金本位制轮番上场，金银的价格涨跌与地位更替也对国家、地区乃至世界的发展产生重要影响。在单一的金本位制或银本位制度下，本位金属可以在国内外自由流通、自由铸造和自由兑换。对于金属铸币，各国政府以法律形式规定成色和重量，两国货币含金量的比价即成为决定汇率基础的主要因素。

在19世纪70年代金本位制的地位确立之前，主导欧洲的是复本位制。至少从13世纪起，欧洲大多数国家就已同时流通着金币和银币，到14世纪末，几乎每个欧洲国家都在使用三类铸币金属——金、银、铜（或镍等价值不大的金属）。① 沿用至较为晚近的是金银复本位制，政府通常会以法律形式确定金银的比价。复本位制的好处在于，货币可以同时由金和银来充当，在某一种金属的产量或价格出现震荡时仍有另一种金属提供稳定性。基于金银价值的差异，两种金属分别使用于大额交易与日常流通，为不同规模的经济活动提供便利。② 其弊端在于金银比价不能总是固定，而需要机动地调整以抑制市场上的套利活动。③ 虽然政府制定了官方的金银比价，但是在实际的市场流通中，金银两种贵金属本身也是商品，其价格受到供求的影响，比如大矿藏的新发掘可能使得相对应的贵金属贬值或是大宗的国际金银流动导致了区域内的价格波动。因此，一国的官定金银比价，可能与其他国家市场上的金银比价不同，从而诱发套利。④ 人们会将本地偏贵的货币花出去，而将本地被低估的货币收储起来，最终市场上流通的多是偏贵的所谓劣币，这种劣币驱逐良币的机制被称为"格雷欣法则"。⑤ 各国政府为

---

① [英]约翰·F.乔恩：《货币史：从公元800年起》，李广乾译，商务印书馆2002年版，第21页。

② Oppers, S. E., "A Model of the Bimetallic System", *Journal of Monetary Economics*, Vol. 46, No. 2, 1995, pp. 517-533.

③ 赖建诚：《金属货币复本位的设计与终结》，《金融博览》2016年第11期。

④ 白银在中国的供求与在美洲以及欧洲是差异巨大，白银在东西方的价差也制造了巨大的套利空间。当16、17世纪世界上其他国家的白银增产、银价下跌，金价上涨的同时，在中国的却是银价上扬，金价相对下跌。据全汉昇的考证，在明代（1368—1644）的绝大部分时间内，金银的比价约为1:6，但是在西班牙帝国，15世纪末的金银比价约为1:10，到了17世纪中叶，金银价格之比就已经在1:16到1:15之间了。当时的欧洲，尤其是西班牙，就经济生产活动而言并无优势，他们"在世界经济中主要的甚至唯一的业务就是运输白银"。直到鸦片战争爆发前，中国一直对外保持大额顺差，以此换取白银流入。参见全汉昇《中国近代经济史论丛》，中华书局2011年版，第112—113页；[德]贡德·弗兰克《白银资本：重视经济全球化中的东方》，刘志成译，中央编译出版社2001年版，第191页。

⑤ Selgin, G., "Salvaging Gresham's Law: The Good, the Bad, and the Illegal", *Journal of Money, Credit and Banking*, Vol. 28, No. 4, 1996, pp. 637-649.

了限制套利，维持国内货币体系的平稳，采取了不同策略，比如根据世界市场上的金银价格对国内铸造比例进行及时的调整或者是与其他国家建立货币合作联盟，约定共同的金银比价。晚至 1865 年，比利时、法国、意大利和瑞士四国建立拉丁货币同盟，可视为试图联合稳定金银币值的尝试。① 也正是这些因素使得有着内在缺陷的金银复本位制能够在较长时间内持续运行。

到了 18 世纪后期，"格雷欣法则"的威力在英国得以显现。相对于欧洲大陆市场上的金银比价，黄金在英国被高估而白银被低估，白银大量从英国流往欧陆国家。英国的金银复本位制中白银相对更重要一些，白银的流失使英国经济受到了严重的影响。1774 年，英国通过货币重铸，提升了金币在国内货币体系中的地位，由此逐步过渡到金本位制。拿破仑战争结束后，英国于 1816 年以法律形式限制白银的流通和铸造，正式确立了英国的金本位。② 半个世纪之后，由于北美银矿的发掘带来白银产量的大幅提高，再加上 1871 年德国利用从法国取得大量金币赔款的机会而改用金本位，并大量向国际市场抛售白银，开启了银价一路下跌的狂潮。③ 欧洲各国纷纷效仿英国，放弃复本位而实行金本位。到 19 世纪 80 年代，国际货币体系的金银复本位制时代基本结束。④ 以英镑为核心的金本位时代标志着英帝国的鼎盛时期，也是全球化浪潮得以狂飙突进的时代：贸易与和平是该时代的主题，1880—1914 年的 30 多年全球商品、人员和资本的跨境流

---

① Flandreau, M., "The Economics and Politics of Monetary Unions: a Reassessment of the Latin Monetary Union, 1865 – 1871", *Financial History Review*, Vol. 7, No. 1, 2000, pp. 25 – 44.

② 张亚兰:《白银"洼地"与分层的世界货币体系》,《中国金融》2009 年第 13 期。

③ 贺水金:《论近代中国银本位制下的汇率变动》,《社会科学》2006 年第 6 期。

④ [加拿大] 罗伯特·蒙代尔、王娜:《论国际货币体系的重建：基于创立世界货币的设想》,《厦门大学学报》(哲学社会科学版) 2012 年第 1 期。

动达到了史无前例的地步，有学者认为一百年后美国主导的新自由主义全球化在许多方面甚至难以超越英国主导的古典自由主义全球化时期。

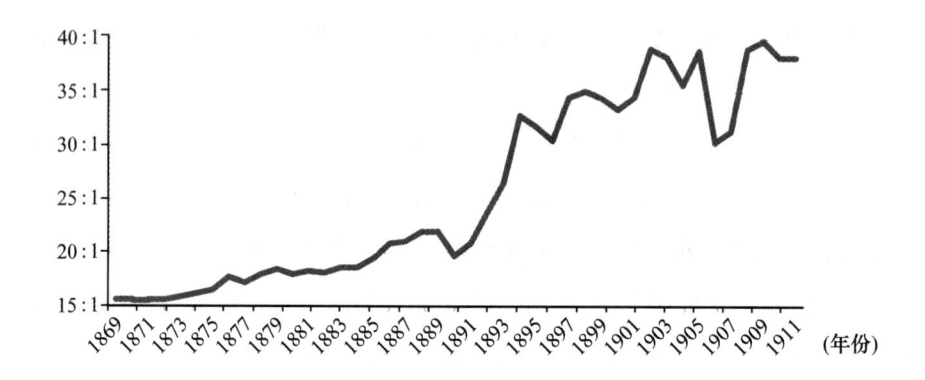

图2—1　清朝后期黄金白银的比价关系

注：图中每个年份的数据皆为该年度12月31日的数据。

资料来源：Denver Gold Group，https：//www.denvergold.org/precious-metal-prices-charts/gold-silver-ratio/。

值得一提的是，欧洲先后放弃白银从复本位向金本位转型的过程也是中国社会整体上快速贫困化的过程。中国社会的贫困化不仅仅是因为中国清政府在19世纪后期多次战败割地赔款，常被忽视的是本币大幅贬值的贫困化效应。自明朝起中国的货币本位以白银为核心，而清朝后期全球白银价格的持续大幅下跌意味着过去数百年东亚大陆对外出口的农业和手工业品所换取的白银财富迅速蒸发，与此同时全中国的劳动力、土地和其他各类资产价格以国际通用的黄金价格计算出现了大幅贬值。如果清朝的中国是一个制造业国家，那么本币的大幅贬值会带来制成品出口的强劲增长和贸易盈余的增加，从而最终让本国货币重新升值，国民生活水平回归正常。但是作为一个封闭的农业国，产出瓶颈的存在使得本币的大幅贬值仅仅带来物价上涨、饥荒、贫困化、社会的大幅动荡以及国际地位的下降。

二 从金币本位到金汇兑本位

金本位制与英帝国的崛起和鼎盛密切相关，而其最终的崩溃也和英帝国的衰弱联系紧密。19 世纪后期，金本位制在英国政府和中央银行的有意维持下，①保证了汇率的稳定和国际收支平衡，并逐渐被西欧各国采用，成了一种国际性的货币制度。卡尔·波兰尼（Karl Polanyi）认为，19 世纪的文明建立在四个制度之上，而其中最关键的就是金本位制，它将国内市场制度扩展到了全球层面，并在这种自律性市场上产生了自由主义国家，维持了均势制度从而保障了 19 世纪欧洲漫长而罕见的和平。但是，金本位制也存在其固有的缺陷：黄金相对固定的开采量无法满足国际贸易量的短时间内起伏的要求，会引起通货紧缩从而对国内经济发展带来打击，带来失业和商业危机等。除了其自身的缺陷外，若是维系其顺利运转的大国不再承担自己的责任以维持和稳固这项制度，金本位制也将遭遇巨大的动荡和崩盘。而当起到基石作用的金本位制崩溃时，其承载的其他制度"也在各种徒劳无功的挽救过程中牺牲了"。②

---

① 许多学者详细论述过英国在金本位制度维持方面所起到的作用。例如罗伯特·吉尔平：《国际关系政治经济学》、苏珊·斯特兰奇：《国家与市场》、卡尔·波兰尼：《巨变：当代政治与经济的起源》、罗伯特·基欧汉：《霸权之后：世界政治经济中心的合作与纷争》。

② ［匈牙利］卡尔·波兰尼：《巨变：当代政治与经济的起源》，黄树民译，社会科学文献出版社 2013 年版，第 51—52 页。

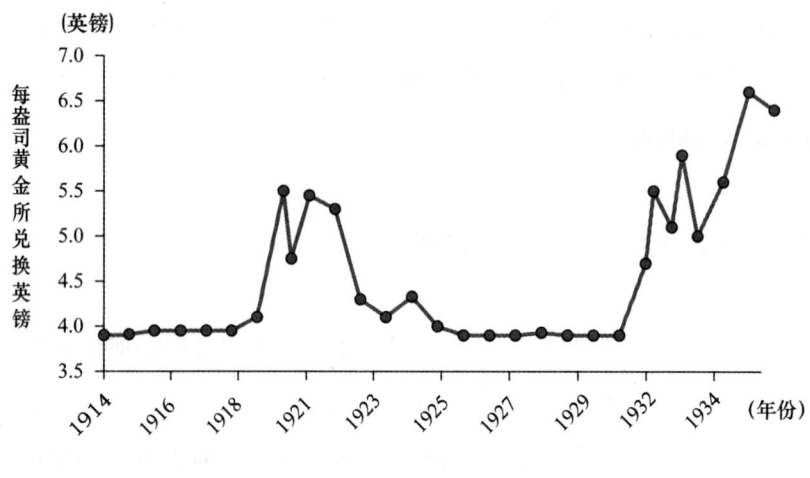

图 2—2　黄金—英镑价格（1914—1934 年）

资料来源：macrotrends，measuring worth，https：//www. macrotrends. net/1333/historical-gold-prices-100-year-chart，https：//www. measuringworth. com/datasets/exchangepound/result. php。

20 世纪初的历史印证了波兰尼的判断，英国权势连带金本位制的衰弱和其连锁反应带来了一系列灾难性的后果。英镑在第一次世界大战和大萧条的双重打击之下，无力避免贬值趋势，也无力成为金本位制顺利运行的基石。英国实力的相对衰退首先出现在 19 世纪末。英国在世界工业生产中所占的比重，1870 年为 1/3，1900 年为 1/5，对外贸易也从 1880 年的 1/4 降到 1913 年的 1/6。[①] 德国、美国等新兴工业国在煤、生铁产量等方面都相继超过英国，开始在国际事务上与英国分庭抗礼，在殖民地等方面要求分割更多利益，对"英国治下的和平"表达不满与挑战。1914 年第一次世界大战的爆发是金本位制第一个崩溃的时刻。各参战国为了筹集和保证足够的战争经费，相继废弃了金本位制度，并超发货币，造成了普遍的通货膨胀，使各国货币流通和信用制度遭到破坏，而且加剧了各国出口贸易的萎

---

① 徐天新、王红生、许平：《世界通史（现代卷）》，人民出版社 2017 年版，第 14 页。

缩及国际收支的恶化。

第一次世界大战严重削弱了英帝国的实力和国际地位，而拥有强大经济实力的美国因为孤立主义退出了国际联盟，这导致战后的全球秩序呈现"无极"状态。与之相应，第一次世界大战后全球货币安排也呈现出一种混乱动荡的状态：在自由浮动汇率制下，各国普遍经历了恶性通货膨胀和汇率波动；之后各主要国家勉强恢复金本位制，1926年法国的固定汇率标志着一个全球体系的金本位制再次得以重建。① 但新的金本位制其实是附加了限制条件的金汇兑本位制而非此前的英镑金币本位制。金汇兑本位制下，多数国家不储备黄金，而是要把黄金存放在他国，本国的纸币和黄金存放国的纸币之间实行固定汇率，银行券也无法在本国内兑换成黄金，因此金汇兑本位制也称为虚金本位制。民众如果需要把手头的银行券换成黄金，必须先换成黄金存放国的纸币。这一货币制度其实在第一次世界大战前的殖民地世界就存在，其本身也带有小国对大国依附的不平等色彩。

新的金本位制度能达到的稳定程度也远远不能和战前相比。苏珊·斯特兰奇（Susan Strange）认为，金融体系的稳定与货币信用创造体系的稳定密切相关。② 第一次世界大战前金本位制度本身就被视为一种信用担保，而战后债权人更加注重考察债务国的公共债务情况和贸易条款，③ 新的金本位制事实上丧失了原本的信用。

国际权力结构的混乱无序加上金本位的固有缺陷带来了国际政治经济秩序的一系列问题：美国放弃了对德国等地区的长期贷款，造成了这些国家的

---

① [美] 巴里·埃森格林：《资本全球化：一部国际货币体系史》，麻勇爱译，机械工业出版社2014年版，第49页。

② [英] 苏珊·斯特兰奇：《国家与市场》，杨宇光译，上海人民出版社2006年版，第90页。

③ Obstfeld, M., Taylor, A. M., "Sovereign Risk, Credibility and the Gold Standard: 1870–1913 Versus 1925–1931", The Economic Journal, Vol. 113, No. 487, 2003, pp. 241–275.

萧条和动荡；英国国内经济也受困于紧缩的货币政策。① 而这种紧缩带来的生产下降等现象引起了"银行恐慌"② 并最终导致了大萧条。在危机爆发之后，各国纷纷以邻为壑，相继实施贸易保护主义，实行汇率操纵并进一步使情况恶化：在1932年渥太华会议上，国际货币体系一分为三，英国带领英联邦国家成立了英镑集团；美国则牵头成立了保持金本位制的美元集团；还有以德国为首的进行外汇管制的中东欧集团。③ 各集团内部保持了贸易自由化，集团之间则高筑关税壁垒。一贯支持自由贸易反对贸易壁垒的英帝国放弃了自由主义传统政策，以英镑集团为基础实行"帝国特惠制"贸易，即在英国与英联邦其他成员国之间相互提供贸易优惠的关税制度。世界秩序进入了"逆全球化"（de-globalization）的时期。④ 至于金本位制度，更是被各国弃若敝屣：1931—1932年，英国、加拿大、北欧诸国以及美国都放弃了金本位制度；1936年，比利时、荷兰以及法国也宣布放弃。⑤ 如罗伯特·吉尔平（Robert Gilpin）所述，"世界经济进入史无前例的经济战时代"。⑥

最终，如波兰尼所述，金本位制的崩溃带来的是自由主义世界基本制度的崩溃，也是经济自由主义的破产，其替代物——社会主义、法西斯主

---

① 陆寒寅：《再议金本位制和30年代大危机：起因，扩散和复苏》，《复旦学报》（社会科学版）2008年第1期。

② Bemanke, B., James, H., "The Gold Standard, Deflation, and Financial Crisis in the Great Depression: An International Comparison", in Hubbard, R. G., eds. *Financial Markets and Financial Crises*, Chicago: University of Chicago Press, 1991, pp. 33 – 68.

③ ［美］巴里·埃森格林：《资本全球化：一部国际货币体系史》，麻勇爱译，机械工业出版社2014年版，第50页。另有一说认为第三势力为法郎集团。

④ 1929—1933年，国际贸易下降了60%，全球繁荣所必需的国际多边贸易体系也在贸易壁垒的冲击下摇摇欲坠。1931—1939年签订的510项各国商业协定中，60%不再包括"最惠国待遇"条款。

⑤ ［英］霍布斯鲍姆：《极端的年代：1914—1991》，郑明萱译，中信出版社2014年版，第113页。

⑥ ［美］罗伯特·吉尔平：《国际关系政治经济学》（第2版），杨宇光译，上海人民出版社2011版，第122页。

义等开始流行于世，并相继在不同国家取得政权，也正是法西斯力量挑起了第二次世界大战。金本位制的国际货币体系终于被国际权力结构的无序与失衡颠覆，国际货币金融秩序进入了一个混乱的真空期。

三 英美间货币权势的博弈与转移

第二次世界大战结束前夕，英美双方都积极就重建战后国际经济体系展开会谈。在1941年前后，双方提出了各自不同的方案，即美国的"怀特计划"和英国的"凯恩斯计划"。这两个计划以各自的提出者命名，并成为日后布雷顿森林会议上双方争论的焦点。两者间的对比见表2—1。

表2—1　　　　　　　　凯恩斯计划与怀特计划的对比

	凯恩斯计划	怀特计划
新设立的国际组织	国际清算银行	稳定基金和复兴银行
资金总额	国际清算银行为260亿美元	稳定基金为50亿美元；美国认缴上限不超过20亿或30亿美元
认缴份额标准	按照该国在国际贸易总额的比例认缴	按照该国的黄金储备、生产力、国民收入、对外贸易量、人口、对外投资以及拥有的外国债务等；认缴资金中的"现金"部分至少一半应以黄金的形式认缴
赤字国的责任和权利	允许自动获得完全无担保的透支，但是不超过认缴资本上限；透支额度可以随世界需求状况的变动实现浮动	允许以本国货币和黄金作为抵押进行借款；提款权不超过认缴资本上限

续表

	凯恩斯计划	怀特计划
盈余国的责任和权利	对盈余的增长添加限制；贷方余额超过其份额的一半时，需采取提供贷款等方式减少其出口中得不到偿付的部分；承担的贷款责任无上限（美国可能要承担多达230亿美元）	承担的贷款责任不超过认缴资本上限
投票权设置	按照占国际贸易总额的比重分配投票权	每个成员拥有固定的100张票，此外每缴纳额外的100万美元增加一张选票
汇率制度	设立新的国际货币"班柯"，各成员国的货币和班柯和黄金保持固定汇率；设定一个固定的标准来决定成员国何时和多大程度上可以贬值或升值	设立新的国际货币"尤尼塔斯"，与黄金直接挂钩，但是尤尼塔斯实际上是10美元的同义词；成员国在改变汇率平价时必须获得基金的批准，受到严格限制

资料来源：笔者根据《布雷顿森林货币战》《英镑美元外交》《从英镑到美元》以及 The Bretton Woods-GATT System 等整理。

不难看出，凯恩斯（John Maynard Keynes）既反对金本位带来的通缩效应，又反对浮动汇率带来的竞争性贬值，所以主张有管理的弹性汇率；他认为全球经济的最大问题是国际流动性匮乏；他希望新货币规则能照顾到英国这样的债务国的利益；他注重政府的行动自由，使得国家能够在协调充分就业与国际收支平衡目标时变更汇率、实施汇率和贸易管制。① 凯恩斯对大萧条时期货币政策的有效性持怀疑态度，所以极力主张国家层面的财政政策作为主要的稳定工具。② 他的计划重视扩张多于收缩，并且保障了各国不用限制国内政策的权力，③ 给予政府更大的自主性。为了保证英国贷款来源的稳定性和避免被动地位，保证债务国的自主权，凯恩斯计划向盈余国（即美国）收取罚款：美国最多可能需要承担多达 230 亿美元的责任。正如一位学者所述，"他（凯恩斯）的蓝图不仅要使英国规划中的全面就业政策避免承受国际收支压力，而且提供了一种便捷且无政治伤痛的方式，假借国际改革的名义从美国获得钱财"。④

对于凯恩斯计划，后世许多学者提出了批评和疑问，⑤ 但是也有许多学

---

① ［美］巴里·埃森格林：《资本全球化：一部国际货币体系史》，麻勇爱译，机械工业出版社 2014 年版，第 97 页。

② White, W. R., "The Need for a Longer Policy Horizon: A Less Orthodox Approach", in J. J. Teunissen, & A. Akkerman, *Global Imbalances and Developing Countries: Remedies for a Failing International Financial System*, Hague: FONDAD, 2007, pp. 57–925.

③ T D'Arista J., "The Evolving International Monetary System", *Cambridge Journal of Economics*, Vol. 33, No. 4, 2009, pp. 633–652.

④ ［美］弗朗西斯·加文：《黄金、美元与权力：国际货币关系的政治（1958—1971）》，严荣译，社会科学文献出版社 2016 年版，第 22 页。

⑤ 例如，出售班柯只能获得体系中最弱势的货币，各国不会愿意用黄金购买班柯，从而使凯恩斯的设计可能无法持续；清算同盟的各项规定，实际上的目的是让赤字国不会永远是赤字国，盈余国也不会永远是盈余国；当盈余超过一定额度将被迫转移到保留基金当中去，因此"是一个向赤字国家自动提供资金的国际透支机构"；此外，凯恩斯计划假设债权国失业以及发生通货紧缩构成了对均衡的唯一的威胁，但如果失衡是由发生通货膨胀导致，计划提供的解决方法对债权债务两方都没有益处；而凯恩斯担心的国际流动性过少的问题，却被事实证明是错误的。战后的美元洪流实际上是过大了。参见［美］本·斯泰尔《布雷顿森林货币战：美元如何统治世界》，符荆捷、陈盈译，机械工业出版社 2014 年版，第 147 页；张振江《从英镑到美元：国际经济霸权的转移（1933—1945）》，人民出版社 2006 年版，第 238 页；［美］理查德·加德纳《英镑美元外交》，符荆捷等译，江苏人民出版社 2014 年版，第 121 页；［美］弗朗西斯·加文《黄金、美元与权力：国际货币关系的政治（1958—1971）》，严荣译，社会科学文献出版社 2016 年版，第 23 页。

者重新审视并发掘出它在克服现有的浮动汇率制缺陷、建立更稳定有效的国际货币治理安排方面的意义。例如有学者认为，建立一个世界性中央银行下的后凯恩斯式的国际通用货币体系（或者各国进行美元化和欧元化），去除汇率和国家外汇限制，有利于国家经济增长和保持收支平衡，符合国家的长远利益。①

"怀特计划"旨在"防止国际汇兑扰乱、防止货币及信用体系崩溃；确保对外贸易的恢复；以及供应全世界重建、救济和经济复苏所需的巨额资本"，② 这与凯恩斯计划的目的基本相同，但是计划内容存在显著不同。在怀特的计划中包括了两个全新的国际机构：稳定基金和复兴银行。稳定基金利用其资源在成员国遭遇国际收支困难时提供短期贷款援助，代价是融资国的部分经济主权；而复兴银行主要是为成员国的战后重建提供资金。投票权由成员缴纳的现金、黄金份额等决定，而缴纳份额的标准由各国经济的一系列基本面因素决定，③ 缴纳的现金中至少一半必须是以黄金的形式缴纳，这有利于美国以其巨大黄金储备增加自己的投票权，从而在基金中获得绝对的主导权。为了满足国际上对国际货币的呼声，稳定基金将使用一种与"班柯"类似的直接与黄金挂钩的国际记账单位"尤尼塔斯"，但是基金不为成员国提供"尤尼塔斯"的份额，成员国也没有义务使用尤尼塔斯进行国际清算。④ 这说明"尤尼塔斯"只是一个幌子，怀特的真实目的是让美元成为黄金的同义词，使得美国政府实际上能够随意地自行设置利率

---

① Moore, J. B., "A Global Currency for a Global Economy", *Journal of Post Keynesian Economics*, Vol. 26, No. 4, 2004, pp. 631-653.

② [美]理查德·加德纳：《英镑美元外交》，符荆捷等译，江苏人民出版社2014年版，第103页。

③ 张振江：《从英镑到美元：国际经济霸权的转移（1933—1945）》，人民出版社2006年版，第227页。

④ Kirshner, O., *The Bretton Woods-GATT System: Retrospect and Prospect after Fifty Years*, Abingdon-on-Thames: Routledge, 2015, p. 22.

和其他货币条件,① 牢牢把握住国际货币的权力。从这个角度看来,怀特计划的核心实际上是以美元为核心货币的金汇兑本位制。

在英美公布各自计划之后的几年中,两国进行了多次国内外谈判和辩论,并在国际范围为自己的计划制造舆论支持。但是令英国感到无奈的是,美国不断突出怀特计划,并对凯恩斯计划置之不理。由于英国谈判中手握的筹码太少,凯恩斯无法反抗这种刻意的忽视,更无法将凯恩斯计划完整地兜售给美国政府。因此,他不得不转而进行协商,试图将他的计划中对于英国有利的部分尽可能多地整合进怀特计划当中。在最后时刻,凯恩斯集合各国的反对和质疑,放弃一个完整的国际货币安排,拒绝与美国合作,威胁倒退到各国政府控制下的易货贸易时代。这是一个双输但是十分有威慑力的策略,美国不得不略作让步,使得最终的成果并非都是美国意志的体现。②

1944年7月1日,布雷顿森林会议如期召开,全球总共44个国家参会。布雷顿森林体系中,美国的意志与英国的妥协并存:美国希望钉住汇率,以促进国际贸易的复苏;而英国希望汇率调整,以便能够实行为维持内部平衡所必需的政策。英美两国协商后同意了一种"锚定但可调整的汇率";关于货币可兑换性,英国要求对货币可兑换加以控制,美国则要求货币的完全可自由兑换,协议结果是:成员国资本项目下货币兑换可以加以控制,但经常项目下必须保持可自由兑换③;国际清算银行最终在凯恩斯的坚持下得以保留,并在沉寂一段时间之后开始发挥重要的作用;基金组织董事会的管理权限上,在英国和许多小国的压力下,美国放弃了其坚持的

---

① [美]本·斯泰尔:《布雷顿森林货币战:美元如何统治世界》,符荆捷、陈盈译,机械工业出版社2014年版,第146页。

② 双方外交交锋过程的史实主要基于本·斯泰尔《布雷顿森林货币战:美元如何统治世界》,符荆捷、陈盈译,机械工业出版社2014年版,第7、8章。

③ 李向阳:《布雷顿森林体系的演变与美元霸权》,《世界经济与政治》2005年第10期。

"家长式的管理",① 放松了集体管理条约;IMF最终总资源设定为88亿美元,其中美国认缴31.75亿美元,远远低于凯恩斯的设想;组织对盈余国的经济政策缺乏干预手段,这保障了美国的行动自由;而在一些双方都难以达成一致的方面,忽略和模糊处理成为最常用的手段,虽然保障了协议的达成,但是也为之后可能产生问题埋下了隐患:贸易失衡调整规则模糊,虽然设想中制定了稀缺货币条款(Scarce-currency Clause),② 以督促盈余国主动承担调整国际收支的责任,但这个条款并未真正得到落实等。

最终,一个以怀特计划为蓝本的布雷顿森林体系建立了以美元为核心的金汇兑本位制。而在会议结束后的1947年,英国便遭遇了一次严重的英镑危机,黄金和美元储备不断外流,已完全无力维系自己的国际地位。美元取代英镑而被视为黄金的化身,国际货币霸权从英国转移到了美国。

四 摆脱黄金枷锁的美元霸权

1959年,比利时裔美籍经济学家、耶鲁大学教授罗伯特·特里芬(Robert Triffin)在美国国会的一次演讲中指出了布雷顿森林体系的内在悖论:各国要获得并储备美元以调节国际收支波动,必须以美国国际收支逆差为前提;但如果美国的国际收支持续恶化导致黄金不断外流,就会削弱国际社会对美元币值稳定的信心,动摇金汇兑本位制的基础。③ 这种美元国

---

① 张振江:《从英镑到美元:国际经济霸权的转移(1933—1945)》,人民出版社2006年版,第269页。

② 当一国国际收支持续盈余,并且该国货币在IMF的库存下降到其份额的75%以下时,IMF可将该国货币宣布为"稀缺货币"。于是,IMF可按赤字国家的需要实行限额分配,其他国家有权对"稀缺货币"采取临时性限制兑换措施,或限制进口该国的商品和劳务。

③ Triffin, R., *Gold and the Dollar Crisis: The Future of Convertibility*, New Haven: Yale University Press, 1960.

际清偿能力与世界对美元信心之间的根本性矛盾被称为"特里芬难题"（Triffin dilemma）。美元金汇兑本位制的关键在于维持美元和黄金的固定价格可兑换性。在美国经济健康运行期间，其他国家相信美元与黄金具有同等价值并愿意持有美元，这一体系就可以继续维持；一旦美国经济面临困境，如同一个陷入危机的银行，世界范围内的储户们就会争相把手中的美元兑换成黄金以避免储蓄损失，从而触发"挤兑"效应，最终导致该体系走向崩溃。

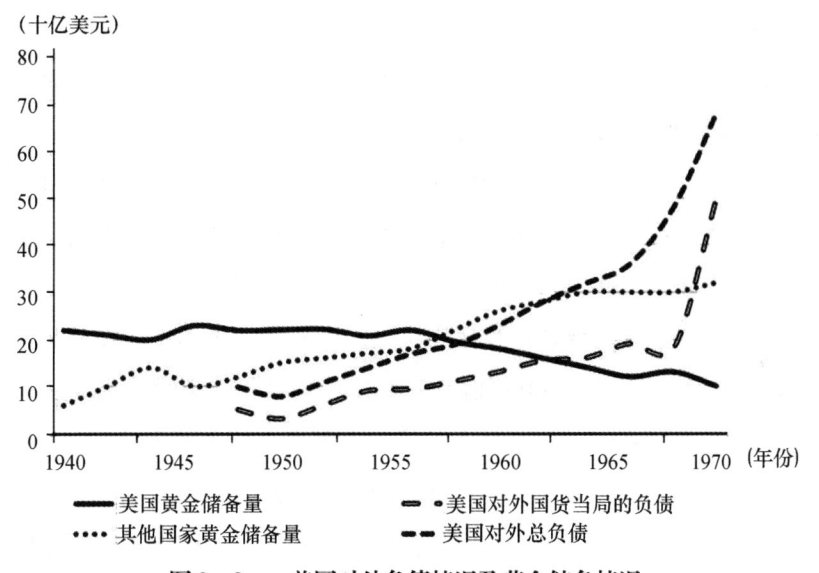

图 2—3　美国对外负债情况及黄金储备情况

资料来源：*Gold Commission Report*, Washington, D.C.: US Congress, March 1982; 1972 Supplement to International Financial Statistics, 转引自 Michael D. Bordo, Robert N. McCaule, *Triffin*: *Dilemma or Myth?*, Washington, D.C. National Bureau of Economic Research, 2018, p.4。

特里芬的预言很快得到了应验。随着欧洲和日本制造业的复苏，美国国际收支状况逐渐恶化，美国的国外货币债务和对外国货币当局的负债先后超过了黄金储备。人们担心，如果外国持有的美元数量进一步增长并威胁到黄金的可兑换性，美国政府就可能采取关闭黄金兑换窗口，或者放任美元兑黄金贬值的措施，以避免黄金储备流失殆尽，而无论哪一种选择都将引发巨大的金融震荡。在这种恐慌和避险情绪的影响下，20世纪60年代的国际货币市场上先后出现了两次美元危机，极大地影响了国际社会对美元的信心。

1960年10月，第一次美元危机爆发。伦敦黄金市场上的黄金价格一度涨至41.5美元/盎司，截至1961年年初，美国的黄金储备减少到184亿美元，货币交易者在市场上大量抛售美元而购入黄金。为了维护黄金价格和金融市场的稳定，美国和世界其他主要国家之间展开磋商以稳定黄金市场价格。1961年10月，美国联合英、法、德等七个欧洲国家，共同拿出价值2.7亿美元的黄金储备，组建"黄金池"（gold pool）。11月，国际货币基金组织和十国代表在巴黎签署了总金额达60亿美元的"借款总安排"协议，用于在国际货币基金组织缺少短期流动性时，通过转贷的方式满足成员国对他国货币的需求。1962年3月，美国联邦储备银行又分别与14个西方主要国家的央行签署了总额为117.3亿美元的"货币互换协议"，用以平抑外汇市场的波动。

然而，这些国际制度安排并未从根本上解决"特里芬困境"，仅是在操作层面上暂时稳定了黄金市场的价格，赋予其更大的灵活性，延缓了体系最终的崩溃。但市场对黄金的需求是一个深不见底的无底洞，上述安排因此而遭到了多国政府的质疑，被视为其他成员国在为美国的国际收支问题买单，如法国就在1967年6月退出了该组织，该组织也在1968年的第二次美元危机后宣告解散。①

美国利用美元霸权对欧洲大陆进行货币和资本的"入侵"行为激起了法国社会的强烈不满。他们认为美国对欧洲的投资是一种危险的经济行为，

---

① Eichengreen, Barry, *Global Imbalances and the Lessons of Bretton Woods*, Cambridge: MIT Press, 2010.

因为这些资本是"美元印刷机创造的产物",使得美国公司通过赤字美元可以便宜地接管欧洲企业,同时也将通胀带到了世界各地。而在地缘政治层面,法国认为美国在经济、金融、军事等领域的接管和控制,已经使得欧洲事实上沦为受美国保护的地区,而法国坚持欧洲事务应该由欧洲自己决定,反对美国在欧洲的霸权行为。法国总统戴高乐在1965年2月4日举行新闻发布会,公开指责布雷顿森林体系,并呼吁回归纯粹的金本位制,认为金本位制将会迫使包括美国在内的各国政府都"举止合理"。他用行动来反对美元霸权,直接派出军舰和飞机把大量的黄金从纽约运回巴黎。从1965年到1966年年末,法国黄金储备就增加了15亿美元,其中大部分来自美国。[①] 德国和日本是比法国更大的贸易盈余国,但是受制于在其国土上的美国驻军,两国都承诺不追随法国兑换并搬运黄金的行动。

20世纪60年代中期,美国的越南战争使得其国际收支状况进一步恶化,黄金储备继续减少。美国国内的"伟大社会"计划和美元在英镑危机中的救助也加剧了美元走弱的压力。1968年3月,第二次美元危机爆发,黄金价格一度飙升至44美元/盎司。黄金池在伦敦黄金市场上抛售黄金却未能挽回局面,反而让美国进一步损失了9300吨黄金。3月中旬,世界主要国家的央行行长赶赴华盛顿召开紧急会议,希望设计出新的黄金和储备规则。[②] 会议确立了"黄金价格双轨制",即在私人市场中,黄金的价格由供求关系决定,各国政府不再干预;但是在官方贸易结算及各国中央银行之间的黄金兑换过程中,仍然维持着35美元/盎司的官方价格。这看似解决了来自外部私人市场的投机压力,但增加了来自他国官方政府的投机动力。一旦私人市场的黄金价格大幅暴涨,各国央行难免会将手中持有的美元向美国兑换成黄金,再在公开市场中出售。为此,美国向西欧国家和日本施

---

① [美] 弗朗西斯·加文:《黄金、美元与权力:国际货币关系的政治(1958—1971)》,严荣译,社会科学文献出版社2016年版,第195—204页。

② 同上书,第292—294页。

加了巨大的压力,阻止它们大规模兑换黄金并在私人市场上倒卖。但这种政治性的安排显然不是长久之计,美国不仅难以阻止那些非盟友国家的投机行为,同时也最终无法避免其盟友的反抗。

1971年,美国的国际收支账户出现了自1893年以来的首次逆差,国际收支逆差在上半年就达到了119亿美元,而此时美国的黄金储备仅剩下110亿美元,比布雷顿森林建立之初减少了60%以上。面对日益严峻的国际收支赤字和黄金外流问题,美国政府最终选择了结束布雷顿森林体系。这一目标分成两步实现:一是关闭黄金窗口,黄金与美元脱钩;二是令美元贬值而其他货币升值,实现汇率的自由浮动。黄金非货币化后,美国政府的国债信用体系成了新的价值基准和调节阀,国际货币体系形成了真正意义上的"美元本位制"。由于美国的全球权势和国际货币体系的内在惯性,美元仍然保持着主要结算货币的地位,承担起国际货币的职能。脱离了黄金这一硬锚的约束后,美元的发行和流通不再受到黄金储量的限制,美国可以自由地印刷钞票,向全球输出通货膨胀,弥补自身的贸易和财政双赤字,而其他国家只能不断地用贸易盈余买入美国债券。美国的美元货币政策和国债利率走势深刻影响着全球资本流动和国际市场信心,进而对外围国家的发展状况造成影响。在这种美元霸权下,美国不用再承担过去兑换黄金的代价,却能享受更多的权利和收益。苏珊·斯特兰奇就对此评价道,取消美元与黄金挂钩的制度后,美国原有的"嚣张特权"(exorbitant privilege)就升级成了"超级嚣张特权"(super-exorbitant privilege)。① 因此,布雷顿森林体系本质上作为一个过渡阶段,实现了从金本位制向无"硬锚"的美元本位制的转变。布雷顿森林体系"双挂钩、一固定"的制度基础,使美元取代英镑,成为等同黄金的国际货币,初步树立美元的国际信誉;而随着它的崩溃,美元则进一步取代黄金,成为新的全球货币体系核心,美元

---

① Strange, Susan, "The Persistent Myth of Lost Hegemony", *International Organization*, Vol. 41, No. 4, 1987, pp. 551 – 574.

霸权得以实现。

五 关于货币本质的争论

在以金、银、铜、镍等金属铸造货币的时代，政治经济学者普遍把货币当作具有一般商品等价物功能的一种特殊商品。法国古典政治经济学家萨伊（Jean-Baptiste Say）也明确指出："货币，或有人把它称为铸币（specie），是一种商品，其价值是由相同的一般法则所决定的，就和其他的商品一样。"[①] 马克思也认为，货币天生不是金银，但金银天生是货币。传统政治经济学家的货币商品说，不仅影响了后来中央计划经济国家里的马克思主义政治经济学，也影响了西方经济学的主流理论。大多数经济学家把货币理解为价值尺度和流通手段的统一，并认为具有三种或者四种职能：价值尺度、流通/支付手段、储值工具。

现代社会，经济越来越货币化，货币也越来越虚拟化。尤其是在1971年布雷顿森林体系崩溃后，美元带领全球货币集体脱离金属本位。到了20世纪80年代计算机网络形成后，货币越来越电脑数字化了，越来越成为一种记账和信用体系。货币甚至脱离了纸币符号，演变成一个与银行数据网络联结在一起的银行卡和储蓄账户中的纯电脑数字，货币的本质由此越来越清晰地呈现在世人面前。如今很少有人再把货币作为一般商品等价物的一种特殊商品，世界上的货币已经越来越完全受控于各国中央银行的"管理"。黄金非货币化之后，货币与实际任何商品的最后一丝联系也被抛弃了。如今我们生活在纯粹"法定"记账单位的世界中，每个记账单位的价值唯一取决于对其负责的中央银行的相应政策以及人们对其信心。德国著名社会学家齐美尔所说的"货币的量即为货币的质""货币无本质"的断言

[①] Say Jean-Baptiste, *A Treatiwes on Political Economy*, Kitcherler: Batoche Books, 2001, p. 95.

显示出其洞察力。

货币不是交换的一种商品媒介，而是由三种基本要素所构成的一套社会协作体系和公共产品：首先是由国家法律支持的一种抽象价值单位；其次是一个社会成员相互交易时跟踪和记录信用或债务余额的记账体系；最后则是债权人将特定债权关系转移到第三方的标准化表征（token）。

把货币的本质看成一种可转让的债或可转让的信用，这种对货币较为深层次的理解尽管在最近三十年才成为主流认识，但在政治经济学的思想史上可以追溯到17世纪。英国经济学家巴本（Nicolas Barbon）提出了货币名目论（nominal theory of money）；此后的三百年里其传承不绝，包括苏格兰经济学家麦克劳德（Henry Dunning MacLeod）、英国经济学家白芝浩（Walter Bagehot）、德国经济史学家纳普（Georg Friedrich Knap）、英国著名经济学家梅纳德·凯恩斯以及奥地利经济学家约瑟夫·熊彼特（Joseph Schumpeter）等人的相关著作中，都继承了这样一种观念，① 并最终衍生出现代货币理论。

与货币的哲学本质有关的最新一轮争论的主题词是区块链和数字货币。如果货币仅仅是一种表征和信用体系，那么随着区块链技术的进步和成熟，是否可以将国家权力的信用背书排除在货币体系之外？在最近的五六年里，在区块链技术的信徒与各国央行的支持者之间掀起了理论争论，而中国央行则成为最积极地研究区块链技术改造现有货币体系的主要央行。

◇第二节 政治经济学视角下的美元霸权：幂律

一 货币国际化指数及其幂律

作为中国人民大学国际货币所的研究员，笔者自2011年起多次参与

---

① 详见韦森《货币的本质再反思》，《社会科学文摘》2017年第4期。

该所集体创作的《人民币国际化报告》的撰写。为了客观衡量和跟踪包括人民币在内的各种主要货币占全球市场份额的变迁，我们的研究团队编撰了一种国际货币化指数，其中涵盖了国际货币的计价支付、金融交易和财富储存等不同功能并予以加权处理。① 当前的全球主要货币国际化指数见表2—2。

表2—2　　货币国际化指数（全球加总为100，表中数字皆为年末数据）

年份 币种	2010	2011	2012	2013	2014	2015	2016	2017	平均值
美元	53.37	52.41	52.34	53.41	55.24	53.55	54.02	54.85	53.65
欧元	25.60	26.79	23.60	32.02	25.32	23.70	24.57	19.90	25.19
英镑	4.24	4.10	3.98	4.24	4.94	4.57	5.50	3.92	4.44
日元	4.31	4.48	4.46	4.39	3.82	4.04	4.26	4.73	4.31
人民币	0.23	0.45	0.87	1.69	2.47	3.21	2.26	3.13	1.79

资料来源：中国人民大学国际货币研究所：《人民币国际化报告》2012—2018历年各版，中国人民大学出版社。

从表2—2可以看出，货币份额的分布事实上存在着明显的强者恒强，

---

① 笔者所在团队在编制该指数的过程中，遵循体现实体经济重要性的原则，给予贸易支付结算和直接投资以较高权重。这主要是因为金融市场交易的成交量和市值可以非常巨大，而其服务的实体交易的规模则往往不成比例的渺小。比如对比一家企业融资过程的上游和下游，天使和风险投资的股权交易额非常有限，但是一旦上市，则其股票交易量可以每年数十倍于总股本。为了确保能尽可能客观正确地反映各货币在全球经济中的权重，减小金融产品二级市场交易和衍生品交易对货币份额的夸大之处，故在编制指数时进行了技术性处理。

弱者恒弱的马太效应。笔者用"幂律"① 一词来概括这种分布特点：第一大货币占据全球货币份额的54%，而第二大货币则占据剩余份额的54%，即 (1—0.54) ×0.54 = 25%，如果把英镑、日元、人民币等三种货币视为第三层次，则这第三层次货币的总份额也恰好是剩余份额的54%。如此奇妙而规律性的数据并非偶然，而是一种广泛存在于人类社会活动和自然世界中的现象，类似于费布南齐数列与黄金分割的在我们生活中无处不在。在充分竞争自然兼并之后的产品市场上，我们也可以见到类似的分布规律，比如说近年的中国空调市场份额的分布。20世纪90年代后期的中国空调市场曾经有数十家国内外厂商相互竞争，但是经历惨烈的价格战、行业低潮和并购之后，由于没有中央政府的有效干预，市场份额主要体现为优胜劣汰的自然结果：目前格力大约占有全国空调市场份额的55%，美的占有25%左右，第三位则取决于各个地区市场的区域特点。②

---

① 自然界与社会生活中存在各种各样性质迥异的幂律分布现象。1932年哈佛大学的语言学专家齐夫（Zipf）在研究英文单词出现的频率时，发现如果把单词出现的频率按由大到小的顺序排列，则每个单词出现的频率与它的名次的常数次幂存在简单的反比关系，这种分布就称为齐夫定律，它表明在各种语言中，只有极少数的词被经常使用，而绝大多数词很少被使用。19世纪意大利经济学家帕雷托（Vilfredo Pareto）研究了个人收入的统计分布，发现少数人的收入要远多于大多数人的收入，提出了著名的80/20法则，即20%的人口占据了80%的社会财富。齐夫定律与帕雷托定律都是简单的幂函数，我们称之为幂律分布；还有其他形式的幂律分布，像名次—规模分布、规模—概率分布、地震规模大小的分布（古登堡—里希特定律）、月球表面上月坑直径的分布、行星间碎片大小的分布、太阳耀斑强度的分布、计算机文件大小的分布、战争规模的分布、人类语言中单词频率的分布、大多数国家姓氏的分布、学者撰写的论文数及其被引用的次数的分布、网页被点击次数的分布、书籍及唱片的销售册数或张数的分布、每类生物中物种数的分布等都是典型的幂律分布。克里斯·安德森（Chris Aderson）的"长尾理论"即是幂律的口语化表达。统计物理学家习惯于把服从幂律分布的现象称为无标度现象，即系统中个体的尺度相差悬殊，缺乏一个优选的规模。凡有生命、有进化、有竞争的地方都会出现不同程度的无标度现象。

② 两者比例相似，笔者认为是巧合而不是说54%这个数有任何神秘之处。

为什么全球货币和空调市场的份额分布会依照"幂律"而不是经济或者人口比例来分布呢？笔者认为主要是规模效应和网络效应导致了这种不平衡（balance）但均衡（equilibrium）的分布现象。就空调而言，这是一个重资产行业，一旦占据了市场的较大份额，格力和美的就可以拥有比同行更大更优秀的研发团队和对上游供应商更强的谈判能力，其销售体系和售后服务网络的布局也更加完备，为每一位新客户服务的边际综合成本也比规模小的竞争者更低，因此就会出现强者恒强、弱者恒弱的局面。同样，在国际货币领域，人们对货币的选择具有网络性与外部性。一国选择美元债券作为储值手段，本身会增强美元债券的流动性，反过来又使得美元债券对其他国家的吸引力更大。以中国为例，中国是美元低风险资产最大的外国持有者，在经常项目的贸易中每年仍会获得数千亿美元的顺差，但是被美国以安全为名事实上禁止购买任何战略性资产和军民两用技术产品。既然如此，那么为什么中国还有意愿持有这么多美元债券呢？答案是世界上其他国家会接受美元，因此中国在必要时可用这些美元购买世界其他地方的资产和商品，比如石油和天然气。而对于石油和天然气的出口国而言，他们需要进口的绝大多数东西来自中国，但是中国接受美元，而且美元债券的流动性和便利性好于人民币，所以可以继续将能源出口所得放在美元债券中。如此，中国和原油出口国一起"建构"出对美元的需求和依赖，并被相互锁定在这种依赖之中。

如果将货币国际化指数同各经济体的 GDP 占全球比例做一个对比，我们会发现货币份额（虚拟经济）与实体经济之间存在严重的背离（见表2—3）。

第四列偏差值与贸易顺逆差的全球占比之间存在明显的对应关系，但又并非完全映射，是因为货币输出除了通过贸易项之外，还存在资本项目。欧洲的货币输出主要通过资本项目，所以虽然有货币输出但是贸易项目仍然是盈余。

表2—3　　2017年全球实体经济与货币份额的偏离

国家或地区	GDP占比（%）	货币国际化指数	偏差值	贸易顺逆差（十亿美元）及全球占比（%）
美国+英国	27.26	58.09	+30.83	-547.51（53.06）
欧元区	15.59	25.19	+9.60	+87.41（6.45）
中日韩+东盟	26.51	6.51	-20.00	+541.53（39.94）
世界其他地区	30.63	10.21	-20.42	+242.56（17.89）

注：贸易差额数值采用2017年经常账户余额数据，前者为绝对值（美元），括号内为占比。因为只是经常账户，且可能有一些统计遗漏，被统计范围内正值和负值绝对值不完全相同。顺差和逆差分别与总正值和总负值作比得括号中的比例。除美欧之外的货币国际化指数为笔者为估算数。

资料来源：笔者根据世界银行与历年《货币国际化报告》整理制作。

这种偏离向我们揭示了所谓全球失衡的结构性根源：美国由于扮演了全球央行的角色，美元作为全球储备货币而被系统性地高估，从而导致长期的贸易逆差。反过来说，正是长期的贸易逆差，构成了美国向世界输出流动性的主要渠道。欧元和日元之所以无法挑战美元的地位，原因之一就在于它们并不能接受持续扩大的巨额贸易逆差，而是通过资本项目的逆差（FDI）来输出有限的货币。所以在这个意义上，尽管日本和欧洲曾经对美元的特权地位反复抱怨，但是在权衡利弊之后甘愿接受现状，可见这种幂律分布并非人为强行维持的脆弱状态，而是存在一定合理性的博弈和演进的结果。

二　美元霸权的好处

分析今天美国的金融与货币霸权往往让全世界的评论人士充满妒忌之情：因为拥有全球主流储备货币的发行权的"嚣张特权"，赋予美国许多排他性的利益和权势。

被讨论得最多的是铸币税（seniorage）收益问题：美国只需要印制一张巴掌大的绿色纸片就可以兑换全世界的资源与劳动成果，在货币的电子化网络化时代甚至连印刷成本都节省了,这给美国政府和人民带来多么巨大的收益,但是专业学者们对美元发行带来的国际铸币税进行了计算,发现这种被广为议论的暴利其实并没有太了不得,狭义铸币税不过千亿美元,即便是广义铸币税也不过三千多亿美元,绝对值似乎非常惊人,但是跟美国的每年20万亿美元的GDP相比,却是一个很小的零头。[1] 假如美元的全球地位建基于美国的军事和政治权势之上,为了维持其国际权势每年支出的7000亿美元军费开支远高于其铸币税收益,那么这意味着美国扮演帝国角色似乎是个亏本买卖。

从本书的民本主义政治经济学角度来看,上述学者的计算存在逻辑缺陷,原因就在于他们没有准确理解公共部门和私人部门以及可贸易品和不可贸易品之间的逻辑关系,以及财富在这种结构中的衍生过程。正如本书第一章中笔者花费很大篇幅论述的那样,公共部门和私人部门之间交界处的那个税点高低非常关键。政府提供同等规模和质量公共服务的前提下,税点稍微降低一点,私人部门的财富衍生物就可以扩大很多,这便是财政杠杆的乘数效应。美国的国际铸币税收益的获得者不是私人部门而是联邦财政,这笔每年数千亿美元的国际性财政收入相当于将美国的实际税点向下拉动了一个可观的距离,而上述乘数效应则撬动了美国私人部门的额外投资和消费,从而放大了数万亿美元的GDP。民本主义政治经济学理论的另一部分即关于可贸易品和不可贸易品也与之相关:这数千亿美元的国际收益,其实应该用来同美国的可贸易部门尤其是美国的进口规模来比较。以2017年为例,美国的贸易逆差是5660亿美元,进口2.9万亿美元商品和服务,相当于美国有将近20%的GDP来源于广义铸币税。从这个逻辑进一步延伸,只要有足够多年份的数据,我们甚至可以估算出美元由于国际铸币税而被高估的水平。总之,美元的全球储备地位使得其本国居民实际所

---

[1] 参见陈雨露、王芳、杨明《作为国家竞争战略的货币国际化:美元的经验证据——兼论人民币的国际化问题》,《经济研究》2005年第2期;刘群《世界货币:人民币走向强势货币的必然选择》,《世界经济与政治》2005年第6期。

享受到的财富远远超过他们自己所创造的。

美元为美国带来的第二项好处在于提供了对全球经济波动节奏的掌握和调控能力。有了这种主导权，即便仍然必须面对市场力量的桀骜不驯和不确定性，但相对于体系中的其他所有国家，美国政府可以远为从容地应对和利用全球市场力量的波动循环，甚至从中获益。即便是美国自身治理不善而出现的问题，借助美元霸权也可以让全世界帮它承担其后果。1987年的股灾、2001年的互联网泡沫破灭以及2007年的次贷危机及其衍生的国际金融危机，美国的资本都并没有像1929年或者其他的危机那样遭受实质性的持久伤害，而是通过持续减息和非常规货币政策将损失很大程度上转移给了美元储备的持有者们。最典型的是2008年雷曼兄弟破产之时，由于流动性的突然消失和衍生品价格的暴跌，包括高盛在内的其他很多金融机构事实上都已经资不抵债，但是美联储通过快速扩张资产负债表买入这些"有毒资产"，确保这些过度冒险的金融机构度过市场的寒冬。这种做法的受损者既包括中日这样的美元国债持有者，也包括全球外围地区，前者的储备购买力遭受实质性摊薄，而后者则因为流动性泛滥而经历了高通胀周期。

美元霸权给美国带来的第三项好处是赋予美国政府巨大的权力杠杆，可以用很低的成本惩罚和制裁他的地缘政治敌人。金融行业具有若干特殊性。其一，金融业本身具有高杠杆性和依靠信任体系的特征，任何一个金融机构假如面临制裁，哪怕仅仅是威胁，都会遭遇其他机构的挤兑而出现流动性风险，所以每一家金融机构都极其担忧遭遇司法制裁的麻烦。其二，金融业的信息几乎完全可追踪，资产也多表现为易于冻结的现金和金融票据，因此对于掌握了SWIFT系统的美国而言可以很轻易地予以冻结和罚没，而政策执行成本极低，而且受损者的反制措施和逃避措施极其有限。所以，进入21世纪以来，美国的外交和安全政策越来越依赖美元霸权所提供的便利。

美元霸权给美国带来的第四项好处，可能超越了许多人的想象：它使美国的国力难以被超越，尽管并非永不可能。图2—4表示的是以汇率口径计算，第二次世界大战之后各个经济体 GDP 与美国相比的相对大小。一个有趣的情况是：相对于美国经济规模的占比，苏联在 20 世纪 70 年代早期达到峰值 43%，然后便开始走下坡路。日本在 1995 年达到峰值 73%，之后随着泡沫经济的破灭而一蹶不振。欧元区由于人口规模更大而且是一个货币区而非主权国家，所以在占比上曾经数次比肩美国，但是长期来看，它与美国经济的相对规模的中位数是在 75% 上下。2018 年中国经济规模达到了美国的 66% 左右，即将超越欧元区成为第二大经济体，但是在经贸、技术、人才等领域遭遇了美国的"狙击"。

第二次世界大战后曾经有很多轮"美国衰落论"流行于世，人们先后预测苏联、日本、欧盟的国力将会很快超越美国，最近的则是预测究竟哪年中国的经济规模会超越美国。这些预测观点最终都被证明是错误的，关于中国的竞猜也没有意义，因为其背后的逻辑是将短期的趋势线性外推，而无视全球经济结构的作用力。以美元为基础的世界经济体系存在显而易见的中心—外围结构关系，其奇妙之处在于：这种结构本身会无形地挤压外围而独厚中心。从对战后七十年的经济史及其结构的思考中，笔者提炼出一个大胆的猜想：体系的结构性因素会导致外围国家几乎不能在质和量上超越中心，[①] 除非这个体系结构被人为地打破和重构。

---

① 苏联和日本的经济规模都曾经接近美国的一半左右，并在当时的某些产业或者某些技术领域能够同美国一较高下，但是此后都被拉开距离。欧元区不是一个主权国家，而是众多欧洲大陆国家的联合体，在经贸和货币上一体化，但是财政上又是分开的。其总人口规模又比美国大 38% 左右，在全球经济结构上处于准中心地位，即位势比美国要低一些，但是高于世界上绝大部分区域。从曲线上看，欧元区的经济规模曾凭借三次美元弱势周期而接近甚至略超过美国，但是波动的中枢位于美国经济规模的 80%。在 2008 年以来的后金融危机时代（或者说数字经济时代）欧洲经济的竞争力明显落后于美国和东亚地区，到本书写作的 2018 年，欧元区经济规模回落到与中国一国差不多的水平。根据拙文《欧洲产业衰退的结构主义政治经济学》（刊于《世界政治与经济》2018 年第 8 期）对欧洲人口和产业结构的研究，欧元区经济竞争力的长期前景恐怕难以乐观。

占美国经济规模之比（%）

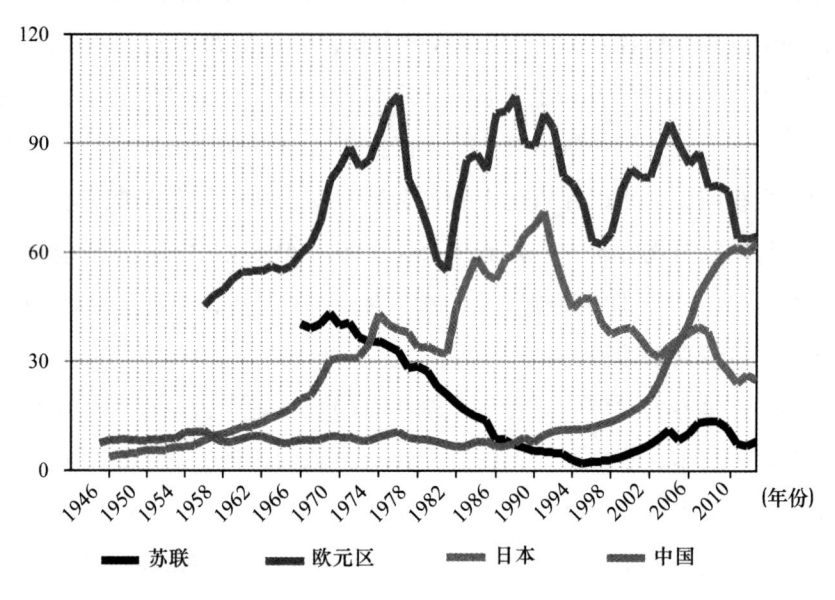

图 2—4　难以超越的美国经济

资料来源：世界银行数据库、国际货币基金组织数据库、联合国数据库及日本内阁府公开数据。

近期在中国国内流行的一种说法是：美国对其体系中其他大国的成长的容忍度约是60%，即一国成长到达美国自身规模的六成时，该国将被视为美国的挑战者和威胁，从而触发美国举国上下的敌视和打压。① 这种说法有一定道理，但是恐怕不够全面和客观。

笔者的理解是，美国难以被超越的特性是由全球经济结构所决定的。货币同市场经济中的实体活动存在着完整的映射关系，货币信用构成的虚拟世界主宰着实体经济世界，而不是相反。美联储不仅是美国的中央银行，

---

① 欧元区由于不是一个主权国家，内部组织分歧散乱，集体行动非常困难，所以美国对欧元区的容忍度较高一点，以致它能稳定在美国经济规模的八成左右，某些年份甚至超过美国。

而且是全球的中央银行,欧洲、日本和英国央行则是其补充。整个世界主要依赖美元提供流动性,而这些流动性驱动着全球各地的经济活动。技术进步和创新的源头也主要是美国,因为只有体系中心的财富密度能够供养如此昂贵而高风险的大规模经济活动,也只有体系中心国家才能吸引如此多元和数量庞大的全球高端人才聚集在一个区域内从事创新性活动。这种叙述听起来似乎有些同义反复,但是对这个体系分工和运行机理的无奈描述:因繁荣和强大而获得全球人才,因人才和财富而维持创新,因创新而获得更大的财富和权势。而身处外围的国家,即便是勤奋、聪明、庞大如中国,也只不过是将源自美国的信用衍生为境内的人民币流动性和本土经济活动,将源自美国的原创技术应用到各个生产制造领域。① 外围国家所做的几乎所有努力,所形成的任何效率提升与改进,最终都会转变为政府或居民账户上美元资产的增加,而美国如要获取这些努力的成果,仅需扩大货币供给便可。换言之,整个非美世界的努力与进步,都是使得美元的购买力更加强大而已。因此,只要美国的挑战者自身继续待在这个美元体系之中,逻辑上讲它无法在量或者质上超越美国,即无法在整体 GDP 规模上长期而实质性地超过美国,更无法取而代之。一个人通过拽自己的头发,是无论如何用力都不能克服地心引力的作用而飞起来的。

体系内的各路挑战者在与美国这个体系中心国家进行政治或者安全对抗时,他们往往没有意识到自己其实是在以一国的人力物力对抗整体世界的人力物力。苏联之所以在冷战的长期消耗中最终落败,除了其国内治理中的诸多问题之外,以苏联东欧地区的人力物力来对抗美国操纵下的半个世界的市场力量,从一开始就处于下风。甚至苏联自己的国际财富储存都是以欧洲美元为手段,这意味着苏联一方面同美国进行竞争和对抗;另一方面却在实质性地资助对手,这样的僵持局面进行下去,只要不诉诸摊牌,

---

① 承认这一事实当然让包括笔者在内的民族主义者们非常痛苦,但是恐怕到目前为止还是要实事求是地承认,中国的许多自主技术创新是在西方的启发之下实现的。

苏联最终获胜希望相当渺茫。而苏联在大国沙文主义的作用下，意气用事地同社会主义阵营内的第二大国中国交恶，驱使后者的十亿人口加入美国主导的市场体系中，大大增强了后者的力量和资源，短短十多年后苏联体系便崩溃。①

假如上述理论猜想是正确的，那么中国的和平发展与中华民族伟大复兴的路径就需要做更为深思熟虑的改进。限于主题关系，笔者在此不做展开。

三 美元"嚣张特权"的条件和代价

有大量文献探讨了各国货币国际化水平的决定因素，概括起来，大约有以下六个方面被认为对货币国际化存在实际影响。②

一是国际市场对其币值长期稳定的信心。所谓币值稳定，包括其平均通胀率低，通胀率的长期波动性低以及货币的名义汇率坚挺等三个方面。有些指标的变动或者异常会预示远期的贬值或者贬值投机，从而也会影响到市场对该货币的信心，比如高企的外债净值和持续大规模的经常账户赤字。从政治经济学角度来看，经济中存在相对较大的（政治上强势的）出口产业会妨碍该国货币成为储备货币，因为作为一个利益集团和政治压力集团，他们总是偏好汇率贬值和低估，从而确保自己的国际竞争力。

二是发行国在全球政治经济体系中的重要性。经济规模大（未必是人口多或者幅员广）的经济体在对外经济活动中拥有更多的货币使用需求，而本国偏好则将这种需求转变成对本币的支持。本币扮演国际储备货币，会给本国带来某些不利因素，比如剧烈波动的金融投资需求和资本流动可

---

① 美国主导的体系相对于苏联主导的体系，其优势之一在于能借助美元霸权更有效而低成本地获取大半个世界的资源，包括一部分苏东阵营的资源。

② 本小节主要参考人民币国际化报告 2013 及周弘等主编《德国马克与经济增长》相关文章。参见周弘等编著《德国马克与经济增长》，社会科学文献出版社 2012 年版。

能对本国货币政策造成冲击和风险,而大国则对这些冲击有较好的吸收和忍受能力。从政治角度讲,一种国际货币必须为外部储蓄者提供安全保障,这种安全性的背后是货币发行者的政治和军事实力。当一个国家在国际舞台上拥有公认的政治和军事领导地位的时候,它就更容易实现其经济领导权上的诉求。比如,东亚和中东是储备美元国债最多的地区,也恰恰是美国的驻军和外交对抗最活跃的地区。

三是金融市场的广度、深度和开放度。一种国际货币的潜在客户对以下技术性问题很关注:金融交易能否不受限制地进行,金融交易的综合成本低廉,有多种多样的金融工具可供选择,交易对手可信,交易秩序和规则透明而可靠。上述需求通常在各大金融中心能够得到较好的满足,或者反过来说,能集中满足上述金融交易者需求的城市最终都发展成金融中心。所谓开放度,包括资本流动限制和针对金融活动和产品的限制,以及对外部资本进入本国市场的或明或暗的壁垒与歧视。高流动性的中长期无息记账式国债深受各国央行的储备管理者喜爱,因此这种金融资产的存在和规模对金融市场的广度和深度非常重要。良好的套期保值的便利性,活跃且开放的债券回购交易市场,以及资本雄厚、跨国经营且能提供多样化个性化金融服务的大金融机构的存在,也有助于金融市场广度和深度的提升。

四是各国政府的调控和干预需要对货币国际化形成选择偏好。各国政府在确定储备货币的构成的时候,多数不是从资产组合收益最大化的角度去考虑问题,而是从货币主管部门在外汇市场的干预调节活动最便利的角度出发,因而导致那些在外贸中、外汇市场干预和外债偿还交易成本最低的币种最受青睐。如果甲国的货币锚住乙国货币的汇率,或者同乙国的双边贸易对甲国具有重要意义,或者甲国的外债多数用乙国货币定价,那么甲国政府在确定自己的外汇储备资产篮子的时候,会持有很大比例的乙国金融资产。国际能源和原材料的交易通常以美元计价结算,由此而创造的交易需求和储备需求大大提升了美元在全球的份额。

五是国际货币的规模与网络效应以及由此而形成的货币使用惯性。根据"媒介货币"（vehicle currency）理论，① 只有当借助某种货币进行间接兑换的成本低于两种非媒介货币之间直接兑换的成本时，这种货币的媒介地位才会得以确立。真实外汇市场中的经验性规律是：近百种大大小小的货币之间，绝大部分货币对的交易量都很小，而外汇交易量与交易成本之间成反比，由此而塑造出某种媒介货币居于整个交易体系的中心。比如，当一位贸易商试图用人民币兑换英镑时，由于这个货币对的交易量小所以交易成本高，可改为先用人民币兑换成美元，然后用美元兑换成英镑。前者的交易使得这位交易商同所有中国进出口商一起使用美元人民币之间的交易通道，从而压低了成本；后者的交易使得他融入了所有英美之间的支付结算从而降低了成本。这两个环节的交易成本加总起来，包括价差损失和成交时间，往往比人民币—英镑货币对的直接交易更加合算。媒介货币的出现，导致全球货币的构造是辐辏结构而不是网络结构。这种规模优势还可能通过不同货币功能之间的重叠而得以加强，比如大部分私人金融交易是以美元进行，导致政府不得不以美元为工具进行汇率干预，并以美元为储备。因此，一旦一种货币获得了国际主导地位，就很容易维持这一地位；反过来要想摆脱该地位，则会遇到某种无形的阻力，即便最初塑造其地位的基本面已经消失，国际货币体系自身的惯性也将维持很长时间。

六也即最后但并非最不重要的是，货币发行国本身的政治偏好也构成货币国际化程度的重要影响因素。美国是最不排斥将其本币作为全球储备货币的国家，这与其金融部门和跨国公司对其内外经济政策的影响力有关。但是在德国和日本，相关决策者的态度似乎更加复杂而摇摆：德国从来没有试图主动将其货币国际化；日本在1984年之前拒绝日元国际化，1998年之前也仅

---

① Krugman, Paul, "Vehicle Currencies and the Structure of International Exchange", *Journal of Money, Credit and Banking*, Vol. 12, No. 3, 1980, pp. 513–526.

仅满足于形式上的国际化。① 日本发行了大量国债，但是不怎么欢迎别的国家买入并持有其国债。当中国政府试图将数千亿美元放进日本国债的时候，日本政府要求中国提供对等待遇，即允许日本的外汇储备持有中国国债和其他人民币金融资产。在与笔者的访谈交流中，多位美国经济政策领域的退休官员和学者都提到过这样一个问题：20世纪70年代以来的全球货币体系是美国同欧日等国博弈之后取得的一个"大交易"，美国有全球储备货币带来的特权，对此法国和日本方面曾多次公开抱怨，但是他们选择继续这个交易安排。彼得森国际经济研究所前所长弗雷德·伯格斯滕（Fred Bergsten）指出："从历史上看，美元体系正逐渐演变成一种大交易，其他国家可以在这个大交易中操控对美国的汇率，并因此为美国的双赤字进行融资。从德国到日本再到中国，顺差国家们时常抱怨自己过度积累了美元，但即便如此，他们还是坚持参与这项大交易。"② 为什么欧洲和日本不做调整？非不能也，是不为也。本币扮演国际货币是有代价的，其中最重要的即是本币的长期高估而对本国制造业出口形成的累积性压力，最终导致实业受损和产业空心化。

这背后是如何理解财富的问题，即究竟是将财富看作对物的占有还是人的能力提升？如果是前者，那么美元特权的确为美国社会带来巨量的财富，因为印制一张纸片，甚至电脑系统中敲一个符号就可以直接获得他国的资源和制成品，从交易的角度看的确是很合算的。但是假如是后者，即把财富看作人的能力及其结果，那么美元特权带来的美国人的能力结构的改变是巨大的，美国的可贸易部门被美元所挤压，或者说印制美元符号成为美国的最大的可贸易品。这种"嚣张特权"对人的能力的挤出效应，从长期来看，必然蕴含着巨大的代价。

---

① 李晓：《"日元国际化"的困境及其战略调整》，《世界经济》2005年第6期。

② Bergsten, F., "Why World Needs Three Global Currencies", *Financial Times*, February 15, 2011, https://www.ft.com/content/d4845702-3946-11e0-97ca-00144feabdc0.

◈第三节 德国马克与日元：货币国际化的经验教训

上一节探讨了全球货币的结构以及美元货币霸权的内在机理。本节则通过探讨两个制造业强国的货币国际化历程所提供的经验教训，从而为下一节人民币国际化的讨论提供一个参照系。

日本和德国在其各自货币国际化过程中的处境有很大相似性。日德两国都是处于全球经济结构的次中心圈层，融入了以美元为主导的全球资本主义体系；两者经济结构非常相似，都是借助工业制成品领域的比较优势实现了出口导向的经济增长，成为主要的贸易盈余大国；日元和德国马克是第二次世界大战之后著名的强势货币，两者都经历了相对美元的大幅长期上涨；作为贸易盈余国和强势货币发行国，国际国内都有令其货币国际化的呼声和需求；此外，两者都是第二次世界大战的战败国，他们在各自地区发动的侵略战争给周边国家带来深重灾难，从而背负着历史遗留的政治负资产。

但是如果以货币国际化的进程来比较，我们可以发现两者的命运差异甚大：德国马克的国际化可谓无心插柳柳成荫，政府和央行从未推出相关政策与计划，但是从20世纪60年代起拾级而上，在全球货币体系中的地位仅次于美元，并最终合并（扩张）为欧元。而日元的国际化则是经历了一个突然而人为的兴起，被寄予厚望并狂飙突进之后黯然衰落的过程。虽然日本经济规模大于德国，并且为了推动日元国际化而不惜付出经济泡沫化的代价，但是日元国际化远不如德国马克成功，因为即便在马克并入欧元之前，日元的国际化水平也明显比不上马克。因此学界和政策界公认，日元的国际化相比于德国基本上是失败的。

21世纪第二个十年的中国与德日两国的上述处境具有不少相似之处：

巨大的经济规模、制造业比较优势和多年的贸易盈余使得人民币面临国际化的必要与可能；中国已经从全球体系中心—外围结构的第三层进入第二层，即资本的净输出方；人民币自2005年以来便进入了强势升值周期；中国虽然是第二次世界大战的战胜国和安理会常任理事国，但是由于坚持自身制度和发展道路的自主性，被美国及其盟友小圈子排斥为政治异类。在此背景下，正确而全面地吸取日、德两国货币国际化及其配套改革的经验教训，尤为必要和适切。

相关的学术研究已经相当充分。通过梳理各派观点，如表2—4所示，笔者发现主要有以下几种理论解释德国马克与日元国际化的差异。

表2—4　　　　　　　　　德国马克与日元国际化的差异

具体差异	德国	日本	理论基础
央行独立性与汇率变动方式	央行最独立，厌恶通胀，接受升值	央行不够独立，拒绝升值	对贸易盈余国而言，升值与通胀之间存在取舍关系
产业链的议价能力	大量"隐形冠军"跨国企业带来国际贸易中的定价能力和货币选择权	代工为主的依附型发展，与贸易对手的议价能力弱，缺乏贸易货币选择权	产品独特性带来计价结算货币的选择权
国际政治基础	与邻国和解，融入欧洲，承担责任，最终与欧洲各国共同分担货币国际化带来的代价与收益	拒绝承担历史责任，缺乏本地区的信任与支持，依附美国，缺乏政治自主性	储备和使用一国货币的前提是政治上的尊重与信任
货币国际化路径与机遇窗口	20世纪60年代末布雷顿森林体系瓦解美元信用大跌，推动了德国马克的国际化。起步早，市场选择而非政府推动，融入欧元，跨国公司+资本输出，先国际化再资本项目放开	1984年在美国的威逼利诱下开启国际化，起步晚，政府推动，离岸中心+贸易结算，通过资本项目放开推动国际化，引发泡沫代价巨大，2008年之后虎头蛇尾	时机与方式对于货币国际化效果影响巨大

续表

具体差异	德国	日本	理论基础
货币国际化效果	成为第二大国际货币	代价巨大但成为第四大国际货币，不是很成功	—

资料来源：笔者自制。

一 内政与金融体制论

第一类观点是从内政与国内金融制度的视角来解释两者命运的差别，尤其是央行的独立性问题。出口导向型的工业国在国际贸易体系中会积累下越来越大的贸易盈余，最终它们都会面临三元悖论中的艰难选择：如果允许本币升值以保持国际收支的大体平衡，那么会不利于出口企业，从而激起它们在政治上的反弹；而如果要维持固定汇率，那么央行必须发行等值本币以买下因为贸易盈余而流入的外汇，结果是面临输入性通胀。在资本项目部分放开的背景下，这种两难尤其明显。

德国政府在面临这种两难的时候，最终选择了汇率升值和贸易平衡之路，而不是积累巨额外汇储备和通货膨胀。1961年3月3日，在取得德国联邦银行同意的情况下，联邦政府将德国马克的对外汇率提高了5%，兑美元挂钩汇率从4.2∶1升至4∶1。这既是对国内物价趋势（输入性通胀压力）的反应，也是对美国压力的反应。马克这轮升值使得原本持续顺差的德国对外贸易在此后的两三年里出现了平衡，1965年甚至有60亿美元的逆差。

自1969年的春季开始，巨量外资再次涌入，为了避免过热和通胀，德国马克与1969年10月再次升值9.3%，即从4∶1升值至3.66∶1。这一升值幅度完全弥补了德国价格和国外价格的累积差异。1971年5月德国马克带头放开了兑美元的汇率，至同年12月布雷顿森林体系瓦解的过程中，美元相对其他货币大幅贬值，德国马克对美元升值13.6%，至3.225：1。

德国为什么更能接受升值而不是通胀？原因有二：一是历史上的高通胀经历曾经带给整个国家很深的伤害和记忆，因此德国比其他国家对通货膨胀风险更加敏感；二是德国央行的独立性明显高于其他国家。对于德国央行而言，虽然也不支持升值，但是其首要职责是捍卫内部物价稳定，因此在权衡各项政策的利弊之后，选择同意马克升值。1957年《德国联邦银行法》第三条规定，联邦银行协调货币流通和经济的信贷供给，并以确保货币安全为目标。它虽然也有义务为联邦政府的一般经济政策提供支持，但前提是不会影响到它的最重要功能。"对比其他国家，德国联邦银行通常被归入拥有最强政治独立性的中央银行之列（这里的政治独立性是指中央银行不受政治干预执行抗通胀路线的能力）""估计没有任何一家货币发行银行会像德国联邦银行那样致力于把稳定价格作为最高目标。联邦银行的法律职责就是如此规定的……"① 如此取舍的结果导致德国通胀率在西方国家中最低：1970—2000年的三十年里，美国、日本、英国的平均通胀率分别为5.2%、4.3%和7.8%，而德国的平均通胀率仅为3.5%。这主要是德国联邦银行独立管理货币政策的贡献。一直以来德国政府和中央银行对于马克国际化的态度都是谨慎而非激进的，他们认为与保持国内物价稳定和维护金融安全相比，马克国际化处于次要的从属地位。但是回头来看，正是德国国内长期的经济、金融稳定为马克走向国际提供了坚实有力的支撑，才最终促进了马克的国际化。

如图2—5所示，20世纪80年代中期之前，德国马克的升值进程比日元要更早启动而且力度更大。

---

① ［德］雅各布·弗兰克尔等：《德国马克的国际角色》，载周弘等编《德国马克与经济增长》，社会科学文献出版社2012年版，第237—239页。

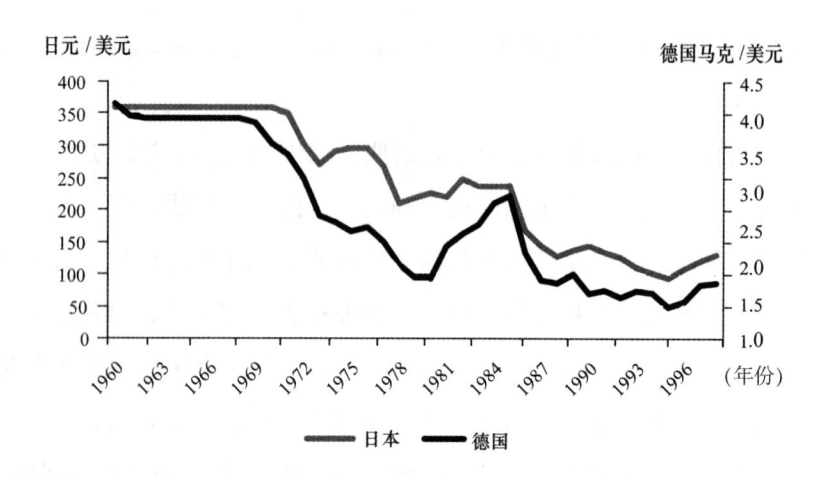

图 2—5　德国马克和日元兑美元的名义汇率曲线

资料来源：世界银行数据库。

20 世纪 70 年代之前，日本从来没有形成过明确的日元国际化战略，主要表现为日本国内对日元升值存在根深蒂固的恐惧。由于出口导向型发展战略的成功，日本政府和企业界（由于财阀体制，金融业从属于企业界）都坚定地认为日元升值是有害的。[①] 美元兑日元汇率长期固定在 1∶360 的水平，在日本国内形成了麦金农（Ronal McKinon）与大野健一（Kenichi Ohno）所说的"日元升值综合征"，让日元丧失了成为强势货币的机会，持续积累的贸易顺差和外汇储备扭曲了日本的经济结构，助长了泡沫经济的出现。日本央行的独立性在西方工业国中间是明显比较弱的，它的汇率政策与利率政策很大程度上受到政府及其背后的财阀的影响，这种传统一直延续到今天。

日元长期拒绝升值和拖延升值的后果非常严重，除了造成本国累积的巨量贸易盈余和外汇储备以及由此衍生的资产和商品价格持续上涨外，还

[①] 李巍：《制衡美元：政治领导与货币崛起》，上海人民出版社 2015 年版，第 183 页。

带来严重的国际后果,即来自最大逆差国美国的经济外交压力。20世纪80年代,在美欧的联合施压之下,日本签署广场协议,允许汇率大幅上涨以平衡美日之间的贸易逆差。短短两年内,日元兑美元汇率上涨了一倍,给可贸易部门带来巨大的冲击,而应对这种升值冲击的货币政策举措又触发了更大的股票和地产泡沫,最终导致日本经济陷入后泡沫时代的泥潭。

对比两国汇率的曲线走势不难看出,从20世纪60年代即布雷顿森林体系下的联系汇率制度尚未崩溃之时,德国马克便回应市场压力多次升值,在浮动汇率时代更是保持了强势,从而确保了本国经济未被扭曲,而且建立了良好的货币声誉。而日本政府和央行的决策由于受制于财阀和出口部门,先是长期拒绝升值,宠坏了低附加值的加工出口部门;1985年之后则又升值太快,令制造业难以承受和消化其冲击。日本汇率政策这种前倨而后恭的表现,是其央行无法独立于国内和国际政治压力的表现。

二 实体经济质量决定论

对于央行独立性与货币国际化之间的关系,另一些学者提出了不同意见,比如笔者的朋友中央党校的赵柯博士。他认为货币国际化不仅仅是一种金融现象,还是一个复杂的政治经济过程。简单地拆掉篱笆、放松管制并不会自动导致货币的国际化;甚至出口的增长与国力的提升也不能自动地导致一国的货币更受欢迎。由于进出口企业和金融机构这些微观个体是建设货币国际化宏伟大厦的"工蚁",所以必须深入货币国际化运用的微观基础,才能准确理解德国马克成功国际化的经验和日元失败的教训。[①]

---

① 赵柯:《工业竞争力、资本账户开放与货币国际化——德国马克的国际化为什么比日元成功》,《世界经济与政治》2013年第12期。

在20世纪90年代中期所做的统计,当时德国就已经拥有了500多家"隐形冠军"。它们的产品在全球市场的份额基本超过了50%,有些甚至达到了90%。以"隐形冠军"为代表的德国中小企业普遍不是以价格和数量取胜,其产品往往具有高度专业化、高质量和技术创新型的特点,不容易被模仿或者替代。2/3的"隐形冠军"企业其产品居于其细分领域的全球市场领导者地位,它们的研发投入增速普遍高于著名大企业;每千名员工拥有的专利数量是大企业的5倍,但其花费在每项专利上的成本仅为大企业的1/5。"隐形冠军"现象并非仅仅是德国所特有,但是它们在德国的集中度特别高,截至2013年全球大约总共有2016家"隐形冠军",其中超过半数以上是德国企业。① 由于这些企业在各个细分领域拥有很强的定价权和竞争力,所以在出口交易中,它们能将汇率风险转移给别国交易对手,即要求以德国马克作为计价结算的货币。正是这些强势中小企业的国际化运作,帮助德国以强大的工业竞争力为核心打造了一个全球产业链和相关生产要素的交易与分配网络,在该交易网络中德国马克是绝对主导的支付清算货币。

相比而言,日本的工业化发展出现了明显的二元经济现象,一端是极少数拥有金融特权和政治影响力的大财阀,而另一端是大量以美国终端市场、美国品牌及其供应链为生存基础的小企业从事着利润微薄的代工生产。在国际市场中谁掌握了从资源采集到中间品分包再到最终品销售的生产链条,谁就拥有了对利润和风险的分配权力,计价结算币种的决定就是其中的一部分。在日美贸易关系上,掌握产业链话语权的是美国企业而不是日本企业。在20世纪70—80年代美国企业通过直接投资在日本开展了大量的代工生产(OEM),其中美国企业掌握销售品牌、销售渠道和核心技术,在日本的企业负责加工生产。

---

① 赵柯:《工业竞争力、资本账户开放与货币国际化——德国马克的国际化为什么比日元成功》,《世界经济与政治》2013年12期。

这种二元经济现象不仅仅在日本的发展过程中出现,而且通过东亚产业链的延伸,韩国、中国大陆、中国台湾乃至今天的越南都存在类似的现象,即外部资本和外部市场带动的加工贸易带来依附型发展,最终导致出口规模大、利润薄,缺少定价权和对结算支付货币的选择权。

表2—5　　　　　　　各国进出口产品的本币计价比例　　　　　　单位:%

国家	1980年出口	1980年进口	1992—1996年出口	1992—1996年进口
美国	97.0	85.0	98.0	88.0
德国	82.3	42.8	76.4	53.3
日本	29.4	2.4	35.7	22.5

资料来源:George Tavlas,"The International Use of the Dollar: An Optimum Currency Area Perspective",*The World Economy*,Vol. 20,Issue 6,1997,pp. 734 – 735. 转引自赵柯《工业竞争力、资本账户开放与货币国际化——德国马克的国际化为什么比日元成功》,《世界经济与政治》2013年第12期。

自20世纪80年代开始的日本金融自由化浪潮中,许多日本企业获得了自由使用外汇的资格,纷纷"走出去"大笔收购海外资产。它们本应通过对外直接投资提升自己在全球产业链中的位置,从而增强日本企业对全球生产要素交易网络的掌控力,但是实践中这些日企将巨额资本投入对美国金融资产和房地产市场的投机性交易之中。这一时期日本企业对美国地产的追逐甚至达到了不计成本的疯狂程度,对洛克菲勒中心以及帝国大厦这类象征美国经济辉煌的标志性高端商业地产的收购,曾经让不少美国人惊呼日本正在"买下"美国。等到日本"经济战败"之后,这些曾经豪迈的投机性交易不得不以亏损价格贱卖离场。如果说德国马克走的是"工业型的国际化道路",那么日元则走了一条"金融型的国际化道路",即通过放开资本管制，日本政府积极鼓励本国和海外金融机构参与和日元相关的金融资产交易，以金融渠道对外输出日元。按照赵柯博士的看法，马克和日元国际化的历史经验表明：简单的解除资本管制并不能构成对一国货币国际化可持续、强有力的支撑，强大的工业竞争力以及在此基础之上对全球产业链和商品及要素交易网络的控制，即"工业型"的货币国际化之路，才是后起大国更应选择的途径。

三 国际政治决定论

如果说前两种观点分别侧重金融经济和实体经济，那么第三类观点则主张政治因素的根本性作用，这也是笔者从政治经济学学科角度所一贯主张的视角。

货币是一个介乎政治和经济之间的领域，而且由于其强烈的再分配效应，在很多时候它的政治特性超过经济特性。正如笔者在《大国货币》一书的相关章节开篇所言，"只有大国才有伟大的货币"。[①] 货币国际化其实是在特定区域内建立起政治经济腹地。货币的发行者和国际接受者之间建立了一种依附和共生的关系，某种程度上相当于保险公司和客户的关系：前者为后者承担风险提供流动性，后者向前者持续地支付费用。马克和日元在国际化道路上的不同命运，反映的主要不是经济差异而更多是政治的差异。

第二次世界大战虽然过去七十多年，但日本政治并没有完全独立：其内政外交在关键问题上还是或多或少地受到来自美国的影响；其宪法仍然是由美军司令起草后赋予的，其国土上的美国驻军仍然享有治外法权。也许是同上述事实有关，也许是源自其所谓岛国国民性，日本的对外行为中

---

① [英] 魏伦、翟东升主编：《大国货币：国际化货币与货币国际化》，周大昕译，北京大学出版社2015年版，第1章。

表现出鲜明的小国特征,即不愿意承担责任。国际政治经济体系中的大国和小国的区别主要不在于人口或幅员,甚至也不在于经济规模,而在于其在体系中的行为模式和角色定位:大国是游戏规则、价格曲线和历史趋势的设定者与塑造者,而小国则是上述要素的接受者。日本对外经济政策的小国行为特征集中表现为投机性、依附型以及不愿意承担责任和代价。多个案例可以支持这一观察。

前文所述日元长期拒绝升值的背后,是日本在对外经济政策上"搭美国便车"的惯性思维,远未做好成为国际经济体系领导者的思想准备和政治共识。这与日本在安全和政治上紧跟美国步伐的做法如出一辙,日本难以摆脱对美国霸权和美国市场的依赖。

日本在战后也曾实施过所谓"谢罪外交",但是其经济外交充满了自利性,这些援助因为附加条件多或者质量较低,而且主要服务于推动日本自身的经济政策议程,所以对于改善日本的政治形象并没有发挥实质性影响。1966年日本主导建立了亚洲开发银行,但是在选址时东京败给了马尼拉,这表明东南亚国家对日本经济外交意图的戒心。[①] 在20世纪80年代前期,日本政府意识到美国对其汇率升值的压力越来越大,大幅升值不可避免。在此背景下,日本主动向中国、菲律宾等东亚和东南亚国家提供大额无息或者低息日元贷款,并将其包装成出于"谢罪"意图而做的发展援助。但是在80年代后期,日元兑美元大幅升值,在两年内迅速翻倍,数年内从260∶1升值至100∶1。直到此时,接受这些"优惠"贷款的邻国才发现再一次吃了日本的哑巴亏。菲律宾等东南亚国家纷纷抗议,要求与日本重新谈判还款方式。事后来看,所谓优惠贷款其实是日本政府为了对冲本币即将到来的大幅被动升值而做的策略准备。也正是因为有了这些对冲手段,日本参加广场协议的谈判代表主动向美方谈判者表态,日元可以迅速升值

---

① 李巍:《制衡美元:政治领导与货币崛起》,上海人民出版社2015年版,第188—193页。

一倍，而美方的心理预期是升值20%—30%而已。日本历史上一贯的行为特点是战术高明而战略缺失，在上述日元贷款问题上也是如此：通过这种策略计谋固然转移了部分升值代价，但是伤害了地区交易对手，损失了邻国的信任，最终导致他们在日元贷款到期之后纷纷不再续借，日元国际化昙花一现。

1997—1998年的亚洲金融危机中，日本作为亚洲第一大经济体和最大外汇储备国，本应担负起地区领头羊的责任，帮助区域内各国渡过难关；但是日本的所作所为再一次令人失望：为捍卫其贸易利益带头贬值、望风而逃。同样在危机面前，虽然当时中国经济规模远远小于日本，竞争力也弱于日本，但是中国政府公开宣布决不贬值的决心和意志，客观上通过自己承担贸易损失的代价而帮助整个地区避免了新一轮的竞争性贬值。该政策的一个意料之外的效果是让中国收获了地区内的尊重和信用，2005年菲律宾时任总统阿罗约夫人在国际场合演讲中感叹，幸亏本地区有中国这样一位负责任的"老大哥"国家。在2010年美国"重返东亚"政策之前，中国事实上主导了东亚地区的合作进程，一定程度上得益于1998年的坚守不贬值承诺。对此，日本经济政策圈和学者们多次在国际研讨会上表示后悔，认为是中国捡了他们的便宜。日本政府的小国心态，即既想获得作为国际核心货币发行国的收益，又不想承担货币国际化进程中的成本，这是日元国际化进展缓慢的重要原因。[①]

客观地说，日本的小国行为并不全是日本政治家的选择，在一定程度上是美国对其政治控制压倒了其自主意识。比如东亚金融危机之后，日本曾试图推动建立亚洲版IMF，结果在美国的反对之下不得不放弃。2009年全球金融危机爆发之后，美国政治家们失去了自信和骄傲，日本的自立再次迎来机遇，鸠山由纪夫首相在上任伊始便公开主张要脱离美国势力，与

---

① 付丽颖：《日元国际化与东亚货币合作》，商务印书馆2010年版，第179页。

中国共同走出一条"亚洲新道路",但是不久便在日本右翼和美国的联手反对之下黯然下台。①

笔者的同事李巍教授也持类似观点。在《制衡美元:政治领导与货币崛起》一书中,他认为日本政治公信力的不足,第一是因为日本迟迟不肯对第二次世界大战的历史进行必要而彻底的清算,这使得包括中国和韩国在内的东亚国家对其政治意图存在广泛的不安全感和敌意。自1983年起历届日本首相对靖国神社的参拜,与德国总理勃兰特之跪形成鲜明对比。前者激起东亚地区的疑惧和敌意,后者则赢得了欧洲邻国的原谅和信任。第二是,日本长期奉行脱亚入欧和追随美国的外交政策,不愿意诚心融入东亚,这种扭曲的价值观和身份认同给它自身的东亚外交带来很大困难。日本更习惯于追随强者,而不是领导弱者。

日元国际化一直缺乏他国官方政府的持续支持。日本没有展开积极的货币外交来争取他国政府与之形成紧密、稳定而制度化的货币伙伴,没有建立一个能帮助日元对抗市场周期的货币伙伴网络。相比于欧洲在战后持续进步的区域制度建设,日本作为亚洲第一大经济体,并没有展现出应有的领导力。日元几乎没有获得过"锚货币"的地位。与日本经济联系紧密的东亚和东南亚地区,尽管身处以日本为龙头的东亚供应链之上,却无一将本国货币锚住日元,而是在不同程度上锚住美元。正如麦金农所说"东亚仍是一个美元本位的体系"。② 对于东亚国家而言,如果日本自身也是依附于美国和美元,那么为什么要依附日本而不直接依附美国呢?进入20世纪90年代中后期,由于缺乏区域制度的"锁定"和地区经济伙伴的支持,

---

① 笔者曾在鸠山先生2018年访华时午宴上交流过此事,确认了相关政治斗争中美国对日羁縻因素的重要性。他表示将继续努力推进中日关系以实现"亚洲人的亚洲",令人敬佩也令人唏嘘。

② [美]罗纳德·I.麦金农:《美元本位下的汇率——东亚高储蓄两难》,王信、何为译,中国金融出版社2005年版。

日元年代国际使用在短暂冲高之后持续滑落。

德国马克的政治基础大不同于日元。第二次世界大战后联邦德国同欧洲各国实现了相当充分的政治和解，并在此基础上发展出经济的共生关系，法德煤钢联营只是这个共生关系的起步，最终发展到欧元这样的货币共同体。德国国内也有出口部门对汇率和货币政策提出了要求，但是德国的货币政策并未过度照顾其利益诉求。德国也会对美国的政治压力低头，但是通过拉住法国并建成驱动欧洲一体化的法德轴心，德国获得了政治上的自主性和地区威望。

德国政府的公开文件中从来没有"马克国际化"的相关表述，官方也从来没有公开表示过要积极推动"马克国际化"，学术界也鲜有关于德国马克国际化的讨论和研究。德国政治经济精英是否曾将取得"国际储备货币发行国"地位作为其重要国家利益目标，目前无法考证。但是在"隔离美元对欧洲的风险"和"欧洲经济一体化"这些对所有欧盟成员国而言都堪称"政治正确"的集体行动中，欧洲货币一体化的相关制度设计中让马克居于优势地位。德国马克国际化的一个重要阶段就是借助欧洲区域合作的力量，推动其成为区域内关键货币，从而在国际货币市场中产生更大的影响，最终实现国际化。欧洲货币体系（EMS）成立前，世界上有 61 个国家的货币选择钉住美元，却没有货币选择钉住马克。1979 年 3 月欧洲货币体系成立，并产生了用于欧共体内部计价计算的货币单位——ECU，由于马克在欧洲货币单位中占有很大比重，[①] 马克的波动往往引起 ECU 的波动，因此在欧洲货币体系汇率机制的实际操作中，许多国家将马克作为重要的干预货币，马克逐渐成为欧共体国家事实上的"名义锚"。马克通过在欧洲区域合作逐步扩大其国际金融体系中的地位，随着欧洲货币单位地位的提高，马克的国际货币地位在欧洲和世界范围内也随之提升，

---

① 马克在 ECU 的初始定值中即占有 27.3% 的份额，后经调整，其份额曾于 1989 年达到 30.1% 的最高值。

顺利地完成了从区域货币到国际货币的转变。这让马克的国际化获得了超越市场竞争之外的政治力量的支撑，让欧洲国家政府储备马克成为一种必须为之的政治行为。①

四 货币国际化的次序和时间窗口

多位研究者指出，日元和德国马克的国际化路径差异明显。德国马克从20世纪60年代末就已经显现了初步的国际化，此后借助贸易中强势地位和德资跨国公司的对外资本输出而稳步推进。但是日元的国际化则是姗姗来迟，在20世纪80年代中期才突然爆发，然而仅仅维持了十来年的上升势头便偃旗息鼓。有学者指出，货币国际化存在时间窗口问题。由于货币使用存在严重的黏性，所以除非原有的国际主流货币出现重大失误和危机，否则其他货币难以撼动其地位。20世纪60年代末，越南战战背景下的美元接连发生危机，难以维系当时的美元金汇兑本位，全球市场上的公私部门都在急切寻找可靠的替代者，于是出现了货币国际化的机会窗口。而当时德国马克同意升值，并适度放开了资本项目，抓住了这个宝贵的时间窗口，其在全球外汇储备中的份额出现了一个跳升。

反观日本，其金融自由化和货币国际化在很大程度上是美国威逼利诱的结果而不是对时间窗口的自主把握。1984年，日本和美国共同设立了"日美日元美元委员会"，旨在推动日本金融自由化和日元国际化。美国当时认为对日巨额贸易逆差的原因在于日元低估，而日元低估的原因在于日本金融市场和日元对国际投资者缺乏吸引力。如果通过金融自由化吸引更多的国际投资者持有日元，那么日元将会自动升值，进而达到平衡日美贸易逆差的目的。更为重要的是美国相信自己拥有全球最具竞争力的金融业，

---

① 李巍：《制衡美元：政治领导与货币崛起》，上海人民出版社2015年版，第188—193页。

所以也希望借此打开日本的金融市场以便华尔街金融机构在日本金融市场的蓬勃发展中获取更多的商业机会。日本虽然并不完全同意美国对日美贸易不平衡根源的分析但仍然顺从了美国的意见，因为日本政府此时已经将日元国际化和金融市场自由化作为下一步的政策目标，故而也积极配合美国的要求放开资本管制。

1998年亚洲金融危机之后，东亚货币合作的迫切性非常高。日本也意识到其中的战略机遇，主张建立亚洲版IMF，结果在美国的反对下无疾而终。2008年美国次贷危机引发国际金融危机之后，机会之窗再次打开，但是此前日元国际化的错误方式所带来的负面后果已经占据压倒性影响，日本无力也无兴趣重启日元国际化。

开放与改革之间存在先后次序问题。只有内部体制机制理顺之后，才能在开放的市场中获得红利与竞争优势。但任何实质性改革是痛苦而艰难的，而在来自美国的外部压力下开放则相对简单，无须政治家个人负太多的责任，这便是所谓借外打内、"以开放促改革"的东亚政策变革传统的由来。日本在国内金融改革尚未真正展开的时候，就急切地放开了资本项目。日本国内主要的金融改革措施，包括利率市场化、债券市场管制放松、股票市场改革、废弃主银行体制等，都发生在泡沫危机爆发后的1993年、1994年和1997年。而在正式宣布日元国际化的前后，日本采取的主要"改革"措施实质上都是资本项目开放的措施，如1983年和1984年的欧洲日元贷款业务、1984年的日元汇兑管制放开等等，可谓"以开放代改革"。

在微观层面，日本主要通过金融交易渠道来对外输出日元。在国内继续实施金融管制、资本项目却完全放开的背景下，在日元的离岸市场和在岸市场之间出现了快速增长的资本流动循环：日本的富余资金从在岸市场流到离岸市场，然后又从离岸市场回流到在岸市场。"自己人跨境玩着自己的钱游戏"中，主角是借助离岸中心实现制度套利的日本银行业。在日本

"再贷款的游戏"中,包括伦敦和香港在内的离岸市场构成了资金进出的重要通道。在离岸市场中,香港显然是一个重要的组成部分。按照殷剑锋博士的研究,香港对在日本的银行机构的负债与对在日本的非银行机构的债权高度协同,这反映了日元资金从日本的银行业流出到香港,随后又再次回流到日本的企业部门。① 直到亚洲金融危机爆发后,通过香港的日元再贷款游戏才偃旗息鼓。日本"再贷款游戏"导致流出的资金再次回流到国内弊端重重的股票市场和地产市场,成为推动1990年泡沫危机和随后长期经济萧条的重要原因;在面临1990年泡沫危机和1997年亚洲金融危机的双重打击后,日元离岸市场的发展以及在很大程度上基于此的日元国际化进程陷入倒退。

作为对照,德国马克在国际化过程中,并没有立刻实施资本项目的充分放开。20世纪70年代德国政府对资本账户管理的态度经历了"限制—放松—再限制—再放松"的多轮反复,特别是针对短期投机资本的流入,不惜动用特别法定准备金率和现金存款要求来加强政策力度。当间接资本管理措施效果不明显时,德国还采取了更加严格的直接资本管制措施,比如1973年2月,将非居民购买德国固定收益证券必须预先报批的范围扩大到包括所有类型信用工具,以及购买股票、互助基金和5万马克以上的借款。② 到了20世纪80年代,德国马克已经确立其国际主流货币的地位,其汇率也已经在十年内完成了从固定汇率到浮动汇率的渐进转变,德国才完全放开其资本项目。可以说,德国是先实现了马克的国际化,然后再放开资本项目。这一逻辑背后是德国政府和央行对通胀稳定的坚定追求。

---

① 殷剑锋:《人民币国际化:"贸易结算+离岸市场",还是"资本输出+跨国企业"?——以日元国际化的教训为例》,《国际经济评论》2011年第4期。

② 中国人民大学国际货币研究所:《人民币国际化报告2016——货币国际化与宏观金融风险管理》,中国人民大学出版社2016年版,第87—88页。

表 2—6　　日元和德国马克在全球储备和贸易计价中的份额（1970—2010 年）　　单位：%

年份	1970	1980	1985	1990	1995	2000	2005	2010
马克，国际储备	Na	12.5	12.2	15.4	12.5	19.0	25.0	28.0
日元，国际储备	Na	3.5	6.4	7.2	6.5	5.5	3.5	3.0
德国本币出口结算	87.0	82.5	79.5	77.0（1991年）	75.0	70.5（2002年）	61.0（2006年）	Na
日本本币出口结算	18.8	29.4	35.8	39.4（1991年）	36.0	34.9（2002年）	40.0（2006年）	Na

注：德国 2000 年、2006 年数据均为欧元。

资料来源：石淇玮：《人民币国际化的路径研究——基于美元、德国马克和日元国际化历史的经验分析》，《上海金融》2013 年第 10 期；李晓：《"日元国际化"的困境及其战略调整》，《世界经济》2005 年第 6 期；陈卫东、李建军：《日元国际化过程中值得关注的若干问题——兼论一国货币国际化的基本条件与模式》，《金融发展评论》2010 年第 8 期；周弘等主编：《德国马克与经济增长》，社会科学文献出版社 2012 年版，第 227 页；李巍：《制衡美元：政治领导与货币崛起》，上海人民出版社 2015 年版，第 189 页。本表由笔者汇总。

五　对人民币国际化的启示

总结德国马克与日元在国际化进程中的各方面经验教训，笔者认为有以下几点值得中国多加注意。

一是在宏观经济稳定和出口工业利益的取舍上，应更加注重宏观经济稳定，而不是屈从与出口工业的利益。保持宏观经济稳定，有利于广大人民群众的利益，也有利于在国际储蓄者和投资者中建立货币信用。而出口工业的企业家往往利用其工人就业和贷款风险为名，绑架中央政府的汇率政策，要求搞弱势货币和固定汇率。从长期来看，只能依靠政府保护才能生存的出口企业是不值得保护的，就业安全和信贷安全完全可以通过其他方式来获得。考虑到中国的加工贸易主要是外资把持，压低人民币汇率以帮助低附加值的加工贸易显然是非常不必要的。

二是对于货币国际化而言，贸易和产业的质量比规模更重要。靠出口加工制造业虽然能够快速提升贸易和就业规模，但那是一种"借来的工业化"；[①] 本币的国际地位最终还是要靠本国人和本国企业的产业竞争力来支持。中国本土企业的国际竞争力，以华为、大疆、宁德时代、阿里巴巴和腾讯这样的全球行业领袖企业的存在为主要体现，将为人民币国际化提供坚实的微观基础。中国在诸如汽车和电动车、大飞机、芯片等全球主流（可贸易）产业中自主竞争力的提升，不仅会带来人民币汇率的坚挺，而且会带来人民币国际化水平的有效提升。

三是货币国际化意味着与别国之间的利益共生关系以及由此而带来的国际责任。人无信不立，国家在国际社会共同体中的信用和形象同样如此。和谐、亲密而稳定的区域内关系对于一国货币的国际化非常重要。德者，得也。大国要有大国的思维和行为，国家的能力越大责任越大，规模优势赋予我们以力量的优势，但是如何使用这种力量将决定一国的最终命运。如果用这种规模和力量优势去欺负和损害小国利益，那么必然会失信乃至结仇于国际社会，除非彻底走武力征服道路，否则无法成为领袖国家；如果用这种规模和力量优势去团结和帮助周边小国，那么就能形成与后者的共生关系，从而进一步放大自身的力量。习近平总书记提出的人类命运共同体概念，体现的是后者的路径。未来应通过基础设施和产业供应链的延伸，进一步强化周边国家同中国的共生关系。

四是应注意政策的轻重缓急次序，以改革为主以开放为辅、先改革后开放。日本的弱势政治家喜欢扮演被动角色，以开放促改革，借外部力量来推动内部政策调整，但这不是一个最优的解决方案。中国应该向德国学习，保持更多的政策自主性，积极主动地设想自身在全球经济金融体系中

[①] 详见翟东升《中国为什么有前途——中国对外经济政策及其战略潜能》，机械工业出版社 2015 年版。

的定位，并以此来指导自己的政策调整和制度改革，而不是任由利益集团的游说和官僚系统的因循和惯性来主导政策。

◇第四节 人民币国际化的政治经济学

一 人民币国际化的进展

如同20世纪60年代末的经济与货币危机刺激了德国对马克的政策调整，2008年金融危机也刺激了中国政府和社会对货币问题的认识改变。一夜之间，中国的大量企业和家庭遭遇到巨大外来经济金融冲击，而这种风险之源来自美国此前的低利率政策和房地产金融的衍生品泡沫。为了应对危机，美国与此后的欧洲和日本都采取了量化宽松等非常规政策（详见本书第三章），由此形成的人为的低利率乃至负利率的政策，大大稀释了中国数十年招商引资和出口创汇所积累的外汇储备的相对价值。正是在这个背景之下，中国政策圈和知识界都开始在货币问题上觉醒，意识到全球货币体系必须改革，人民币必须实现某种程度的国际化才能跳出美元陷阱。2009年，时任央行行长周小川同志发表在人民银行网站上的著名檄文，[①]吹响了上述思潮兴起和政策转型的号角。

从量变的角度来看，人民币国际化在过去的十年间从无到有，经历了快速的成长与波动。笔者所参与的人民币国际化报告撰写团队，多年来致力于研究和发布人民币国际化指数（Renminbi Internationalization Index，RII），该指数以季度为单位，综合人民币在国际贸易计价、金融交易结算和国际储备功能等不同方面职能的全球占比，客观、动态、科学地描述人民

---

① 周小川：《关于改革国际货币体系的思考》，2009年3月23日，http://www.pbc.gov.cn//hanglingdao/128697/128719/128772/2847833/index.html。

币国际化程度。从该指数创设至本书写作时为止的数据如图 2—6，其中全球所有货币国际化指数的加总值为 100，而 RII 指数为人民币在多项功能上全球市场占比的加权平均值。

图 2—6　人民币国际化指数（2010—2018 年）

资料来源：参见历年中国人民大学国际货币研究所《人民币国际化报告》系列。

从该指数的波动可以看出，到 2015 年中期为止，人民币国际化维持了一个很高的成长率，短短五年之内，便从 0.02 的起点增长到 3.87 的高位。之所以有如此高速的增长，主要是因为人民币国际化的起点太低，而中国自身相对于全球的经济规模和贸易量都非常可观，因此对人民币的跨境使用原本存在着的各种严格管制一旦被解除，人民币的国际使用场景便会迅速打开局面。正如中国官方在不同场合表态，人民币国际化不是中国政府人为推动的结果，而是减少和取消限制之后的市场主动选择。这种增长的背后，主要是贸易项下的人民币计价结算和资本金融项的人民币直接投资在快速增长，而人民币的跨境金融交易和国际储备功能则远远落后于此进程。以 2015 年第二季度的 RII 指数高点 3.87 为例，跨境贸易人民币结算规模全球占比约为4.1个百分点，金融项则达到了6个百分点，主要是其中的人民币直接投资在全球 FDI 中的占比快速冲高。而同为资本金融项下的人民币国际信贷和人民币国际债券的占比则明显低于 RII 指数，严重落后于整体指数的还包括人民币外汇储备，2015 年年末仅占全球外汇储备的 1.1%。

2015 年夏季之后，人民币国际化指数出现了明显的回调，到 2016 年第四季度跌至 2.26 水平。与之伴随的是 2015 年夏季之后持续下跌的中国股市和愈演愈烈的看空做空人民币汇率的资本外逃行为。基于各种错误理论上的对人民币汇率的一致悲观预期形成了金融市场中常见的"自我实现的预言"，其对人民币贸易和资本项目下人民币的计价结算规模都产生了逆转冲击。此外，为了避免市场上的"羊群效应"和"恐慌踩踏"，抵御美元加息缩表周期带来的国际性金融和汇率风险，中国政府在金融和货币领域采取了一些宏观审慎政策措施，严格执行了跨境金融交易的真实性要求和合规审查。在此背景下，离岸金融市场上的人民币存量，以及对外人民币直接投资等指标都受到影响。当然，汇率下跌对于人民币国际化其实也不完全是坏事，比如挤掉了汇率升值预期带来的投机泡沫，并让进口与出口的人民币结算比例在汇率下跌期实现了平衡。①

2017 年年初起，人民币兑美元汇率出现了明显的走强；同年第二季度人民币兑篮子货币的加权指数也出现了反弹，表明市场对人民币汇率的信心开始恢复。在此背景下，人民币国际化指数持续反弹，2018 年同年第二季度甚至创出了 4.84 这个高于同期英镑和日元国际化水平的新高。此后，

---

① 周宇在 2016 年的研究通过比较汇率波动与主要货币国际化程度之间的关系，认为 2015 年人民币出现贬值趋势以来，人民币国际化进程受到了一些影响。但关于人民币贬值对人民币国际化的影响，还应该具体情况具体分析。从数据上来看，虽然 2015 年汇改后人民币出现贬值，但人民币跨境贸易结算方向上发生了变化，即人民币用于出口贸易结算量上升，用于进口贸易结算量下降，因此二者互相抵消，总量基本没有太多变化。参见周宇《论汇率贬值对人民币国际化的影响——基于主要国际货币比较的分析》，《世界经济研究》2016 年第 4 期。

由于中美贸易摩擦对汇率的影响，人民币汇率和国际化指数都出现了一定程度的主动回调。但这一次国内外市场上没有出现类似2016年那样的恐慌和贬值预期，人民国际化指数虽有回调却远不如2016年的下跌那般陡峭。通过2015年至今的完整波动周期，我们不难看出人民币国际化的进程与人民币汇率预期存在较为明显的正相关性，也印证了笔者在上一节中所提及的一个规律：只有强势货币才能实现国际化。

人民币国际化的进展，离不开一系列经济与货币领域的配套改革和放松管制，主要包括：（1）自2009年7月起启动跨境贸易人民币结算的试点，并逐步推开；（2）自2008年起中国央行同数十个新兴经济体展开了数万亿人民币规模的货币互换；（3）改革人民币汇率的形成机制，汇率形成更加市场化，波动性明显增强；（4）香港、伦敦等人民币离岸市场的发展，以及在离岸中心各种"点心债""熊猫债"和"合成债券"的发行；（5）资本账户的渐进放开和宏观审慎框架的建立；（6）人民币直接报价币种的扩容；（7）深圳前海和上海自贸区为首的十几家自贸区的设立和改革探索；（8）RQFII的试点与扩容；（9）利率市场化改革的稳步推进；（10）存款保险制度的建立；（11）人民币支付结算系统（CIPS）一期和二期工程的建设；（12）"一带一路"倡议的提出和实施；（13）开放性的大宗商品交易所，尤其是黄金期货与石油期货的推出，形成原油—人民币—黄金的三角循环；（14）沪港通、深港通的推出，允许资金在可控范围内自由跨境进出中国资本市场；（15）通过成功的经济外交，将人民币纳入国际货币基金组织（IMF）的特别提款权篮子中；（16）推出人民币兑篮子货币的CFET指数，淡化人民币兑美元汇率的唯一指标意义，加速与美元脱钩；（17）对国际金融机构放开人民币债券市场的准入；（18）倡导设立亚洲基础设施建设投资银行、金砖国家新开发银行、金砖储备库等多边国际金融货币合作平台；（19）云南瑞丽、新疆霍尔果斯等边境人民币使用试点；（20）推进国内债券市场的统合与开放；（21）整理和规范相关法规和会计准则。此外，还有若干非官方主体的行动也有重大影响，包括微信和支付宝等第三方支付系统在全球华人圈和旅游经济中的扩张，路透和摩根士丹利等国际金融机构在其编制的各种新兴市场股票和债券指数中纳入中国金融资产并逐步增加其权重，这些市场主体的行为客观上也助推了人民币的国际化。

上述举措，有的是宏观战略层次的大动作，比如"一带一路"和亚投行，它们的目的并非推进人民币国际化，但是客观上有助于后者的进展；而更多的是非常具体专业化的基础设施建设和配套改革，比如人民币支付结算系统的建设等。正是在这些大大小小的举措和政策的支撑之下，人民币国际化指数在短短十年不到的时间里，迅速达到了与日元和英镑比肩的国际化水平。

二　围绕人民币国际化的争论

人民币国际化具有明显的财富再分配功能，而从历史来看，既有美元和德国马克这样的成功案例，又有日元这样的失败教训，而且学界和政策界对其利弊得失和策略路径存在很大的分歧。伴随着人民币国际化的进程，中国国内展开了持续的理论与政策争论。

最重要的争论发生在央行主管部门和部分经济学家之间。时任央行行长周小川同志确立了人民币国际化的战略大方向之后，其麾下一批学者型干部便开始从各种角度论证和设计相关的改革，笔者所在的中国人民大学国际货币研究所也为这些改革提供了部分智力支持。但是以中国社会科学院余永定教授和北京大学林毅夫教授为代表的一批经济学家则对这种政策意图和配套改革的必要性和合理性提出了质疑与批评。[①] 这些辩论既见于相关学者和官员的学术论文，也见于他们在政策研讨会上的唇枪舌剑。

---

① 参见余永定、林毅夫、殷剑锋、张明等人在2011—2014年的"人民币国际化""资本项目放开"主题相关论文。

概括起来，经济学家们的质疑集中在以下几个方面。一是对人民币国际化的收益和代价的估量，认为人民币国际化并不能给中国经济带来太多实质性好处，但是会导致人民币汇率人为高估、波动性放大从而伤害出口部门的竞争力；更重要的是，原本存在的内外利差说明资本项目的管制还是基本有效的，而资本项目的放开会导致国际经济金融风险通过资本的大进大出而直接冲击中国金融安全。辩护者的回应则强调，金融体系最大的风险是拒绝和隔离任何风险，对于宏观经济风险和资本流动，中国政府可以用更加市场化的宏观审慎框架取代此前的资本项目管制来应对。二是人民币国际化的路径和策略问题。经济学家们批评说，以贸易本币结算、离岸金融中心和国际货币互换的模式来推动人民币跨境使用的提升是一个非常危险的策略，监管套利的流行最终会形成在岸和离岸之间的货币循环与资产泡沫，日元国际化的失败教训殷鉴不远。他们认为，即便非要推进人民币国际化不可，也应该先搞国内金融体系的市场化改革，提升中国贸易部门的竞争力，然后方可徐图之。辩护者们回应说，实践中改革和开放之间存在相互促进的辩证关系，等到所有的改革就绪再开放，则错过了重要的战略机遇。而从改革的可行性而言，应该是以开放倒逼改革。20世纪90年代为了加入世界贸易组织进行的经常项目的开放，倒逼了贸易和制造业相关的一系列改革，事实证明其成功；同样以人民币国际化为抓手的资本项目开放，即将倒逼金融等高端服务业的结构性改革。三是关于政策的真实意图。批评者们猜想人民币国际化背后的真实驱动力是若干（外资）金融机构的游说和少数决策者的政治虚荣心。而辩护者们认为这种阴谋论和人身攻击无助于讨论，只能反映出书生之见解的虚妄和空谈误国。

2015—2016年股票市场和外汇市场遭遇"股汇双跌"的冲击之后，人民币国际化在政策思路和次序上出现了若干调整。一系列金融配套改革得以加速，而某些资本项目的开放措施则出现了暂时的回撤。人民币结算进入衰退后，人民币大宗商品和其他资产的计价被提上日程。人民币国际化进入了一个挤泡沫和调策略的过程，批评者们的部分意见被吸纳进金融体系改革与开放的策略举措之中，形成了很有价值的政策负反馈。回顾这场辩论，虽然笔者站在辩护者立场参与了与张明等学者的当面辩论，但是笔者坚信这种半公开的质疑和辩论是非常必要而健康的，它大大提升了相关政策决策的质量，并使得相关政策从长期来看更能行稳致远。

在21世纪之前完成学业的中国学者中，多数人在思考货币与金融问题的时候仍有小国心态，因为伴随他们学习成长的重大经济事件记忆是东南亚金融危机，他们脑海中的参照系是韩国、新加坡、泰国、菲律宾等小国在美元资本流动的冲击之下毫无抵抗力的经验教训。正因此，他们认为必须紧紧抱住三万亿美元外汇储备，认为中国绝不能承受人民币国际化和资本项目放开所带来的冲击和风险。历史上，先进国家都是花50年以上才逐步实现工业化，而我们则只花了20年（1992—2012年）。由此带来一个问题，即缺乏政策精英的必要代际更迭。试想，一个政策专家在他35岁时以青年学者或者中层干部的身份去美欧的大学和机构中学习进修，当时的中国还是典型的穷国，而当55岁的他作为中坚力量参与中国内外经济政策的制定和谈判的时候，中国经济体已经成长为比所有对手都更有实力的谈判者，但是该专家的思维可能仍然不自觉地停留在20世纪90年代。时代进步太快，以至于人的认识赶不上时代的脚步。笔者认为这是一部分资深经济学家过于保守的主要原因所在，也是不少从西方学成归国的经济学家们总是唱衰中国崇拜西方而被实业家们鄙视的原因所在。

如何权衡人民币国际化和资本项目放开所带来的收益与风险？就上文所述的辩论而言，正反双方都是用列举—汇总的方法来论证自己的观点，这就导致双方各自选择性举例而无法对话。笔者在辩论中提出了这样一个观点，即归纳法不适合这场辩论，而应通过演绎法来寻求共同认可的事实和逻辑，才能最终澄清真相建立共识。假如我们把货币发行国视为保险公司，而储备国则是它的客户，保险公司为客户承担了客户向其转移的风险因而收取一定比例的保费，那么该不该放开资本项目、该不该让人民币成为国际储备货币，就相当于权衡该不该转型成为一家保险公司。在地球村里，只有美欧两家保险公司，意味着这个市场是一个不充分竞争的寡头市场，保险的提供者享有很好的定价权。既然如此，为什么在有条件的情况下还要自捆手脚拒绝成为第三家保险公司，反而要继续向别人支付昂贵的保费（持有巨额外汇储备）呢？

在整个市场体系中，承担风险通常能带来风险溢价，提供流动性能获得流动性溢价，反过来，对外转移风险是要支付代价的，比如将风险转移给保险公司的前提是你需要不断地支付保费。持有巨额外汇储备，选择极端保守的对外经济政策，其代价是隐性的，没有人需要为此公开承担责任。但是选择开放和较高风险，则是有政治代价的，是需要有人承担责任的。正因如此，中国经济结构迟迟不能转型。周小川同志所倡导的人民币国际化和资本项目渐进放开之路，恰恰是一种充满责任感的选择。从民本主义政治经济学视角看，这才是体现"以人民为中心"的政策选项。

三 人民币国际化的未来发展前景

关于人民币国际化的前景，国内学界和政策界有人持乐观态度，也有人较为悲观。当然更重要的是中国之外的各界人士如何看待人民币的前景。为此，笔者曾经在2012年做过一轮全球调研，有一些非常有意思的发现。按照被调研对象的专业背景分，从事政治、安全、国际关系等专业工作或研究的国际人士总体上持负面预期，认为由于中国的政治制度、金融发展、经济体系等方面的特殊性，人民币不易被国际社会信任和接受；但是从事金融银行业务的国际专业人士则对人民币的前景大为乐观。其中将近四成的金融专业人士相信三年内（即到2015年），人民币的国际化程度能达到接近日元和英镑的水平。这种专业背景的观念差异令人惊讶，而金融业对人民币的乐观情绪甚至超出了笔者这样的国内乐观派，然而此后的事实证明他们的乐观是有道理的，人民币国际化的确在2015年第二季度达到了3.8的高峰，接近当时日元和英镑的水平。这暗示着在人民币国际化的问题上，政治和战略思维下的观点不如金融背景的专业意见来得可靠。

调研的另一发现是全球各地区受访者对人民币国际化的态度存在比较明显的差异。最积极的是东亚和东南亚地区的受访者，他们相信人民币必将崛起为全球主要货币；其次是非洲，再次是欧洲，比较消极的是南美洲，而最消极的则是北美受访者。这一结果得到了其他学者研究成果的印证、修正和补充，日本经济学家伊藤隆敏（Takatoshi Ito）发现在人民币对美元逐步升值的2005年7月至2008年8月期间，人民币已经对亚洲地区各货币产生了很强的影响，人民币已经成为地区联合浮动货币锚。① 美国经济学家海宁（C. R. Henning）发现马来西亚、泰国、新加坡和菲律宾已经同中国形成了一个松散但有效的（loose but effective）人民币区，而韩国也在国际金融危机后试探性地加入了这一人民币区。② 苏布拉马尼安（Subramanian）和凯斯勒（Kessler）研究发现人民币已经超越美元和欧元成为东亚地区的首要参照货币。在这一区域的10个经济体中，韩国、印尼、马来西亚、菲律宾、中国台湾、新加坡和泰国7个经济体货币随人民币波动更加紧密，而美元在东亚地区的参照货币主导地位只限于中国香港、越南和蒙古国，东亚地区已经形成了一个事实上的人民币集团。而且人民币作为首要参照

---

① Ito, Takatoshi, "China as Number One: How About the Renminbi?", *Asian Economic Policy Review*, Vol. 5, No. 2, 2010, pp. 249–276.

② Henning, C. R., "Choice and Coercion in East Asian Exchange Rate Regimes", Working Paper 12–15, Washington, D.C.: Peterson Institute for International Economics, September, 2012.

货币并不局限于东亚。在智利、印度和南非，人民币是主要参照货币。在以色列和土耳其，人民币是比美元更重要的参照货币。① 丁剑平团队在 2018 年的量化研究②发现，2013 年之后全球各区域对人民币的参照明显加强，这表明随着中国经济的不断发展，各项改革措施的不断推进以及"一带一路"倡议的提出和实施，人民币被各国汇率波动参照和锚定的情况相对此前已经有了很大程度的改善。这点在东南亚与独联体区域表现得尤为明显。③ 随着"一带一路"倡议的推进，人民币被沿线的国家地区参照成为货币锚，人民币在周边的中亚和独联体其他国家获得了主要的货币参照锚地位，而在东南亚地区美元的传统影响力还很显著。到 2018 年年底，人民币被"一带一路"沿线地区参照权重的排序可以归纳为：中亚 > 独联体其他国家 > 东南亚 > 中东欧 > 南亚 > 西亚 > 北非。

基于以上研究结论，笔者认为人民币应把区域化作为国际化的阶段性目标，而区域化应首先布局东亚、东南亚和中亚国家。应该鼓励以中国为最大贸易伙伴的周边国家将其货币汇率与人民币挂钩，分区域地建立储备库，搞类似于欧洲历史上的蛇形汇率机制，成立货币汇率的互助体制。这既是在"一带一路"沿线和货币金融领域落实"人类命运共同体"倡议的重要方式之一，也是中国为发展中国家提供公共产品的重要形式，而且从长远来看，也有利于中国的实体经济成长和竞争力提升。

未来数年内，还有很多举措可以帮助提升人民币在境外的实际应用。

---

① Subramanian, A. and Kessler, M., "The Renminbi Bloc Is Here: Asia Down, Rest of the World to Go?", Working Paper, 12-19, Washington, D.C.: Peterson Institute for International Economics, August 2013.

② 丁剑平、方琛琳、叶伟：《"一带一路"区块货币参照人民币"隐性锚"分析》，《国际金融研究》2018 年第 10 期。

③ 令人惊讶的是，中亚区域是参照人民币最显著的区域，这与中亚区域的经济现状与中国在当地的政治、安全与货币合作基础都有着紧密的联系。中亚区域目前普遍存在外债高居不下、主权货币贬值、外汇储备缩水的状况，外来融资成本较高、融资需求大为人民币进入中亚国家提供了良好的机遇。

笔者注意到一个现象：到目前为止，人民币纸币的国际化恐怕远远落后于账户形式的国际化，但是人们对某种外来货币的最初信任是需要硬币和纸币等物理道具的辅助才能建立起来的。中国人民银行及其下属的造币机构不妨考虑发行国际版纸币，票面上除了中文和阿拉伯数字之外，还应有英语、法语、西班牙语、阿拉伯语和俄语等主要国际通用语言，所用纸张大小和防伪等手段也应向美元欧元看齐。商务部和外交部在实施某些对外援助项目时，除了援建基础设施和赠送援助物资等传统形式之外，也不妨考虑直接向受援助民众发放小额人民币纸币，并借助海外华商的批发零售渠道向特定受援区域提供适销对路的中国商品，以便其居民用人民币支付选购其所需。这样做的好处其一是可以有效控制援助各环节中常见的腐败行为，其二是能让受援居民直接感受到中国政府和人民的善意与帮助，其三也尊重了受援者需求的差异性，当然在此过程中人民币在这些地区的接受度和信任度将获得切实提升。纸币的直接输出未必受到所有当地政府的欢迎，但是当它与援助配合在一起时，中方的谈判地位将处于强势因而具有可行性。

人民币国际化还面临一个全球"去美元化"的机遇之窗：美国滥用美元霸权，对伊朗、朝鲜、俄罗斯等国随意发动单边制裁，并撇开国际法而以其国内法为依据，对法国、中国、德国、日本等第三国的企业和金融机构施以巨额罚款。这种长臂管辖、公器私用的行为激起了国际众怒，这既迫使许多发展中国家及其统治集团重新考虑财富储存的币种和地点，也迫使欧洲和中国考虑如何绕过美元霸权及其支付体系的垄断。中国正在逐步推进铁矿石、黄金、石油和未来天然气的人民币交易体系，① 为很多原材料出口国摆脱美元的束缚提供了重要的政策空间和交易平台。国际货币问题研究学者科恩（B. J. Cohen）也一改其对人民币国际化的悲观论调，在 2017

---

① 张明、王永中：《构建天然气人民币体系的可行性与人民币国际化》，《上海金融》2018 年第 3 期。

年发表的文章中承认人民币国际化成效显著，同时又认为美国总统特朗普的"美国优先"民族主义和贸易保护主义政策很可能是对美元国际货币体系主导地位的决定性一击。他预言随着人民币的可得性和吸引力越来越强，国际货币体系很可能会出现一个逐步疏远美元的过程。①

在二十年或更长的时间框架内，国内外很多学者认为未来将出现由美元、欧元和人民币组成的三极国际货币体系。② 全球货币体系三分天下的可能性的确不能排除，但从幂律的视角来看，是一种远不如两极或者单极结构稳定的过渡性状态，而且只在一种场景下存在，那就是全球市场体系的分裂。如果按照19世纪后期大国争霸与势力范围划分的逻辑，全球市场将被分成亚洲、欧洲和美洲三大板块和少数游离区，在每个板块内部北方为科技和资本的输出方，而南方（包括赤道和南半球）则为资本输入方和原料和低附加值产品的提供方。笔者认为这种状况出现的概率不是很高，而且即便出现，也很可能是某种过渡状态，主要原因是欧元经济区不可能成为合格的一极，既因为它缺乏独立安全和外交政策，也缺乏足够的内部政治共识。更重要的是，这种三分天下的格局很可能伴随着大量阵营间冲突和战略竞争而不是和平共处，因而并非值得向往和努力的方向。

人民币国际化的成长道路，大概率不会是同美元和欧元一起三分天下的局面，而是沿着上文所说的幂律分布拾级而上：先是走到与英镑、日元同一个层次上，这三家合起来占有全球货币份额的11%左右（目前已经初步到达这一阶段，未来三年巩固该地位）。下一步是把日元和英镑的地位挤掉，独占第三层次，国际化指数达到10左右。再下一步是在21世纪30年代借助某种机会（比如欧洲一体化进程的重大挫折或者东亚经济一体化的

---

① Cohen, B. J., "Renminbi Internationalization: A Conflict of Statecrafts", CHATHAM HOUSE Research Paper, March 2017.

② Farhi, E., Gourinchas, P. and Rey, H., "Reforming the International Monetary System", CEPR Research Paper, 2011.

重大进展），取代欧元成为第二大货币，国际化指数达到 25 左右的水平。到那一步，我们将看到中国的货币国际化指数同经济规模（包括 GDP 和贸易量）的占比出现相对均衡状态，中国成为主要的资本输出国，但是贸易上保持基本平衡。到此为止，人民币国际化给中国自身和世界体系带来的重塑与冲击都是可以接受的，但是在此之后是不是继续提升人民币国际化份额以同美元竞争全球货币体系的主导权？笔者认为其必要性、可行性和代价的可承受性都需要 2035 年之后的中国政治领导人与多学科专业人士充分辩论、综合决策，因为这将是牵涉到整个世界体系的重构和中国在体系中政治经济定位的时代性大问题。换言之，目前可行而合理的人民币国际化规划应该是在 2035 年前后，让其国际化指数每年增长 0.5—1 个点，最终达到 11—25，这既有助于实现中国经济内外再平衡，也不会产生显著的经济空心化代价。

四　人民币进一步国际化对中国经济的重塑

货币是经济运行的价值基准，当一国货币的全球份额和运行特征出现根本性变化，必然会对该国经济的基本面貌和在全球体系中的定位形成巨大的重塑作用。笔者认为，假如 2035 年前后，人民币国际化指数真的能上升到 20 上下，并且全球市场体系延续当前格局而未出现大规模战争或全面冷战等系统性风险的话，那么届时中国经济可能会呈现以下面貌。

首先是人民币汇率的强势。随着越来越多的国家将其部分外汇储备放入中国债券市场和股票市场，随着越来越多的大宗商品国际交易中心转移到东亚并用人民币计价结算，人民币汇率不可避免地保持强势，而中国的通胀率和名义利率则面临更大的下行压力。正如前文反复指出的那样，货币汇率与货币份额之间具有相互强化的关系。根据中国政治经济特征和人口结构等多方面因素，笔者保守估计人民币兑美元的汇率在 2035 年前后应该在 4.5∶1 左右，甚至更高水平。

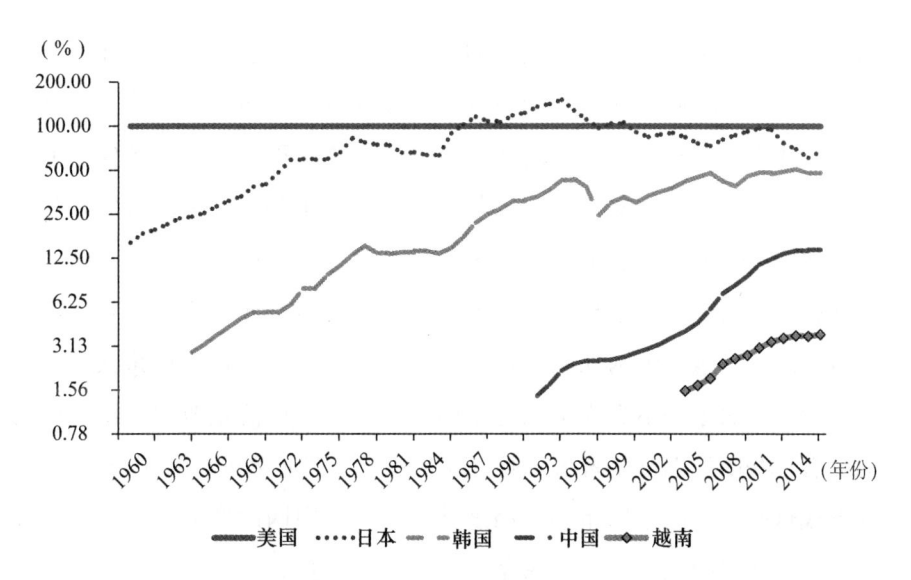

图 2—7 1960—2014 年东亚经济体人均 GDP 占美国的百分比（纵轴采取 $\log_2$ 对数刻度）

资料来源：世界银行数据库。

其次，中国经济规模将是全球第一，并可能是美国的两倍，而人均 GDP 达到 2.5 万—3 万美元，约为美国人均水平的一半左右。如图 2—7 所示，东亚的递次工业化进程带来各国人均 GDP 向美国水平的靠拢。本书写作的 2018—2019 年，中国经济规模仅为美国的 66%，人均 GDP 仅为美国的 20%，仍有很大的成长空间。考虑到中国经济名义增速会在未来十几年里继续稍快于西方，叠加人民币汇率的强势，2035 年中国 GDP 两倍于美国是完全可能的。其重要含义是，这意味着中国本土市场的规模将是美国的两至三倍的规模，相当于美欧市场的总规模，而中国社会将转型为一个中产阶级消费型社会，中产人口规模将从今天的三亿人成长到五亿人甚至更多。①

再次，中国产业结构将出现巨大的分化和重构。总体强势而且波动性扩大的人民币汇率，叠加人力成本的继续上升，意味着今天仍然雇用了很多劳动力的中低端制造业将很难在未来延续其劳动密集型商业模式。制造业就业占比将被腰斩，不仅是因为其中很多岗位转移到劳动力更便宜的越南等地，更重要的是机器人和自动化将代替许多工种。德国和日本在传统汽车产业中的全球竞争优势，将被中国利用巨大的国内市场优势和技术变革机遇超越，新能源汽车行业将和今天的手机通信行业一样集中在中国东南沿海的某个区域；中国在大飞机、芯片和生物医药等行业也将获得较大的市场份额；而今天不少人引以为豪的所谓全产业链恐怕难以为继，因为必然会有一些中低端行业向东南亚、南亚甚至非洲北部进行大规模的转移，从而形成这些区域同中国市场的高度共生关系。中国的产业结构将在中高端收敛，主要集中在那些资本密集，智力密集，并对（本土）市场规模要求很高的产业上。人民币的区域化将伴随着中国制造业产业链的延伸而逐步扩展，最终导致这些区域成为广义人民币区域。

最后，在金融领域，中国的外汇储备将归零，或者很大部分转变为黄金。人民币的信用基础将彻底脱离他国的信用，而转变为中国政府和人民的信用。中国国民和政府的总债务率将明显高于当今水平，而基准利率水平将向零靠拢。中国的贸易顺差将基本消失甚至偶有逆差，服务贸易逆差将缩小，在全球扮演主要资本输出国角色。宏观审慎体系取代此前的资本管制，除了紧急时刻，人民币在资本项目下基本可兑换。

以上描述既不完全是预测，也不完全是政策方案，而是一种场景想定（scenario planning），其中的各方面措施和结果之间存在互为因果互为支撑的关系。在方法论上，上述估测方法并非常见的线性外推，而是将多种因

---

① 对中产或中间阶级的定义标准有很多种，笔者比较欣赏的一个界定方式是美国卡耐基基金会提出的标准：家里有汽车或者类似财力的即为中产。

素叠加在一起作综合考量：人口老龄化会带来经济逐步减速和通货紧缩，但是汇率因此而走强（详见本书第五章）；市场扩大和技术进步将带来新的比较优势和产业升级；到2035年人均GDP仍与美欧存在一定差距，但是在总量上得以反超。届时，中国特色社会主义现代化将初步成型，而人民币国际化构成整个拼图中不可或缺的关键一环。

第 三 章

美元体系的风险结构与定价

◇◇第一节　后布雷顿森林体系的结构性特点与缺陷[①]

一　美元之梦取代黄金之梦

今天的我们生活在一个什么样的世界中？不同的学科视角会有不同的关注点和不同的答案。从国际政治经济学角度来说，比较公认的说法是我们如今生活在美国的霸权体系之中，或者称为"美国治下的和平"（Pax Americana）。但是究竟美国霸权以何种方式塑造了我们的生活？主流的现实主义理论认为美国拥有占据绝对优势的武力和同盟体系，也拥有全球最大的经济规模和最先进的科技，还拥有对国际机构、国际规则和国际舆论等一系列公器的实际控制权，可以将其意志用或软或硬的方式加诸国际社会。这样的见解并不算错，但是笔者在此试图提供一种补充性的世界观：全球市场体系中的每一个行为主体如今都无意识地生活在一种"美元之梦"中。

[①] 本节内容节选并改编自笔者与 Warren Coats 博士合作的学术论文 "Why the World Needs a Global Reserve Asset with a Hard Anchor?", *Frontier of Economics in China*, December, 2017. 沃伦·蔻兹博士曾长期担任国际货币基金组织 SDR 部门主管，并在 20 世纪 90 年代初指导了原苏东阵营 20 多个国家的货币体系和中央银行系统重建。

南亚地区流行的宗教世界观认为，我们每个人都是梵天神的梦境中的一个幻影而已，我们的所作所为只不过构成了这个超级婴儿梦中的情节和故事；有一天假如这个梵天神醒来，那么整个世界就终结了。这种世界观显然不利于激发人们追求幸福和成功的兴趣，但是如果作为一种隐喻，用以解释全球化和美帝国体系则非常适切。做梦的主体是美帝国，做的梦是新自由主义全球化之梦，而所有的其他国家、企业、家庭、个人，都不过是这个梦境中的一个角色或场景而已。

值得注意的是，这场梦并非亘古久远的春秋大梦，而仅仅只有半个世纪的历史：从 20 世纪 70 年代开始，美元取代黄金成为所有人梦想追求的东西。从黄金非货币化那一刻起，国际货币体系进入所谓的后布雷顿森林体系时代，这个时代的全球货币安排有两个基本特征：一是使用一种或少数几种主权货币作为全球储备资产；二是各个主要货币的价值并无硬锚，相互间汇率自由浮动。这两个特点都与人类历史上常态下的货币体系大不相同。历史常态下金银铜等金属被用作货币，即便是纸币也需要用贵金属储备作为价值支撑，但是今天的体系是将一切建基于一两个主权货币发行者的兑付信用（美元欧元两家占据了全球货币份额的八成，但事实上欧元的地位比美元更加可疑，因为它甚至连统一的主权和税收基础都不存在）。在历史常态中，货币信用是与贵金属挂钩因而存在某种（对内）购买力和（对外）汇率的硬锚，但是今天的主要货币间汇率是变动不居，而且波动性非常巨大。对于类似于全球货币体系这样的宏大历史建构物，身处其中的人们往往觉得一切似乎理所当然而意识不到其中的怪异奇特之处，遑论其结构缺陷了。正如本书第二章所说，当下的这种安排并非是人为设计的结果，也不是自然之物，而是几个西方大国为了应对此前布雷顿森林体系的严重设计缺陷而展开的一系列博弈、修补和演进的结果。从 1971 年美元与黄金脱钩开始算起，这个后布雷顿森林体系已经运行了将近半个世纪。借助这半个世纪的后见之明，我们可以用表 3—1 较好地概括出这个体系的若干结构性缺陷。

表3—1　　　　　　　当前货币体系的结构性缺陷

	特征一	特征二
当前全球货币体系	主权货币作为全球储备	主要货币无硬锚而汇率相互浮动
对美国的含义	贸易逆差和去工业化	财政赤字占 GDP 比例升高
对非美国家的含义	经济动荡的巨大外源风险	持续扩大外汇储备和福利损失
对商业世界的扭曲	猜对央行心思比经营更重要	金融业对实体经济征收"汇率保费"

资料来源：笔者自制。

在本节对上述结构性特征展开分项讨论之前，有必要简要讨论一下失去了特殊光环的黄金。自 20 世纪 70 年代以来，黄金价格波动的特点表现出以下特征：短期来看，黄金价格的波动与通胀和经济增长的关系并不十分稳定。长期来看，对黄金价格最有力的解释因素是全世界储蓄者对美帝国体系的信心。

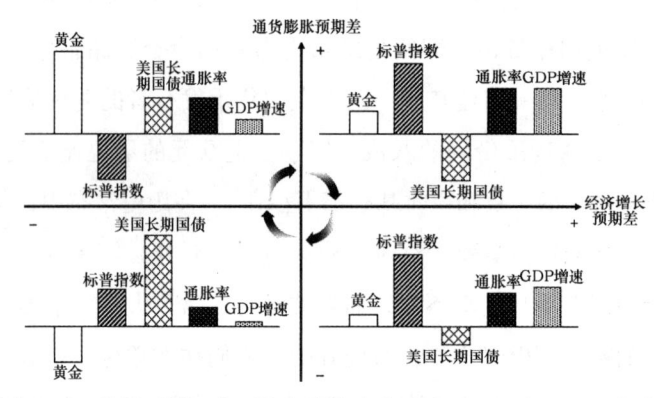

图 3—1　美林时钟视角下的大类资产收益表现（1971—2015 年）

资料来源：此图和数据均借鉴自笔者好友朱宁（Michael Ning）博士的研究报告。他在所罗门兄弟、美林、安联等华尔街公司长期任职投资经理；此类图表通常被称为美林时钟，但实践中不同研究者的使用各有区别。在本图中，各类资产在经济的不同周期的收益表现用其柱子的正负和高低来表达。需要注意的是，横轴与纵轴分别为经济增长和通货膨胀的"预期差"（surprise），即"实际值"减去"预期值"之后的算术差值。Fed, Ibbotson, Bloomberg。

从图3—1中，可以看出经济增长改善和通胀率走高时，黄金价格都趋于上涨。但是在经济表现不理想时，假如通胀走高则黄金大涨，而假如通缩则黄金价格下跌。事实上，黄金只在一种情况下跑赢通胀，那就是经济恶化而通胀高企时。

黄金价格短期内的波动并没有多少确定的规律，但是从长期来看，黄金价格背后体现出相当明确的驱动因素：全球对美元体系或者说美帝国信用的信心。

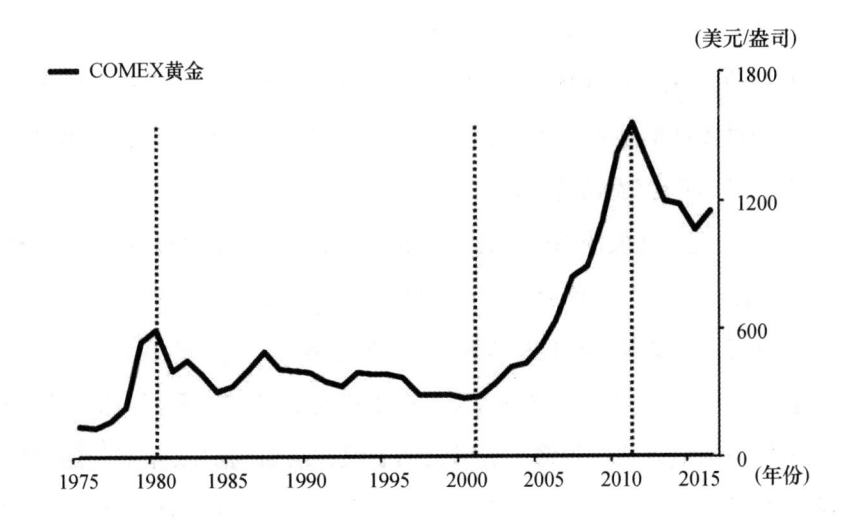

图3—2 1975—2015年的黄金价格走势

资料来源：COMEX。

如图3—2所示，20世纪70年代以来的黄金价格只有两波明显上涨，一是在20世纪70年代，二是在21世纪初的10年。20世纪70年代，美国在政治和经济上都面临着来自以苏联为首的共产主义阵营的巨大压力。当时苏联的强势扩张政策使得欧洲、东亚、中东、非洲等的地缘政治格局都发生了重大转变，其军事开支和军备发展水平正在赶超美国；越南战争也以美国战败撤兵而告终，越南统一并入侵柬埔寨，进一步加强了共产主义阵营的力量。在经济方面，两次石油危机使美国陷入能源和通胀困境，国内油价飞涨导致物价飙升，经济上出现了"低增长、高通胀，贸易逆差"的被动局面。1971年美元与黄金脱钩之后，黄金相对于美元的价格一路走高，在1980年初突破了800美元/盎司。

但是在此后的20年里美国的国运企稳回升，在两极格局中也逐渐占据优势并最终取得冷战胜利，重新赢得世界市场的信心，带动黄金价格进入了长达20年的下行周期。中国进行了改革开放，融入美国主导的世界市场体系，帮助美国压低了通胀率并与之携手反制苏联扩张性的大国沙文主义。此后苏联崩溃，原苏东地区及其附庸国家被纷纷吸纳进入世界市场体系，美国进入当世无敌的独霸时刻。黄金价格处于二十年熊市阶段，在1999年8月降到了252美元/盎司的低点。

进入21世纪，频发的恐怖主义袭击事件、争议不断的对外战争、次贷危机引发的国际金融危机等负面因素，使得国际社会对美国的信心再次发生动摇，美元兑其他主要国家的汇率迅速下跌，黄金再次受到投资者的追捧。2001年的"9·11"事件后黄金价格进入又一个十年大牛市。在阿富汗和伊拉克的反恐战争使美国陷入战争泥潭，美国回到了财政与贸易"双赤字"的时代。2007年次贷危机爆发后，全球对美帝国的可持续性产生了怀疑。这一系列事件都驱动黄金价格上行，2011年一度逼近2000美元/盎司。

但是从2011年至今，黄金价格再次进入了下行周期，一路降至1200美元/盎司附近徘徊。从美国自身来看，在量化宽松的庇护下，美国经济避免了崩溃。从外部来看，作为准中心国家的欧洲诸国受困于欧债危机、难民危机、"脱欧"运动等问题，经济复苏乏力；而中国作为美帝国的唯一潜在挑战者，各种类型的"中国崩溃论"从2011年秋天开始在全球舆论中不断发酵，所谓人民币超发、房价泡沫必将破灭、银行坏账风险巨大、地方政府债务风险等悲观预言给中国发展前景蒙上了一层阴影，经济名义增速进入持续下行趋势。2011年以来的美国国运并不很理想，但是其相对于其他主要经济体而言似乎相对问题小一些。

因此，从近半个世纪的历史脉络来看，黄金的长期价格走势与人们对美国相对于世界的信心呈现明确的负相关关系。这种大逻辑在金融投资机构的资产配置行为模式中可以找到其注脚：多位华尔街资产管理人告诉笔者，在他们的资产组合头寸中，通常会保留一小部分黄金作为一种"保险"，用以对冲整个金融体系的"极端尾部风险"。何谓体系性的极端尾部风险？借用上文南亚世界观的比喻，就是当整个美元梦来到梦醒时分，我们脚下的大地出现崩塌和重构的时候，所有的储蓄都会不约而同地逃向一个千百年来全世界都相信的神话，那就是黄金的价值。

二 主权货币作为全球储备

笔者认为，主权货币作为全球储备固然克服了金本位的某些缺陷，但是也带来三大弊端：一是通过持续扩大的逆差不断侵蚀体系中心国家美国自身的制造业，最终削弱其国力基础；二是给美国外的其他国家带来巨大的结构性外源风险；三是给微观经济活动带来诸多扭曲，财务杠杆率的择时加减取代了经营本身而成为全球商业成功的首要秘诀。

对美国而言，美元的全球储备货币地位固然带来了一系列特权与好处，但是也在潜移默化地重塑了美国经济与社会的基本面貌，尤其令人诟病的是持续扩大的贸易逆差和去工业化。

从20世纪70年代美国关闭黄金窗口至2014年，全球央行的外汇储备总额从330亿美元大幅增长到近12万亿美元，其中60%以上的储备都是以美元计价的资产。换言之，在这段时间里美国向世界提供了超过7万亿美元的中央银行储备资产，这意味着美国的经常账户与资本账户赤字的历年总和达到7万亿美元之巨。

根据笔者的计算，世界总储备变化与美国贸易赤字之间的相关系数高达0.85。这说明美国向全球供应美元的绝大部分增长是通过贸易赤字输出的,而反过来各国的外汇储备主要是瓜分美国的逆差,如图3—3所示。

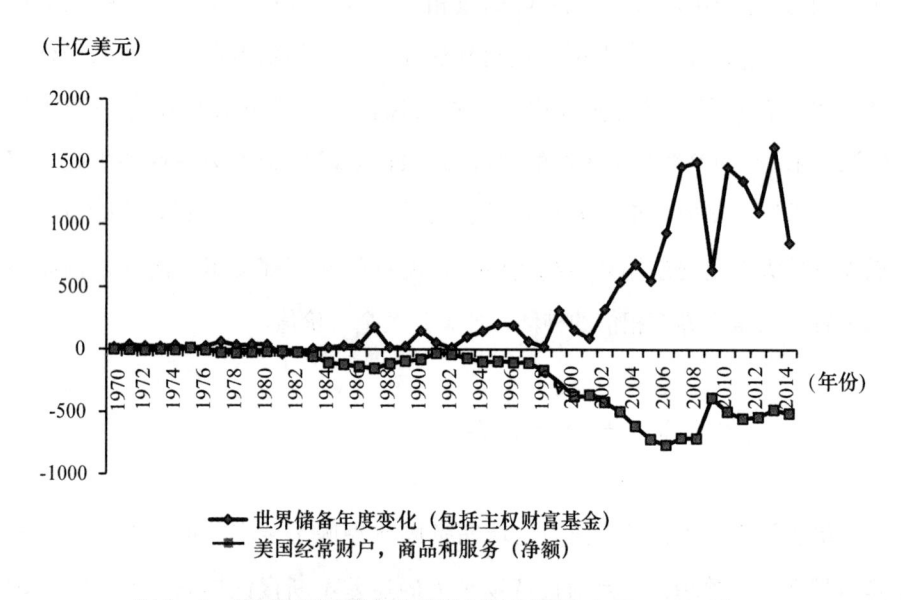

(十亿美元)

图3—3 美国贸易逆差与全球外汇储备增量(1970—2014年)

图例:
- 世界储备年度变化(包括主权财富基金)
- 美国经常账户,商品和服务(净额)

注:世界储备的变化还包括近期主权财富基金的变化。

资料来源:IMF和Sovereign Wealth Fund Institute。

正如美国经济学家伯恩斯坦(J. Bernstein)所说,"当一个国家希望通过对本国货币贬值来促进其出口时,该国的中央银行会从发行储备的国家积累货币。所以该国需要抑制国家消费并增加国民储蓄。而由于全球账户必须保持平衡,当这个货币囤积国储蓄增多,消费量低于产量时,货币发行国(如美国)就必须减少储蓄,消费量超过产量(即产生贸易逆差)。这意味着美国人自己是无法决定他们的储蓄率和消费率的"。[①] 或者换一个角度

---

① Bernstein, J., "Dethrone 'King Dollar'", *New York Times*, August 28, 2014, A25.

说,全球各国都在持续多年地储备越来越多的美元资产,美元的汇率比正常情况下大幅高估,许多美国制造公司纷纷将工厂外迁或者外包到亚洲那些拥有廉价劳动力和较高生产能力的国家,因为这些国家的制造成本用美元计价要明显低于美国。于是,相对于其他经济部门的增长,美国制造业的发展止步不前。此外,随着制造业劳动生产率的不断提高,该产业不再需要那么多的工人。在美国消费者欢迎廉价进口商品的同时,制造业工人也在抱怨廉价的外国劳工夺走他们的工作岗位。2008年金融危机之前,美国经济学者们普遍认为,主要是技术的进步导致了美国制造业工作岗位数量的减少,直到金融危机之后这种观点的偏颇性才开始被扭转。

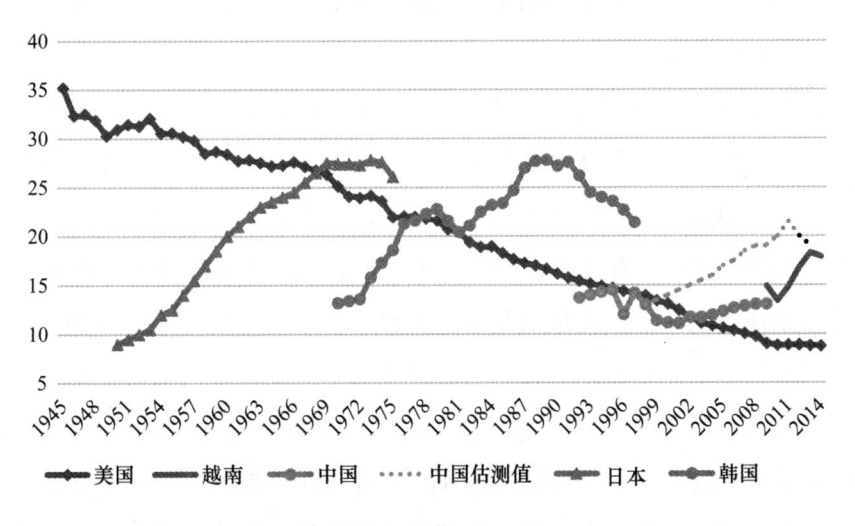

图3—4 产业链转移与各国制造业就业占总从业人员比例

注:由于中国一贯不统计农民工的制造业就业比例,因此作者用虚线表示估测的就职于制造业的外来劳工数据。

资料来源:U. S. Bureau of Labor Statistics; National Bureau of Statistics of China; International Financial Statistics (IFS), IMF。

图3—4显示,除技术进步带来的劳动节省因素外,随着全球供应链的

扩展，美国有大量制造业岗位向亚洲国家转移，并在亚洲区域内部形成产业的递次转移。美国的制造业占总就业的比例从第二次世界大战结束时的35%的高峰持续下滑，即使前总统巴拉克·奥巴马的"再工业化"政策也没能改变这一趋势。与此同时，日本抓住产业转移的机会迅速实现工业化重建，其制造业就业人口在20世纪60年代末达到了27%的高位。要素价格变贵的压力迫使又一轮产业对外转移发生在日本、韩国、中国台湾等经济体之间，带动韩国与中国台湾的制造业就业占比持续上升。到了20世纪90年代之后，这样的产业转移再次发生在东亚海洋经济体同东亚大陆之间，中国用这个产业转移的机会窗口解决了农村巨量劳动力隐性失业的困境，让他们成了产业工人和相应的服务业者。而如今，越南已经处于东亚产业链进一步转移的风口上。

恰恰是这种货币与实体经济之间的映射—转移关系，埋下了削弱乃至终结美国霸权的种子。过去500年全球权势更替的历史非常清晰地告诉我们，贸易和制造能力才是全球化时代权力的基础，货币金融带来的权势属于锦上添花但长期看有无法摆脱的"上瘾"作用。美元流动性浇灌出东亚制造业供应链的生态，而亚洲的崛起则使得美国的制造业能力相形见绌。这个过程的早期主要体现为日本的经济崛起，但是日本的人口规模、国内市场体量和政治独立性都决定了它无法真正成为美元霸权体系的挑战者。但是随着时间的推移和产业链的延伸，中国大陆也借助东亚供应链的区域发展生态，实现了人类史上最大规模最快速的工业化，而其政治和战略后果迅速超出了美国的控制。到本书写作时为止，中国的可贸易部门的规模已经明显超出美国，不仅如此，如果跳出国家间竞争的思维框架而是从文明竞争的角度来看待世界权力结构的变迁，如图3—5显示，包括中、日、韩、越在内的东亚供应链在全球制造业增加值的比例刚刚超越了整个新教文明（西欧＋北美＋大洋洲）。如果把马丁·路德发动新教革命以来的五百年全球历史理解为新教的崛起与征服史的话，那么此刻可谓是四百年未遇之大变局：四百年来新教文明的优势地位第一次遇到了实质性挑战。

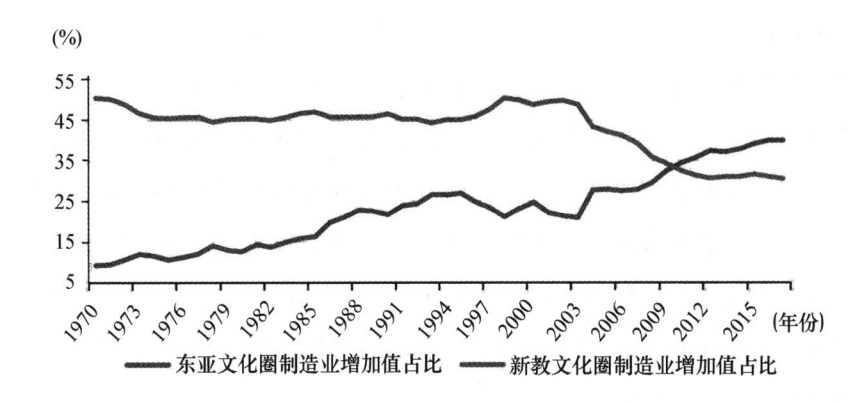

图3—5 东亚经济体制造业增加值及占比

注：其中东亚文化圈为中国内地＋中国香港＋中国台湾＋新加坡＋韩国＋日本＋越南（中国内地从2004年算起，中国台湾从1981年算起）；新教文化圈为北欧＋英国＋德国＋美国＋加拿大＋澳大利亚。

数据来源：联合国统计司，CEIC。

货币地位是国力的衍生品，而一旦东亚文明同新教文明在国力和货币地位上出现了实质性错位，那么其累积性后果最终将导致后者的货币霸权的突然坍塌。笔者相信，新教文明的两大货币欧元和美元之中，欧元很可能是先坍塌的那个，但只要上述实力转移的趋势不变的话，美元也最终难以逃脱地心引力的作用。

正是因为如此，一部分美国学者开始意识到美元霸权带来的代价问题。本·伯克南（Ben Bernanke）在第16届国际货币基金组织波拉克（Jacques Polak）年度研究会议的发言中说，"早些时候，美元的国际通用使美国受益。

现在美元作为储备货币的成本和收益则变得更加平衡"。①预算和政策优先事项中心（Center on Budget and Policy Priorities）的高级研究员贾里德·伯恩斯坦（J. Bemstein）博士在《纽约时报》的专栏文章中指出："美元曾经的国际货币储备地位特权现在已成为一种负担，它破坏了就业的增长，提高了预算和贸易赤字，甚至使金融泡沫不断膨胀。""为了让美国经济重新走上正轨，美国政府必须放弃对美元储备货币地位的承诺。"② 在美国财政部任职的国际经济学家肯尼斯·奥斯汀认为，估算工作成本的指标应是外国买家储备的美元价值。根据他的估计，2008年美国由于美元而损失的就业岗位数量达到600万，而这些就业机会往往就是最容易受到贸易出口波动影响的高薪制造业工作岗位。③

主权国家的货币取代贵金属扮演全球储备角色的这种安排，也给体系外围国家带来很大的外源性经济风险。当美国和欧洲压低利率以对冲自身经济周期的下行动能时，通常会导致资本外流，带动这两者汇率相对于整个体系的贬值。美欧短期资本涌入外围国家，迫使后者的货币政策被动地进入扩张周期。以2009年美国的货币政策调整为例，美国迅速扩大自己的货币基础，导致大量资金灌入发展中国家。当某些发展中国家采取资本项目管制以阻止资金涌入的时候，许多套利交易（carry trade）资金会通过灰色手段进入，比如假扮贸易和FDI。当资金流入一国，本国经济政策很难保持独立性，货币当局面临两难，要么允许货币被动升值从而影响其出口部门，要么为买下过剩的外汇而导致基础货币的扩张，进而导致资本市场和

---

① Dongsheng Di, Warren Coats, Yuxuan Zhao, "Why Does the World Need a Reserve Asset with Hard Anchor," *Frontiers of Economics in China*, Vol. 12, No. 4, 2017, pp. 545 – 570.

② Bernstein, J., "Dethrone 'King Dollar'", *New York Times*, August 28, 2014, A25.

③ Austin, Kenneth, "Systemic Equilibrium in a Bretton Woods II -type International Monetary System: the Special Roles of Reserve Issuers and Reserve Accumulators," *Journal of Post Keynesian Economics*, Vol. 36, No. 4, July 2014, pp. 607 – 634.

房地产市场的泡沫。而到 2014 年之后，美联储出于美国经济的需要开始退出量化宽松，此前的套利交易被大规模解除，近五千亿美元资金从发展中国家大幅回流，外围货币的汇率一落千丈，迅速加大了当地的通胀压力，巴西、南非、俄罗斯、印度等国都纷纷面临外源性的衰退压力，其中巴西等国因此而出现了政府更迭。

当前货币体系也扭曲了全球市场上的微观竞争环境及其激励和惩罚机制。最近半个世纪的全球商业环境不同于以往之处，就是大国货币政策往往僭越了其他因素，变成了商业成败的挑选者，这个趋势对于重资产类别的行业尤其如此。一个企业，尽管其经营者非常认真地做好产品，非常努力地降低成本，非常积极地开拓市场，但是它仍然可能破产：仅仅因为其经营者没有学过货币银行学和国际金融学，在增加信用杠杆扩张业务的时候并没有意识到货币政策正在突然由松变紧；或者，仅仅是因为此前一个遥远国度的过度宽松导致了全球市场中的某个地方（比如美国房地产）出现了泡沫，而加息把这个泡沫捅破了，冻结了全球市场上的流动性，从而导致本身质地很好的企业也因为流动性枯竭而倒闭。2008—2009 年，遭遇如此悲剧命运的实体企业在全世界的各个角落、各个行业都能找到一大把。

要想避免这样的悲剧的发生，最初人们还能以"央行独立性"原则来维护这种全球性制度的基本体面。但时至今日，很少再有人强调央行独立性，因为这层遮羞布已经在 2008 年的金融危机带来的恐慌中被揭掉了。央行的责任从最初的防止通胀、避免流动性恐慌，逐步增加了越来越多的责任与使命，如今保增长和保就业等都开始出现在其政策目标清单上。央行的再分配功能超越了历史上任何时期。于是，货币政策逐渐变成了货币当局同市场行为者之间的猫鼠游戏。各国金融市场变成了赌场：货币当局设局，其他人参赌，互相斗心思。想要在这个行业中胜出，关键是看谁能更准确地理解和预测各国的货币政策意图，或者更有用的是谁在政治体制中占有对货币金融政策更大的影响力。在这些方面，政治学知识似乎比经济学更有用，因为这些货币当局的行为逻辑与其说是基于市场规则的，不如说是基于权力规则的。随着各国货币当局在国际及各自国内的市场中扮演越来越重要且非中性的角色，市场主体要想生存发展，就必须擅长揣测央行决策者的心思。于是，我们看到投资的重点不再是对投资标的物的价值评估，而是赌货币政策的方向。

三　无锚货币与浮动汇率体系的基因缺陷

过去的半个世纪里，美元指数（反映美元相对于欧元英镑日元等一篮子货币的加权平均价）经历了三个完整周期。这个持续波动的汇率体系存在以下三个方面的基因缺陷和改革必要性：第一，无锚的货币体系带来汇率大幅波动风险，给实体经济的跨境交易形成阻碍，并让金融部门借此向其"征税"；第二，它的顺周期特征对发展中国家带来周期性冲击，并劝诱发展中国家过度储备外汇资产，导致全球经济的失衡和系统性风险的进一步积累；第三，它惯坏了国际储备货币的发行国美国的财政政策，悄悄地破坏了其制度的自恰和完整性。

初看起来，浮动汇率似乎是市场逻辑在货币领域的自然延伸，即供给和需求的博弈与竞争使价格发挥资源配置的最优化功能，最终他们将使汇率稳定在均衡价格附近。但若深入考察这个市场，不难得出相反的结论：对一个公平、有效而统一的全球大市场而言，浮动汇率不但不是其组成部分，反而是一种阻碍和抑制因素。

在牢固的地基上才能搭建高楼。全球货币体系本应该是一个稳定的价值基准，为国际市场的运转提供有纪律的、中性的环境，在此前提下市场参与者才能对各种要素的稀缺性予以恰当的定价。但是在今天这个法币时代，脱离了硬锚的货币被人为（即各国政府和货币当局）操控，借此他们把本国的产业和就业问题变成国际市场的问题，把汇率当作转移国内困境和危机的手段,以此影响其他国家的汇率及资产流动。在一个经常大幅波动的价值基础上,经济活动的高楼非常不稳定,甚至从一开始就难以搭建起来。因此在笔者看来,无锚的货币体系及其自由浮动的汇率,并不是自由市场的延伸,而是全球统一自由市场的障碍物。

浮动汇率的客观后果是增加了国际贸易的风险,为了对冲这种风险,每一个交易商和制造商都需要支付代价向金融机构购买某种形式的汇率保险以锁定价格,这相当于是一种加诸国际贸易之上的额外税收。于是这个浮动汇率的世界造就了一个收费昂贵的金融子行业,他们的专长是预测(或者假装能够预测)汇率,相互交易货币及其衍生品。整个国际贸易和制造体系养活了这些集中在华尔街、伦敦、香港的专业人士,借助他们的力量以便确定一个"合理"的货币价格。

无锚体系的顺周期特征给发展中国家带来周期性冲击,劝诱发展中国家过度储备,导致全球资本失衡。金本位和布雷顿森林体系时期固然也存在周期波动性,其中一个重要根源便是黄金增量的变化,但在以黄金为货币锚的时代,周期波动的幅度受到硬锚体系自带的财政与货币纪律的限制。

在贵金属本位与固定汇率的条件下,资本流入会增加本国货币供应并抬高物价从而导致进口增加;而在浮动汇率的条件下,外资的流入则会带来本国汇率上升和进口增加。在这两种情况中,实际汇率会分别通过物价和名义汇率做出相应的调整。理论上讲,这两种调整路径的效果应该是差不多的,但是在实践中,浮动汇率机制很容易导致过度调整的现象。当人们预期B国的货币汇率将继续上升时,资本流动将出现自我增强的趋势,最终导致热钱过度涌入。如果此时B国的央行通过货币宽松政策来买入外汇以避免汇率过度升值,则很有可能出现巨大的资产泡沫,从而导致类似2008年的金融危机。

具体到微观的商业活动来看,利差交易最能体现上述的顺周期特征。在美国(有时候是日本和欧元区)的货币政策宽松,利率下行的时候,许多货币投机商借入廉价的(短期)美元,用来买入高息货币(经济前景较好、利率较高的发展中国家的货币）的高息资产。这种投机做法可以从两个方面牟利：一是息差，即负债货币的低息同新兴市场高回报投资的高息之间的利润；二是汇差，在无硬锚的浮动汇率的条件下，随着大量的资金流入一国，该国货币将具有升值压力。显然，如果在硬锚和固定汇率制度下，这种套利交易的潜在收益将局限于利差，而利差相对于汇差更少泡沫性，也很难引发那么多过度升值。

浮动汇率制使得国家间的贸易谈判和博弈发生了变化。在历史上，贸易自由化的关键是关税，但在今天，各种多边协议关税的阻碍作用已经大大弱化，但是重商主义者的工具箱里有了另外的工具，那就是汇率。压低本币汇率，就可以帮助自己的出口商并抑制他国商品的流入，从而使得本国在美国向全球提供的逆差中争得较大的一块蛋糕。竞争性的、螺旋式的贬值是发展中国家面临系统性危机时自保的常见策略，而其货币战争的结果是多败俱伤，通胀高企，全球失衡。

即便不是出于重商主义考虑，许多中央银行也想要将本币同美元挂钩，以此来维持国际汇率的稳定，减少本国出口制造商们的商业风险。以出口导向为主发展经济的国家，尤其是亚洲国家，都有所谓"汇率浮动恐惧症"。这不是因为亚洲的领导人非理性的偏执，而是他们的理性选择。把本国货币绑定在大国货币特别是美元上，可以减少微观行为者（进出口商、投资者）的不确定性，从而鼓励他们的投资、生产和出口活动。但是，这种政策行为导致的结果是把微观主体的风险集中到宏观层面。为了避免在金融危机中遭受损失，一些国家在经历或者目睹 1997—1998 年的亚洲金融危机之后，采取了一系列办法来管控资本流动并积累外汇储备，从而把一国的风险进一步积累到全球性的层面。在 1999 年之后的 15 年内，中国外汇储备增长了数十倍，东亚和东南亚经济体也是萧规曹随。世界储备总额在 1969 年底时仅为 330 亿美元，而随着布雷顿森林体系的崩溃，世界外汇储备开始了惊人的增长。1995—2005 年，世界外汇储备总量从 1.2 万亿美元涨到 4 万亿美元，而到了 2014 年时，外汇储备总量已达到 12 万亿美元，其中的 25% 由中国和日本持有。美国国债的低交易成本、高流动性、高安全性令许多国家偏好把大部分储备放在其中。

一方的债权必然意味着他方的债务，一国的外汇储备增长意味着美欧等主要货币发行国的债务增长。这种跨境国债融资与储备货币国家的公共和私营部门的整体债务是高度相关的。亚洲和其他外围区域的外汇储备积累，不仅造成了本国的福利损失，也给全球经济体系的稳定性造成了系统性风险。按照北京大学客座教授迈克尔·佩蒂斯（Michael Pettis）的理解，当外部世界通过购买美元来积累外汇储备时，他们也抬高美元汇率从而使美国出口企业在竞争中败下阵来。"因此美国要想避免失业率上升的唯一方法，就是通过增加公共债务和私营债务来增加非贸易部门的国内需求。"① 从利率的角度看，全世界储备美元资产，压低了美国国内的利率水平，导致其过度投资和消费，从而产生大量的公私债务。这种债务累积给全球宏观经济的稳定带来更多问题，全球失衡及其伴随的 2008 年惨烈的去杠杆化正是由此而来。

浮动汇率制度让各国的政府有了更大的政策回旋余地。当他们以比别国更快的速度扩大货币基础的时候，由此而压低的汇率将帮助他们的制造业和投资带动较快的经济增长，从而创造更多的就业。但是与此同时，该种货币的储蓄者相对受损，以贵金属或者国际价值标准衡量的话，他们的人均财富也未增长。从某种意义上讲，无锚法币和浮动汇率是不负责任的政客们最爱的工具，因为原本解决不了的财政问题现在可以通过货币来解决。这种做法在很多拉美国家中并不少见，比如查韦斯及其继任者的所谓"21 世纪社会主义"治下的委内瑞拉走到今天，就是通过超发货币、大幅贬值和持续通胀来解决其不负责任的财政问题，他们用作弊的货币政策败坏了社会主义一词的名声。

---

① Pettis, M., "An Exorbitant Burden", *Foreign Policy*, September 7, 2011, https://foreignpolicy.com/2011/09/07/an-exorbitant-burden/.

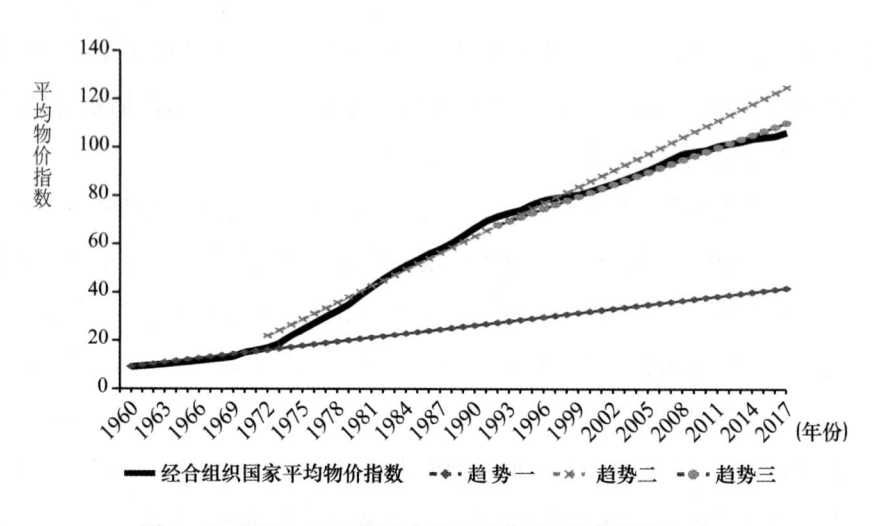

```
                               平均物价指数
140
120
100
 80
 60
 40
 20
  0
  1960 1963 1966 1969 1972 1975 1978 1981 1984 1987 1990 1993 1996 1999 2002 2005 2008 2011 2014 2017 (年份)
```

—— 经合组织国家平均物价指数　-■- 趋势一　-×- 趋势二　-●- 趋势三

图3—6　1972—2017年经合组织国家平均通货膨胀水平

注：澳大利亚、加拿大、西班牙、法国、英国、意大利、日本被选作经合组织国家例子进行数据整理。

资料来源：World Development Indicators, World Bank。

图3—6是OECD国家的GDP平减指数，它比CPI更准确地反映通胀的累积效应。通过趋势线一和趋势线二的角度差异，该图清晰地展现了20世纪70年代初国际货币体系改革对全球通胀率产生的系统性作用。

浮动汇率制度惯坏的不仅仅是发展中国家的政府，它还惯坏了原本颇守财政纪律的美国。自从20世纪70年代美国国债篮子取代了黄金成为全球价值基准和储备手段之后，随着全球经济和储备的增长，美国的国债占GDP比例大幅提升。

只要美联储继续通过印钞机不断印刷美元，通胀和高利率就不会消失，失业状况就不会转好。因此在1979—1980年，美联储时任主席保罗·沃克尔（Paul Volcker）打断了货币政策的任性，强化了美国货币政策的纪律性。[1] 在

---

[1] Meltzer, Allan H., *A History of the Federal Reserve*, Vol. 2, Book 2, Cambridge: Cambridge University Press, 2008, Chapter 8.

20世纪80年代，各国在重申货币和财政纪律方面达成共识：财政方面，美国国会制定了国债上限；货币秩序方面，中央银行获得司法独立，拥有限制国家政府无限制向银行借债的权限。中央银行获得司法独立确实减轻了很多国家的通胀压力。但2008年的金融危机再次展现浮动汇率和无锚货币体系的本质，即包括美国在内的各国政府一起共谋放弃对货币购买力的硬性承诺，从而获得对全球民众储蓄的隐性征税特权，使得资本尤其是冒险的资本越来越富有，而努力工作节俭储蓄的中产阶级规模萎缩并且贫穷化。

四 未来的补救方案

要修正这一体系的基因缺陷，最合理的解决方案是重返某种硬锚的、固定汇率的货币体系。鉴于黄金或者白银也存在显而易见的缺陷（详见第二章），笔者与沃伦·寇兹（Warren Coats）博士主张改革IMF的特别提款权SDR，使之具有实际支付功能，从而取代美元和欧元等主权货币作为全球储备和交易计价结算的共同单位。对特别提款权的改革需要两个方面：一是赋予它实际支付功能；二是将其价值同一揽子商品的加权平均价相锚定，从而使之获得一个硬锚。这一揽子商品可以是包含了五大类大宗商品原材料的CRB指数，也可以是包含了全球消费品、服务乃至资产价格指数的一个加权平均指数。总之，让货币的价值重新扎根在坚硬的岩石而不是流沙上，让这个体系内的竞争更加公平、合理、可靠。

显然，这样的动议只有在一种情况下才能得到美、欧、中、日等主要经济体的普遍支持，那就是他们的关键决策者意识到事态发展下去将对其国家利益和执政党利益不利。2009年曾经出现过机会之窗，但是时任央行行长周小川同志的动议并没有能立即塑造起全球共识。也许只有等到下一次大危机的到来才能再次打开变革的机会之窗，而鉴于当前体系的结构性缺陷，这样的大危机必然再次到来。当然，在此之前，有识之士能做的只有反复呼吁和探讨，从而塑造共识为未来的系统性变革做好舆论和思想准备。

对于中国而言，除了呼吁变革之外，还有一件可以立即着手准备的事情便是将自己的人民币国际化。这虽然不能改变体系的结构性缺陷，但至少为自己在下一场大危机到来之前准备一个对冲和自保的手段，而不是像2009年之后的那样坐视自己的利益受损。

另一种可能的补救方案是创造出一种新的国际收支调节机制和储备资产，并让联合国在全球金融货币体系和上述机制中扮演更多的实质性角色。笔者主张债务国可以将本国的某些主权权益，比如一些领土主权，抵押给联合国专门机构，一旦无法归还本息，则由联合国主持对该领土主权的拍卖。由此机制，不但能扩大许多外围国家的融资能力，降低其风险和融资成本，而且为贸易盈余国提供了除美、欧、日国债和黄金之外的其他优质储备资产。更重要的是，从长远来看，由联合国作为仲裁者和执行者的抵押—拍卖机制，为全球领土及其附属人口的分配打开了一个和平而合法调整的空间，联合国也可以借此发展出专门的全球金融交易市场和相应的监管能力，从而为未来国际公共产品的有效供给打下更好的基础。

◇ 第二节 政治视角下的央行与货币政策

一 央行及其独立性的演变

从历史来看，国家权力（包括政府和国会）同央行的关系经历了四个阶段。[1]

第一个阶段是第一次世界大战爆发之前，此时央行普遍享有相对独立的

---

[1] Elgie, Robert Thompson, Helen, *The Politics of Central Banks*, Abingdon: Routledge, 1998, pp. 14–23.

地位。世界上最古老的央行始于17世纪末的瑞典央行（1668年）和英国央行（1694年），但是直到19世纪早期才成批地出现（法国、荷兰、奥地利、挪威、丹麦、西班牙）。央行们最初任务基本是控制发钞权，然后才逐步扩大和改变其使命，直到20世纪初才确立其非营利性和非竞争性的特点。这一阶段央行相对独立的原因主要有三。一是央行多数是私有的。二是当时流行自由放任思想（Laissez-faire），政府并不深度干预经济，也并没意识到自己应该从事逆周期调节。只有在战争带来的财务压力之下，才会有限地干预央行事务。三是当时运行的全球货币体系是金（币）本位制度，在此制度下，央行们的主要职责是保证本币的可兑换，因此也没有太多需要干预之处。

　　第二个阶段是第一次世界大战爆发至20世纪60年代末，这个时期国家在经济中的作用开始明显上升，大萧条和金本位的崩溃以及凯恩斯主义的流行让国务家们意识到政府需要更加紧密地控制国民经济，并用财政和货币政策对抗周期波动。在此时期，央行的独立性明显降低，加拿大、丹麦、英国、法国、荷兰、新西兰、挪威等国的央行先后都被国有化。第一次世界大战之前美国南方和西部的农业经济在收获季节极其缺少流动性，导致这些地区的农民和农产品经销商被摩根银行等华尔街金融部门掠夺，因此他们提出反对货币托拉斯的口号。① 为此，1913年美国《联邦储备法案》建立了美国联邦储备系统，并规定了货币政策的目标是"有效促进充分就业、价格稳定、长期利率适度这些目标的实现"。大萧条之后，凯恩斯主义者马里纳·艾克尔斯（Marriner Eccles）设计的1935年《银行法案》对联邦储备法案进行了修订，削弱了私有地区银行的自主权和否决权，限制了金融利益集团的力量，将货币政策的制定权集中到了华盛顿的7人委员会手中。早期的美联储主要为企业家和商人（实体经济部门）提供流动性，使之避免大资本的盘剥。美联储也配合联邦政府对国民经济进行了深度的改

---

① 刘元琪：《新自由主义的核心调节制度解析——美国主导的全球化中央银行体系的特征及其危机》，《马克思主义与现实》2014年第4期。

革，尤其是对中产阶级和低收入者进行了救助和保障。第二次世界大战期间，为使美国政府融资成本维持在较低的固定水平，美联储甚至放弃了对资产负债表规模的控制，不断扩大货币供给。第二次世界大战后，美联储在社会危机和政治压力的逼迫之下，一定程度上克服了对资本的偏私，支持了国家经济的长远发展需要，所以也就基本没有所谓的独立性。

第三个阶段是20世纪70年代初到2008年金融危机爆发，这个阶段伴随着新自由主义的流行，央行独立性成为继非营利性和非竞争性之后又一个具有普遍性的变革方向。政治经济优先于金融的原则一直延续到20世纪70年代初，当时滞胀危机导致凯恩斯主义退出和货币主义的崛起。货币主义的崛起带来两大变化：一是央行取代财政部成为国家调控经济的核心部门；二是原初的央行制度的目标被激进修正，确立了所谓央行独立性。一些量化研究显示，央行越是独立，货币政策受到的干扰越小，币值越稳定，长期通胀率越低。[①] 20世纪70年代的通胀是西方时代性普遍问题，降低通胀成为压倒性的任务，于是央行独立性获得了很大的必要性。从此，央行的职能主要是维持货币的稳定，而充分就业和一国经济的长远健康发展等目标被删去不再顾及。

第四个阶段是金融危机至今。为对抗危机，央行独立性问题被悄然搁置。各国央行纷纷出手来救经济甚至救财政。财政的压力越来越大，对央行货币政策的空间，尤其是加息空间形成越来越明显的制约。而与此同时，时代性压力来自于通缩而不是通胀，因此保持央行独立性的必要性似乎已经消失。

为什么许多政府会乐意让渡部分经济货币权力给一个自己无法控制的机构？学者们有以下一些解释。

首先，让出权力可以给予执政党某种短期的好处或者避免短期的代价。比如，在高通胀时期，确立央行独立性可以让通胀预期下降，导致名义利

[①] 关于全球经济体的系统性通缩和通胀，本书多处强调最大的根源是人口年龄结构而不是其他因素。石油危机和央行的独立性通常只有暂时和局部的影响。

率下降和经济繁荣就业上升,从而让他们在下一次选举中获益。另外,政府可以将通胀责任或者经济表现低迷的责任推在央行身上,替罪羊和风险隔离是一个很有说服力的动机。①

其次,社会联盟理论认为,通常情况下,金融机构乐见央行独立,而制造业企业家和工人群体通常对此持怀疑态度。② 但是当通胀率达到非常的高位形成恐慌时,这种联盟会出现重组,企业家会更担心自己已有财富的泡沫化,因而会支持央行独立。

最后是传染效应,即在新自由主义思潮的影响之下,各国政府官员们面临一种全球性的压力。而央行行长们在巴塞尔的定期专业交流,非常有助于推动这种风潮的流行。政治家们面临着"红"与"专"的矛盾,货币政策比起普通的经济政策而言更加复杂,专业知识门槛更高,与其放在自己手里搞砸,不如委托给独立专业机构,以确保免责。

二 新自由主义与央行独立性

央行货币政策操作中的规则(rule)与相机抉择(discretion)之争,已经延续了150多年。此处的所谓规则,指的是主张央行在制定和实施货币政策之前,事先确定并据以操作政策工具的程序或者原则。而相机抉择指的是央行在操作政策工具过程中,不受任何固定程序或原则的束缚,而是依照经济运行态势的灵活取舍,以实现货币政策目标。规则论者强调货币政策规则理应具有可信度,而相机抉择论者强调货币政策操作中灵活性的重要。在现实中,任何国家的货币政策,都是对这两种主张的某种折中做法。

---

① Wooley, John, *Monetary Politics*, *The Federal Reserve and the Politics of Monetary Policy*, Cambridge: Cambridge University Press, 1984.

② Goodman John, *The Politics of Central Banking in Western Europe*, London: Cornell University Press, 1992.

自第二次世界大战结束至1977年之前，即凯恩斯主义流行的年代，相机抉择在全球央行货币政策中占据主流，因为任何好的规则都可以被相机抉择采用，同时还保有规则所不具备的应对意外冲击的灵活性。但是20世纪70年代的滞胀之后，新自由主义流行，规则派开始占据主流。2008年国际金融危机面前，所有的规则都只能暂时靠边，为了对抗大危机而一切从权，于是"相机抉择论"再次登堂入室。

美籍华人陆晓明博士详细介绍了美联储货币政策背后的规则：泰勒规则、伊文思规则以及最优控制方法。① 在美联储工作的一些华人经济学家比如王健等人，也通过其专著和文章向中国读者介绍美联储的运作模式和决策规则。由于他们的身份和观念所限，也由于他们的层级较低，这些研究都不可避免地抛开了联储货币政策的政治背景。这些知识的价值，在笔者看来主要是技术性的，为读者提供一些表层的解释，但是无助于深度理解美国货币政策的政治经济属性，更无法对其货币政策提供预判能力。

规则导向的背后是央行独立性这一时代性命题，而央行独立性是新自由主义确立的制度化标志。正如本书第四章将会进一步展开论述的那样，20

---

① 美联储自1993年开始采用利率取代货币供应量作为货币政策中介目标，并尝试采用基于规则的利率决策取代相机抉择的决策模式。此后，美联储采用的利率决策规则大约经历了以下发展阶段，第一阶段（1993年至2008年11月）采用传统泰勒规则的时期，其特征是在通货膨胀和增长目标之间均衡分配模型中的指数权重，以其通过对利率的调整均衡实现两个目标。与之相伴随的是长达二十多年的所谓大平稳（great moderation）时期。第二阶段（2008年12月至2012年12月）采用修订版泰勒规则。面对大衰退的特殊环境，美联储采取了一系列非常规货币政策，其中之一就是修订泰勒规则，使得利率决策更趋向于增长和就业一边。第三阶段（2012年12月至2018年）采用伊文思规则，由芝加哥联储总裁查尔斯·伊文思（Charles Evans）最早提出。在经济深度衰退之后的复苏阶段，相对长时间地维持超低利率才是最优决策。伊文思规则采用失业率取代GDP作为反映实体经济状态的增长指标，采用未来一两年的通胀预期数据而不是历史数据，因而具有前瞻性。陆晓明：《从泰勒规则到伊文思规则——美联储利率决策框架的演变及未来发展》，《国际金融研究》2013年第4期；陆晓明：《从泰勒规则到最优控制方法——耶伦货政策主张及其影响》，《经济学动态》2014年第5期。

世纪70年代之后，西方各国央行的政策转向越来越照顾资本的利益而不是家庭部门和劳动者的利益。为了避免后者通过民主政治机制加以限制和反对，各国在20世纪90年代都强化了中央银行的独立性。1989年新西兰修订《新西兰储备银行法》，1993年法国修订《法兰西银行法》，1997年日本修订《日本银行法》，1998年英国修订《英格兰银行法》，而《马斯特里赫特条约》规定1998年成立欧洲央行，它不仅独立于成员国政府，也独立于欧盟理事会。1997年亚洲金融危机之后，IMF对泰国、印度尼西亚、韩国等国提出的救助条件就是尊重央行的独立性。与此同时，剧变后的苏联东欧地区在国际货币基金组织的指导之下，也纷纷建立起各自的央行和银行体系，并以此作为市场经济运转的核心部件。①

　　新自由主义在货币领域的核心制度安排是美国主导的全球化中央银行体系，这一体系是新自由主义对全球化的各国经济进行调控的核心机制，它的建立是美国主导的新自由主义全球化在制度层面得到落实的标志。各国央行独立于其主权政府，但是正如本章第一节所说，由于全球金融货币体系的结构性特征，他们其实并没有获得真正的政策独立性和自主权，尤其是在资本项目开放的背景之下，各国或多或少将自己的货币政策外包给了美联储。在20世纪70年代之后的全球无锚货币体系之中，全球货币和金融秩序变得越来越落入资本之手，而持续的去规制化（de-regulation）几乎废除了全部罗斯福新政以来所建立的对金融资本的管制，这种去规制化在新自由主义、华盛顿共识的助力之下跨越了国界，令全球金融市场也全面解除管制，最终导致全球的汇率和利率出现频繁的投机浪潮。由于各国央行的主要职能越来越集中在币值稳定上，而在这样的全球宏观制度背景下，各国货币金融的稳定基础只有美元外汇储备，而美元则是由美联储（以及一定程度上财政部）控制和管理的。于是，各国的所谓独立央行，独立于

---

① 笔者的忘年之交与研究合作者 Warren Coats 先生作为 IMF 的高级官员，在这个阶段先后指导了20多个经济体建立起央行体系。

其主权政府，却越来越依附于从属于美联储及其美元霸权，并成了美元体系冲击各国国内经济的后门。

央行独立性原则在中心和外围的规则执行时具有明显的选择性和不对称性。美国和IMF以维护币值和金融稳定为由，要求各国不得出现较大规模的财政赤字和国际收支赤字，要求各国央行不得为其政府的财政赤字融资。但是当中心国家自身发生次贷危机和债务危机之后，美联储和欧日央行却纷纷大笔买入其政府债券，帮助他们把利率压制到零乃至负利率的水平。国际货币基金组织对此伪善之举视若无睹、不置一词，央行独立性的说法被悄悄束之高阁。以美联储为核心的全球央行体系，在政策适用上的选择性偏向于美、欧、日等而对外围发展中国家十分苛刻；在通胀定义上的选择性，偏向于资本而对劳动者苛刻。对于反通胀的使命，美联储为首的央行通常具有明显的选择性。他们所定义的通胀通常与工资和消费品相联系，即一旦出现工资上涨带动的物价上涨，央行会尽快收紧货币政策以防止经济过热。而流动性泛滥带来的资产价格上涨则并不被视作问题，反而被视为好事，尤其是股市上涨被认为有财富效应可以推动更多的消费和投资。

三 美联储的货币政治

艾伦·格林斯潘（Alan Greenspan）是新自由主义鼎盛时期美联储的化身，自1987—2006年连任18年美联储主席，成为美国历史上年龄最长，任期最长的央行行长。他的政策主要包括宽松货币政策、金融自由化和去监管化（de-regulation）以及强势美元政策[①]。

他的任期内，美国通胀持续降低而经济平稳增长，成功应对1987年美

[①] 强势美元政策在前后有不同的含义。早期含义是捍卫美元相对于一篮子货币的汇率，后期的含义是确保美元在全球货币市场，包括计价、结算、投资和储备等各个环节的市场份额，即确保其信用而非汇率的强势。

国股市崩盘，1998年避免了东亚金融危机对美国的负面影响，从2001年互联网泡沫破灭以及"9·11"袭击带来的萧条中快速走出，并用宽松货币政策推动了美国数字与创新"新经济"的形成。但是，另一方面，对他的批判和抨击也是如影随形，而且随着时间的推移和金融危机的爆发，负面评价越来越坦率激烈。早在2005年，美国经济学家威廉·弗莱肯斯泰因（William A. Fleckenstein）和弗里德里克·希恩（Frederick Sheehan）便撰《格林斯潘的泡沫：美联储的无知年代》一书，[1] 主张格林斯潘应该对此前的互联网泡沫和正在升腾的房地产泡沫负责。同年，著名美籍犹太裔金融家乔治·索罗斯在其专著《美国的霸权泡沫——纠正对美国权力的滥用》中抨击时任总统小布什和联储主席格林斯潘，揭露小布什为了政治选举的需要，与格林斯潘串通人为压低美元利率，从而让美国股市和经济尽快从互联网泡沫破灭带来的下行周期中走出来。[2] 这种做法刺激了2002年之后美国房地产业的非正常繁荣，为未来的危机埋下伏笔。2008年金融危机中，保罗·克鲁格曼（Paul Krugwan）在《萧条经济学的回归和2008年经济危机》一书中指出，格林斯潘创下了央行行长任期中的一个纪录，在一个人的任期内发生两场大规模泡沫，一个是互联网股票泡沫，另一个是房地产泡沫。[3] 另一位诺贝尔经济学奖获得者约瑟夫·斯蒂格利茨（Joseph E. Stiglitz）也撰文指出，格林斯潘应该对2008年的金融危机负责。CNN和时代等大众传媒则将他列为金融危机的罪人之一。

面对越来越激烈的指责，格林斯潘一方面在国会做证中承认"政策有失误"；另一方面也撰文为自己做辩解。其主要理由是：危机是经济泡沫的伴生

---

[1] Fleckenstein, Willian A. and Sheehan, Frederick, Green's Bubble: The Age of Ignorance at the Federal Reserve, New York: Mcgraw-Hill Education.

[2] ［美］乔治·索罗斯：《美国的霸权泡沫——纠正对美国权力的滥用》，燕清等译，商务印书馆2004年版。

[3] ［美］保罗·克鲁格曼：《萧条经济学的回归和2008年经济危机》，刘波译，中信出版社2009年版。

物,是周期性常态;防止泡沫产生是不可能的,"除非我们这个社会放弃富有活力的市场,禁止杠杆作用,而选择某种形式的计划,否则我担心防止泡沫最终是徒劳的"。① 他还辩解说,房地产泡沫的根源不是美联储的低利率政策,而是中国等新兴国家的高储蓄。美联储调节的是短期利率,但是决定房地产投资和需求的是长期利率,中国等新兴国家的高储蓄转化为对美国长期国债的购买,压低了长期利率,从而导致房地产泡沫和次贷危机。2011年4月,这位八旬老人在国会做证时无畏地放言,美国国债是安全的,永远可以偿付,因为其债务是用美元定价的,美国只需要印钞票即可。

危机应对期间,格林斯潘的继任者本·伯南克(Ben Bernanke)采取了一系列非常规货币政策,实属无奈之举,我们将在下文予以介绍。但是让观察者们再次见识到美联储独立性的口是心非,则是在伯南克的继任者耶伦女士的任期内。杰妮特·耶伦(Janet L. Yellen)是一位民主党党派色彩相当明确的经济学家,民主党总统奥巴马将其任命为美联储主席时,她所领导的货币政策决策团队面临的是如何退出非常规货币政策的两可而又两难的问题。到2015年时,美国经济借助数轮量化宽松实现了初步复苏,但是这种复苏主要体现在资本市场上,尤其是许多美国大企业利用量化宽松带来的低利率窗口,借入巨量低息资金回购股份从而推高每股收益和股价,而不是扩张资本性支出雇用更多的员工去扩大业务。因此这种复苏是脆弱而扭曲的,股价虽高涨但是劳动力工资没有明显上涨,核心通胀率仍然处于低位。美国经济如同一位急救室里刚刚抢救过来的病人,依靠氧气和输液的维持,生命指标似乎恢复了正常,但是如果撤除这些支持系统,风险和后果也是难以估量的。耶伦如同一位主治大夫,面临的既是这种两可又两难的局面。如果回顾耶伦主导的退出量化宽松(加息和缩表)进程,不难发现2016年年底是一个分水岭。在此之前,美联储的加息非常缓慢,每

---

① Alan Greenspan, "The Crisis", Brookings Institute, March 19, 2010. 转引自戴金平等著《全球货币量化宽松:何时退出?》,厦门大学出版社2012年版,第193—194页。

年末加息一次，每次仅仅 0.25%，这意味着美联储的退出量宽政策主要是靠喊话引导市场预期以及象征性的加息行动。但是自 2016 年 12 月起，美联储开始持续加息，在一年内加息四次并正式开始缩表，为全球市场的美元流动性带来巨大的紧缩冲击。为什么围绕 2016 年 12 月这个时间点美联储行为反差巨大，前恭而后倨？

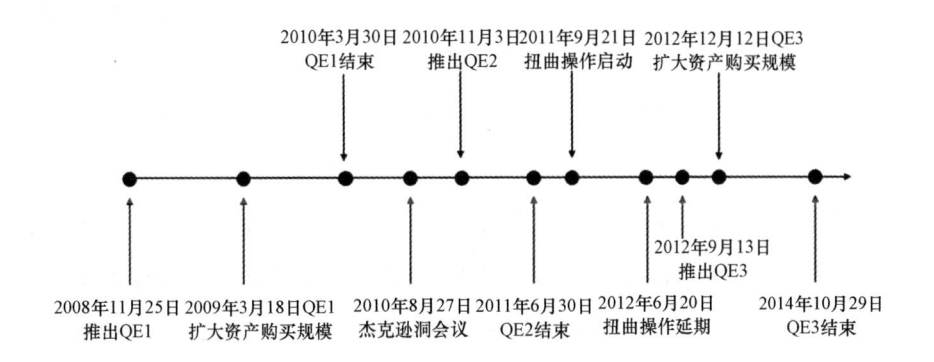

图3—7　耶伦时期的量宽退出政策

资料来源：中金公司研究所。

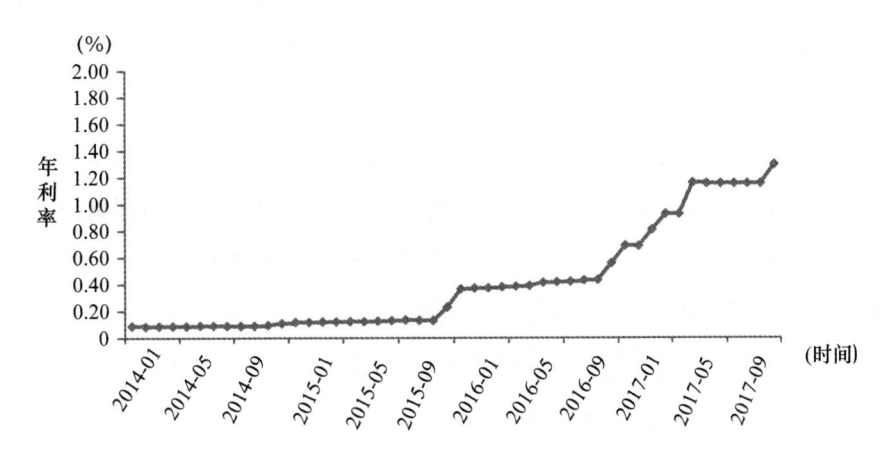

图3—8　美国联邦隔夜利率（2014—2017 年）

资料来源：美联储网站。

经济金融学者们根据失业率、通胀率或者资产价格都难以提供令人满意的答案，但是政治观察家们的答案是耶伦的党派忠诚影响到她的专业判断。2016年11月，特朗普在与希拉里的总统竞选中奇迹般地胜出。在两年的竞选过程中，民主党背景的耶伦选择了非常缓慢而象征性的量化宽松退出方式，这种方式有利于经济复苏和就业，从而有利于民主党作为执政党的选情。正因如此，特朗普在竞选演讲和媒体发声中多次谴责耶伦和美联储的非中立性，抨击她公器私用，利用货币杠杆为希拉里等人助选。

作为一位民粹派代表，特朗普是华盛顿495公路圈的外来人，他的主张和做派遭到民主党全体和共和党建制派的共同抵制与鄙视。他与精英色彩明显的美联储关系是本书写作时全球媒体的一个重要话题。2017年年初，耶伦任期结束，特朗普终于任命了"自己的"联储主席。令人惊讶的是，他并没有任命一位经济学背景的专业人士，而是任命了一位律师杰罗姆·鲍威尔（Jerome Powell）来主导美联储。但是令他失望的是，自己任命的联储主席不但没有帮他减息，反而投靠了建制派，持续加息缩表，对其施政形成巨大的压力。特朗普总统的核心政策抓手是大规模减税，但是大减税导致联邦财政的巨大亏空和赤字上升。原本他指望自己任命的联储主席能通过持续减息来帮助他实现其执政思路，因为减息不但有利于股市房市上涨和经济繁荣，也有利于直接降低他滚动联邦债务所需支付的利息。假如将美国联邦债务的再融资利率降低一个点，那么22万亿美元的存量债务可以带来2200亿美元每年的利息节省，这个规模可以大体平衡他大减税导致的赤字规模（2500亿美元每年）。但是鲍威尔不但不减息，反而快速加息的做法，使得特朗普的财政状况雪上加霜，2018年美国赤字快速上行，最终导致他的减税无法持续，遑论加码减税。

正因利率政策如此直接地威胁到特朗普的总统任期和核心政绩，2018年特朗普与鲍威尔翻脸，在推特和媒体上用持续升高的调门批评美联储"疯了"，承认后悔任命此人，威胁尽快免掉鲍威尔的联储主席。尽管理论上美联储享有独立性，但是美国的法律体系并未对总统是否有权更换美联储主席做出明确规定。在这种威胁之下，美联储于2019年年初开始改变鹰派调门，放风说加息即将见顶。在一位"政治外来户"总统的坦率/鲁莽干预之下，美联储数十年来声称的独立性遮羞布被正式撕破。

四 后危机时代的非常规货币政策

当以利率为调控手段的国家面临经济衰退时，利率降到了极低的水平，无法通过继续下调利率来刺激经济，央行通过在二级市场上购买长期债券等非常规资产的方式来投放基础货币以修复利率传导机制，这种货币政策被称为非常规货币政策。① 非常规货币政策通俗地被称为泛义的"量化宽松"，但是实际上它往往包含利率政策、资产负债表政策、前瞻指引等三种。利率政策由中央银行通过设定、严格控制短期利率（通常是隔夜利率）来影响金融市场价格；资产负债表政策其实是狭义的"量化宽松"，是由中央银行通过调节资产负债表规模和结构来影响金融状况，比如以非标准条款进行大规模的资产购买从而为市场提供资金。前瞻指引是央行通过引导市场对未来利率设定与资产负债表调整的预期来实现政策目标。

2008年之后，发达国家的非常规货币政策对自身和全球经济形成了巨大而深远的影响。一方面，多管齐下的急救方法使得发达经济体避免了资产负债表紧缩和金融与实体之间的负循环，避免了20世纪30年代的持续的大萧条，维持了当前国际货币金融体系（牙买加体系）的稳定性和延续性。另一方面，即便有非常规货币政策的保驾护航，美国欧洲日本的实体经济复苏都是缓慢而脆弱的，通胀率徘徊在低位，而资产价格持续上涨。

非常规货币政策导致发达国家央行资产负债表急剧扩张，但是并没有带来

---

① 戴金平等：《全球货币量化宽松：何时退出？》，厦门大学出版社2012年版，第11页。

高通胀，也没有带来高增长，从结构主义政治经济学的视角来看，根本原因在于体系中心国家的老龄化和技术进步停滞导致其总需求扩张乏力，因此无论怎么"印钞票"，货币流动性不愿意进入实体经济。在此前提下，非常规货币政策带来的增量流动性被挤入了海外金融市场和风险性资产市场。比如美联储的资产负债表自量化宽松起迅速扩张了五倍，而同期道琼斯指数从6000多点上涨到2.7万点，许多美国企业利用低利率政策借入巨量债务回购自己公司的股票，从而确保每股收益和股价持续上涨，以便让公司高管的期权激励计划获得高额红利。这种做法在国际和国内层面都产生了重大政治后果。

从国内政治上讲，这种非常规货币政策产生了重大的财富再分配效应。一般而言，绝大部分家庭会拥有自己的房产，所以房产价格的上涨带来的财富效应被视为具有普惠性。而相对于房产，股票和股权在国民中的分布严重不均衡，企业家和投资家拥有绝大部分股票而中产阶级只拥有一小部分股票，占人口很大比例的底层民众甚至根本没有股票和银行账户。股票价格的大幅上涨，使得富人更加富裕而穷人无所收获，从而导致贫富分化更加严重，带来民粹主义的上升。金融危机之后的非常规货币政策，拯救了绝大部分金融机构和投资家，使得他们从倒闭破产的边缘在一两年内恢复为正资产，制造了巨大危机的华尔街竟然没有一人被绳之以法，反而在此后的十年内借助非常规货币政策在金融投机中收获巨量的政策红利。这种制度性和分配性不公，引发了美国中部白人中下层阶级的民粹主义泛滥，左翼民粹支持桑德斯，而右翼民粹则支持特朗普，最终导致2016年美国大选中特朗普的上台和逆全球化趋势的确立。关于这一点，笔者将在下一章予以展开。

从全球层面来看，体系中心国家的量化宽松导致巨量资金由于套息交易（carry trade）而涌向全球外围地区，在这些经济体中追逐高收益。由于全球外围经济体的人口结构普遍年轻且未实现工业化，体系中心国家量化宽松释放出的天量流动性大幅炒高大宗商品（包括能源、金属和粮食）的价格，从而在外围经济体形成持续升高的通胀率。由于各方面的原因，在

2009年之后的数年内,全球外围国家面临政治上致命的"三高":高失业、高通胀、高年轻人口占比,最终在某些地区触发大规模政治动荡和冲突。自2011年开始爆发的所谓"阿拉伯之春",带来生灵涂炭迁延日久,从结构主义政治经济学角度看,根源便在于上述"三高"之叠加。而当美欧经济趋于稳定,(2014年以后)需要退出量化宽松时,全球流动性开始趋紧,大量发展中国家的汇率暴贬又进一步触发经济金融动荡,进而演变为政治动荡,比如2014年的巴西。由于地处全球风险结构的外围地区,发展中国家在非正常货币政策的冲击之下,可谓进亦忧,退亦忧。

量化宽松政策虽然在抑制了经济衰退和金融去杠杆的负循环,但是并没有带来快速有力的经济复苏,政策效果普遍低于预期。因此各国先后尝试推行了"质化宽松"(qualitative easing)货币政策,即侧重于在宽松型货币政策内实施结构性微调,"维持一定央行资产负债表规模的前提下,提高央行所持的低流动性和高风险性资产的比例"。[①] 相对于量化宽松,质化宽松的调控目标体现出一定的结构性特征,其政策操作更多体现在中央银行对风险性资产的偏向性增持上。在久期维度上,短期国债比长期国债的风险低;在资产类别的维度上,国家信用比企业和金融市场信用高,因而国债比企业债、金融债和股票的风险低。所谓增持风险性资产,即卖出短期国债买入包括长期国债、企业债甚至股票在内的高风险资产。当金融市场由于恐慌或者失序而无法将央行资产负债表扩张带来的宽松效应输送到高风险资产中去的时候,质化宽松措施能够发挥一种类似资产再平衡的机制,直接进场把力量送达风险资产,从而降低实体经济的风险溢价。

西谚有云:"你可以把马牵到水槽边,但是没法确保它会喝水。"如果量化宽松是向水槽里放水的话,那么质化宽松相当于直接给马嘴里灌水。当然,灌水的效果要想可持续,前提是必须能改变市场参与者对央行未来

---

① Farmer, R. E. A., "Qualitative Easing: How It Works and Why It Matters", *National Bureau of Economic Research*, 2012.

政策举措的预期，否则私人机构会发现市场中的风险并未消除，进而调整自己的投资布局并在很大程度上抵消央行的政策效果。尤金法玛（Farmer）认为质化宽松货币政策的有效性是基于现有金融市场的不完善和非效率，其调整措施通过"预示效应"影响市场预期。①

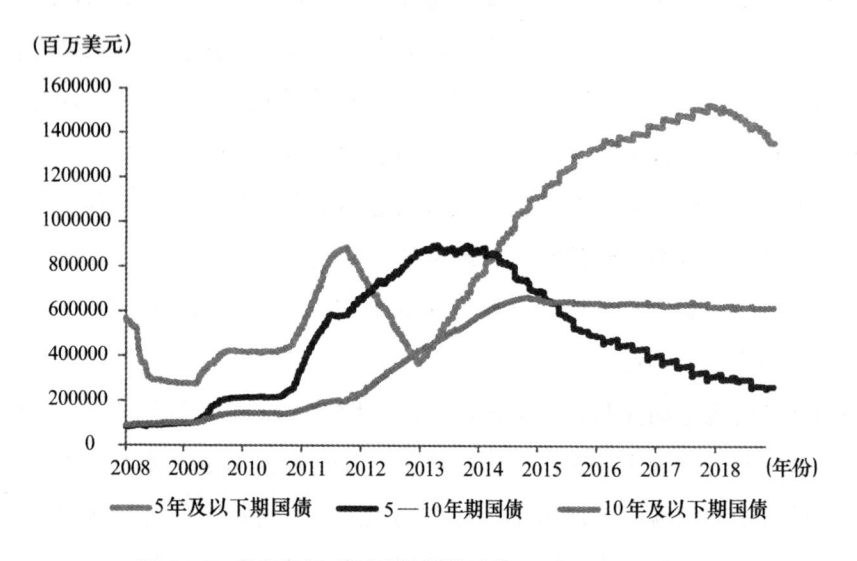

（百万美元）

图3—9 美联储持有国债的期限结构（2008—2018年）

资料来源：美联储网站。

美联储在金融危机前后的诸多措施都体现出"质化宽松"的特点，如定向为市场交易商提供援助的一级交易商信贷便利（PDCF），面向资产抵押债券投资者的定期债券借贷工具（TSLF）以及持有的特殊机构债券等。实施时间较长并且质化宽松特点更加明确的措施当属"扭曲操作"（operation twist）：2011年9月21日，美联储公开操作委员会宣布，将从2011年

---

① Farmer, R. E. A., "Qualitative Easing: a New Tool for the Stabilization of Financial Markets", *Bank of England Quarterly Bulletin*, Vol. 4, 2013, pp. 405–413.

10月至2012年6月购入总额为4000亿美元的长期（6—30年期）国债，并同时卖出等额的短期（3月至3年期）国债。此后，扭曲操作延长至2012年年底，再次购买2670亿美元的长期国债，并卖出等额短期国债。这种举措，可以让风险—收益率曲线变得平坦化，让各类资产的风险溢价降低，从而帮助实体经济更有效地获得资金。

日本由于长期陷入"利率流动性陷阱"，其以利率为代表的价格型货币政策效果欠佳，因此日本央行研究非常规货币政策以及高风险资产购买由来已久。2009年1月，日本央行率先购买了一万亿日元一年期公司债。2013年年初，日本央行为了对抗通缩，实现2%的CPI目标，宣布实施"质化量化双宽松"政策，购入3万亿日元的交易型开放式指数基金（ETF）和900亿日元的房地产投资信托基金（REIT）。

表3—2　　　　美日中三国"质化宽松"货币政策比较

	国家	美国	日本	中国
	调整措施	扭转操作	"两化宽松"	新型"质化宽松"
相同点	基本理念相同，都是将部分经济风险从私人部门转移到公共部门，提高中央银行风险资产持有比例，发挥风险转移作用			
不同点	政策基础	金融工具多样化，资产规模初期触顶后回落	风险性资产突出，风险资产比例与资产总规模同步上升	金融工具较少，以债权类资产为主，资产规模保持温和扩张
	政策目标	最大化就业	物价稳定	降低社会企业融资成本
	政策工具	市场化短期和中长期国债交易	市场化的信托类风险资产交易	计划性的定向优贷措施及补充抵押贷款

资料来源：余振、顾浩、吴莹：《"质化宽松"货币政策的作用机理与实施效果——基于美日中比较的视角》，《国际经济评论》2016年第2期。

中国央行也推出了类似性质的货币政策，被外界称为"新型质化宽松"，比如自2014年起在信贷政策工作意见中多次提及优化对农业和中小微企业的金融服务，增加支农再贷款，创设500亿元人民币支小再贷款；发行补充抵押贷款（PSL）来支持棚户区改造项目，并降低其贷款利率；2016年中国人民银行将政府支持机构债券和商业银行债券纳入了公开市场操作的质押品范围。

美国、日本和中国央行的各种模式的质化宽松，本质上都是将部分私人部门风险转移到公共部门，发挥风险转移机制，通过直接引导流动性的方向来稳定整体经济尤其是实体经济。当然，其侧重点和实施方式也有明显区别。余振等学者的论文归纳了三国质化宽松货币政策的异同①。

美欧日的非常规货币政策虽然暂时稳住了经济和金融市场，但是孕育着下一场泡沫和危机。正如上文所说，当企业高管们为了自身期权激励的价值最大化而借入廉价资金回购股票时，他们无意中同时吹大了两个泡沫：一是股票市场的泡沫；二是企业债的泡沫，后者比前者更加脆弱，政治经济影响也更加深远。随着美联储加息缩表进程的稳步推进，按照华尔街友人的研究，未来三年内即将有数万亿美元的投资级企业债会被降级到垃圾级，届时会有大量的知名企业陷入破产和债务违约的境地。由于产业结构变迁的原因，美国中部蓝领白人聚集的城镇将是遭受企业债泡沫破灭打击最严重的区域。这一场景的潜在政治含义是：2016年的美国总统大选中亲手将特朗普这样的右翼民粹代表人物送进白宫的中部蓝领白人将会面临新一轮失业破产潮，不排除陷入绝望与幻灭的他们在政治上转向另一个极端，最终导致在2022年的中期选举甚至2024年的大选中拥戴极左翼政治家。

---

① 余振、顾浩、吴莹：《质化宽松货币政策的作用机理与实施效果——基于美日中比较的视角》，《国际经济评论》2016年第2期。

◇◇ 第三节 远端利率与人口春秋比[①]

利率曲线的短端价格可以由金融机构之间的拆借和央行的市场调控来共同确定，它代表着金融部门和公共部门之间的博弈与合作；而远端利率[②]则主要是反映实体经济的需求，毕竟长期资金的借款人通常不会是货币投机者，而是从事实实在在的实体项目的投资方，比如基建投资主体。微观层次上也可以看出这一点：对于同一家企业来说，它既会有短期借款，也会有长期负债，前者比如年底结账时的短期周转，后者则通常是长期投资项目。因此，当我们讨论利率曲线的远端的时候，我们探讨的其实是未来经济前景驱动的实体性投资需求。

对远端利率的运行趋势的分析和预测，是经济学和金融学的长期难题之一。如果能够准确而全面地解释利率的变动机制，就应该能够比其他人更好地预判它的走向。考虑到利率对于资产价格的巨大杠杆作用，这样的研究具有巨大的实用价值和政策意义。

一 究竟是什么决定远端利率背后的资金需求：投资还是消费？

在西方经济学说史上，主要有三大派系来解读利率：一是货币派，二

[①] 本节的基本理论框架为笔者受哈瑞·丹特《人口悬崖》一书的启发而创制，研究过程中由笔者担任导师的刘云舟同学参与资料收集和图表制作，其中一部分内容已经写入其硕士学位论文。

[②] 在固定收益领域，人们常用远端利率的概念，通常用来指十年期至三十年期国债价格蕴含的利率水平；而在一般的经济学研究者中，长期利率是更常用的概念。但是由于利率还存在短期波动和长期变化趋势的区别，为了避免行文中语义的混淆，本书使用远端利率的概念而不是长期利率。

是实物资本派,三是折中派。

货币派最早的代表人物是威廉·配第(William Petty)。他在《赋税论》一书中最早提出了有关利率与货币资本的关系,开创性地提出了利息理论。威廉·配第认为人们出借货币时要求的利息收益是对资金闲置的补偿,并且利息的决定主要是由人们的货币供求来决定的。另外他又提出了如果贷出的资金没有得到安全的保障,那么除了收取利息费用外还应再补加保险费作为补偿,把风险也纳入利率决定的范畴内。由此可见,配第的利率思想主要有两点:一是利率由货币供求来决定,当货币供给增加时,利率下降,反之上升;二是利率由保险费决定,即风险补偿,当潜在风险较大时,利率上升,反之下降。启蒙主义思想家约翰·洛克(John Locke)在《论降低利息和提高货币价值的后果》一书中,继承并发展了配第的思想,他认为(贵金属)货币的多少是决定利率的重要因素,之所以国内利率会提高,主要原因是因为货币供应量少,当一国居民负债额或贸易额增加,货币流通量就会减少。洛克的思想与配第基本一致,都是货币利率理论,这为日后的凯恩斯利率理论提供了思想上的渊源。

凯恩斯于1936年出版的《就业、利息和货币通论》一书倡导流动性偏好理论,他认为利率是人们放弃流动性所得到的报酬,是由货币供求关系决定。当时美国仍处于大萧条时代,传统的利率理论无法解决失业问题,而凯恩斯开创的新利率理论认为降低利率的方式可以通过发放货币,增强市场流动性,从而促进投资、带动就业、发展经济。凯恩斯的利率理论即是流动性偏好理论。他认为货币的供给主要由当局决定,而货币的需求可分为三种动机:交易动机、预防动机和投机动机,利率的大小与投机动机呈负相关关系,当市场利率降低到一定程度时,则人们持有货币的需求将无限大,即投机动机将趋于无穷大,市场上所有的人都预期利率将会上升,所以这时无论央行如何增加货币供给,利率都不会再下降,这被称作流动性陷阱。

从配第到凯恩斯，货币派的共性是都认为利率主要甚至完全由货币因素来决定，市场上货币的数量直接影响利率：货币越多，流动性越大，则利率就会越低，相反则越高。他们把对货币的需求归结于人对投资、交易、预防的需求，把对货币的供给全部归结于政府的政策，即供给端完全由政策制定者把控。在笔者看来，货币派的谬误主要在于混淆了短期利率与长期利率。正如所述，货币当局所能操控和影响的主要是短期利率，它同金融投资关系密切，但是对实体经济真正重要的是长期利率。货币幻觉至多能够在短期内影响人们的判断和预期，但是长期来看，人们是不是愿意融资去从事实体投资，归根结底还是要看是否有盈利空间，而这盈利空间则最终来自人们的消费需求。

对货币派的批判导致了第二种利率理论的诞生，即实物资本利率理论。尼古拉斯·巴尔本（N. Barbon）于1690年在《贸易论》一书中首次对配第和洛克等人的货币利率理论提出了批评，他认为利率的变化是由实物资本的借贷而导致的，货币仅仅是表象和中介。[①] 利息作为资本利润的一部分，主要由实物资本的供求来决定。其后的英国经济学家亚当·斯密、大卫·李嘉图等都继承并发展了这一思想。亚当·斯密指出利息是放弃使用产业资本而获利的出借人应得的一种报酬，是产业利润的一部分。

庞巴维克（Bohm-Bawerk）于1884年详细研究了哪些因素对资本供求产生影响，从而影响利率。[②] 他认为任何商品都有现在与未来之分，人们一般看重现在，看轻未来，在借贷活动中，对于贷入者而言是将未来的商品转化成现在使用，而对贷出者而言是将现在的商品转化到未来，所以遭受

[①] ［英］托马斯·孟、尼古拉斯·巴尔本、达德利·诺思：《贸易论（三种）》，顾为群等译，商务印书馆2009年版。

[②] 见其《资本与利息》及《资本实证论》两书。［奥地利］庞巴维克：《资本与利息》，何崑曾、高德超译，商务印书馆1959年版。［奥地利］庞巴维克：《资本实证论》，陈端译，商务印书馆1997年版。

损失，必须加上一定的"贴水"，这就是利息。庞巴维克认为影响利率决定的因素主要有三个，翻译为现在通用的概念来说：一是国民储蓄；二是劳动力规模；三是投资水平。利率的决定主要是由储蓄与投资来决定。

阿尔弗雷德·马歇尔（Alfred Marshall）对庞巴维克的理论进行了简化，[①]他在《经济学原理》一书中认为决定利率的因素主要是实物因素，利率作为资本的价格由其供求决定：资本的供给即是储蓄，资本的需求即是投资。可以用下图来表述马歇尔的观点：

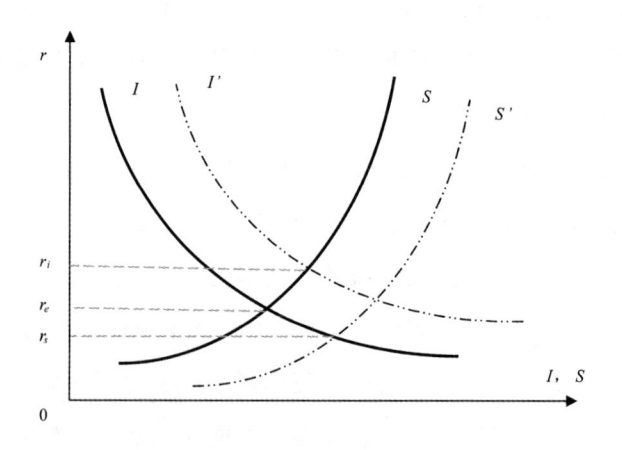

图 3—10　马歇尔利率论的储蓄—投资框架

资料来源：［英］阿尔弗雷德·马歇尔：《经济学原理》，廉运杰译，华夏出版社 2005 年版。

在图 3—10 中，马歇尔认为利率与储蓄的函数是增函数，利率与投资的函数是减函数，当储蓄与投资达到均衡时，得到均衡利率 r_e，当储蓄增加时而投资曲线不变，则储蓄曲线向右移动，得到一个新的均衡点 r_s，能很明显地看到这种变动导致利率降低；当投资需求增长，使得投资曲线向右

---

① ［英］阿尔弗雷德·马歇尔：《经济学原理》，廉运杰译，华夏出版社 2005 年版。

移动，而储蓄曲线不变时，得到一个新的均衡点 r_i，这种变动使得利率有所上升。

费歇尔（Irving Fisher）于 1930 年在《利息理论》一书中首次提出了"人性不耐"（Human Impatience）来解释利率的形成和决定问题。① 费歇尔认为人们对于现在的财货与未来的财货的偏好是不同的，基于人们是否愿意接受财货延迟消费的程度，这种程度即人性不耐。当人性不耐越高时，意味着现有财货的偏好与未来的财货的偏好之间的差距较大，需要用越高的"贴水"进行补偿，才能满足借贷财货行为的发生。至于利率的高低，费歇尔同意马歇尔的观点，认为由储蓄和投资这两个因素来决定：一是人性不耐决定的资本供给；二是由投资机会和超额收益率决定的资本需求。

可以看出，实物资本派的共同特点是认为利率由实物资本的供求来决定，这些实物资本包括商品、土地、原材料等，并且认为储蓄和投资的平衡状态是利率达到均衡的一个前提。

基于上述两派的辩论，逐步形成了第三派折中派理论，也可称为现代利率理论。这一派最初可以追溯到 19 世纪末瑞典经济学家维克赛尔（Wicksell）。② 他提出了自然利率与货币利率的区别：所谓自然利率是由实物资本和实物储蓄的供求关系决定；货币利率则受金融机构操纵影响，由货币供求来决定。希克斯（J. R. Hicks）首次提出 IS-LM 模型，③ 奠定了一般均衡利率理论。希克斯一方面肯定了马歇尔、庞巴维克等人关于利率决定理论的观念，即储蓄与投资决定对利率的大小产生影响；另一方面又认同凯恩斯货币利率理论中关于货币因素对利率的影响作用。希克斯认为在实物资

---

① [美] 菲歇尔：《利息理论》，陈彪如译，上海人民出版社 1999 年版。

② 维克赛尔在 1898 年出版的《利息与物价》和 1906 年出版的《国民经济学讲义》两书是其代表作。

③ J. R. Hicks, "Mr. Keynes and the 'Classics'; A Suggested Interpretation", *Econometrica*, Vol. 5, No. 2, 1937, pp. 147–159.

本市场和货币市场同时均衡的状态下所决定的利率才是均衡利率,即维克赛尔所提及的自然利率。Hansen 于 1953 年在《凯恩斯学说指南》一书中,继承并发展了希克斯的思想,并且重新推导了在货币需求一定时,收入与利率的关系曲线,并最终确立了"一般均衡利率理论"在西方经济学界的主流地位。弥尔顿·弗里德曼(Milton Friedman)从另一个视角重新构建了利率水平的决定理论。[①] 他认为货币供给增加只会在短期内使得利率有所下降,但长期来看,利率将回升到原来的水平,甚至更高,因为长期来看,货币供给的增加会使得消费需求也增加,从而带动物价的上升,实际货币余额又会相应减少,从而使得利率在长期有所上升。

第三派利率理论通常称为现代利率理论,其特点是把第一派利率理论与第二派利率理论相结合,认为利率是由实物资本和货币供求二者共同决定的,从而引出了一般均衡理论,即在货币市场和商品市场同时达到均衡状态时,这时的利率为均衡利率。第三派利率理论是当代西方经济学界关于利率理论的主流观点,IS-LM 模型也被广为接受。

笔者认为,第二派和第三派的正确之处在于拨开了货币的云雾而强调实体资本的供求决定了利率,但是其错误之处在于将利率背后的资本供求设定在储蓄和投资的框架之中。笔者反对这样的框架,是因为投资本身是一个中间变量而不是资本需求背后独立的、最终的决定性因素。投资本身会产生收入,收入又会转化为储蓄,储蓄又反过来影响利率并影响投资。用投资来当作资本需求,就好比打蛇没有打到七寸,反而陷入蛇的缠绕和反噬之中。

这里再一次出现了本书第一章所批判的"错误的除法":由于对研究对象的逻辑结构的理解不足,人们使用了错误的除法,从而导致理论与政策的谬误。西方经济学界在利率问题上犯的错误,同他们在人口与财富关系

---

① Milton Friedman, "The Role of Monetary Policy", *The American Economic Review*, Vol. 58, No. 1, 1968, pp. 1–17.

问题上的错误理解具有相似性。这个逻辑错误在本书第七章的去杠杆问题上我们将再次见到。

笔者主张使用消费而不是投资来表示利率背后的需求侧因素。为更直观地向读者说明自己的观点，笔者绘制图3—11来表达资金的供求及其背后不同层次的力量。

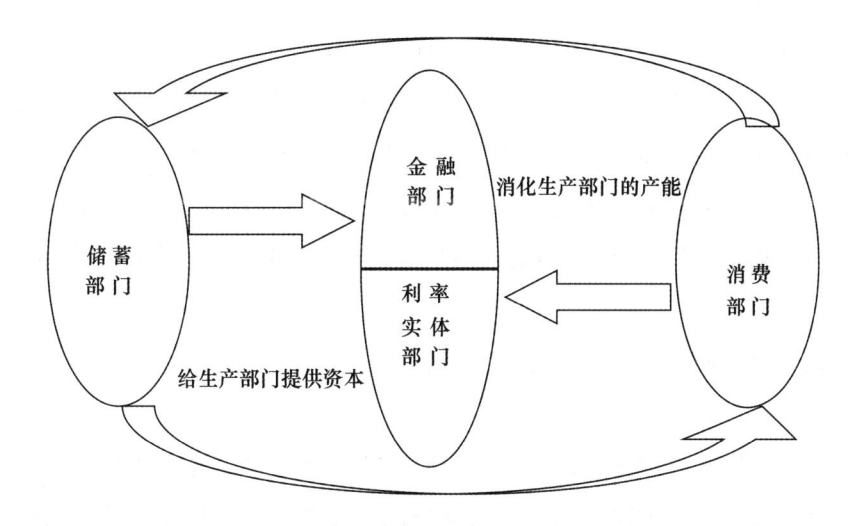

图3—11 储蓄—消费决定利率水平

资料来源：笔者自制。

由图3—11可知，如果直接观察利率博弈的战场，我们可以看到对资金的供给和需求决定了利率。资金的供给方是包括金融部门，其中有银行、保险、投行、券商、风险投资基金乃至家人亲戚为主的天使投资者；而资金的需求方则是实体部门，包括各种商品和服务的提供商，以及政府投资公司和房地产商乃至小微创业者。实体与金融部门之间的（边际）力量对比就决定了中间的利率水平的高低。

但是，社会科学研究同券商研究的区别在于，学者们总是需要考察表象背后潜藏的更宏大更持久的力量。各种融资项目方案、资金计划书和交易确认函虽然表达出了平均利率，但是决定不了利率。在利率乃至更广的问题上，笔者的结构主义同自由主义经济学传统的重大区别在于：他们认为资本很重要，投资者很重要，企业家很重要；而笔者认为真正重要的是资本和企业家的衣食父母，即消费者。没有消费者的买单，所有的投资和创业都是没有意义的。所以在图3—11的右侧，实体部门的背后是消费者而不是企业家。

由此我们把利率的决定转变成了社会中两大部门的力量对比：消费部门与储蓄部门。消费力量与远端利率呈正比，储蓄力量则与利率呈反比。在这里，统计消费和储蓄各自的绝对值是不必要的，只要能估算出消费与储蓄两种力量的相对变化趋势，就能够把握一个经济体的远端利率波动方向。那么如何估算这两者的对比？哪些因素导致这两者之比出现变化？

二 人口结构视角下的远端利率

有很多因素可以导致消费力量与储蓄力量之比的变化。比如一场实质性的政治经济改革破除了原先的市场分割；或者通过贸易协定打开国际市场的大门，相当于引入了新的消费者；又比如新技术新产品的出现，引发了新的一轮消费需求，当然也不能排除战争或者大型自然灾害带来存量资产的毁灭和重建的需求。但是，作为一个具有普遍性和结构性意义的要素，本节将重点探讨人口年龄结构对远端利率的影响。

探讨人口与利率和其他相关变量之间的关系并非笔者首创，而是经济学金融学研究的一个富矿。卡伦（Paul S. Calem）和卡雷诺（Gerald A. Carlino）研究了美国货币市场存款账户、银行3个月存单（Certificate of Deposite）和6个月存单利率的影响因素，所列的七八个假设性的解释变量中包括45岁以上人口占比和人口增长率这两个人口相关的变量，最后发现人口增长率、人口年龄结构以及金融市场的行业集中度是对利率最有显著影响的三种变量。① Brooks②将代际交叠模型引入真实商业周期模型，发现对美国"婴儿潮"群体而言，退休时资产回报率会低于他们参加工作时的回报率。菲利浦·戴维斯（E. Philip Davis）使用7个OECD国家过去50年的数据进行实证研究表明，中年人口（40—64岁）占总人口比重上升会推高资产价格，老年人口（65岁以上）占总人口比重上升会使资产价格下跌。③ 吉纳科普洛斯（John Geankoplos）以生命周期理论为出发点，模拟美国人口结构波动的特点建立代际交叠模型，证明了青年—中年人口比率（20—29岁青年人口与40—49岁中年人口数量之比）与金融资产价格成反比，与收益成正比，并且建立代际交叠模型并预测利率随着人口结构的变化而波动，青年—中年人口比率与利率存在正相关。④ 在另一篇论文中，他提出实际利率与费雪所说的人性不耐无关，而是与人口增长率有关。⑤

中国国内学者中，陈国进、李威⑥在借鉴国外同行研究成果基础上，考察了人口结构与利率水平之间的关系。他们假设人在中年时期的收入大于消费，会购买资产进行投资，而在青年和老年时期的消费大于收入

---

① Calem, Paul S. and Gerald A. Carlino, "The Concentration/Conduct Relationship In Bank Deposit Markets", *The Review of Economics and Statistics*, Vol. 73, No. 2, May 1991, pp. 268 – 276.

② Brooks, G., "What Will Happen to Financial Markets When the Baby Boomers Retire?" IMF Working Paper, January 1, 2000, https：//www.imf.org/~/media/Websites/IMF/imported-full-text-pdf/external/pubs/ft/wp/2000/_wp0018-ashx.

③ Davis, E. Philip and Christine Li, "Demographics and Financial Asset Prices in the Major Industrial Economie", Public Policy Discussion Papers, April 2003.

④ Geanakoplos, John Demography and the Long-Run Predictability of the Stock Market, *Brookings Papers on Economic Activity*, Vol. 2004, No. 1, 2004, pp. 241 – 307.

⑤ Geanakoplos, John, "The Ideal Inflation-Indexed Bond and Irving Fisher's Impatience Theory of Interest with Overlapping Generations", *The American Journal of Economics and Sociology*, Vol. 64, No. 1, 2005, pp. 257 – 306.

⑥ 陈国进、李威：《人口结构与利率水平研究》，《中国人口科学》2013年第5期。

因而会借贷或出售资产。因此，如果一国中年人口占总人口比重高，资产价格将上升；当青年和老年人口占总人口比重高，资产价格会下降。人口年龄结构影响债券等金融资产的价格和收益，并对利率造成影响。中年人口数量增加会造成债券价格上升，利率下降；而青年和老年人数量增加会造成债券价格下降，利率上升。通过采用16个发达国家1960—2011年共52年的季度数据展开实证研究，发现人口结构变化是导致利率水平长期变动的重要因素。青年—中年人口比率与利率之间存在正相关关系。美国、英国、法国等国家在第二次世界大战后"婴儿潮"期间出生了大量人口，这部分人在1960年以后陆续步入青年，由于婚育、置业、子女教育等客观需要，存在对资金的超额需求推动了相应国家利率水平上升；而1980年后，这批人陆续进入中年，他们为未来养老进行的储蓄也为经济发展提供了充足的资金，驱使其利率普遍回落。人口年龄结构的长期持续性使得利率趋势表现出持久性。应当说，陈国进等人的研究与笔者所展开的研究最为接近，但是在对人口结构的分段考察上，笔者不能同意其分段方法。

究竟应该选取哪些年龄段的数据最适宜对利率的探讨？笔者认为应该看净消费和净储蓄两个群体。

在年龄与消费的问题上，国内外有不少学者，对此做过一定研究，陈晓毅[1]研究了人口年龄结构变动及其对居民消费的影响情况，他在文中详细分析了中国人口年龄分布与消费支出的关系并且选取了全样本、城镇样本和农村样本三个维度，最后得出结论认为：（1）居民的年龄分布与消费支出呈现出"双驼峰"的特征，较大峰值大概出现在45—50岁；（2）养老保障因素对年龄的效应有比较明显的影响；（3）不同出生组的个体在一生的生命周期历程中，形成消费支出年龄差异与出生组差异。

---

[1] 陈晓毅：《基于年龄结构的我国居民消费研究》，博士学位论文，中央财经大学，2015年。

经济学诺奖获得者安格斯·迪顿（Angus Deaton）[①]和克里斯蒂娜·帕克森（Christina Paxson）研究了中国台湾的人口结构与储蓄的问题，他们采用了时间序列的横断面，利用对中国台湾的家庭调查情况，估计了这些家庭年龄结构对消费、收入与储蓄的影响，并且利用这些调查结果去分析人口改变和经济增长能够多大程度上对台湾的储蓄率增长产生影响。根据调查分析，他们做出了家庭年龄分布与储蓄率变化之间的关系函数图：

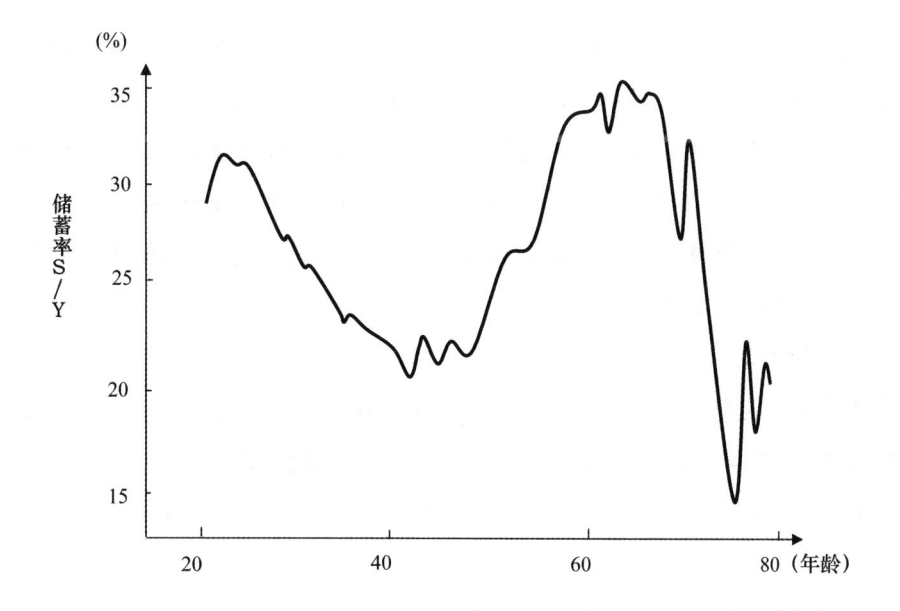

图 3—12　中国台湾家庭储蓄率与年龄分布[②]

资料来源：哈瑞·丹特：《人口峭壁》，萧潇译，中信出版社 2014 年版。

图 3—12 所反映的是储蓄率随着年龄的变化而发生的变动趋势，就储蓄

[①] Deaton, A. and Paxson, C., "Growth and Saving among Individuals and Households," Review of Economics and Statistics, Vol. 82, No. 2, 2000, pp. 212–225.

[②] 鉴于笔者未能获得迪顿的第一手数据资料，本图是对其函数图的模拟。

率 S/Y 进行了对数处理，可以看出，在 20 岁初的时候，开始进行储蓄，是储蓄的开端，在 20—40 岁这一年龄段，储蓄率处于不断下降的状态，考虑到这一时期平均收入在持续上升，这意味着在这一时期消费是处于快速上升的状态。储蓄率到达最低值是在 45 岁左右，在此之后到 60 多岁这一阶段，储蓄率出现大幅上升，因为消费减少间接导致储蓄增加。图 3—12 虽然反映的是储蓄率相对年龄分布的变化趋势，但是也从侧面反映了消费与年龄分布的趋势。

阿塔纳西奥（Orazi Attanasio）和吉列尔莫·韦伯（Guglielmo Weber）研究了跨期分配收入对消费和储蓄的影响，他们调查了 1978—2007 年英国家庭支出与收入，分年龄段考察了各个年龄时期的收支情况，结果发现在生命周期中，消费轨迹始终跟随收入轨迹，并且收入与消费的差值在 45—48 岁达到最大。[1] 卡罗尔（C. D. Carroll）和萨姆斯（L. H. Summers）早在 1991 年就研究了消费增加伴随收入增长之间的关系[2]，为了证明二者之间存在关联，他们选取了加拿大、日本、丹麦、挪威、英国和美国人口按年龄段划分所对应的消费支出数据，把各个国家所对应的走势分析刻画在一张图上，发现不同国家人口年龄与消费支出走势基本保持一致，都保持一个先升后降的趋势，在 45 岁左右达到巅峰。他们的研究消除了国家差异性所带来的不确定性，即年龄—消费函数对于大多数国家来说是具有普遍性的，这为笔者的研究奠定了相关理论基础。

在笔者看来，人的消费取决于两大要素，一是现金流，二是自身需求或者说欲望；前者具有社会性，后者则主要是生物特性。现金流可以来源于积蓄、收入或者信贷，如果我们把各国人口的现金流收入按年龄细分然

---

[1] Attanasio, Orazio P. and Guglielmo Weber, "Consumption and Saving: Models of Intertemporal Allocation and Their Implications for Public Policy," *Journal of Economic Literature*, Vol. 48, No. 3, 2010, pp. 693–751.

[2] Carroll, C. D. and Summers, L. H., "Consumption Growth Parallels Income Growth: Some New Evidence," in B. Douglas Bernheim and John B. Shoven, *National Saving and Economic Performance*, Chicago: University of Chicago Press, 1991.

后平均一下，会发现它在整体上是一个以55—60岁为顶点的不完全对称的抛物线。这反映的一个基本事实是，在正常社会中这个年龄段的人手中掌握了最大最多的信息、权力和资源。当然，重大技术革命和产业变迁可能会使相对年轻的群体突然崛起，暂时地改变这个曲线的形状。而人生的欲望则是从头至尾下降的趋势：幼儿对整个世界充满好奇，对风险和代价没有概念；人越老，各种与生命力相关的激素分泌越少，人表现得越清心寡欲，对世界逐渐缺乏兴趣和冲动。这两个趋势线叠加起来取其低值，便是人一生的消费曲线。

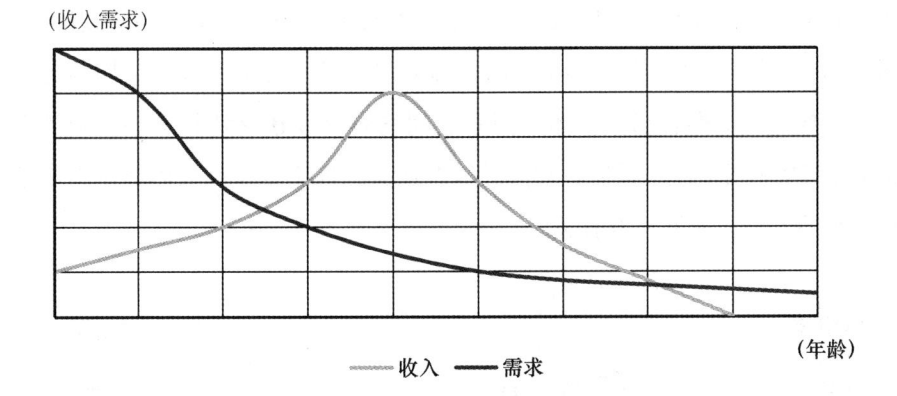

图3—13 生命周期中收入曲线与需求曲线示意

说明：此图中所谓需求，只有在具有购买力的情况下才能转化为有效需求。
资料来源：笔者自制。

所谓人生一世、草木一春。笔者将人的一生划分为春夏秋冬四季。其中春季人口特指未工作而仍然作为净消费者的幼儿和青少年，年龄划分一般为0—24岁。在一个农业社会，16岁之后便是劳动者，但是在现代工业文明中，23岁大学毕业之后才开始进入工作阶段。中国作为一个过渡性社会，春季人口结束的数字是在快速变动之中的。秋季人口特指处于中年和老年的过渡期的45—64岁人群，这类人消费意愿和需求基本处于下降状态，但其收入在一生中达到巅峰，是储蓄的主要贡献者。而24—44岁的夏季人口的特点是收入和支出同时扩张，65岁之后的冬季人口是收入与支出同时萎缩，这两个群体对于利率的影响相对可以忽略。通过这样的简化就可以从纷繁复杂的统计数据中提炼出一个数值，笔者称之为"人口春秋比"，即一个社会里春季人口同秋季人口规模的比例。按照笔者的假设，该指标应能够反映一个市场经济体内部消费力量和储蓄力量之间的消长变化，从而指示出未来长端利率的变化趋势。

通过计算十一个经济体的20世纪70年代以来的人口春秋比，并与它们各自的十年期国债利率走势相拟合，笔者发现上述假设基本能够得到证实。图3—14、图3—15、图3—16分别是瑞典、英国、日本的人口结构与远端利率拟合图。不难看出，整体上两者之间的吻合度还是比较理想。唯独在20世纪70年代出现了普遍的背离。笔者认为，这主要是与当时两次石油危机带来的外源性通胀上升有关。

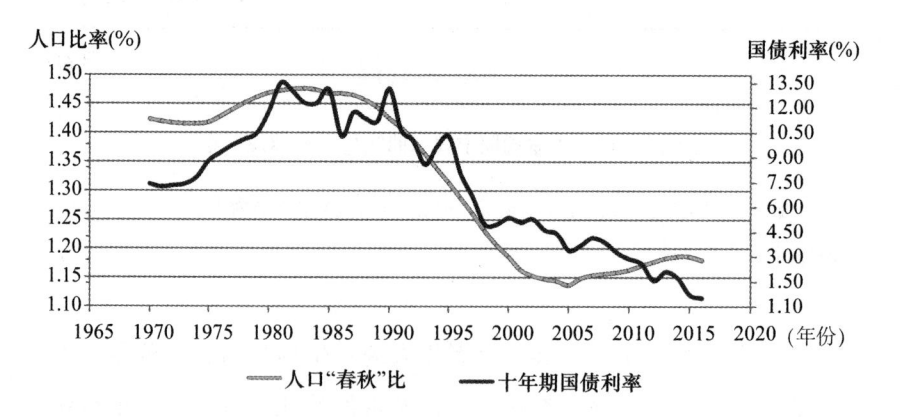

图3—14　1970—2016年瑞典人口"春秋"比与十年期国债利率走势

资料来源：世界银行HNPS数据库，IFS数据库。

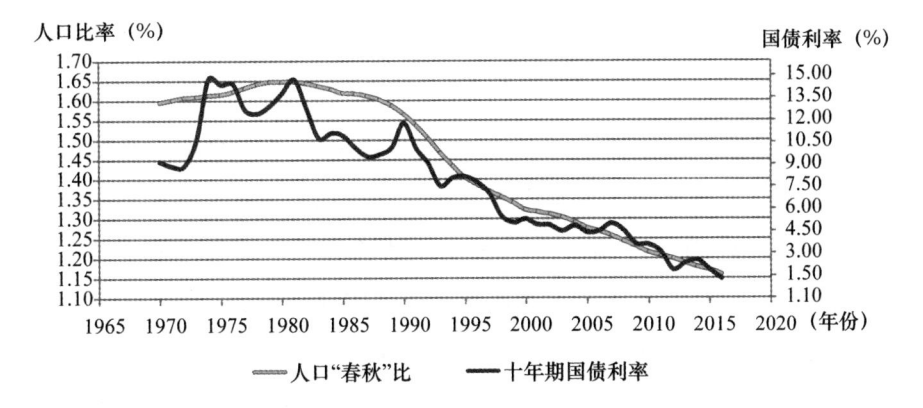

图 3—15　1970—2016 年英国人口"春秋"比与十年期国债利率走势

资料来源：世界银行 HNPS 数据库，IFS 数据库。

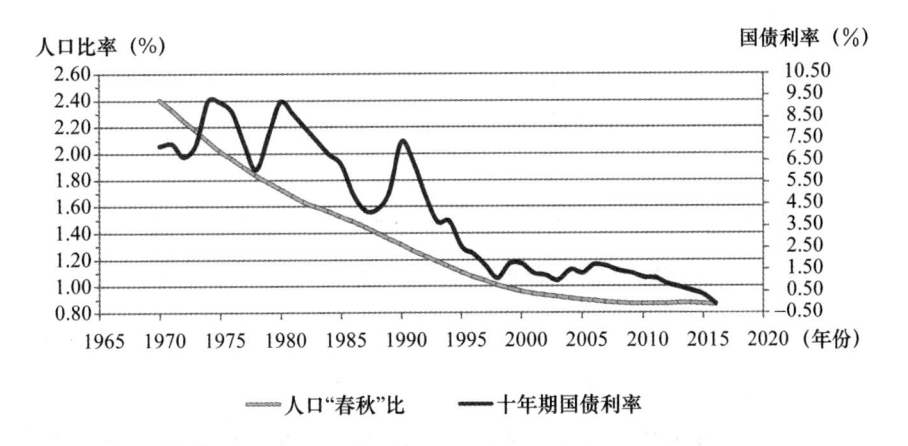

图 3—16　1970—2016 年日本人口"春秋"比与十年期国债利率走势

资料来源：世界银行 HNPS 数据库，IFS 数据库。

当然，作为一个尝试性的探讨，上述研究还有很大的改进余地。比如必须考虑到由于国别与年代的差异，人们参加工作的时间大不一样，退休的年龄也差异甚大，因此所谓"春季人口"的统计年龄段应该做细致的调整。又比如在实证研究中远端利率使用了各国的名义利率值，如果减去各国每年通胀率以获得实际利率，那么拟合效果可能更理想一些。再比如目前的案例数据都是从20世纪70年代开始，人口春秋比仅仅经历了半个周期而不是数个周期，如果能有两个完整周期的实证研究，那么从实证角度就更有说服力。从日本等国的数据可以看出，尽管人口春秋比可以确定远端利率的长期波动趋势，但是在中短期（1—3年）内利率可以暂时大幅背离该趋势，这说明其他因素比如财政政策等其他因素对于长端利率走势可以产生很大扰动。当然，更重要的是，人口春秋比是从年龄结构对消费和储蓄的影响来探讨利率，这种结构视角仅仅为结构主义的利率研究做了一个初步的探索和开拓。未来可以进一步从阶级结构或者说财富分配结构、产业结构等视角展开对远端利率的理论和实证研究。

三　负利率时代的出现

进入20世纪90年代，全球发达经济体普遍进入了利率和通胀持续下行的趋势。从本节的研究来看，背后的核心因素是第二次世界大战后出生的婴儿潮人口进入了人生的"秋季"，与此同时，生育率因现代化带来的各种社会和制度变迁而持续下降。

相比之下，日本社会的少子老龄化问题最为严重，因此其长期利率的下跌也最早最猛。金融危机之后，欧洲国家和日本一样进入了负利率时代，表现为国债收益率曲线15年期以内的名义收益率都跌到了0以下。买入并持有这样的债券意味着到期兑付时连保本都不能。这种局面在有记载的人类金融史上未曾出现过，如今却在日欧蔓延；未来数年内假如美国资本市场泡沫破灭引发新一轮衰退，那么很可能美元的中短期国债也会进入类似的负利率状态。美国、加拿大和澳大利亚之所以仍然保持着正的利率，是因"为有源头活水来"。这三个都是典型的移民社会，虽然其本土主流居民的生育率也是在不断下跌，但是不断地有青壮年带着年幼的孩子移居进来，其置业和消费带来了商业和地产的相对兴旺，从而帮助远端利率勉强维持在正利率状态。

负利率时代的到来不仅对储蓄者的利益构成威胁，而且对商业银行、养老保险和社会保障基金以及众多传统制造业和服务业都形成巨大的挑战。对商业银行而言息差收入将被严重积压，因为储户可以逃遁到现金资产之中从而导致银行难以把利率下行的压力完全转嫁到储户身上。对于养老保险和社会保障基金而言，最初设计的现金流模型往往是以存量资金池获得稳定的固定回报为假设前提的，而如今国债的利息回报已经消失殆尽，未来只能铤而走险获取风险回报，即在三位一体的风险—收益结构中要么选择外币资产，要么选择高风险资产。传统制造业和服务业的困境不能说是因为负利率的原因，而是说由于少子老龄化带来的需求萎缩而面临产能过剩生意难做的境地，也正是因为他们的困境而导致了正常融资需求的日渐萎缩。

当然，利率走低直至为负的过程中，我们可以看到资产泡沫、杠杆率升高的普遍现象，一些匪夷所思的新业态也会出现，比如有的企业每一个季度都在赔钱，但是其创始股东和管理层富可敌国，原因在于他们通过大笔融资获得了巨额廉价资本金，然后通过让利向（年轻）消费者提供补贴和促销，从而获得巨大的市场份额，并以此为由不断地要求金融市场及其背后的中老年储蓄群体投入更多资金以更高价格购买其股票。

当然，负利率时代也有获益者，一是此前大胆地持有高风险资产的群体将获得非正常的高额回报。但是更重要的一个主体便是负债率高企的发达国家政府。由于名义负利率将持续很长时间，这些用本币计价的负债将持续萎缩，此前持续高涨的债务率不会像人们以线性外推所猜想的那样涨到天上去，而是进入一个稳定期乃至下降期。对此，我们只需要观察日本政府的债务率就可以探明前路。

负利率时代究竟意味着什么？欧洲和日本的案例值得我们做深度剖析，全面理解和紧密跟踪。目前我们所看到的仅仅是其早期面貌和初步趋势，负利率时代的政治经济学显然是一个富矿，值得研究者们深入挖掘。

第四章

金融权势与新自由主义全球化的兴衰

◇◇ 第一节　金融利益在美国政治经济体系中的崛起

一　金融业的游说与权力俘获

美国的选举民主体制允许各种利益集团参与政治表达和游说。各种各样的利益集团都会在不同议题上卷入政治和政策决策上来,选票、政治捐赠、舆论营造和游说为他们提供了干预政策捍卫利益的各种手段,而三权分立和舆论独立则为他们提供了为自身利益发声的多元化通道。这样一种制度安排,曾经是美国政治学教科书上引以为傲的内容。但是从20世纪70年代起,不同利益集团之间的制衡与竞争开始被逐渐打破,华尔街金融利益在政治上的影响力日益凸显,最终导致政治经济体系的失衡。

美国政府对于金融部门的偏爱,源自这个行业对政界人士的选举事务的慷慨投入。金融业的巨大经济收益使得这个行业成为政治竞选的主要捐赠者,通过为竞选者筹集资金,金融业也获得了相应的政治影响力。

(万美元)

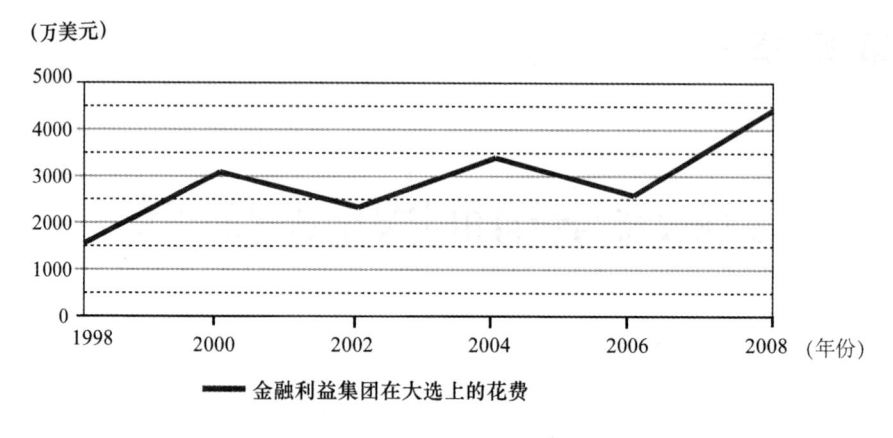

图4—1　华尔街在历届大选上的花费

资料来源：王国红：《美国金融危机、金融管制与管制俘获》，《武汉金融》2010年第4期。

图4—1显示的是2008年前金融利益集团在美国大选上的花费，金融及其相关部门从20世纪80年代起悄然成为最大的竞选献金贡献方[1]。金融业创造和积蓄的巨大财力给了银行家巨大的政治捐赠能力，在1998—2008年的十年间，美国金融集团先后花费17亿美元作为"选举献金"投资到华盛顿。华盛顿的政客们知道，金融业无论对于美国在世界上的地位还是对于他们个人的职业生涯来说，都非常重要。美国的法律对政治捐赠有许多限制，但是华尔街成功地开辟了新的通道来购买权力，政治行动委员会便是其中之一。索罗斯曾经一次性投资1000万美元成立政治行动委员会，在大选期间通过广告和舆论动员鼓动选民们反对小布什的政策理念。

上述数字听起来绝对值不小，但是如果对比美国政府机构的开支，竞选捐赠的规模可谓九牛一毛；而考虑到国会法案和政府政策所能撬动的巨大利益调整，竞选捐赠带来的"金钱—权力—金钱"杠杆回路更是惊人。

---

[1] Center for Responsive Politics,"Interest Groups Summary: Financial/Insurance/Real Estate", https://www.opensecrets.org/industries/indus.php?Ind=F.

这也就不难解释华尔街对政治捐赠的持久热情:通过投入大量的选举资金,美国金融机构可以"收买"许多国会议员、政府官员以及金融监管机构的权力,而这些权力可以在各个领域转化为政策,最终都转化为金融市场上有利于相关机构的价格变动。政府本应是金融业的监管者,但是金融业的政治选举的巨额投入成功地俘获了自身的监管者,作为回报,政府在金融危机之前的很多年内没有出台任何有约束力的管制金融业的政策,即便是金融危机之后,所出台的监管法案也是"没有牙齿的老虎"。政策的制定者本应该督促金融监管机构对金融业施加更为严苛的监管以抵御风险,但他们现在失去了这种动机。而除此以外,国际货币基金组织原首席经济学家西蒙·约翰逊(Simon Johnson)曾指出,尽管金融业是政治竞选中最主要的捐赠者之一,但是它的影响力如此之大,以至于已经不必像烟草公司或者军火商那样,冀望于通过政治捐赠方式获得什么直接的好处。[1] 查尔斯·凯罗米利斯(Charles W. Caro miris)和史蒂芬·哈珀(Stephen H. Haber)在他们的著作中谈到了政府在银行体系面前所面临的利益选择上的冲突:而其中最明显的一大冲突就是,政府既要对银行的冒险行为进行管制,但同时又视其为重要的公共资金的来源,这使得政府具有一种动机,将为政府塑造有利的融资环境放在第一位。[2]

在政府和金融业之间还存在着"旋转门"现象——关键人员在金融部门和政府之间的双向流动。上文引述的剑桥大学史蒂芬·哈珀教授本身的职业生涯便是一个很好的例子。笔者与之相识于2005年,他获得剑桥大学政治学博士学位之后,于20世纪70年代初入职美国联邦政府,并幸运地躲过尼克松政府的危机,到了里根总统时代,他官至助理国务卿帮办。老布

---

[1] Simon Johnson, "The Quiet Coup", *The Atlantic Monthly*, Vol. 303, No. 4, May 2009, pp. 46 – 57.

[2] [美]查尔斯·凯罗米利斯、[美]史蒂芬·哈珀:《人为制造的脆弱性:银行业危机和信贷稀缺的政治根源》,廖珉等译,中信出版社2015年版,第29—32页。

什总统的第二任期竞选纲领即出自他的手笔,但是大选失败之后转战金融圈,成为一家商业银行的董事长,任职期间收购了另一家银行而获得部分股权,最后又把银行卖给了更大的银行,从而在短短几年内成为亿万富翁,并利用其财务资源开办电台媒体。小布什组阁时曾考虑延聘其入阁,但是他因理念分歧而拒绝,回归学界成为剑桥大学的教授。哈珀教授的人生经历其实不过是整个美国政界的边缘缩影而已。笔者接触过的美国精英阶级中不乏类似的故事,但是也有几代政治世家因为与华尔街势力结仇而被排挤出政界的反面案例。如图4—2所示,美国历届政府最重要的30个职位中,具有华尔街背景的任职者比例不断上升,在克林顿时期更是有一半以上的白宫官员来自华尔街。即使千禧年后有下降趋势,依旧比30年前高出许多。①

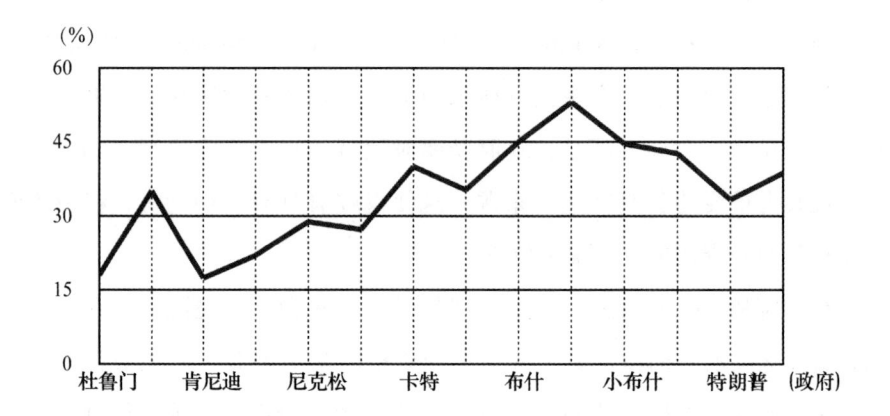

图4—2 白宫内重要职位中有华尔街背景的任职者占比

资料来源:笔者统计整理。

---

① 笔者的研究团队选取从杜鲁门到特朗普总统任期内白宫的30个最重要职位,找出具有华尔街背景的高级官员,并进行统计计算。资料来源:维基百科,The American Presidency Project. https://www.presidency.ucsb.edu/media。

罗伯特·鲁宾（Robert Robin），曾任高盛主席，然后成了克林顿时期的财政部部长，之后又回到华尔街任花旗集团的执委会主席；亨利·保尔森（Henry Paulson），高盛原首席执行官，后成为小布什政府的财长。盖瑞·甘斯乐，作为高盛前财务主管，在克林顿任内担任美国财政部副部长，是美国去监管规定的积极支持者；约翰·斯诺（John Snow），卸任财长后，成为希伯鲁（Cerberus）资产管理公司的主席；杰拉德·克里根（Gerald Corrigan）先是担任纽约联邦储备银行的行长，而后成了高盛公司的行政人员。而威廉·杜德利（William Dudley）则完成了反向的"旋转"，他先是作为高盛公司的合伙人和董事总经理，而后成了纽约联邦储备银行的行长。财政部副部长萨默斯是世界银行首席经济学家，还是 D. E. Shaw 对冲基金高级主管，同年兼任摩根大通、花旗集团、美林证券、高盛集团的顾问与培训讲师。此外，格林斯潘卸任美联储主席之后，担任太平洋资产管理公司（PIMCO）的高级顾问，为该公司在全球债券市场上的领头羊地位保驾护航。① 在中低层次上，双方更是存在巨量的人员流动。这种交织现象，不仅仅强化了新自由主义价值观从华尔街向华盛顿的渗透，更是把高盛这样的公司变成了华盛顿高级干部轮训学校，让华尔街的权力一度扩张到无法收拾的地步。在 2008—2009 年的金融危机时期，甚至一度兴起了"高盛政府"（Government Sachs）的说法。华尔街与华盛顿之间人事上交流与游说成功地塑造出一套信仰系统，不懈地推动金融主导的资本主义。即在一个金钱至上的社会中，让政府的决策者们普遍地相信"对华尔街有利的就是对美国有利的"。

在政界和金融界的共同倡导之下，金钱崇拜的华尔街投机致富价值观进一步扩散到整个美国社会。甚至连美国的大学教授们也受此社会风气的

---

① ［美］詹姆斯·R. 巴斯、［美］小杰勒德·卡普里奥、［美］罗斯·列文：《金融守护人：监管机构如何捍卫公众利益》，杨农等译，生活·读书·新知三联书店 2014 年版，第 6—7 页。

影响，不仅是经济金融的诺奖获得者们，还包括数学、理论物理、气象学的教授和博士们，都把人生和职业前途拐向华尔街，利用自己所学在金融市场上赚取高额利润成为人生赢家。以华尔街为代表的金融财团与美国政府，尤其是财政部、联邦储备委员会、证券交易委员会之间的关系是你中有我、我中有你，形成了一个关系极为紧密的政商联合体，而 IMF、世界银行、华尔街金融机构、美联储和美国政府都属于这个政商联合体的不同分支。处于中心位置的则是大型商业银行、保险公司、投资银行和对冲基金的高管，他们对美国的货币、贸易、能源、金融乃至外交政策都有着非同寻常的实质性影响力。尽管克林顿当政期间出炉了《1995年游说披露法》以限制利益集团体系被滥用，政商联合体依旧左右着美国政府国内国际的经济与金融政策的走向。金融利益集团利用这些有着双重背景的说客向政府施加压力，使政府通过了许多放松金融监管的法律及相关政策。① 诺贝尔经济学奖得主约瑟夫·斯蒂格利茨曾指出，政治游说放大了利益集团的政治诉求，扭曲了美国政策制定的过程。②

二　金融去监管化

自20世纪70年代中期以来，金融管制的宽松化、新的金融工具的创造和信息通信技术的发展，美国的金融部门与全世界的金融业都被高度整合和串联起来，国际金融成为"全球化"一词最适用的领域。③ 通过政治捐赠

---

① Consumer Education Foundation, "Sold Out—How Wall Street and Washington Betrayed America", March 2009, p. 15, http：//www.wallstreetwatch.org/reports/sold_out.pdf.

② [美]约瑟夫·E.斯蒂格利茨：《不平等的代价》，张子源译，机械工业出版社2013年版。

③ [美]罗伯特·吉尔平：《全球政治经济学：解读国际经济秩序》，上海人民出版社2013年版，第4页。

和人员旋转门成功地俘获了华盛顿政治权力的华尔街,最大的政策诉求是金融去监管化(financial deregulation)。

表4—1　20世纪后20年中美国金融去管制化的标志性事件

时间	相关事件/法案	主要内容
1978年	《马奎特国民银行诉奥马哈第一国民银行案》(Marquette vs. First of Omaha)	大部分州解除了高利贷利率上限管制
1980年	《存款机构接触管制与货币控制法案》(Depository Institutions Deregulation and Monetary Control Act)	取消了定期存款和储蓄存款利率上限
1982年	《高恩和圣杰曼法案》(Garn-St. Germain Depository Institutions Act)	允许存款机构跨越地理界限收购破产机构
1987年	联邦储蓄与贷款公司破产	储蓄和贷款行业的存款保险基金由于越来越多的机构破产而资不抵债
1989年	《金融机构改革、复兴与实施法》(Financial Institutions Reform and Recovery Act)	商业银行可以收购破产的储蓄与贷款协会
1994年	《里格—尼尔州际银行业务与分支机构效率法》(Riegle-Neal Interstate Banking and Branching Efficiency Act)	取消州际并购的大部分限制,允许商业银行进行州际扩张
1996年	美联储重新解释《格拉斯—斯蒂格尔法案》	允许银行控股公司获得高达25%的投资银行业务收入
1998年	花旗银行与旅行者集团合并	商业银行与一家拥有投资银行的保险公司间合并,组成全球最大的金融服务公司
1999年	《金融服务现代化法案》(Gramm-Leach-Bliley Act)	规定银行和保险公司之间可以进行并购

资料来源:Matthew Sherman, "A Short History of Financial Deregulation in the United States", Center for Economic and Policy Research, 2009。

表4—1中记录的是20世纪最后20年间，美国金融系统去管制化的标志性事件。格林斯潘认为"为稳定市场而产生的监管工作只能产生很多障碍，提升无效的政府工具"。总的来看，包括以下几个方面的内容。

首先是利率市场化和自由化。"Q条例"限制了银行存款利率的上限，使得银行存款对投资者的吸引力下降，影响到存款性金融机构的生存和发展。1980年，美国国会通过了《解除存款机构管制与货币管理法案》，自此揭开了利率市场化的序幕。1980—1983年，美国政府开始默许金融业将亏损资产从资产负债表移开，促使银行表外资产的持续扩张。之后美国分阶段废除了"Q条例"，最终于1986年3月实现了利率市场化。

其次是允许金融机构之间的跨界竞争与合并。1994年的《里格—尼尔州际银行业务与分支机构效率法》取消了地理界限对银行并购的限制。1999年美国参众两院通过了《金融服务现代法》（*Financial Services Modernization Act of 1999*），从而正式废除了长期作为美国金融监管立法基础的《格拉斯—斯蒂格尔法案》，结束了美国商业银行、证券公司和保险公司分业经营的历史，允许并提倡商业银行、投资银行和保险公司合并成立金融控股公司，加强金融机构之间的竞争，标志着美国的金融业正式迈入混业经营的时代，从而掀起了银行业并购的高潮。

最后，联邦政府对金融衍生品市场的监管也被取消。2000年《大宗商品期货交易现代化法》规定场外交易（Over-The-Counter，OTC，或称柜台交易）不在监管当局的管辖范围之内。这一法案将影子银行使用的证券化和信用衍生品都被归为OTC交易，为影子银行带来福音，使OTC产品迅速崛起。《商品期货现代化法》将商品划分为三类：政府严格监管的农产品，有限监管的金融产品（利率、外汇、股指）以及除金融产品以外基本不监管的所有其他商品（主要是金属、能源商品）。另外，对在"电子交易设施"上进行的交易不做监管。

总之，在20世纪80—90年代的金融管制放松过程中，通过对存款和贷款利率上限的解除，使得金融业间的竞争变大并诱使更高风险交易的进行；放开了金融机构的地域和经营范围的限制，使得银行有条件通过并购和收购进行州际的扩张；通过《金融服务现代化法案》实现对《格拉斯—斯蒂格尔法案》的替代，为银行和保险公司之间的并购成为可能从而刺激了金融部门强强联合的势头。同时，由于金融政策管制的松弛，华尔街创造了大量数学化的金融工具，金融产品快速发展，金融监管不断放宽并已经难以及时跟随金融工具的复杂化做出相应的调整，随着20世纪80—90年代金融部门的急速膨胀，一些金融活动开始从处于政府监管下的市场和机构，转移到那些监管力度较低或者没有监管的影子市场，包括抵押贷款经纪人、对冲基金、私募股权基金、资产负债表外的结构性投资工具和激增的不透明的金融衍生品市场，特别是债务抵押债券和信用违约掉期。①

在这一时期，舆论也有利于去监管化。主张为金融部门松绑的声音，主要来自右翼的经济学家、银行家以及那些支持自由放任的政治家。

一部分金融经济学家为金融部门的去管制化提供了一些支持的理论。其中最具有代表性的是来自芝加哥大学经济学家尤金·法玛（Eugene Fama）在1970年提出的"有效市场假说"理论，这套理论的提出也是他在2013年获得诺贝尔经济学奖的重要原因。"有效市场假说"认为证券市场价格能够反映出所有与标的资产价值相关的信息，资产的价格将迅速收敛于它的价值。金融行业根据学术界提供的这一工具，站在自己的立场对有效市场假说做出了解释：在金融业看来，市场本身就具有为金融资产定价的能力，且对基础价值的偏离能够迅速修正。在相信任何复杂的证券行情都可以通过套利的市场机制精准定价的前提下，有效市场假说为金融部门创造各种复杂的包括金融衍生品在内的金融工具提供了理由。追逐风险和利益的金融人士通过这样一种理论，使他们的监管者与投资者认为，金融业

---

① ［美］艾麦德·莫萨：《大而不倒之谜》，周世愚、吴晓雪译，中国金融出版社2015年版，第31页。

所创造的各种工具的目的只有刺激经济的活力，而这种行为本身并不会造成对基础价值判断的扭曲，是一种既能获利又能有效地控制风险的办法。因此，持有"有效市场假说"理论观点的右翼经济学者，混同着那些渴望大干一场的银行家们，努力推广着他们的监管极简主义和"市场万能论"，对金融市场监督管制的放松起到了引导的作用。

除了"有效市场假说"，经济学界所构建的看似精致的模型也在诱导着政府政策的制定。1979年，美联储转向以货币供给为目标的政策，利率开始发生剧烈的波动，这也使得债券交易成了具有超高风险和超高潜在收益的行业。但是，在传统的宏观经济学模型中，金融机构的确处于一种无足轻重的位置，经济学通常仅把金融部门作为资金和债券的一个交易方来看待，而无视金融部门在决定宏观经济均衡时所扮演的角色。① 中央银行的独立性、涓滴效应、大缓和（the Great Moderation）、私有化以及个人退休账户等由经济学家创造的理论都在有意无意地弱化金融部门的作用，并在相当长的一段时间内对政策的走向产生了影响。然而，与那些已经出现或即将出现的复杂的金融工具和理论相配合，同样复杂的金融模型被金融学家发明出来，大学中的教授们希望通过那些金融计量模型的设计，使人们相信金融价格的走向可以被预测，风险可以控制。金融业是这些计量模型的重要顾客，他们一方面付费给这些学者，用来预测交易市场的未来；另一方面把这些理论转手兜售给政府和普通人。神秘的量化的金融学成果令金融机构获得了科学权威的背书，而重要的是，这些不断发展的经济学工具都在试图证明，经济中最可怕的事情莫过于政府通过监管管制等干预行为妨碍经济自身的运转。

支持自由放任的政策决定者则是金融去监管化的另一个重要推手。1981年，里根当选为美国第40任总统，他在就职演说中谈到"政府不是问题的解决途径，政府是问题本身"，这为后来对于金融业的放任，或者更宏观层

---

① Spaventa, L., "Economists, Economics and the Crisis", August 12, 2009, http://www.voxeu.org/index.php?q=node/3862.

面上,对于自由市场意识形态在20世纪80年代初期开始,对于美国经济的支配和主导地位已经定下了基调,监管极简主义和"市场万能论"倾向开始在这一时期中占据了上风,并在经济政策的制定中拥有了话语权。金融业高速发展,从克林顿和布什时代的去管制化中积蓄力量。配合着经济学家的理论配合,美国金融业创造出了一种"金融部门的繁荣意味着经济的繁荣"的图景,20世纪的后20年的美国以及西方世界的经济火热更是帮助了金融业确立了自身在经济领域的无与伦比的地位,而在这过程中,政治家们不但接受了金融业的这一形象,更是在无形之中,通过货币政策的导向和监管效力的变化,帮助金融部门实现崛起,并不断强化着金融业在经济活动中的正面形象。

三 金融压倒实业

第二次世界大战后的美国经济经历了一个脱实向虚的趋势,并在20世纪70年代起加速。所谓经济虚拟化,不是说美国制造业的绝对衰落与空洞化(事实上其制造业的增加值规模仍然在全球数一数二),而是在本国经济中的相对占比在持续减小,就业人数占比持续下降。这种金融压倒实体的经济虚拟化不仅表现在美国金融部门的利润率长期高于实体部门,而且更重要的是实体部门也都开始纷纷金融化:许多著名的实业大公司尽管仍然保持了增长,但是其业务利润的主要部门早已经是客户消费信贷或者投融资业务而不是生产和销售本身。美国经济如何从一个全球最大的制造业强国变成一个越来越虚拟化的经济体?

自20世纪80年代起美国金融部门的利润占比持续高于制造业部门,这导致资本从制造业退出向金融业转移。与之伴随的是制造业就业占总就业人口的比例从1946年的35%下降至2008年金融危机爆发时的8%。如图4—3所示。

(%)

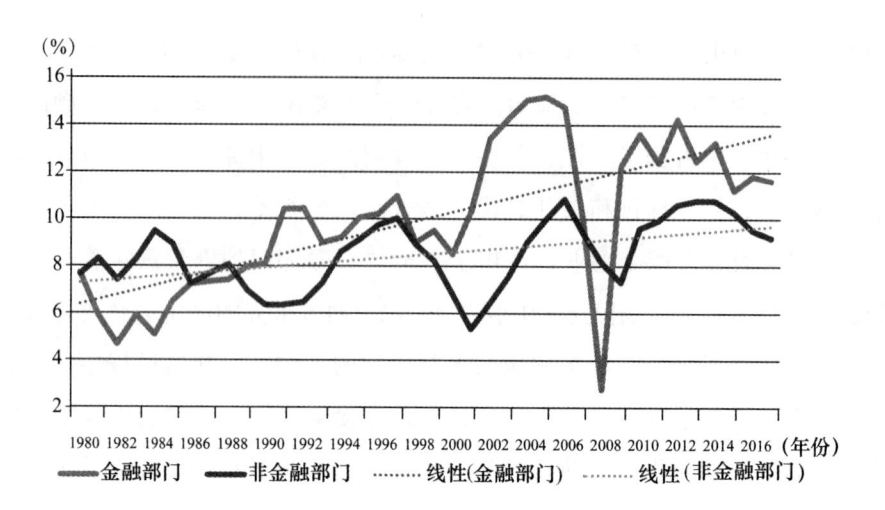

横轴:1980 1982 1984 1986 1988 1990 1992 1994 1996 1998 2000 2002 2004 2006 2008 2010 2012 2014 2016(年份)

—— 金融部门 —— 非金融部门 ······ 线性(金融部门) ······ 线性(非金融部门)

图4—3　金融部门和非金融部门利润占比（%相对于该部门GDP增加值）①

资料来源：Khatiwada S., "Did the Financial Sector Profit at the Expense of the Rest of the Economy? Evidence from the United States", International Institute for Labour Studies Discussion Paper DP/206/2010. Geneva：International Labour Organisation, 2010. 及美国经济分析局网站。

美国经济学界对于美国制造业就业占比下降的传统解释是技术进步导致了就业结构的变迁。但是当我们将亚洲经济体制造业的就业占比与美国数据放在一起的时候，便可以很清晰地看出制造外包是不可忽略的一个因素。事实上，欧洲的制造业就业占比虽有下降但并未如美国这般触目惊心，而技术进步在美国、欧洲和东亚是几乎同时发生的。美国制造业的相对萎缩，本人认为主要是美元作为全球储备货币带来的必然结果。正如特里芬悖论所说，美国之外的整个世界要想获得流动性，必须让美国存在综合了资本和贸易项目下的总逆差，而无论哪一种逆差都会导致去工业化。换一

---

① 笔者根据美国经济分析局数据自行整理计算并绘制上图，其中金融部门和非金融部门利润采用库存估值调整和资本消耗调整后的公司利润数据，金融部门增加值数据采用金融与保险和房地产的总和。

个角度来看,由于全球各国或多或少储备美元,导致美元的汇率长期被高估,或者说美国的最大出口项就是美元,它挤压了其他可贸易品,尤其是制造业的竞争力。为了降低成本以求生存,美国制造业企业必须将其生产环节转移到劳动力和其他要素相对便宜的东亚去(本书第三章的图3—4中体现出了各国就业变迁趋势)。相比而言,美元全球储备地位对华尔街金融业不但不是伤害,反而还是巨大的助力,因为他们拥有靠近全球货币发行主体的信息便利,也拥有公共部门对其系统性风险的实质性兜底。

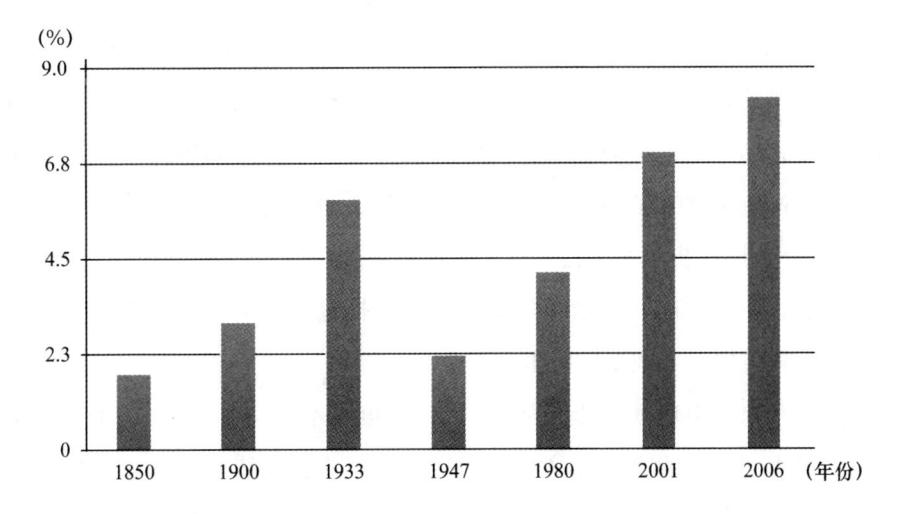

图4—4 美国金融部门在GDP中所占比例(1850—2006年)

资料来源:Philippon, T., "The Evolution of the US Financial Industry from 1860 to 2007", November 2008, New York University, http://people.stern.nyu.edu/tphilipp/papers/finsize_old.pdf。

如图4—4所示,早从第二次世界大战结束时起,美国金融业的发展速度在各经济部门中脱颖而出,金融部门在GDP中所占的比例不断增加。全美国真正从事金融投资业务的人员才50万人,2007年最高峰时也仅仅80万人,占全美3.2亿人口的比例极小,但是其利润占GDP之比与人数规模非常不成比例。

图4—4中展示了自19世纪中期以来美国金融业在GDP中所占的比例的变化情况。伴随着19世纪末铁路和早期重工业的金融化，以及20世纪初电力、汽车和制药行业的金融化，金融部门在经济中所占的份额有了明显的增长，在经历了大萧条后的1933年，其占GDP的比重略低于6%。其后，在第二次世界大战和战后恢复的初期阶段，金融部门比重持续下降，1947年所占的比例到达2.5%的历史低点。直到20世纪80年代的到来：信息技术的金融化、公司对于金融服务的需求，以及最重要的——金融的去管制化时代的到来，金融业在经济中的所占的比例极速增长，到2006年其比例已经达到了8.3%。

严格说来，金融市场的发展与制造业的发展之间并非相互排斥的关系。制造业的发展离不开金融业的支持，但是美式资本主义的独特性塑造了美国产业今天的面貌：不断创新，却难守成。正如笔者的同事查尔斯·韦斯（Charles Weiss）教授在其专著中指出的那样，美国的产业界呈现出"大篷车心态"：如同历史上美国白人移民的足迹一般，他们进入一个新产业获得一定发展，一旦发现利润趋于降低，他们就打包上路向更远的西部去开发新天地，换言之，寻找新的技术和产业[①]。

这种现象的出现，笔者认为与美式"季度资本主义"有关。[②] 美式资本主义同日本、欧洲的市场经济存在明显差异，前者更依赖资本市场尤其是股票市场为企业融资，企业的管理层不断地屈服于资产管理公司要求短期盈利的压力；而后者主要依靠银行等间接融资手段，公司管理层相对隔离于资本市场压力之外。

---

① William Bonvillian and Charles Weiss, *Technological Innovation in Legacy Sectors*, Oxford: Oxford University Press, 2015, pp. 240–255.

② 季度资本主义的现象，源自资本市场的股权从家族大股东转移到各类基金和资产管理人，后者的持股周期越来越短，基金经理人和企业经理人的收入都与公司和资产组合的市值表现紧密挂钩。纽交所的股票年周转率从1980年的36%上升到2000年的88%，而2006年更上升到110%，机构投资人越来越没有耐心，企业高管被更换的频率也越来越高，说明季度资本主义的核心特征便是投机为王。

科技创新始于技术、长于资本、成于市场，可见资本支持在其中的重要作用。传统竞争性行业技术已经比较稳定，投资者容易获得真实信息并对其价值达成共识。对于这类企业由一两家金融机构的资深经理人去核实企业信息是有效的，金融与实体之间是稳定的重复博弈，合作比较稳定可预期，所以从金融资源配置的整体效率上看，银行等金融中介机构的信贷融资往往优于资本市场的股权融资。但是在创新行业中，生产技术路径、要素组合模式、业务盈利模式都是在快速突变之中，信息严重不对称，不确定性也很大，资本提供方之间的分歧会很大，由金融市场上的众多投资者全方位核实分析乃至对赌企业的价值是更合理的制度安排，所以资本市场（包括一级市场和二级市场）的功能此时优于银行。这意味着美式资本主义更加适合创新企业的发展，因为它们需要大量的风险投资和股权资本的支持。但是对于进入成熟期的企业而言，以资本市场为核心的美式资本主义似乎与之并不合拍，反而是间接融资体系更加有优势。

季度资本主义的弊病之一，是上市公司不断地需要按季度向资本市场报告好消息，企业家管理层的收入和职业前途很大程度上与股票市值挂钩。这种制度安排非常不利于大型和高端制造业，因为这些产业往往需要做长期的投资和战略布局。劳伦斯·米切尔（Lawrence Mitchell）曾在2005年做了一项对400位首席财务官的调差，发现80%的人愿意减少可自由支配的用于研发、广告、维修以及招聘等领域的开支，以此满足短期收入目标；而有50%以上的人说他们将延迟新项目，即使这意味着牺牲未来长期的新收益。[①]

本书写作之际，美国波音公司的国际客户在半年之内掉了两架737-8Max飞机，专业人士发现其事故源自机型设计的结构性缺陷：同一个737老旧机型已经使用了50年，波音公司不断将其拉长扩大，出现各类问题后反复修补。那么为什么不重新开发？答案是完全开发新机型的投入巨大，会影响季度和

---

① [美]劳伦斯·米切尔：《美国的反省：金融如何压倒实业 金融的力量改变了什么》，钱峰译，东方出版社2011年版。

年度报表。但是这种短期化行为的最终后果是安全可靠性受损和企业声誉的毁灭，其企业面临巨额赔偿和竞争力丧失。相比之下，以德国为代表的欧洲制造业保持了许多不上市的百年家族企业，他们往往是细分行业的隐形冠军，在专业工艺和管理营销上都保持了绝对优势，不会为了短期利润最大化而做伤害自身价值基础的傻事。中国的某些优秀企业，比如华为和老干妈，一个是高科技，一个是传统食品产业，都选择不上市，从而可以获得更大的经营自主性，按照产业自身的规律去经营发展。可见资本逻辑与产业逻辑之间的差异性对于实体行业会产生巨大影响，以股票市值为指挥棒的美式季度资本主义可能更有利于开拓新产业却不利于守住实业界的已有产业成果。

四 "大到不能倒"（too big to fail）

从20世纪30年代伴随"大萧条"而来的金融管制到监管开始放松的80—90年代，金融业自身被分割成相互独立的若干部分，从最主要的商业银行和投资银行，到消费和信贷银行和保险业，这些独立的行业分别进行各自的经营业务。但是，随着20世纪80—90年代的若干法案的通过，金融业的内部界限和它同其他经济领域的界限变得模糊起来，金融业的参与主体也变得更加广泛。长期以来，1933年《格拉斯—斯蒂格尔法案》确定的银行分业经营的原则，防止了商业银行与投资银行之间潜在的利益冲突，避免了掌握贷款公司相关财务情况的银行参与到证券的内部交易之中。1999年通过的《格雷姆—里奇—比利雷法案》，即《金融服务现代化法案》解除了相关的管制，它使得银行和保险公司之间的并购成为可能，银行在事实上可以通过子公司来参与金融活动。此外，此前金融业面临的地理上的管制也被解除。1927年《麦克法登法》（*The McFadden Act*）和1956年的《道格拉斯修正案》，禁止了银行跨州建立分支和银行收购，地理上的界限有效地限制了单一银行对相关业务的全国性垄断。而1994年的《里格—尼尔州际银行业务与分支机构效率法》取消了上述的并购限制，并允许商业银行在全国范围内建立分支机构，许多地区性银行发展成为国家级银行。为了抢占更多的市场和利益，金融部门开启了强强联合的行动，金融领域走向寡头市场，并引发了20世纪90年代银行的"倒闭潮"。表4—2中比较的是1982年和2001年美国总资产排名前十的银行控股公司，可以发现，跨洲银行的合并，使得纽约失去了原本在金融领域的绝对统治地位，而排名前列的银行所持资产比例十分惊人，显然完成了相当大规模资本的吸收，其中甚至吸收了来自家庭储蓄的资本，个人储蓄和退休金开始流向权益共同基金市场。尽管那些成长为"全能银行"的超级金融巨头，并没有表现得比过去更好，但是令银行走向合并和混业经营的金融去管制化行动，仍在相当长一段时间里，被认为是克服了过多监管带来的种种弊端，增加了幸存银行的风险抵抗能力，并为美国的经济注入了活力。

表4—2　1982年与2018年美国资产前10名的银行控股公司变化情况

排名	1982年			2018年		
	名称	总部	资产（十亿美元）	名称	总部	资产（十亿美元）
1	美国银行	旧金山	121	摩根大通	纽约	2219
2	花旗集团	纽约	119	美国银行	旧金山	1783
3	大通曼哈顿	纽约	78	富国银行	旧金山	1689
4	汉华实业银行	纽约	59	花旗集团	纽约	1407
5	摩根大通	纽约	53	美国合众银行	明尼阿波利斯	459
6	大陆伊利诺银行	芝加哥	46	PNC金融服务集团	匹兹堡	371
7	纽约化学银行	纽约	45	第一资本金融公司	麦克莱恩市	305
8	第一州际银行	洛杉矶	37	道明银行美国控股公司	多伦多	303
9	美国信孚银行	纽约	34	纽约梅隆银行	纽约	286
10	芝加哥第一银行	芝加哥	33	道富银行	波士顿	242

资料来源：1982年：*Moody's Bank and Financial Mannual*, 1982；2018年：Federal Reserve "Large Commercial Banks," December 31, 2018, https://www.federalreserve.gov/releases/lbr/。

同样的趋势也是社会性的，美国企业的领导者在制定企业策略时开始更加关注如何在充满敌意的环境中保护企业的未来。① 他们更加关注能否在市场份额、股票价格、投资回报率和个人财富的竞争中获得成就。1982年里根政府为企业的大规模并购提供了契机，公平委员会的反托拉斯部门引发了新的并购指引，降低了行业内的并购门槛，同年，最高法院对 Edgar V. MITE 一案的裁决打击了州一级反垄断法的相关规定。里根政府时期，美国的公共委员会、证券交易委员会、预算管理办公室和总统经济顾问委员会的人数均大幅增加，而其中的大多数人热情地支持没有约束的并购市场。从20世纪80年代开始的并购浪潮，使得近1/3的美国大型公司作为独立实体消失了。1997—2007年，只有一起并购申请被否决，在这样的背景下，对于公司的管理层来说，创造股东价值成为公司经营的最重要目的，而对于股东价值重要性达成的共识，成了美国制造业转型，以及金融作用放大的重要原因。信用好的企业发觉他们可以在金融市场上以较低成本进行融资，而一家企业的市场估值将对公司的边界和战略的选择形成最重要的影响，因此，公司最关注的就是自身在股票市场上的表现。精明的管理者开始寻求与金融精英的合作，并在公司的董事、监管管理层、金融分析师、银行家、立法机构以及议员之间形成了庞大的社会网络。共享式董事流行了起来，2001年，在美国最大的1000家公司中，平均每两家公司就会共享一名董事。② 制造业、房地产业、科技业、医药业都渴望仰仗金融业实现自我利益的最大化，经济走向了高度的虚拟化，各个行业都成为金融系统的一个工具，行为被金融的利益所支配，这也便不难理解为何金融业能够在

---

① ［美］罗伯特·J.萨缪尔森：《大通胀：美国财富的过去与未来》，鲁刚伟等译，中信出版社2012年版，第159页。

② ［美］杰拉尔德·F.戴维斯：《金融改变一个国家》，李建军等译，机械工业出版社2011年版，第85—90页。

20世纪80年代以后成为美国经济的中心了。

　　监管的放松和随之而来的金融业的崛起，在美联储、政治家、银行等多方的努力下，"大而不能倒"（too big to fail）的时代到来了。大而不倒的学说最先由"重要性原则"和"银行多米诺"发展而来。[①] 重要性原则授权联邦存款保险公司为投保的破产的银行提供援助，如果它的继续运营能够有效地为社区提供完整的银行服务，这一原则在1971年被首次用于波士顿的统一银行（Unity Bank）的财政救助上。而银行多米诺理论是在联邦存款保险公司救助宾夕法尼亚第一银行时提出，一个对此理论生动的描述是"如果宾夕法尼亚第一银行破产了，它与其他银行的商业关系会把他们卷入其中，从而引发信任危机，使银行像滚雪球一样不可收拾"。使大而不倒成为公众关注的焦点的是1984年7月里根政府对伊利诺伊大陆银行的救助，白宫接受了美联储和联邦存款保险公司的建议，认为如果不将其国有化并接管其不良贷款，将会有严重的金融系统性风险。此后，大而不倒的原则从商业银行开始拓展到其他金融机构，1998年对美国长期资本管理公司的救助成为里程碑式的事件，美联储的干预使得所有人都相信，政府不会让任何一家投资银行破产，而一定会向银行业提供安全网、防止银行业出现恐慌，并鼓励银行在经济出现困境时继续贷款。在2008年金融危机期间，美国国际集团（AIG）陷入危机。作为世界保险和金融服务的领导者，业务涉及全世界130多个国家的财产、人寿保险、退休金管理服务、金融服务及资产管理业，一旦破产，美国的金融体系，甚至整个经济体系都无力承受。财长亨利·保尔森在危机发生后，与时任高盛CEO的布兰克芬紧急会面，建议美国政府出手搭救AIG，授权美联储为美国国际集团提供850亿美元的贷款。"大而不能倒"本是政府为了维持金融系统稳定性而催生的一种现象，为大型的金融机构的地位确立提供了支持，但是也衍生出了相当程度

[①] ［美］艾麦德·莫萨：《大而不倒之谜》，周世愚等译，中国金融出版社2015年版，第32—33页。

的道德风险。政府的安全网弱化了金融业的市场纪律，因为在这种情况下，储户知道他们的利益在银行倒闭时不会受到损失，银行业也受到风险激励，因为当选择高风险，如果贷款获得偿还，银行则获得超额利润，但是如果贷款不能被偿还，纳税人将承担损失，因而银行愿意承担过度的风险。[①] 这会滋生掠夺性借贷现象。这使得美国金融业在蓬勃发展的同时，也加剧了美国金融领域的市场失灵。尽管在1991年出台的《联邦存款保险公司改进法案》试图修补漏洞，但其作用和效果微乎其微，许多学者对于1980年的监管放松和银行的大而不倒提出了质疑。斯特恩和费尔德曼就在2004年的著作里提出了他们观察到的大而不倒问题恶化的理由：银行的并购使得银行更为巨大，与政治的联系更为密切，一旦濒临破产就会更加强烈地要求财政救助，而合并后的大型银行会努力以破产会导致系统性风险为由索取大而不倒的地位，但小型银行因为技术的发展加强了相互的联系而免于破产，同时，技术进步使得银行越发依赖资本市场的融资运作，使得其本身变得更加脆弱，随着金融工具的制造，银行业变得复杂，很难放任某一家机构的破产。因此，去监管在大而不倒形成中作用无疑巨大。[②]

总之，在20世纪的最后20年里，美国金融领域发生巨大的变化。政府的监管规则影响国内既得利益集团的利益，特别是来自华尔街的金融利益集团的经济利益，但同时也受到国内利益集团对改变金融监管制度的左右。这体现了权力与财富的分配关系是相互影响和相互作用的。以美国为代表的西方发达国家，开启了金融自由化改革的进程。包括金融机构、学术界、企业和政府在内的参与方，共同推动和见证了金融部门是如何在此期间快速崛起并成长为一个庞然大物，金融业也成为未来数十年国家经济的中心。

---

① ［美］弗雷德里克·米什金：《下一轮伟大的全球化》，姜世明译，中信出版社2007年版，第55—56页。

② Stern, G. H. and Feldman, L. J., *Too Big to Fail: The Hazards of Bank Bailouts*, Washington, D. C.: Brookings Institution Press, 2004.

◇ 第二节　全球化的兴衰：从新自由主义到民粹主义

一　美式全球化的兴起与突变

全球化有广义和狭义之分。所谓广义全球化，是指自地理大发现以来500年间，人类命运共同体缓慢酝酿、悄然成型的历史大趋势，即人类借助航海航空和通信技术的发展，突破高山、大漠和海洋所构成的地理阻隔，通过贸易、战争、思想传播等方式，在经济技术乃至观念和生活方式等不同领域越来越相互依赖、融为一体。社会科学界常说的全球化则多指狭义的、美国式的全球化，指的是1979年之后美国（以及在较小意义上英国和其他西欧国家）领导的一轮全球开放性浪潮，它在经济领域表现为商品与资本跨境流动的增长和价格趋同；从政治上看则表现为美国权势及其政治经济体制借助多边治理体系和单边政策推动而实现的全球性扩散；在思想文化和社会生活领域，则表现为新自由主义意识形态以及美国生活方式的流行于世。500年的长期趋势由一系列前进和后退浪潮组成：多数时候悄然渐进，在某些因素的合力驱动下偶尔会高歌猛进，但也有时候会出现急剧的回潮。在1979年以来的美式全球化狂飙突进30年之后，当下的逆全球化现象其实是对此前激进趋势的合理回调和修正。所以，美式全球化的退潮本身其实是全球化大历史的自然而必要的组成部分。[①]

1979年之后，在金融部门利益和新自由主义意识形态的驱动之下，英美

---

① 学界围绕全球化的可逆与不可逆问题展开的争论，在很大程度上是由于没有准确地定义和区分广义全球化和狭义全球化。广义全球化趋势当然是不可逆的，因为全球不同文明和地区之间的贸易、分工、交流和借鉴具有内在的必然性。但是这种历史演进轨迹显然是曲折向前的，每一次大起大落便是一次狭义全球化和逆全球化。狭义全球化是可逆的，特定时期由特定文明和霸权所主导的要素流动、市场开放以及价格、观念和体制的趋同过程，表现出明显的波动周期。

两国携手开放国内市场，向全世界推广新自由主义全球化，带动了全球市场体系的扩张、深化与分层。改革开放的中国和剧变瓦解的苏东阵营先后加入这个浪潮中来，并在这个急剧扩张的市场体系中寻找自己的发展道路和合意地位。这个过程中，全球贸易量、跨境资本流动、全球总产出都有持续的上升，各国通胀和利率水平普遍呈持续下降趋势（见图4—5），与之伴随的是美国资本、美国品牌、美式自由民主体制以及美国语言文化和生活方式的流行于世。但是2008年之后的十年间，与全球化趋势相关的一系列量化指标，包括跨境资本和信贷、全球贸易对经济增长的拉动作用等，都出现了不同程度的回调。瑞士全球化研究机构KOF长期追踪和计算的全球化指数在2008年之后出现了停滞趋势。逆全球化问题逐步成为全球知识界关注和辩论的重要时代性问题。尤其2016年以来，随着英国脱欧公投的通过、特朗普的当选以及欧洲民粹主义势力的抬头，美欧国家纷纷表现出明确的逆全球化趋势，并在对外贸易、汇率、技术转移、跨国并购、市场经济地位、知识产权、气候治理、移民等问题上变得越来越保守、排外和对抗，从而给中国的对外关系发展乃至中华民族的伟大复兴带来显而易见的风险和挑战。

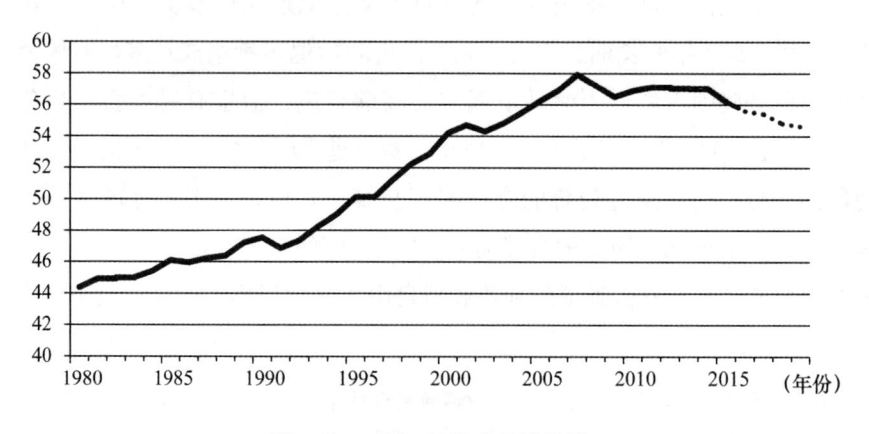

图4—5 KOF经济全球化指数

资料来源：Gygli, Savina, Florian Haelg and Jan-Egbert Sturm, "The KOF Globalisation Index – Revisited", KOF Working Paper, No. 439, 2018. 虚线为笔者所续。

尤其令学界和政策界关注的问题在于：长期以来倡导并引领全球化的美英等国为何会转身背弃全球化？当前甚嚣尘上的逆全球化将是一种暂时现象还是长期趋势？对这两个问题的回答不仅有助于完善和丰富学界对全球化现象的理论解释，而且直接服务于新时代中国特色社会主义建设和新一轮开放的理论探索和政策实践。

笔者认为，探讨全球化和逆全球化现象，应当注意以下两点。

首先，作为社会科学研究的对象，全球化的兴衰起伏是一种客观现象和历史趋势，而不作为某种需要对抗或者捍卫的"价值"或者信仰。曾几何时，部分中国知识分子如同众多发展中国家的同行一样，把全球化当作西方的阴谋和洪水猛兽，但后来的事实证明中国完全能够通过适当的政策组合加入其中，并成为全球化时代的主要获益者之一；今天，某些西方国家开始出现逆全球化政策趋势，部分中国知识分子则非常急切地主张捍卫全球化，他们的态度和情感尽管同前者截然不同，但是思想方式相似，即受价值观驱动而不以事实和数据为基础，冷静深入地分析全球化和逆全球化现象背后的作用机制。

其次，应该融合政治、经济、国际关系、思想史等多学科的视角来寻求对全球化问题的整体性、系统性理解。还原论影响下的学科分野容易引发对复杂研究对象的单因素解释，从而导致片面乃至误读。全球化本身既是一种可观察可计量的经济现象，又在政治和国际关系领域有其复杂机理和动能，并且对各国社会生活和思潮产生深远影响。对于这样一个宏大而复杂的研究对象，应当尊重其议题的多学科性，努力融合不同学科视角的理论智慧和分析工具予以整体性解读。经济视角的分析已经相当充分，本节重点从政治和意识形态角度探讨全球化浪潮背后的力量消长。

二　新自由主义的流行与证伪

在思想文化领域，自 1979 年开始的全球化与新自由主义的兴起和扩散直接相关。20世纪70年代的滞胀与危机冲击了原有的西方主流经济学理论凯恩斯学派，新自由主义趁势崛起。智利把经济政策托付给了深受弥尔顿·弗里德曼影响的芝加哥学派；右翼撒切尔夫人和里根政府分别于1979年和1980年在英美执政，标志着新自由主义正式获得全球思想界的标志性地位。苏联东欧阵营的崩盘进一步强化了新自由主义的全球化地位，因为政治对手的失败无形中论证了它的正确，撒切尔夫人甚至喊出了"（除此之外）别无选择"（There is No Alternative，TINA）的口号。

新自由主义的思想源头可以上溯到亚当·斯密、新古典经济学、奥地利学派对凯恩斯主义和苏联式社会主义的批评、货币主义及其供给学派的后续理论。它像传统自由主义一样重视市场的作用，但相比于传统自由主义，它更强调金融业在全球资源配置中的作用。如果说传统的自由主义存在"重物轻人"的倾向的话，那么新自由主义的特点就是看重货币资本胜于看重物和人。它把市场描述成最佳的、自我调适的社会结构，而市场的全球化将会把各种福音带向世界各个角落；对于凯恩斯主义关于"市场失灵"的指责，它强调政府不但也会失灵而且更糟、更低效腐败；世界之所以为贫困、失业和周期性危机所困，它归因于工会、政府和福利体系给市场带来了诸多扭曲与限制。全球化需要在全世界创造"市场友好型"社会结构与制度：通过削减工会力量，削减社会保障和福利和税收，把国企私有化，缩小政府并减少政府干预，尤其是放松对资本金融体系的管制，开放商品和资本市场，以及放弃对充分就业的执念。在发展政策方面，美国财政部和国际货币基金组织向全球发展中国家推销一套著名的"华盛顿共识"，除前述内容之外，还特别提倡发展中国家为稳定经济而削减公共开支，减少给穷人补贴，放松国内市场管制，向外国的产业和金融资本开放市场，倡导出口导向的增长。

新自由主义是一种以经济学术面目出现的意识形态和政治理念。它代表的是美国华尔街和英国金融城的金融资本的利益和主张，并借助盎格鲁—撒克森民族的国际权势重新切割世界经济大蛋糕。"新自由主义实际上提出了一种新的资本主义运作规则,一种有利于中心统治边缘和资本统治劳动的新规则,即在中心与边缘、资本与劳动、市场与政府关系方面有助于前者驾驭后者。"①

新自由主义的治理药方在世界各地被广泛传播和应用,其传播方式是多样而高效的。最常见的是通过双边和多边的经济外交而被植入众多发展中国家的改革议程中,尤其是当拉美、东亚和原苏联东欧地区在遭受危机之后求助于国际货币基金组织之时,体现新自由主义信条的结构调整便成为它们获得国际货币基金组织信贷支持的必要条件。但更重要也更为隐蔽的是人员和知识的流动与渗透。众多从美国名校的经济学专业拿到博士学位的知识分子,在国际货币基金组织、世界银行或华尔街工作之后,回到各自祖国,要么成为各国政府的核心政策顾问或内阁要员,要么成为知名教授和意见领袖。他们带来的分析方法、数据、概念、主张,在科学主义包装之下占领了多数发展中国家的主流思想阵地,从而让这些国家心甘情愿地实践了新自由主义所主张的那些政策建议。

新自由主义的实践或者说试验,先是在广大发展中国家,然后在发达国家自身内部遭到了显而易见的失败。俄罗斯和东欧国家在接受了结构调整之后,经济大幅动荡,资本大量外逃,货币暴贬,贫富分化加剧,社会道德和秩序崩溃,俄罗斯在借助2001年之后的能源大牛市之力才得以暂时稳住阵脚,而东欧国家则因为地区一体化而沦为西欧的经济附庸;南非、拉美和部分东南亚国家在制造业上被中国超越,与俄罗斯一起成为中国重要的原料供应国。私有化铁路和其他公共设施并未给英国和拉美带来新自由主义理论许诺的好处,故而许多国家陷入公有—私有—再收归国有的摇摆和循环之中。

---

① 陈刚:《译序:必须另有选择》,载阿尔佛雷多·萨德-费洛等编《新自由主义批判读本》,陈刚等译,江苏人民出版社2006年版,第4页。

对新自由主义打击最大的力量还是来源于美国自身的次贷危机和由此引发的全球金融危机。对金融市场的放任，对监管的松懈，或者更糟糕的是，监管者被金融利益俘获，才埋下了危机的根源。西蒙·约翰逊曾任国际货币基金组织首席经济学家，他观察过大量身陷金融货币麻烦的发展中国家，深知各种不同表现的经济危机背后都有一群权势通天、胡作非为、绑架政策最终惹出大祸的政治寡头。他写道，"如果你把金融机构的名称覆盖掉，把（2008年金融危机的）报告拿给基金组织的专家看，他会不假思索地告诉你，先同那些惹祸的寡头切割清楚，让他们成为牺牲品，然后我才会给你贷款"。[①] 但这次惹祸的不是发展中国家的皇亲国戚，而是美国华尔街的金融机构，以及不久后欧洲被传染发病的大银行。信奉新自由主义理念的华盛顿专家们、政客们为美欧拿出了何种解决方案？当然不是在"结构"上动手术、切除毒瘤，而是货币的量化宽松（QE）、政府拯救（bailout）。通过政府买入企业坏账而稳住经济，再通过大量印钞把利率压到零乃至负数，使广大发展中国家、外汇储备国和老年储户一起分摊他们的调整代价，并试图通过贸易保护主义和再工业化来走出危机，而制造了弥天大祸的华尔街金融寡头们则被轻轻放下、无人受惩，反而在低息和量化宽松的保护下很快恢复元气。曾经作为新自由主义口号的"小政府""央行独立性""财政纪律"都被悄悄束之高阁。这种言行之反差令全世界发展中国家，尤其是曾接受过"结构调整"的发展中国家瞠目结舌。打个比方，当你生病的时候，热心而自信的医生告诉你应当勇敢坚强地不打麻药直接手术切除患病部位，而当医生自己患上同样病症的时候，他却坚决选择了保守疗法，喝起汤药和营养液，拒绝任何手术。新自由主义的信用破产正是美欧统治精英自身言行不一的直接结果。

新自由主义衰落，归根结底源于其自身的理论缺陷。关于新自由主义

---

① Simon Johnson, "The Quiet Coup", *The Atlantic Monthly*, Vol. 303, No. 4, 2009, pp. 46–57.

的理论反驳已经汗牛充栋,在此不再一一赘述。总结起来,这一思潮正如斯蒂格利茨所指出的那样,夸大了金融资本相对于人力资本和社会资本的重要性,① 而且笔者认为更重要的是割裂甚至倒颠了政府与市场的关系。正如20世纪著名政治经济学者卡尔·波兰尼所指出的那样,源于米塞斯与哈耶克师徒所宣扬的一种脱离于社会其他结构(宗教、法律、政治)的经济系统是神话;任何经济市场交易,或明或暗都是嵌入或者说从属于特定政治、宗教和社会关系中的。②

中国的成功,在后危机时代往往被作为证伪新自由主义的重要例证。相对于那些轻信华盛顿共识的发展中国家,中国的改革是实践导向的、自主的、渐进的探索,它植根于中国自身的政治、经济、文化、人口、资源等国情现实,因而在许多方面同新自由主义传教士们所建议的大不相同。中国的道路也重视市场,但保留了一定程度的政府干预、管制和规划;重视开放,但确保了金融业和传媒业的自主;吸收外商直接投资,但审慎接收短期金融资本流入;重视比较优势的出口导向,更时刻想着产业升级和进口替代;鼓励民企发展,但保留乃至壮大了国有企业。整个体系中,唯独这个特立独行的"学生"取得了好成绩,因而在强烈的事实对比面前,全球发展中国家的知识分子和政治家都想知道中国经验、中国道路究竟可以如何借鉴到他们自身的国家发展中去。

从1979年兴起到2008年衰败,新自由主义兴盛了近30年,放在全球思想史的大背景中,这不过是又一个轮回而已。在左与右或者说政府和市场之间,全球的思想风潮已经经历了多轮摆动。在第二次世界大战之前,流行的是放任自由的理念,1929年的大萧条之所以危害巨大迁延日久,与

---

① [美] 斯蒂格利茨:《让全球化造福全球》,雷达、朱丹、李有根译,中国人民大学出版社2013年版,第14页。

② [匈牙利] 卡尔·波兰尼:《大转型:我们时代的政治与经济起源》,冯钢、刘阳译,浙江人民出版社2007年版。

这种放任主义政策应对不无关系；大致到1940年之后，全球思潮左转，东欧和众多发展中国家学习苏联模式，而西方国家则信奉凯恩斯主义，前者搞计划经济，后者主张更多政府干预、更强财政政策，用福利体系减少贫富差距以扩大总需求；20世纪70年代之后则是新自由主义的兴起。如果说整个20世纪就是在国家与市场之间来回摆动的话，我们今天处于背离市场、回归政府力量的又一周期的前段。在这样的时代思潮背景之下，就不难理解国际政治中的一些新现象，比如在美国，一些年轻人开始把社会主义当作褒义词，跟着桑德斯这样的政治人物一起批判华尔街资本主义。这在第二次世界大战后的美国政治传统中几乎是不可想象的。

三 贫富分化与民粹崛起

新自由主义全球化进程带来了严重的再分配效应，最大得益者是华尔街，而最大受损者则是美国和欧洲的中产阶级尤其是蓝领中产阶级。① 根据美国皮尤中心发布的研究显示，截至2015年初，美国低收入和高收入阶层人数总共为1.213亿，超过了1.208亿中产阶级人口规模，2015年中产阶级占美国成年人口的比例只有50%，远低于1971年（61%）。中产阶级家庭收入占美国家庭总收入的比重从1970年的62%大幅降至2014年的43%，而同期富裕家庭占美国家庭总收入的比重从29%升至49%。上述数据说明

---

① 但是，上述政策明显不利于美国本土制造业，尤其不利于美国工会势力。制造业和工会为何会在20世纪80年代束手就擒，听任政策趋势不利于己呢？根据国务院发展研究中心丁一凡教授与美国政策界资深人士交流获悉，20世纪70年代美国国内政治仍然处于非常混乱动荡的年代，工会与学生为核心的左翼势力兴风作浪。美国政界逐步形成共识，通过一系列经济社会手段削弱左翼势力是美国政治稳定的必须。于是产业转移至东亚有利于对工会势力实施釜底抽薪之计，而产业资本则因此强化了对工会的谈判地位，获得更好的资本收益率。时至今日，美国仍存在若干大型制造业企业，但是他们的主要利润来源早已不是制造或研发，而是消费金融。

中产阶级萎缩已成为美国社会阶级结构变迁的重要特征。①

图4—6说明，在全球化时代美国中产阶级的规模持续萎缩，所谓"枣核型社会结构"早已成为陈年往事，从21世纪开始，美国家庭收入的中位数也在下降之中。

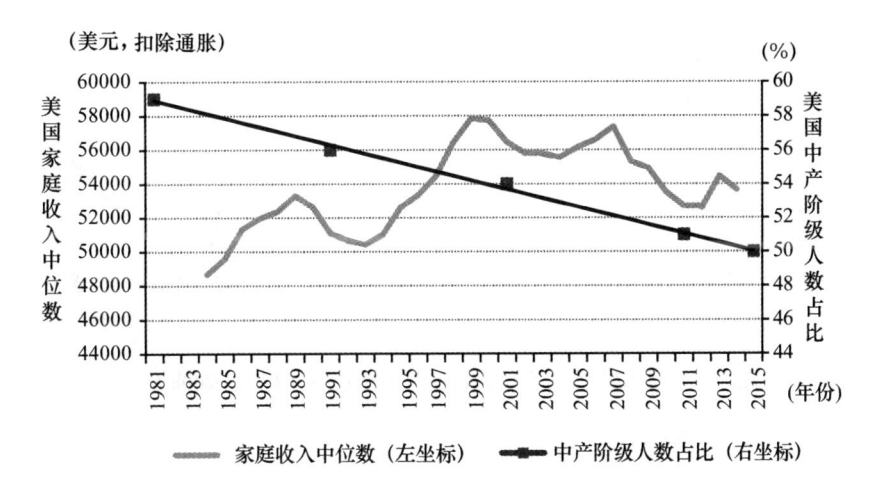

图4—6 美国中产阶级成为全球化的相对输家

资料来源：美国人口普查局，皮尤研究中心。

全球化的再分配效应不仅仅发生在美国国内，在全球层面上也很明显。按照原美国财政部副部长伯格斯坦等人的研究，通过一系列自由贸易协定，每输出一个制造业岗位，美国GDP就可以增长150万美元。② 而在20世纪90年代的美国自由主义经济学者们曾反复论证说，制造业就业减少90%的

---

① 高攀：《当美国总统大选遭遇中产阶级"空心化"》，http://www.chinanews.com/gj/2016/05-17/7873646.shtml。

② 参见其在彼得森国际经济研究所的关于中美自由贸易和投资协定的相关演讲，https://piie.com/events/bridging-pacific-toward-free-trade-and-investment-between-china-and-united-states。

因素是由于技术进步而非对外贸易，这种说法直到近年才有转变。

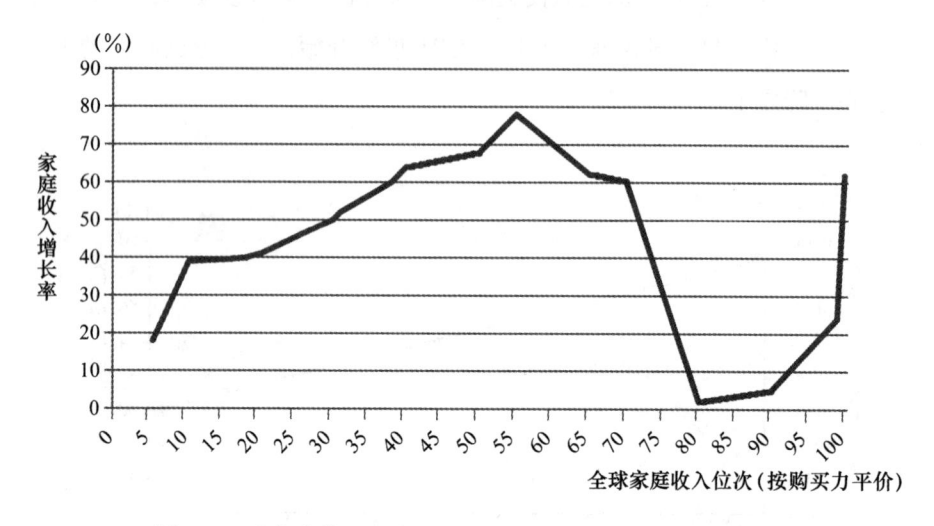

图4—7　大象曲线：全球人口的收入增长率（1988—2008年）

资料来源："经济学人"网站。

不同要素的跨境流动能力是不同的：资本受到越来越多信奉新自由主义的政府的欢迎，而劳动者很容易被拒于国门之外，所以资本相对于劳动的谈判地位因全球化而获得优势。整体上，全球化使得南北国家间的发展水平差距有所缩小，但是各国内部的贫富差距在加大。资本和产业的流动，使原本存在于国家间的收入差距逐步内化到各国社会内部。发展中国家的商业和政治精英所能获取的财富量向发达国家的精英靠拢，而欧美发达国家的部分下层民众由于失业而向发展中国家的中下层靠拢。近年风行国际政治经济学界的大象曲线是由克里斯托夫·雷克纳（Christoph Lakner）与布兰科·米拉诺维奇（Branko Milanovic）所绘，它非常直观地告诉读者，美国中产阶级的收入中位数在扣除掉通胀之后是下降的，他们是全球化时代的输家。①

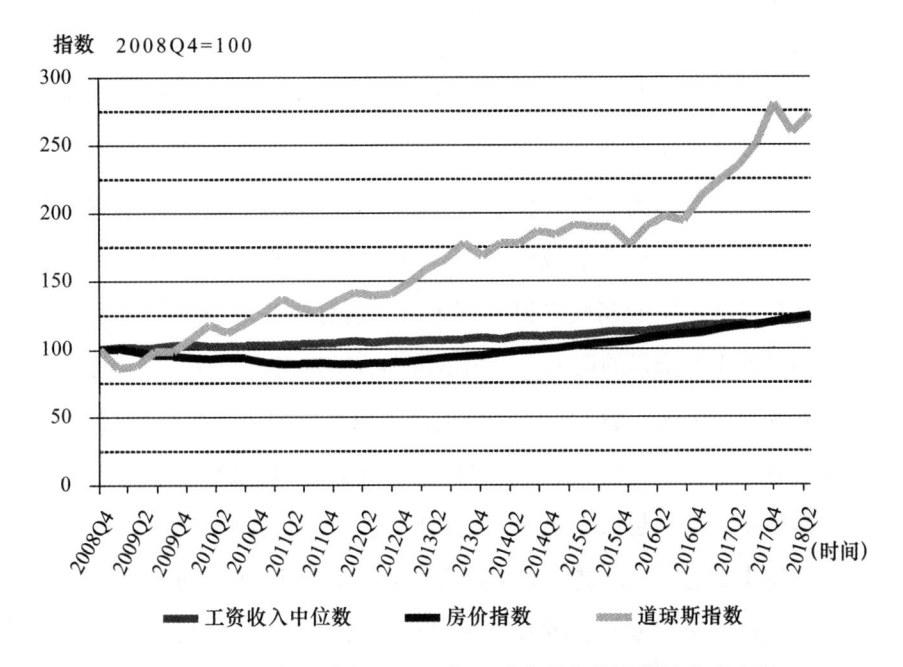

指数　2008Q4=100

图例：工资收入中位数　房价指数　道琼斯指数

图4—8　2008年四季度至2018年二季度以来美国的财富再分配

资料来源：笔者根据Wind数据库制作。

贫富分化的趋势已经出现了很多年，但是为什么会在2016年前后出现如此剧烈的加速发酵呢？笔者认为这与后金融危机时代的"救市"方式有关，具体来说，就是为了应对金融危机，美联储的有额外印出来的钞票都

---

① 大象曲线是关于全球化利益分配格局剖析的曲线，浓缩了全球范围内大量家庭调查结果，将1988—2008年的世界人口分别按照从最贫困的10%到最富裕的1%排列。在每个等级，这一图表都反映出这两个年份之间的收入增长。由于这条曲线是先上行，再向下滑，然后又往上走，轮廓酷似扬起鼻子的大象，因此被人们称为"大象曲线"。英国研究机构Resolution Foundation的报告认为大象曲线存在明显疏误，比如忽略了不同时期赤贫人口的一致性等。为应对批评，作者们修正了该曲线。修正后的仍然显示美国中产阶级是全球化时代的相对受损者，而中国这样的经济体是大赢家。

装进了富人的口袋中，进一步拉大了原本已经严重的贫富分化。2009年之后，美、欧、英、日四大央行都先后抛开了正常的货币政策传统和纪律，迅速扩张基础货币买入有毒资产，搞起量化宽松和质化宽松，将利率压到了零甚至搞起了名义负利率。长期的超低利率产生了严重不公的再分配效应。巨量流动性进入了股票市场和大宗商品市场，较少进入房产市场，更少进入实体经济，形成了低就业复苏。如图4—8所示，美联储的资产负债表扩张了将近五倍，压低了短期利率，高管们借入低利率资金回购自己的股票从而让自己手中的期权变得有利可图，这种做法驱动美国股市十年内上涨了四倍而没有像样的调整，美国房价和劳动者工资则没有怎么涨。

股票和房产之间，前者的所有权更加不成比例地集中在少数富人手中，因而富人有股票，中产有房子和401K储蓄计划，[①] 而底层仅有劳动力。这些相对价格差距越来越大，表明后危机时代的财政与货币拯救方式在再分配过程中发生了进一步的贫富分化效应，最终促使社会的严重分裂和极化。

美国民粹主义的崛起，既有左翼民粹主义如占领华尔街运动和桑德斯阵营，又有右翼民粹主义如茶党运动的兴起和特朗普对共和党的"借壳上市"。愤怒而焦虑的美国中产阶级，由于各自意识形态的差别，分别成为2016年美国大选中民主党桑德斯和共和党特朗普的核心支持者。他们两人的支持者，尽管在意识形态上严重分裂，但有着一系列共同点，即痛恨精英、痛恨华尔街、反对全球化，怀疑华尔街金融资本和华盛顿政治精英之间的共谋牺牲了大众利益。他们都要求把工作机会、制造业弄回美国来。[②] 2016年特朗普同希拉里的政治决斗，本质上不是左右之间的争夺，而是美国国内的平民与精英、反全球化与全球化势力之间的斗争。金融危机的爆

[①] 401K储蓄计划指美国1978年《国内税收法》新增的第401条K项条款的规定，是一种由雇员与雇主共同缴费建立起的完全基金式的养老保险制度。——编者注

[②] 周琪、付随鑫：《特朗普现象与桑德斯现象解析——对美国大选的阶段性分析》，《清华国家战略研究报告》2016年第4期。

发，不仅摧毁了中产阶级投机致富的梦想，也摧毁了华尔街的政治形象。他们被视为自私贪婪、损人利己的罪恶之源。在本轮总统竞选中，无论是特朗普还是希拉里，都公开声称要惩罚华尔街，反对TPP以保护国内制造业。当前美国政治中，反华尔街、反自由贸易的政治压力如此之大，以至于像希拉里这样同华尔街利益有着深度纠葛的人都不得不在竞选中与之切割。

特朗普也的确没有让民粹主义者失望。他执政两年来，内阁中有华尔街背景的高管已经纷纷离职，仅剩下财政部部长姆努钦还在勉力支撑。取代自由主义者地位的是班农和纳瓦罗这种精英眼中的离经叛道之士，他们的核心诉求是用种族主义和经济民族主义取代自由主义。在他们的指引和推动下，特朗普接连退出各种原本由美国领导的多边主义平台，并发动了针对全世界的关税战、贸易战，并开始明确打击东亚供应链的高端环节，比如中兴、华为和福建晋华等高科技公司。

班农虽然由于私人关系的原因离开了白宫，但是转战欧洲，因为欧洲的民粹力量也正在反移民议题的刺激之下酝酿成势。欧洲政治中，一批民粹主义反欧盟政党和政治运动异军突起，比如法国国民阵线和黄衫军运动、英国独立党、德国选择党（AfD）、西班牙社会民主力量（Podemos）、意大利五星运动、荷兰自由党等，与美国的民粹主义思潮遥相呼应，主张通过封闭排外而非开放国境以改善民众经济和社会处境。

可以说，正是由于新自由主义意识形态的理论缺陷和政策后果，导致了贫富分化和政治极化，最终孕育出了它自身的反对力量民粹浪潮。展望未来，只要民粹政治的社会经济基础继续存在，逆全球化的趋势就难以改变。而在目前还看不到美国社会精英阶级对政治极化和贫富分化有任何有力的调整与应对之策。后金融危机时代，房地产泡沫和银行泡沫破灭之后的美国金融市场在非常规货币政策的刺激之下孕育了新一轮年代泡沫，主要集中在各类企业的垃圾债问题上，一大批较高债务率的传统企业可能面临破产潮。2020年前后这一泡沫的破灭很可能触发另一场经济衰退和社会政治危机,因为这一次遭受最严重打击的很可能是美国中部工农业州,从而导致美国政治的再一次巨幅摆动,左翼民粹主义势力取代特朗普所代表的右翼民粹主义登台也是完全可能的。对此中国应该做好充分的心理和政策准备。

第三节 全球化兴衰与中国的战略定位

一 国际格局变迁与全球化兴衰

结构主义政治经济学的学者们一贯从全球市场体系的内在构造和迭代演进的角度来理解全球化的兴衰起伏。杰奥瓦尼·阿瑞基(Giovanni Arrighi)认为地理大发现以降的五百年里,资本主义崛起的第一体系是热那亚体系、第二是荷兰体系、第三是英国体系、第四是美国体系。在布罗代尔、沃勒斯坦和阿瑞基等人看来,这种大致以百年为一轮的体系周期律背后,是市场和资本力量以越来越高效和有力的方式吞没全球人口与要素的内在规律与节奏。[1]

全球化的另一面就是霸权(或者说资本帝国)在全球市场体系中扩张和更替其权势的过程。带有现实主义色彩的霸权稳定论也对全球化的兴衰提供了系统性理论解释,但是与左翼结构主义理论家们不同之处在于,他们强调霸权国的代价和贡献而有意忽略对外围国家的控制与剥削。以金德尔伯格、罗伯特·吉尔平和斯蒂芬·克拉斯纳等人为代表的这一学派认为,自由贸易或者说国际市场的开放性是一种公共产品,在缺乏世界政府的前提下,这样的公共品只能由扮演领导者的霸权国来提供。开放贸易体系的前提是霸权国

---

[1] [意]杰奥瓦尼·阿瑞基:《漫长的20世纪——金钱、权力与我们社会的根源》,姚乃强等译,江苏人民出版社2011年版。

的存在。一个霸权国家处在优势地位期间最容易产生开放性体制,这样的国家有兴趣也有能力创立一个以低关税、更多贸易和较少本土主义为特征的国际经济结构。① 而当霸权国优势不再,开放则会转向封闭,全球化将会退潮。罗伯特·吉尔平从霸权的成本和收益角度探讨了自由经济秩序的维持:霸权国建立和维持自由国际经济秩序其实是一种开明的自私行为,其中既有意识形态的诉求,又有安全目标的考量,关键在于长期收益和短期代价之间的平衡。随着时间的推移,收益递减而成本日益上升,损益的变化会限制一国霸权的进一步扩展。② 除了霸权国的相对力量和成本收益考量之外,霸权稳定论也探讨了其他因素对市场开放性的影响。他们发现主要国家间发展水平相近和经济规模悬殊都会有利于贸易体系的开放性。换言之,主要国家间的发展水平差异巨大或者国家间规模的接近都会不利于全球化。

通过融合上述结构主义和现实主义两种理论传统,笔者曾在拙著中系统探讨了全球市场体系中的霸权消长和迭代背后的辩证法:创新与扩散之间的矛盾运动驱动了全球市场体系的霸权在不同国家之间传递。当创新占据上风的时候,国家规模并不重要,一个小国可以凭借其独特的新技术新产业新理念战胜传统大国而迅速成为全球市场的霸主;全球市场体系的霸主地位又反过来在短期内放大其能力、权势和财富,但是从长期来看,会腐蚀其权力根基和民族精神。当扩散占据上风的时候,规模重新变得重

---

① 金德尔伯格认为这种公共品包含以下多个方面,比如建立在非歧视原则和无条件互惠原则基础上的自由开放的贸易制度;包括跨境计价结算储值功能在内的稳定的国际货币体系、国际安全。斯蒂芬·克拉斯那则认为向国际市场上的过剩商品保持比较开放的市场,为国际金融市场提供反周期的长期信贷,在危机时期通过贴现、货币互换等手段为国际市场提供流动性以及领导和协调国际汇率安排,这些也都是霸权国的责任所在。参见 Stephen Krasner, "State Power and the Structure of International Trade", *World Politics*, Vol. 28, No. 3, April 1976, pp. 317–347. [美] 查尔斯·P. 金德尔伯格《世界经济霸权(1500—1990)》,高祖贵译,商务印书馆2003年版。

② [美] 罗伯特·吉尔平:《全球政治经济学:解读国际经济秩序》,杨宇光、杨炯译,上海人民出版社2006年版。

要。与霸权国地缘上相邻或者在文化、血缘上相近的国家通过模仿而获得其能力,但是新兴者的规模往往远大于原霸主,竞争的结果便是霸权更替。新霸权在获得体系的反哺之后,财富存量和资本动员能力大幅上升,可以投资并孕育出更多的创新,从而引领全球化在广度和深度上达到新水平。

表4—3　　　　　　十五世纪以来的全球市场体系与霸主[①]

全球化浪潮	霸权与竞争者	创新	跨境流动要素	经济突破	霸权国人口规模
第一波	荷兰、葡萄牙	航路与航海技术	商品	人口数量	百万
第二波	英国、法国、德国	工业化	产业资本	人均能耗与产出	千万
第三波	美国、苏联	信息化	金融资本	人均信息量	亿
第四波	待定	待定	人口	待定	十亿

资料来源:笔者自制。

表4—3从多个维度列出广义全球化的几波浪潮中创新与扩散之间的矛盾运动轨迹。从上述理论视角去观察和解读美式全球化的兴衰,如果要用一个词来概括美国霸权体系的运作,那最适切的词莫过于杠杆。与此前的荷兰体系、英帝国体系相比,20世纪美国霸权体系的重要特征是金融资本的核心作用,而金融行为的政治经济学特质就是对杠杆的运用。作为一个金融帝国,美国霸权无论是在经济货币领域还是在政治战略领域,都表现出高度同构的杠杆特征,即以自身信用为轴,撬动数倍于己的资源来维持其整个体系的运转。挑战其权势的国家,本质上不是在挑战美国本身,而是在挑战美国借助杠杆所裹挟的整个全球市场体系。

从经济上看,马克思主义经典理论家在19世纪和20世纪早期所揭示的

[①] 详见拙著《中国为什么有前途——对外经济关系及其战略潜能》,机械工业出版社2010年版。笔者对广义全球化浪潮的界定略不同于传统的结构主义经典,主要是把热那亚体系剥离出讨论范围,并强调了创新与扩散之间的辩证运动对霸权转移的作用。

资本主义内在矛盾，即资本逐利本能导致的产能过剩和贫富分化导致的总需求不足之间的矛盾，为20世纪70年代之后货币体系的结构性变迁所缓解与掩盖。尼克松总统关闭黄金窗口之后，取代贵金属成为全球储备体系价值基准的是美国及其核心盟友的国债和准国债，即霸权信用。以无锚本币为计价单位所借得的债务，只要管理好扩张速度和成本，理论上可以无穷扩张，从而可以创造无穷的本土购买力来支持全球产出的持续扩张。面对马克思所提出的资本主义体系内在矛盾和总危机问题，金融帝国主义的解决方案不是财富再分配和社会保障，更不是生产资料所有制的改造和社会革命，而是债务扩张、货币扩张和消费主义，从而人为创造持续扩大的总需求。

杠杆也体现在美国霸权体系的国际政治与战略层面。与古罗马体系①高度相似，美国在第二次世界大战后建立起来的辐辏式同盟体系和多边国际治理体系，本质上也是一种杠杆行为，因为借此美国可以有效地放大其能力和资源。美国对盟友所提供的军事保护承诺，是以盟友的人力、政治和经费回报为代价的。国际多边治理平台在此意义上也是一种杠杆模式，它们使得平台的倡议者和主导者（在多数情况下是美国及其核心盟友）从其自身的观念和利益出发，将一系列非中性的标准、规范、议程和价值观变成了全球性的标准、规范、议程和价值观。

美国霸权的扩张，表现为越来越多的人口和国家把他们的前途寄托于美国所提供承诺的可信性上。美国通过提供政治支持、安全保护、经济信用和其他公共产品而同若干特定国家之间形成了名为联盟、实为主仆的不对称相互依赖关系。全球化时代的美国向全球几乎每一个角落投射了影响

---

① 关于罗马帝国的同盟体系运作模式，详见孟德斯鸠《罗马盛衰原因论》，婉玲译，商务印书馆1962年版。美国的联盟体系，其逻辑原型可以溯源到古罗马扩张时代的大战略，罗马的联盟体系使其以较低成本占用和动员盟友（或者说仆从国）的资源去追求地缘政治与战略目标。

力，他们塑造的规则和提供的公共产品改变了全球政治经济面貌，其中最重要的两种公共产品是安全承诺和商品胃纳，而主要的受益者便是其盟友体系。

在东亚，日本、韩国、新加坡、菲律宾等国，以及在一定程度上的大中华区域构成了它的权势体系；在中东，围绕以色列、沙特阿拉伯、埃及等国构筑了一个同盟间精巧的平衡；在欧洲则有北约为基础的集体安全体系。美国的权势不仅仅体现在国家间盟约条款和美军基地所代表的硬实力上，也拓展到社会心理和文化层面的软实力中。这些盟友中的社会精英在心理上臣服于美利坚，在安全上托庇于华盛顿，在制度上、技术上、产业上与之衔接互补，甚至在文化学术上，以能讲流利的美式英语为荣，以拥有美国的名校学位为智，以美国刊物发表为优，以攒聚钱财、移民美国为家庭梦想和成功标准。

美国霸权的扩张过程便是冷战，而其单极霸权的巅峰时刻便是所谓的全球化时代。从第二次世界大战之后的两极格局之下的"半球化"，到苏联东欧阵营瓦解后全球几乎所有人口和资源都被纳入美国霸权的政治经济体系，全球化才得以真正推进。然而历史并没有像美国知识界所希望的那样终结。借助信息技术的进步和产业外包所带来的便利，先进知识、技术、观念在美式全球化时代的扩散速度比过去500年间任何一个时期都更快。最大的受益者便是东亚国家，尤其是中国这样的巨型国家。

随着东亚的工业化崛起，尽管美国各方面数据的绝对值仍然在增长，但是在全球市场体系中所占据的份额越来越小，相对力量越来越弱。图4—9显示，进入21世纪以来，根据中美之间在GDP规模、出口规模、消费市场规模、中央政府财政支出以及军费支出之间的对比，美国国力不再是独霸全球。

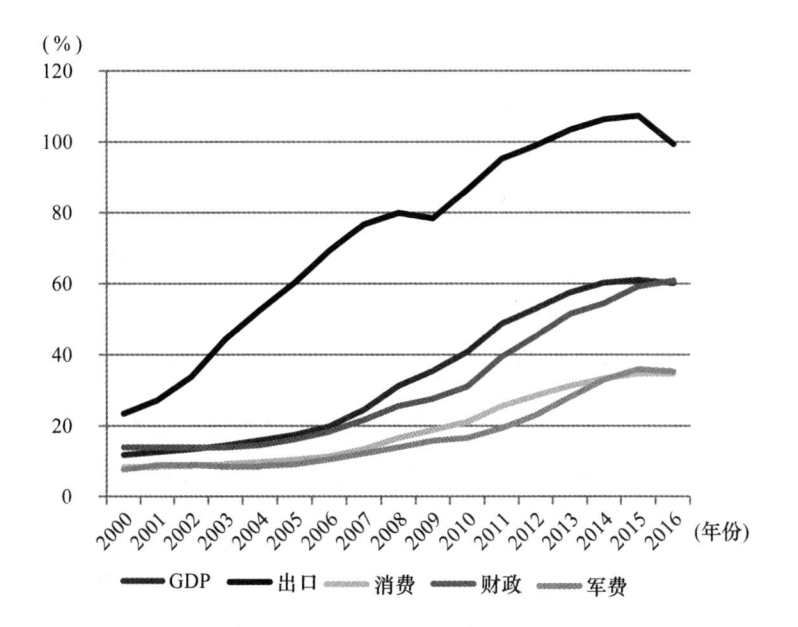

图4—9　中美力量对比：中国各项数据占美国数据的比例（2000—2016年）

资料来源：世界银行，按照市场汇率而非PPP计算。

随着国家实力的相对衰落，美国维持其霸权的杠杆率和边际成本越来越高，美式全球化越来越呈现出小马拉大车的局面。按照霸权稳定论的理论推论，这种局面下，美国将不再维持全球和自身市场的开放性，无力也无意向全球市场体系提供公共产品。"金德尔伯格陷阱"的问题，正是在这样一个背景下提出的。金德尔伯格主张20世纪30年代的地缘经济和政治灾难起源于美国取代英国成了全球最大强权，但又未能像英国一样承担起向全球提供公共产品的责任，结果导致了全球经济体系陷入大萧条和世界大战。[①] 全球化因为缺少了全球公共品的提供者而陷入倒退。2017年1月美国政治学家约瑟夫·奈（Joseph Nye）在欧洲新闻网发表的文章里提出"金德

---

① ［美］查尔斯·金德尔伯格：《1929—1939年：世界经济萧条》，宋承先、洪文达译，上海译文出版社1986年版。

尔伯格陷阱"理论，告诫西方：中国崛起以后的动向可能不是"示强"，而是"示弱"，即不愿承担目前美国无力负责的重要国际公共产品的供给，世界可能陷入领导力空缺和危机四起的险境。

自2008年金融危机起，美国开始显示出一定程度上的去杠杆和去霸权特征，这在奥巴马政府的对外战略中有所表现但是比较隐晦，而到了特朗普时期则表现得相当明显。奥巴马政府在战略上后退，试图把中国和俄罗斯等难以掌控、难以消化的异己大国从其霸权体系中切割出去，构建TPP、"重返亚太"和中东欧的地缘政治博弈便体现了这种战略意图。如果说奥巴马是向从全球化退回"半球化"，试图通过战略收缩来巩固和维持一个不那么完整但是足以偏安一隅的霸权体系，那么特朗普政府则是旗帜鲜明地放弃美国的自由主义霸权、回归孤立主义，即逆全球化。特朗普政府以"退群"著称的去多边行为，包括退出TPP、退出气候变化巴黎协定、威胁退出NAFTA、拒缴联合国会费、要求盟友承担更多美国驻军的保护费等。这种为节省"杠杆"成本而放弃霸权的行为可以理解为全球大战略意义上的去杠杆。

二 中国是美式全球化的重要参与方

关于中国同全球化的关系，中国学界的认识在过去的40年里经历过一个明显的变化过程。从20世纪80年代的怀疑和批判，到90年代的尝试和探索，再到入世后的积极拥抱，而如今学术界普遍承认中国是美式全球化时代的赢家之一，甚至有不少人为美国和西方背弃全球化而焦虑。与这种认知曲线相伴随的是中国对外经济政策实践的变化，或者说，是中国对世界市场体系的参与同认知之间形成了一系列正反馈。从结构主义政治经济学视角去回顾中国同美式全球化的关系，笔者认为有如下几个理论问题需要澄清。

其一，中国在大战略层次上的独特而精妙之处在于，中国不是像苏联那样同西方资本主义体系展开正面对抗和竞争,而是在融入和共生中逐步争取主动最终战胜对手。在地缘战略上,1979年春邓小平同志访美达成中美战略合作以遏制苏联的扩张势头,由此而开启了中美蜜月期。而在东欧剧变之后,又通过坚韧的"韬光养晦"及其衍生和平发展而见容于西方资本主义体系。在经济发展战略上,采取出口导向与进口替代兼顾的混合式对外经济政策,既通过基于比较优势的出口导向战略积累产业和资本基础,又通过进口替代来渐次实现产业升级和技术积累。换言之,外交上的现实主义和经济上的重商主义,共同构成了中国融入美式全球化的对外战略底色。中国大战略的成功,关键在于同新自由主义全球化的主导利益集团,即西方金融部门和跨国公司达成了事实上的共生关系。国际资本渴望高利润,而我们需要工业化和出口市场,两者在相互合作和共生关系中各取所需各得其所。而美国政界和战略界精英们之所以愿意接受一个共产党大国在其主导的资本主义体系内生存发展,部分源于他们有一个持久而普遍的期望:即通过把中国纳入市场体系,最终能够将中国的社会主义制度和平演变成某种类西方体制,直到最近美国政策界才开始反思和感叹,认为对华接触和演变的战略已经失败。[①]

放在社会主义道路选择和探索的历史背景下看,这是兼具巨大战略勇气和智慧的探索。一个工人阶级先锋队,先是动员农民用暴力革命驱逐了国际资本在本国的政治代理人从而获得主权独立和政策自主权,然后又同全球资本主义体系的核心部门(华尔街金融部门)达成利益交换以壮大自身实现工业化,并可能改造现有的全球资本主义体系的。从敌对到共生,

---

① 在英国国际战略研究所的相关报告中,普林斯顿大学的国际关系学者亚伦·弗里德伯格(Aaron Friedberg)对中国融入美式全球化的大战略有详细论述,其中也提到了中共决策者如何一方面坚决抵制西方的演变图谋;另一方面又巧妙而系统地诱导西方决策体系认为中国正在演变,同时还利用美国金融机构和跨国公司作为其游说代理影响美国对华政策。详见 Aaron Friedberg, "Globalisation and Chinese Grand Strategy", *Survival: Global Politics and Strategy*, Feb.-March 2018, pp. 7–40.

再到反客为主，这条"反抗—融入—改造"世界市场体系的大开大合的斗争道路，可谓既体现了实事求是的战略灵活性，又做到了不忘初心的政治原则性。

其二，中国全球化时代并未全面遵从新自由主义教条，而是利用了新自由主义全球市场体系的缺陷，以自己的方式有选择地融入了全球化，恰恰如此才成为全球化的主要得益者之一。中国道路在很多方面大不同于华盛顿共识所提供的政策清单：比如中国有强大而有为的政府，不断演进的产业政策和宏观经济管理，大力投资基础设施，基于全球经济结构和自身禀赋而对重点战略性产业的选择和扶持，先制造后服务、重实体控虚拟的产业发展次序等，尤为重要的是资本项目放开过程中积极鼓励外商直接投资、但坚决拒绝投机性金融资本跨境流动。上述政策组合同华盛顿共识的差异，令西方学者总结出所谓"北京共识"的概念。回顾过去40年的全球政治经济史，凡是遵从了华盛顿共识那一套的国家，在发展竞争中鲜有成功者，多数国家甚至出现了发展的倒退，比如部分拉美国家和南非。反而是中国这样独立探索另谋出路的国家，却恰恰成功了。国内有一部分自由主义经济学的信奉者把中国的成功完全归因于西方影响下的开放和市场化，这显然违背国际观察者们所普遍认识到的基本事实，也抹杀了中国特色社会主义理论和实践探索的重大成就。

其三，全球化是美国驾驶的现代化班车，中国也的确是车上最重要的乘客，但中国不是美式全球化的搭便车者，而是支付了昂贵的车票。图4—10显示的是全球化时代中国同美国及其盟友之间的资本循环。美国通过对外金融资本的输出而获益，而其盟友则作为产业资本的输出者从中国的产业发展过程中获得持续的高收益。中国为了快速实现工业化，策略性地向外商直接投资提供各种优惠政策，包括税收、土地、汇率政策和外汇管理、产业准入、劳工与环境标准等。便宜的要素价格再加上巨大本土市场的诱惑，吸引了来自西欧和东亚的巨额制造业产业资本持续流入中国，带动了中国的制造业和出口增长。

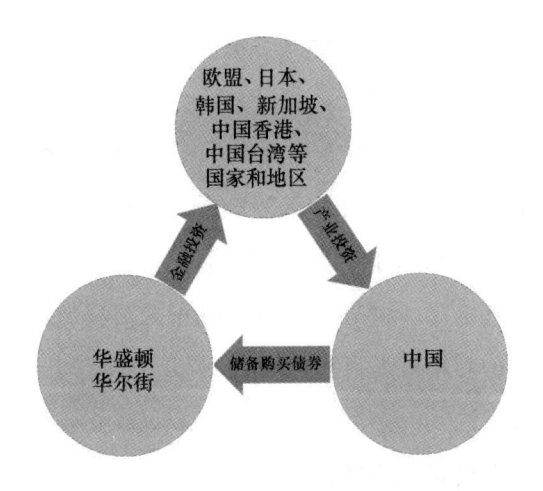

图4—10 中国融入全球供应链的资本循环

资料来源：笔者自制。

考虑到各种优惠政策以及汇率和土地资产的持续升值，以美元计价，2012年之前外商直接投资在中国的整体收益率维持在相当可观的水平①。而另一方面，中国通过招商引资和大力鼓励出口（即资本项与经常项的双顺差）所带来巨额外汇储备，被长期存放在美国和欧洲的低息国债和准国债中。两者相对比，中国国际净投资收益上存在巨大缺口，对此经济学界曾有很多计算和讨论。从结构主义政治经济学角度来看，每年以千亿美元计的投资收益逆差，其实可以看作中国不得不向资本主义体系支付的昂贵车费，否则中国无法搭乘美式全球化的班车，也就无法从全球体系的外围挺进中心。中国人民忍受劳苦、污染和骨肉分离，用血汗和智慧所换取的实际财富，只有一部分被当代中国人享用，剩余部分除了转化为留给子孙后

---

① 按照吴晓玲女士的估算，平均复合收益率应该为10%—15%。

代的固定资产之外，还有一部分通过上述资本大循环补贴给了西方资本和全球消费者。近年在美国政界流行一种"搭便车论"，并为奥巴马和特朗普两任总统在不同国际场合所反复强调，宣称中国在全球化过程中通过政府主导的不公平行径窃取了过多经济好处却不愿意支付代价，由此导致全球化不可持续，因而该为全球化的倒退负责。图4—10的资本循环结构分析显示，这种观点是典型的推卸责任和政治赖账。归根结底，西方社会已经从其自身主导的全球化中获取了巨大经济利益，只不过在不同部门和不同阶级间的国内再分配环节出了问题，未能及时对受损者做出必要而充分的补偿和调整。把自身的问题指责到别人身上，既不诚实，也于事无补。

三 美式全球化退潮期的中国应对

美式新自由主义全球化的退潮，构成了中国特色社会主义建设事业进入新时代的重要外部环境。中国共产党十九大提出中国特色社会主义已进入新时代，就中国国内而言主要是因为社会主要矛盾出现了重要转化：随着工业化的初步完成，人民日益增长的美好生活需要和不平衡不充分的发展之间的矛盾已经取代了原先的生产力不足问题而成为时代性的主要矛盾。而本书要着重补充的是，国际与国内是紧密相连的，上述时代性转变也有其外部对应物，即1979年以来持续不断地吸纳中国出口产品的开放性全球市场已经不再如此开放，用新自由主义自我催眠的美国已经被快速变化的国际国内格局惊醒，中美之间持续扩大的"贸易逆差—外汇储备"以及由此构成的所谓全球失衡，已经失去了它赖以维持的国际政治经济基础。在此背景下，中国的经济发展模式，中国同世界的关系，都需要与时俱进地做出深刻、系统的调整。党的十八大以来，以习近平同志为核心的党中央审时度势，推出了一系列新政策、新概念和新倡议，包括"新型大国关系""一带一路"倡议以及"人类命运共同体"概念，这一系列重大战略调整只有放在新自由主义全球化被美国自己带头抛弃的时代性剧变背景下，才能凸显出其中的战略眼光、政治智慧和理论勇气。

美式全球化的退潮给新时代中国特色社会主义事业既带来一定风险，又提供了很大的拓展空间。

最直观的挑战是贸易和经济增长方面，来自发达国家的需求将在较长一段时期内保持相对低迷，而美欧变本加厉的贸易和投资保护主义，将使中国同发达经济体的经济和技术互动更加受限。不仅如此，中国的外汇储备和海外资产也将面临更多或显或隐的风险。另一大挑战是在安全领域，全球化衰退期让原先的增量博弈蜕变为存量博弈，这一过程总会伴随着政治强人和民粹主义在各国政坛占上风，① 一些政客会铤而走险通过暴力等非正常手段去谋求他们在产业和市场上难以获得的东西，也有不少人会用民族主义、种族主义、宗教极端主义来迎合失望的大众，转移后者的政治压力。在此背景下，无论是在中国对外经贸合作领域，还是在全球或周边的地缘政治上，我们都会面临系统性的挑战与风险。

从政治和国际关系角度看，美式全球化停滞与退潮则带来若干好处，尤其有利于中国的政治安全。在美式全球化的上升期，美国的体制、话语、价值观和知识体系都以一种强势姿态灌入中国社会，从而在思想政治领域造成持续的摩擦与碰撞。这种碰撞固然带来不少新思想、新视角和新模式，但与之伴随的是对中国政治体制的合法性、合理性和可持续性的怀疑。

世界市场体系的强大之处在于，短期内它可以带给追随者以更好的福利和更多的交易机会，但是长期看将会"消化"掉外围追随者中的异

---

① 1914—1945年的逆全球化时期，全球各国政坛的政治强人纷纷登场；而后金融危机时代，普京的执政风格被众多国家的领导人崇拜和模范，从美国的特朗普总统到印度、菲律宾、土耳其等国的领导人，政治强人的流行与逆全球化时期全球政治经济体系进入存量博弈有密不可分的逻辑关系。

质文明，包括其制度、语言和组织体系。当年美国冀望于通过接触政策而演变中国，这种战略自信不是毫无根据。如同古罗马时期的体系一样，外围国家的精英必然以讲拉丁语、英语为荣、以能够移民至罗马、美国为家庭梦想。而要跳出这个体系也非常难，因为正常的政府和领袖都难以承受离开体系的风险和困难。所以，如果保持在以美元信用和美国同盟结构为基础的新自由主义全球化体系中，中华民族伟大复兴只是水中月、镜中花而已。追随美国仅30年，中国的精英阶级便纷纷转移资产转换国籍；继续随波逐流300年，那么汉字的存在都将是存疑的，更不用说哪个政党政权了。每念及此，尽管作为一个典型的国际化精英而占据了全球化时代的不少好处，笔者却总是深以民族前景为忧。

　　从这个意义上讲，特朗普的逆全球化行为，其实才真的打开了中华民族伟大复兴的重大战略机遇窗口。正如上文所说，帝国的政治经济学本质是杠杆，而特朗普所作所为就是主动去杠杆。他以一种自杀式的疯狂向全世界同时发难，以自鸣得意的食言而肥来营造不确定性以牟取谈判中的短期好处，用各种"退群"和推倒重来以便让这个时代打上自己的烙印。笔者称为牟取"违约红利"：借了信用卡不还，你相当于得到一笔红利，但是长期的代价将是昂贵的。在美式全球化的衰退期，美国体制与文化的神话破灭，自由主义政治经济模式的光环消失，反而让越来越多的人看清了中国特色社会主义道路探索的坚实与珍贵。彼消此长之间，中国政治安全是得分的。正是在这样的刺激之下，欧日关系、中日关系、中欧关系、中印关系最近都有重要进展，原先以美国为中心的辐辏结构正在发生快速的变化，连横正在转变为合纵，多极化时代真的要到来。在这样一个时代，中国经济独立并超越美国才是可能的，以我为中心的全球化才有机会。大礼不辞小让，与这样的战略机遇相比，对美出口的那点可能损失，还算得了什么呢？

　　美式全球化的退潮也有利于提升中国在国际多边平台和地区一体化进

程中的话语权。金融危机之后，美欧日所主导的各类多边机制受到明显削弱，而通过 G20、APEC、金砖国家合作、亚投行、人民币入篮 IMF 特别提款权等一系列多边平台的塑造和改造，中国在国际经济规则制定中的话语权和影响力持续上升。美国主导的 TPP 夭折，为中国推动 RCEP 和"一带一路"等地区和全球经贸合作提供了战略机遇。某种程度上，美式全球化的退潮，恰恰为中国倡议的新型全球化和人类命运共同体的成功提供了空间和可能。

那么，目前阶段中国高举美国扔掉的全球化大旗，人弃我取、反客为主是否可行呢？笔者认为应当保持适度的战略审慎。全球化的浪潮有其本身的节奏，恰如春夏秋冬四季转圜一般，动静有时、进退有道。勉强挽留美国劝说其继续搞全球化，是对美国内政的不尊重。捡起全球化大旗自己扮演新旗手，则不仅是自不量力，而且是"荒了自己田浇了别人的地"，我们不能忘了这轮全球化是代表西方金融部门利益的新自由主义全球化，而我们是在建设以人民为中心的中国特色社会主义。假如美国的确下定决心与中国实现经济脱钩，那么我们应把注意力集中在维护和建设好整个非美世界的市场上，毕竟除了美国的 3.2 亿消费者之外，全球还有 53 亿消费者，只要有足够的资金支持他们的消费增长潜力也是非常可观的。笔者主张在这全球化的冬季，中国应保存实力，管控好内外政治风险，练好内功。这个内功，既包括现代治理体系和治理能力的提升，也包括科技进步和产业升级，当然还包括金融体系的完善和国际金融中心的建设。未来中国主导的全球化会是什么样？金融部门在其中扮演何种作用？如何建设一个能够在全球层面高效配置资源的国际金融中心，又避免金融压倒实业，金融绑架政治的美国悲剧？这些问题将在第四节予以探讨。

◇ 第四节　国际金融中心的政治经济学

一　国际金融中心的变迁

所谓金融中心，是指能够大规模、多样化地提供金融服务的特定城市空间；而国际金融中心，则是特指那些服务覆盖范围远超出一国国境的金融中心，最典型的包括纽约、伦敦、香港、苏黎世等城市。许多行业在地域上都会存在内生的集聚效应，即企业不需要改变内部的组织结构，只需要借助外部竞争效应或者所处的地理位置就可以削减成本增加收益。金融服务业也不例外，因为当一个金融机构地处金融中心时，同等条件下它能比其他区域的竞争者更容易地获得市场流动性，投融资活动的多样性和互补性，法律会计数据支持等专业的辅助服务、人力资源储备以及对高质量信息的及时掌握。这些要素直接关系到绝大多数类型的金融投资机构的绩效和效率。国际金融中心是银行家们在其国际运营中受益于规模经济的自然反映。

关于国际金融中心的理论研究受到了各个金融中心城市和机构的慷慨资助，因而在过去的40年里逐渐成为一个热门话题，在此略举两位比较有影响的。

著名国际政治经济学者金德尔伯格从20世纪70年代起便关注和研究国际金融中心的现象。[①] 他发现这些金融中心的出现并非一蹴而就，而是如生物进化般成长且耗时甚长（evolutionary and time-consuming）。规模经济效应

[①] Kindleberger, C. P., *Formation of Financial Centers: A Study in Comparative Economics*, Princeton: Princeton University Press, 1974.

驱动着银行与其他金融机构共同选择某一特定区位，因为外部规模经济具有自我增强的特点：更多的金融机构在一个区域内定位，那么该区域对于其他金融参与者来说变得更加有吸引力，从而带来帮助国际金融中心形成和壮大的向心力。而与此同时，还存在规模不经济效应，比如同业集中带来更加激烈的竞争，更高的工资和物价，交通堵塞等因素，但是这些因素在金融行业中并不显著。商业关系中的地区化信息、不同时区以及不同地区间文化制度差异导致金融实践的差异，这些因素在金德尔伯格看来是金融中心之间的主要离心力。若干种向心力和离心力的同时存在，一起塑造了国际金融中心的地理布局和不同特点。

金融地理学者波蒂厄斯（D. Porteous）提出了一个全新的框架来分析金融活动聚集与特定区域的原因。[1] 他强调金融运行过程中信息流的重要性，认为塑造和发展国际金融中心的幕后力量，大致可以从"信息外部性""信息腹地""信息不对称""国际依附型""路径依赖"来解释。其中，"信息外部性"和"路径依赖"能够解释国际金融中心何以在区域内占据主导地位；而"信息不对称"和"信息腹地"这可以解释为什么老的金融中心会被其他金融中心取代。

一个国际金融中心的重要性主要取决于其金融资本容量，以及其中的机构和市场容纳这些资本的运作方式。这可以通过其所在国家的资本输出、资本市场的发育程度，主要金融机构的规模，外资金融机构的数量、所在国国内银行在国外开设分支机构的数量、市场参与者所建立的正式与非正式关系网络的水平来进行衡量。基于以上维度，对国际金融中心进行分类和排名，是相关研究里最常见的形式，也往往是他们的资助者所希望见到

---

[1] Porteous, D. J., *The Geography of Finance: Spatial Dimensions of Intermediary Behavior*, Aldershot: Avebury. 1995; Porteous, D. J., "The Development of Financial Centres: Location, Information Externalities and Path Dependence", in Martin, R. L., eds., *Money and the Space Economy*, Chichester: John Wiley & Sons, 1999, pp. 95 – 114.

的研究成果。例如,1981年美国经济学家里德(Howard Reed)给出了最早的国际金融中心排名,[①] 他从1900年开始,以10年或15年为间隔,基于若干量化指标给出排名及其变化。他将80个金融中心分为五类,伦敦是唯一的超级国际金融中心,纽约和东京是一流国际金融中心,法兰克福香港巴黎等8个二流国际金融中心,29个国家间金融中心,以及40个附属性金融中心。在里德的模型基础上,其他学者做了各类修正,比如把五层次简化为三层次,或者将离岸金融中心单独分列出来,或者从功能性角度讲金融中心区分为大规模资本输出国的传统金融中心、利用国际资本流动的金融中心以及为非居民服务的离岸市场。[②]

如果用粗线条、长时段来描述国际金融中心的变迁史,不难发现国家权势及其经济辐射能力的消长,是金融中心崛起背后的原动力。中世纪地中海沿岸的佛罗伦萨曾经是盛极一时的国际金融中心,此后随着全球贸易航线的主导权移至欧洲西北部的大西洋沿岸,佛罗伦萨的地位被荷兰的阿姆斯特丹取代。英帝国崛起取代荷兰成为全球贸易霸主之后,伦敦顺利地取代了阿姆斯特丹成为全球金融中心。法国在拿破仑战争之前便享有欧陆霸权,19世纪的法兰西一直试图将巴黎打造成为能够和伦敦相抗衡的国际金融中心,但是数十年的雄心随着普法战争的战败而付之东流,从此甘愿自居二流。德意志统一战争中,法兰克福失去了自身的独立政治地位,其地区金融中心的魅力被暂时转移到了德意志帝国新首都柏林;而等到70多

[①] Reed, Howard, *The Preeminence of International Financial Centers*, New York: Praeger Publishers, 1981.

[②] Roberts, R., "the Economics of Cities of Finance", in H. A. Diedericks and D. Reeder eds., *Cities of Finance*, Amsterdam, 1996, pp. 7–19; Dufey G. and I. Giddy, "The International Money Market: Perspective and Prognosis", in Baldwin R. E. and J. D. Richardson, eds., *International Trade and Finance* (2nd ed.), New York: Little Brown, 1981, pp. 533–543; Roberts R., ed., *International Financial Centers*, 4 Vols, Aldershot, 1994.

年之后德意志第三帝国战败，柏林被分割占领，地区金融中心由重新回到了法兰克福，并借助德国经济的强势而成为欧洲大陆上的主要金融中心之一。而伴随着两次世界大战之后，英帝国分崩离析，美帝国崛起，盎格鲁—撒克逊民族内部实现了权势的更替，纽约从资本输入者变为资本输出者，从而形成了今天我们看到的伦敦、纽约全球金融中心双城记的局面。

但是，如果将观察的镜头拉近些去考察上述宏大叙事，那么我们又会发现国家权势与实体经济重心的转移同金融中心的变迁之间的关系似乎又不是人们想象的那么紧密。荷兰在18世纪30年代便已经不再是海上霸权和全球商业中心，但是半个世纪之后阿姆斯特丹的金融中心地位才被伦敦和巴黎取代。英帝国在第一次世界大战时便遭受了巨大的削弱，第二次世界大战之后帝国分崩离析，但是直到今天，伦敦仍然是与纽约并驾齐驱的全球金融中心。美国经济规模早在19世纪末便已经超过英国，但是纽约确立其全球金融中心地位是在20世纪50年代。可见，实体经济与虚拟经济之间的时滞往往是以半个世纪为单位的，金融业务在地理分布上的惯性和黏性可谓惊人。是什么因素构成了这种惯性和黏性？尤瑟夫·凯西斯（Youssef Cassis）在《资本之都》一书中提供的解释是人的因素，① 其观点与本书的民本主义政治经济学相当契合。金融行业的发展源自贸易、投资和战争等实体活动对资金的需求，但是其运营则是依赖一大群专业人士来组织和支撑，而这些融资活动在一定程度上又可以在地理上脱离实体活动的发生。一个经历了百年考验的金融中心只要保有大量金融业及其附属服务（如信息、会计、法律等）行业的专业人才及其关系网络，那么即便失去了优势实体经济的支撑时，该城市仍然可以作为一个外向型的金融中心而繁荣几代人时间。

另外一个角度来看，"谁拥有钱"也很重要。金融中心通常是储蓄充

---

① ［瑞士］尤瑟夫·凯西斯：《资本之都：国际金融中心变迁史（1780—2009）》，陈晗译，中国人民大学出版社2011年版，第5页。

裕之地，在贵金属作为货币本位（信用因而无法凭空创造）的时代，更是如此。所以一个金融中心的背后，必须有一个巨大的富裕群体将其资本剩余对外放贷或者投资。在一个新兴经济体借助某种变革性力量（比如制度创新、技术创新或者战争）从经济相对落后变为经济领先之后，往往需要一两代人甚至更长的时间才能积累足够的剩余，从资本的净输入者变成资本净输出者，其政治上的主导性力量逐步从制造业生产商变成金融食利阶层。这一点也可以从若干金融中心的历史地位波动中得以证实。拿破仑三世在普法战争中战败之后，向德意志帝国赔偿了巨额战争赔款，巴黎的财富地位一落千丈。英国在两次世界大战中消耗了巨量贵金属储蓄去购买美国军火，导致国库空虚，伦敦金融中心的地位才被纽约超过，等到第二次世界大战结束一代人之后，欧洲工业恢复，贸易盈余聚集到伦敦，才再次抬升伦敦金融城的全球地位。迪拜这个从沙漠中崛起的国际金融商业中心，其成功背后是20世纪70年代以来本地区快速积累的数万亿石油美元财富。

二 金融中心与政治

政府和政治同金融中心的消长起落之间存在着广泛而多维的关系。

首先，大国竞争与金融中心的分布及其兴衰关系密切。19世纪的各殖民帝国瓜分世界的时代，金融中心的竞争不但被赋予了浓厚的政治象征意味，也拥有实质性意义，因为在贵金属货币时代金融中心聚集着不成比例的硬通货，有利于支撑一国的币值和国民财富实力。伦敦、巴黎和柏林在全球金融和资本市场中的地位同各自帝国的兴衰直接挂钩。而战争中的失败通常意味着金融中心地位的下降乃至丧失：比如巴黎金融地位的降级与1870年的普法战争直接相关；柏林作为金融中心的兴衰则是由普法战争的胜利和德国在两次世界大战中的战败所决定的。在这种大国争霸对抗过程中，有些小国采取了政治中立、低税率和金融业保密政策的组合策略，将自己定位成身处大国阵营之间的金融中心，获得很好的经济收益。这方面最典型的是瑞士这样的国家，执行这一策略将近百年，效益显著。此后的许多离岸金融中心和避税天堂经济体如加勒比岛国，都是受此策略启发。

其次，金融中心的持久繁荣往往需要本国政府的充分支持，尤其是要求政府在关键时刻将金融业的需要放在内政外交的优先位置上。伦敦金融城影响英国政治和政策的案例最能说明问题：伦敦金融城在治理上独立于伦敦市政府，但是其在英国国内的政治影响力非常巨大。在第一次世界大战结束后的20世纪20年代，英国在回归金本位时有意高估英镑，这种强势汇率政策虽有利于捍卫伦敦金融业务和英镑的信用，但是非常不利于英国实体经济。20世纪50年代苏伊士运河危机中，英法以调解地区冲突为名出兵占领苏伊士运河，而美国出于冷战大局考虑意图拉拢埃及和阿拉伯世界，通过抛售英镑令其面临贬值压力而向英国施压要求其撤军。最终英国财政大臣在内部辩论中压倒了军方和外交大臣，英国为了捍卫英镑的信用和金融利益而屈辱撤军。2010年之后，随着人民币开始走上渐进国际化的道路，英国迅速成为最积极的外部力量，投入了可观的人力物力以研究和跟踪人民币国际化，并通过各种渠道积极主动地要求扮演人民币离岸市场。2015年中美间围绕亚投行的一场外交对抗中，英国为追求自身国际金融中心的利益而在外交上做出了惊人的举动，在发达国家阵营中第一个表态参股亚投行，并不惜为此得罪牵头杯葛的美国盟友。2016年之后的英国"脱欧"谈判中，欧盟和欧洲大国用来施压的主要手段就是伦敦金融城的利益，威胁说如果英国"脱欧"，欧洲的金融活动将从伦敦迁往法兰克福和巴黎等地。正因此，尤瑟夫·凯西斯认为"对于一个金融中心的兴衰起落的理解，不能脱离其所在国家的经济和社会环境，这个经济体中金融行业所占的比重，政府部门相比于工、农、贸易等行业的偏好，金融精英们所拥有的政治与政策影响力"。①

最后，政府采取的监管和税收政策对于金融中心和金融业的发展具有重要影响。从历史上看，由于政治意识形态周期的作用，对金融业的监管和税收都表现出明显的周期性。金融业的健康发展，依赖于适度的监管和合理的税制。多度放松监管（deregulation）会导致金融经济泡沫的升腾和破灭循环（boom-burst circle）并由此引发经济大幅波动；而过度监管和管制，包括金融业从业资格、（国籍）资本准入、外汇跨境流动、贵金属管制、利率管制等，则不利于金融中心的国际竞争力。美国在20世纪60年代采取了很多限制金融业务发展的措施，直接导致国际金融中心的天平再次倾向伦敦，与此同时英国当局对欧洲美元的坚定支持显然帮助了伦敦在战后的复兴。税收问题则是双刃剑，一方面金融中心的发展能够为所在国政府带来大量的高收入就业机会和税收收入，②但是另一方面又必须通过维持低税率才能确保对国际金融业的吸引力，这意味着某种程度上金融中心的福利增长来自对他国福利的虹吸与转移效应。新加坡在同香港的竞争中，显著降低了针对金融业务的税率，取得了业务量的大幅增长，表现为金融中心以邻为壑的一面。许多离岸金融中心事实上也都是避税天堂，它们的存在让资本相对于主权国家和劳动力获得了很大的谈判优势与套利空间，因而对于全球层面和各大经济体内部财富分配的不均负有部分责任。

三　如何打造亚洲和中国的金融中心？

由于时区的不同，伦敦和纽约这两大全球性金融中心不便覆盖亚洲地

---

① ［瑞士］尤瑟夫·凯西斯：《资本之都：国际金融中心变迁史（1780—2009）》，陈晗译，中国人民大学出版社2011年版，第5页。

② 潘英丽等：《国际金融中心：历史经验与未来中国》，上海人民出版社2006年版。

区的业务，因而给亚洲的几个区域性国际金融中心留出了理想的上升空间。东京、中国香港、新加坡，这几个亚洲金融中心都曾经在不同的排名中被列为全球前五甚至前三的国际金融中心。自第二次世界大战后日本重建开始，东亚地区便通过出口导向的工业化积累下越来越大规模的贸易顺差和国际债权。从全球经济结构来看，东亚供应链的制造业产出近年已经接近甚至超过了美欧新教文明圈制造业产出的总和，这一事实可谓是对公元1500年大航海时代以来的全球大趋势的一个重大逆转，也是英国工业革命时代以来全球未见之大变局。上述事实意味着，哪个城市能成为东亚地区的最主要金融中心，它就必将跻身伦敦纽约之列，成为世界顶级金融中心，获得最丰厚的经济和政治回报。站在中国国家利益的立场上，我们需要通过合理的战略规划和政策组合，让上海逐步成长为世界级的金融中心。上海是中国境内最重要的金融中心，其业务也具有一定的国际性，但是客观事实是，它还不是亚洲最重要的金融中心，更不是全球顶级的金融中心。

上海本身已经拥有了很好基础、潜力和时机。长三角地区是唐代之后中国文明和经济的重心所在，也是当前全球制造业最大中心所在，而其辐射的长江经济带则串联了中国经济的大半壁江山。从19世纪中叶开埠以来，上海便具有很强的国际性特点；邓小平同志从1991年就认为"中国要在金融方面取得国际地位，首先要靠上海，这个要好多年以后，但现在就要做起来"。[①] 党的十八大以来，上海自贸区的设立和探索又给予其在改革开放上先行先试的战略机遇。上海是人民银行第二总部以及上交所、中金所、金砖银行以及能源交易所的所在地，陆家嘴云集了大量的国内外金融机构和专业人才。中国经济的产能和资本都已经从不足转为过剩；中国货币的信用基础正在从美元外汇转变为本国公共部门债务，这意味着20多年来贸易与资本双顺差所积累而成的三万亿外汇储备即将可以释放出很大部分来

[①] 薛波等：《国际金融中心的理论研究》，上海财经大学出版社2009年版，第262页。

藏汇于民，从而形成资本输出的新一轮浪潮。人民币成为国际储备货币之一，人民币国际化指数持续走高，[①]全球各国的政府和金融机构都在尝试持有部分人民币资产。上述因素都指向这样一种趋势，即上海在全球金融中心的竞争中处于明显的上升通道。

但是另一方面，这一上升趋势面临着某些不利因素。最大的不利因素是资本项目和外汇的管制。改革开放以来，中国在外汇使用和资本项目方面采取了渐进开放的政策，比如外汇使用的额度管理和真实性审查。整体来看这种战略审慎是很有必要的，它帮助中国安然度过了多次地区或全球性金融危机的冲击。但是对于试图建设金融中心的上海而言，这种管制大大制约了其国际竞争力，因为资本输出面临各种审查和限制，外资则只能进入获批的制造业而不能自由地买卖绝大多数金融资产。笔者相信，随着中国国内金融改革的逐步到位，金融市场的日渐壮大成熟以及人民币在国际货币市场上份额的上升，开放所带来的冲击与风险将小于所伴随的政治经济利益，届时资本项目的开放将是水到渠成之事。

另一个不利因素是国内金融中心之间的竞争。珠三角的深圳与香港分别作为东亚创新之都和成熟的国际金融中心，在粤港澳大湾区的建设中对上海具有显而易见的竞争优势。而北京则作为首都，虽然其定位是政治中心、文化中心、国际交往中心和科技创新中心而没有金融中心，但是不可否认的是绝大多数的央企总部、央行及各大银行、证监会与银保监会及金融机构的总部因为政治原因而聚集在北京，甚至连亚投行的总部也设在了北京。这种资源分散、分工重叠的局面其实是不利于凸显上海建设世界级金融中心的国家战略的。

要提升上海金融中心的竞争优势，上述两大不利因素中的着力点应当放在第二因素上。资本项目的放开和人民币的自由兑换需要根据中国经济

[①] 关于人民币国际化指数的探讨，详见本书第二章第四节。

的转型升级与金融货币体系改革的进度来确定而不能操之过急，但是优化国内金融布局的内部功夫可以先做起来。笔者主张应该下决心将多数央企总部和大银行总部搬到上海，这既有利于上海国际金融中心的建设，也有利于这些央企和银行的国际竞争力，更有利于它们的市场化转型和混合所有制改造。与之相应，银保监会和证监会也应该像央行一样在上海设立第二总部，便于其监管工作的展开，毕竟它们的主要工作重心是应对市场的信息而不是与其他政府部门的沟通。而若干具有国际影响力的政策性金融机构，比如亚投行、国家开发银行和进出口行等，也可考虑在上海。更应该邀请各国驻华使馆的经商处转驻上海，这样才能帮助上海成为国际经济金融交往的重心。习近平总书记主张疏解北京的非首都功能，上述安排一方面顺应了首都功能调整的政治任务；另一方面又符合改善金融资源区域配置的市场规律。

对标纽约和伦敦，上海本身也有很多功课要做，包括但不限于：提升自贸区管委会对金融业的服务能力；完善金融业及其附属服务业的产业生态；强化国际性金融人才的吸引和培养；加强对发展中国家尤其是东亚地区的经济和产业研究，从而提升上海金融机构对东亚地区和全球外围资产和风险的定价能力；强化同全球80多个多层次金融中心的商业联结与信息交流。上海自身的定位也应有所提升，它不仅仅是服务于长三角经济，而是要服务于整个东亚供应链的重构和升级。

此外，税制的改革也是一个迫切问题。中国的累进个人所得税具有较大的不合理性，对高收入人群的所得税率最高达到48%，而与深圳一河之隔的香港个人所得税率仅为15%上下。这就给予许多国际金融机构和相关服务业区域套利的强烈动机和空间：他们将公司注册在香港，缴税也在香港，但是业务则发生在包括中国内地在内的整个东亚地区。现代信息技术和交通便利性，使得这种操作非常普遍。中国内地与其捍卫一个名义上的"劫富济贫"，不如将针对高层次人才的高阶税率实实在在降下来，反而能够多收到很多税，而且还能增强内地核心城市金融业的聚集效应。这一点，上海地方政府和中央政府都可以有所作为。粤港澳大湾区在这个方面的改革试点是，针对科技和金融领域的高层次人才，参照香港标准实施专项的个人所得税返还，以此强化对该群体的吸引力。

中国政府还应该同美欧、日、印等主要经济体一起推进对离岸中心和避税天堂的国际规制。长久以来，欧洲小国和某些岛国采取了以邻为壑的税收政策，配合跨国公司在全球供应链的布局中转移利润偷逃税收，损害了主要经济体的利益。只要这些大经济体联合起来，在G20框架和其他多边平台一起发力，就可以对这种不负责任的行为者施加足够的压力，迫使其改弦更张，减少对偷漏税和赃款藏匿的庇护。这种全球治理努力最终将有利于伦敦、纽约和上海这样的主要金融中心。

第五章

汇率的政治经济学

◇ 第一节 汇率制度的选择与利弊

一 汇率制度的分类及其优缺点

自20世纪70年代布雷顿森林体系崩溃、美元与黄金脱钩以来，汇率制度选择开始成为各国——尤其是发展中国家——在政策制定过程中重点考虑的方面。由于牙买加体系的制度约束明显弱化，对于高度依赖国外市场的发展中国家来说，大国间的浮动汇率成为导致其经济不稳定的重要根源。同时，在资本流动日益自由的全球化时代，正如"三难困境"所揭示的那样，国家必须在货币政策独立性和汇率稳定之间做出抉择，也就是说除美国以外的大多数国家都面临汇率制度选择困境。拉美债务危机、东亚金融危机、美国次贷危机和欧债危机的爆发，都显示出研究汇率制度的必要性和重要性，汇率制度是国际经济学和国际政治经济学不能忽视的重要任务。

汇率制度本身并无好坏之分，但不同的汇率制度所代表的不同政策规则会对国家宏观经济发展产生不同影响，因此，选择恰当的汇率制度是国家所面临的至关重要的问题。汇率制度分类是研究汇率制度选择的基础。在对汇率制度进行分类时，部分学者是基于各国所公开宣称的法定（de jure）分类,① 还有一些研究是基于国家实际实行的汇率制度的事实（de facto）分类。② 依据汇率变动幅度的大小，学者们基本认同将汇率制度分为固定汇率制、浮动汇率制和中间汇率制三大类，其中，固定汇率是指以本位货币本身或法定含金量为基准确定的一种较为稳定的汇率制度，浮动汇率则是指汇率随外汇市场供求关系变化而自由浮动的汇率制度，中间汇率制则介于二者之间。

IMF 依据各国官方填报的信息将汇率制度分为三大类和八小类，成为基于法定汇率制度的权威分类标准。弗兰克尔（Jeffery A. Frankel）的分类与 IMF 类似，但他将实行"美元化"的国家单独列为一类以体现这类国家货币政策的独特性。③ 由于许多国家事实上实行的汇率制度与公开宣称的差异较大，法定汇率制难以成为真正度量各国汇率制度的标准，IMF 于 2007 年开始提供基于事实汇率制度的分类标准。在此以前，高希（Atish Ghosh）、古尔德（Anne-Marie Gulde）、奥斯特里（Jonthan Ostry）和沃尔夫（Holger C. Wolf）已经将事实与法定汇率制度结合起来，对 136 个国家 1960—1990 年的汇率制度进行分类，形成了 GGOW 分类。④ 列维叶亚提（Eduardo Levy-Yeyati）等学者则完全基于事实汇率制度进行分类，他们采用 K-means 聚类方法对 1974—2000 年 183 个国家的年汇率波动率、汇率变化的波动率和外

---

① 参见 Ghosh Atish, Eduardo Anne-Marie Gulde, Jonathan Ostry and Holger C. Wolf, "Dose the Nominal Exchange Rate Regime Matter?" NBER Working Paper, No. 5874, 1997; Frankel Jeffrey A. , "No Single Currency Regime is Right for All Countries or At All Times", NBER Working Paper, No. 7338, 1999; Yagci Fahrettin , "Choice of Exchange Rate Regimes for Developing Countries", Africa Region Working Paper Series, The World Bank, No. 6, 2001。

② 参见 Reinhart Carmen M. and Kenneth S. Rogoff, "The Modern History of Exchange Rate Arrangements: A Reinterpretation", The Quarterly Journal of Economics, Vol. 109, No. 1, 2004, pp. 1 - 48; Levy-Yeyati Eduardo and Federico Sturzenegger, "Classifying Exchange Rate Regimes: Deeds vs. Words", European Economic Review, Vol. 49, No. 6, 2005, pp. 1603 - 1635。

③ Frankel Jeffrey A. , "No Single Currency Regime is Right for All Countries or At All Times", NBER Working Paper, No. 7338, 1999, pp. 3 - 5. "美元化"并不单指在其国内采用美元作为官方货币的国家，还用来指代任何在其国内采用非本国货币作为官方货币的国家，如"法郎化"的国家。在弗兰克尔的分类中，"美元化"只是一个概称。

④ Ghosh Atish, Anne-Marie Gulde, Jonathan Ostry and Holger C. Wolf, "Dose the Nominal Exchange Rate Regime Matter?" NBER Working Paper, No. 5874, 1997, p. 5。

汇净储备的变动率三个变量进行分类研究，形成了 LYS 分类。① 关于主要的汇率制度分类，见表 5—1。

表 5—1　　　　　　　　　　汇率制度的分类②

依据	分类	固定汇率制度	中间汇率制度	浮动汇率制度
法定汇率	IMF 分类（1999）	放弃独立法定货币；的汇率安排；货币局制度	固定钉住；区间钉住；爬行钉住；爬行区间；管理浮动	独立浮动
法定汇率与实际汇率相结合	GGOW 分类（Ghosh, et al., 1997）	钉住单一货币；钉住 SDR；公开的一篮子钉住；秘密的一篮子钉住	货币合作体系汇率；无分类的浮动汇率；预定范围内的浮动	无预定范围内的浮动；纯粹浮动
实际汇率	LYS 分类（Levy-Yeyati, et al., 2005）	固定汇率制	爬行钉住	肮脏浮动；自由浮动

资料来源：笔者整理。

---

① Levy-Yeyati and Sturzenegger, 2005, p. 1609. 对该分类方式的解释见黄薇《汇率制度与国际货币体系》，社会科学文献出版社 2014 年版，第 58—59 页。

② 基于法定汇率制和事实汇率制的混合分类，还有 RR 自然分类、DLM 混合分类等，参考 einhart Carmen M. and Kenneth S. Rogoff, "The Modern History of Exchange Rate Arrangements: A Reinterpretation", *The Quarterly Journal of Economics*, Vol. 109, No. 1, 2004, p. 25; Dubas Justin M., Lee Byung-Joo and Nelson C. Mark, "Effective Exchange Rate Classifications and Growth", NBER Working Paper, No. 11272, 2005. 纯粹基于事实汇率制度的分类除 LYS 分类外，还有 CD 分类，参见 Coudert Virginie and Marc Dubert, "Does Exchange Rate Regime Explain Differences in Economic Results for Asian Countries", CEPII Working Paper, No. 2003-05, 2004。

每种汇率制度都有其优点和缺陷,弗里登(Jeffery Frieden)等学者曾用可信性(credibility)、灵活性(flexibility)和稳定性(stability)来概括固定汇率制和浮动汇率制各自的优缺点,提出固定汇率制可视作国家治理通货膨胀的承诺工具(可信性),并为国内经济部门提供稳定性,而浮动汇率制则有助于国家运用灵活的货币政策应对外部冲击。[1] 类似地,潘红宇用可信度、平稳性、灵活性、货币政策独立性、应对金融危机这五个指标来评价不同汇率制度的优缺点。[2] 汇率制度的优缺点见表5—2。

表5—2 汇率制度的优缺点

	主要优点	主要缺点
固定汇率制	稳定的汇率有助于贸易和投资; 经济政策能够获得极大可信性; 能够保持较低和较稳定的利率; 作为名义锚,促进物价水平和通货膨胀预期的稳定	央行失去作为最后贷款人的作用和地位,失去货币政策独立性; 需要保持大量外汇储备; "美元化"很难退出
浮动汇率制	帮助减缓外部不利冲击; 保持国家货币政策的独立性; 无须维持大规模外汇储备	汇率波幅过大,阻碍贸易和投资; 助长外汇市场上的投机行为; 对国家宏观经济管理能力、金融市场成熟程度要求更高

资料来源:Yagci Fahrettin,"Choice of Exchange Rate Regimes for Developing Countries", Africa Region Working Paper Series, The World Bank, No.6, 2001, pp.4 - 6; Advantages and Disadvantages of Exchange Rate Systems, http://www.sanandres.esc.edu.ar/secondary/economics%20packs/international_economics/page_60。

---

[1] Frieden Jeffry, Ghezzi Piero and Stein Ernesto, "Politics and Exchange Rate: A Cross-Country Approach", in Frieden Jeffry and Ernesto Stein, eds., *The Currency Game: Exchange Rate Politics in Latin America*, Baltimore: Johns Hopkins University Press, 2001, pp.24 - 25.

[2] 潘红宇:《固定汇率制度还是浮动汇率制度?》,《世界经济探索》2016年第3期。

正是由于不同汇率制度各自所具有的优势和局限，导致国家面临选择困境，与汇率制度相关的选择理论应运而生，除国际经济学外，国际政治经济学（IPE）的学者们也参与到这场讨论中来，形成了汇率制度选择理论的国际经济学视角和国际政治经济学视角。

二 经济金融学视角下的汇率制度选择

由于汇率对一国经济发展具有重要作用，汇率制度选择长期以来成为国际经济学和金融学关注和研究的焦点议题，学者们围绕固定汇率和浮动汇率展开了一系列争论，还有部分学者将中间汇率制也纳入讨论范围，引发了学界关于"中间和两极"之争。

首先是固定汇率与浮动汇率之争。考虑到固定汇率制和浮动汇率制各自具有的优势和局限——主要表现为对国家货币政策独立性的影响，和对国际贸易及投资的影响——国家通常会结合本国经济和政治状况理性地选择合理的汇率制度。分析汇率制度如何影响货币政策独立性的经典理论是蒙代尔—弗莱明模型（Mundell-Fleming Model），该模型提出：在资本流动完全自由化的条件下，若开放经济体采取固定汇率制度，则其货币政策将失去调节各项经济指标的效力；若采取的是浮动汇率安排，则货币政策将发挥调节经济的作用。[1] 亚洲金融危机爆发后，克鲁格曼（Paul Krugman）在蒙代尔—弗莱明模型的基础上提出了"三元悖论"（Mundellian Trilemma），指出资本自由流动、汇率固定和货币政策独立性三者不能同时实现，

---

[1] Fleming J. Marcus, "Does Financial Politics under Fixed and under Floating Exchange Rates", IMF Staff Paper, Vol. 9, No. 3, 1962, pp. 369 – 380; Mundell, Robert A., "Capital Mobility and Stabilization Policy under Fixed and Flexible Exchange Rates", *Canadian Journal of Economic and Political Science*, Vol. 29, No. 4, 1963, pp. 475 – 485.

国家必须放弃其一。①

　　哥伦比亚大学的金融学教授魏尚进认为三元悖论在实践中存在缺陷，主要是体系外围国家对于中心国家货币政策的冲击很难完全隔绝，即便是采取了灵活的汇率制度，也难以真正获得货币政策自主权。他的研究发现灵活的汇率制度在无资本管制条件下，只能提供部分或者不对称的外部政策隔绝效果。当中心国家收紧其货币政策时，外围国家通常不应对中心国家的政策举措；但是当中心国家放松其货币政策时，外围国家通常不得不效仿，即使他们国内经济已经面临通胀压力。而资本管制则能够帮助各国从外国货币政策冲击中获得自主权。②

　　汇率制度除了影响国家政策工具的使用外，还会对一国的国际贸易与投资产生影响。概括来说，浮动汇率制度下的汇率波动性较大，对于风险规避型的经济行为体而言，这种较大波幅会增加进出口双方未来收益的风险，同时干扰国际性生产资本的流动。③ 即使在金融衍生工具得到较大发展的今天，浮动汇率制所代表的不确定性及其背后隐含的风险仍是进出口企业和国际投资商所担忧的。比较而言，固定汇率制除了本身具有较大稳定性外，还可以作为一种承诺机制增加国家低通胀货币政策的可信性和有效性。④ 因此，经济学家的观点认为，汇率制度选择就是国家基于货币政策独立性和风险敞口所作出的取舍。

---

①　Paul Krugman, "O. Canada: A Neglected Nation Gets Its Nobe", *Slate Magazine*, 1999, http://www.slate.com/articles/business/the_dismal_science/1999/10/o_canada.html.

②　该观点来自魏尚进教授 2018 年 5 月 10 日在北京金融 50 人论坛的演讲《从最新实证研究结果来看金融开放的策略》魏尚进教授向笔者提供了演讲稿，北京，2018 年 5 月 10 日。

③　易纲、汤弦：《汇率制度"角点解假设"的一个理论基础》，《金融研究》2001 年第 8 期。

④　Shengzu Wang, "Does Monetary Policy Credibility Matter for Exchange Rate Volatility? A Small Open Economy Case", Paper on the 43rd Annual Conference of the CEA, 2009.

在汇率制度的选择理论中最具代表性、同时也得到了广泛使用的理论是蒙代尔于 1961 年提出的最优货币区理论（Optimum Currency Area Theory，OCA），该理论认为最符合经济金融上某些条件的国家或地区之间应当建立紧密联系的货币制度，如固定汇率制，甚至使用统一货币。[1] 该理论的实质是认为一些长期相对稳定的经济因素将决定国家的汇率制度选择。学者们在蒙代尔的理论基础上修正性地提出了许多检验国家汇率制度选择的经济指标，包括经济发展水平、开放程度、经济规模、资本账户开放性、进出口贸易的商品结构和地域分布、国际金融一体化程度、通货膨胀率相似度等。[2]

20 世纪 80 年代以前，国际金融和衍生品市场还未发展成熟，无法为国家提供有效的规避汇率风险的工具，因此国家主要在保持汇率稳定的固定

---

[1] Mundell, Robert A. , "A Theory of Optimum Currency Areas", *The American Economic Review*, Vol. 51, No. 4, 1961, pp. 657 – 665; McKinnon, Ronald I. , "Optimum Currency Areas", *The American Economic Review*, Vol. 53, No. 4, 1963, pp. 717 – 725.

[2] Jordaan, Andre C. , "Choice of Exchange Rate Regime in a Selection of African Countries", *Journal of African Business*, Vol. 16, No. 3, 2015, pp. 215 – 234; Ondina Pedro Alvarez, Rivero Jose Luis Perez, Queijeiro Saul de Vicente and Maria Rosalia Vicente Cuervo, "The Determinants of Choice of Exchange Rate Regimes in Latin America: A Mixed Multinational Logit Approach", *Cuadernos de Economia*, Vol. 34, No. 95, 2011, pp. 55 – 61; Markiewicz Agnieszka, "Choice of Exchange Rate Regime in Transition Economies", *Journal of Comparative Economics*, Vol. 34, 2006, pp. 484 – 498; Papaioannou, Michael G. , "Determinants of the Choice of Exchange Rate Regimes in Six Central American Countries", IMF Working Paper, 2003, pp. 5 – 7; Rodriguez, Cesar M. , "Economic and Political Determinants of Exchange Rate Regimes", *International Economics*, Vol. 147, 2016, pp. 1 – 26; Devereux Michael B. and Charles Engel, "The Optimal Choice of Exchange-Rate Regime: Price-Setting Rules and Internationalized Production", in Magnus Blomstrom and Linda S. Goldberg, "Topics in Empirical International Economics: A Festschrift in Honor of Robert E. Lipsey", NBER Book, 2001; 刘晓辉、张璟、甘顺利:《资本账户自由化、实际资本控制与汇率制度选择——来自 88 个发展中国家的经验证据》,《国际金融研究》2015 年第 7 期; 黄薇:《汇率制度与国际货币体系》, 社会科学文献出版社 2014 年版。

汇率制和保持货币政策独立性的浮动汇率制之间进行取舍。随着外汇市场上投机基金的能力逐渐壮大和金融衍生工具的发展，汇率风险已经可以通过对冲来部分规避，因此，介于固定汇率制和浮动汇率制之间的中间汇率制度开始流行。

其次是中间汇率与两极汇率之争。所谓中间汇率，是指在不可能三角的图中，不选择任何一条边线，而是将汇率制度定位在三角形中间的某一个点上。换言之，固定汇率、资本自由流动和货币政策自主的政策目标每一个都做一定程度的牺牲，但都有一定程度的实现。

20世纪80年代以来，中间汇率制度因兼具固定汇率制和浮动汇率制的优势而受到许多发展中国家和转型国家的欢迎。实行中间汇率制的国家能够在保留货币政策独立性的同时，较大限度地维持本国的汇率稳定，而且不需要国家具有强大的调控能力和维持大规模外汇储备，对于发展中国家而言无疑是理想的汇率安排。艾肯格林（Bay Eichengreen）是第一个明确提出理论反对中间汇率制的学者，他的观点同样得到奥布斯特菲尔德（Maurice Obstfeld）和罗戈夫（Kenneth Rogoff）的支持。通过对1992—1993年欧洲汇率机制危机进行分析，他们认为在投机攻击的情况下，中间汇率制度不能有效地防止货币危机。[①] 因此，中间汇率制的发展趋势是逐渐消亡，取而代之的将是角点制度（固定和浮动汇率）。[②] 这种观点被称为角点解假说（theory of corners solution）。

学者们围绕角点解假说展开了"中间与两极"之争，其中反对角点解假说的观点大致可分为两类。第一类观点从角点制度和中间制度本身的优

[①] Barry Eichengreen, *International Monetary Arrangements for the 21st Century*, Working Paper of Center for International and Development Economics Research, No. C93-021, 1993; Maurice Obstfeld and Kenneth Rogoff, *The Mirage of Fixed Exchange Rates*, NBER Working Paper, No. 5191, 1995.

[②] 易纲、汤弦：《汇率制度"角点解假设"的一个理论基础》，《金融研究》2001年第8期。

缺点展开分析，认为角点制度并不必然能够规避风险，而且避免危机并不是一国选择某种汇率制度的唯一原因。① 以弗兰克尔为代表的学者提出的第二类观点认为，没有一种汇率制度"放之四海而皆准"，制度的选择取决于各国具体的特征及所处的时间段，② 因此中间制度同样具有存在的价值，而且可能是更适合转型国家的汇率制度选择。③

汇率制度是国家对外经济政策中的一种，因此经济学家对汇率制度选择理论的研究通常聚焦于国内和国际经济因素，但汇率制度同时关系到一国的主权货币定价和国家间货币关系安排，因此也是一个高度政治化的问题，有必要对政治因素在汇率制度选择中的作用进行探究。这类研究由国际政治经济学者进行，并取得了丰富的、开创性的研究成果。

三 国际政治经济学的视角下的汇率制度选择理论

从国际政治经济学的角度来看，汇率制度选择不仅仅要考虑其经济效率，还应当分析其政治后果和评估政治可行性。经过30余年的发展，国际政治经济学在汇率制度选择问题上取得了许多创造性的进展，形成了四种主要的解释路径。

第一种汇率制度选择的解释路径是霸权国家的偏好。霸权稳定论最初

---

① Williamson John, "Are Intermediate Regimes Vanishing", speech given at the international conference on "Exchange Rate Regimes in Emerging Market Economies" Tokyo, Japan, 1999, https://piie.com/commentary/speeches-papers/are-intermediate-regimes-vanishing, Retriece date: 2018-05-24.

② Frankel, Jeffrey A., "No Single Currency Regime is Right for All Countries or At All Times", NBER Working Paper, No. 7338, 1999, pp. 29-30.

③ 杜晓蓉：《发展中国家偏好钉住汇率制度的新理论分析》，《安徽大学学报》（哲学社会科学版）2006年第5期。

是金德尔伯格在分析1929—1939年世界经济危机时提出的,他认为导致危机爆发的原因在于英国没有能力、而美国没有意愿承担维护经济体系良性运转的责任,并由此提出霸权和领导者是世界经济保持稳定的基础。① 霸权稳定论强调霸权对国际经济关系的决定性作用,体现在汇率制度选择上便是,霸权国的汇率制度偏好决定了国际货币体系中的汇率制度安排,参与国际货币体系的其他国家是霸权国汇率制度安排的接受国。② 英国霸权下的金本位制、两次世界大战之间的空位期和相伴随的较为混乱的汇率制度安排、美国霸权下的布雷顿森林体系所规定的"双挂钩"制度以及布雷顿森林体系解体后浮动汇率制的流行,是霸权稳定论者支撑自己观点的重要例证。

从国际货币关系史上的汇率制度变化和霸权国崛起的时间一致性来看,霸权稳定论对国际货币体系的创建具有一定的解释力,但这种总体结构的分析模式无法解释同一霸权治下的汇率制度演变。如果20世纪70年代美国霸权确实出现了衰落,为什么后布雷顿森林体系时代的国际货币体系安排仍与美国的偏好保持一致?如果美国霸权并没有衰落,那么国际体系变动的动力何在?③ 除此之外,霸权稳定论也没有说明霸权国自身的汇率制度偏好是如何形成的,因而使人无法全面理解国际货币体系变迁的内在机制和外在动力。

传统的霸权稳定论学者从不对称权力的角度来分析霸权国的偏好如何成为体系内的制度安排。这些学者认为,霸权国通常可以借助自身强大的经济、政治和军事实力,以"胡萝卜加大棒"的方式诱导和迫使其他国家

---

① [美]查尔斯·金德尔伯格:《1929—1939年世界经济萧条》,宋承先、洪文达译,上海译文出版社1986年版,第12—13页。
② 王正毅、曲博:《汇率制度选择的政治经济分析——三种研究路径比较及其启示》,《吉林大学社会科学学报》2006年第5期。
③ 曲博:《危机下的抉择:国内政治与汇率制度选择》,上海人民出版社2012年版,第108页。

接受霸权国的安排。① 随着建构主义在国际关系学界的兴起，观念和知识的作用也开始得到国际政治经济学者们的关注，特别是在汇率制度这样具有高度专业性和技术性的问题领域，经济观念和新兴知识的传播为政治决策者形成偏好和开展游说提供了基础，有助于霸权国偏好向整个体系扩展。② 如布雷顿森林体系确立的固定汇率制就体现了自20世纪30年代以来被普遍接受和广为流行的凯恩斯主义的影响，当时的政策制定者们拒绝了自由放任的意识形态，相信干预主义更有利于维持体系稳定和政治经济发展，这成为达成共识和合作的观念基础。随着新古典主义和新自由主义思想在20世纪70年代的复兴，浮动汇率制开始流行，并最终成为布雷顿森林体系解体后许多国家采取的汇率制度安排。

观念和知识可以部分弥补传统霸权稳定论解释汇率制度变迁的不足，可以帮助理解霸权国汇率制度偏好在国际体系内推行的"软"途径，但它们仍是霸权国用来塑造认同、实现利益的工具，关于偏好如何形成、相互争论的观念和知识如何胜出等问题仍未能提出开创性的见解，因此许多学者转向关注国内要素对偏好形成的影响，并在此基础上提出了诸如"社会联盟理论""选举周期理论"等重要的解释路径。

第二种汇率制度选择的解释路径是国内社会利益集团的斗争。肯尼思·华尔兹在其1959年出版的《人、国家与战争》一书中提出了国际问题的层次分析法，其中"第二意向"（the second image）指国内因素对国际关

---

① ［美］斯蒂芬·沃尔特：《驯服美国权力：对美国首要地位的全球回应》，郭胜、王颖译，上海人民出版社2008年版。

② 关于观念和知识对制度变迁的作用，参见［美］亚历山大·温特《国际政治的社会理论》，秦亚青译，上海人民出版社2014年版；［美］朱迪斯·戈尔茨坦、［美］罗伯特·基欧汉《观念与外交政策：信念、制度与政治变迁》，刘东国、于军译，北京大学出版社2005年版。

系的影响。① 1978年，古列维奇通过提出"颠倒的第二意向"（the second image reversed）这一概念，表明国际体系不仅是国内政治和结构的结果，也是其原因。② 古列维奇在文中指出，将国内和国际两个系统联系起来分析国家的对外经济政策，必须要先回答以下问题：（1）所研究的国家在世界经济体系中所处的地位；（2）国内社会中的政策受益者是谁，实际执行的政策与预期的利益联盟是否一致；（3）政策选择由哪些国内行为体界定；（4）政策如何合法化，及其支持者和反对者如何互动。③ "颠倒的第二意向"为学者研究国际经济的国内政治后果提供了开创性的思路，正如古列维奇本人对经济危机时期各国应对政策的研究所显示的，④ 这一视角下的研究为后来"社会联盟理论"的诞生奠定了基础。

社会联盟理论强调，每一种经济政策都会产生一定的分配效应，从而影响国内经济主体的福利水平和经济命运。同国家的对外贸易政策一样，汇率制度也会在一国国内造成"赢家"（winner）和"输家"（loser），这就使得能从既定汇率制度中受益的行为体会继续支持这种制度，而受损的行为体则会坚决反对，并积极争取有利于自身利益的汇率制度。⑤ 从这个角度来看，一国的汇率制度选择实际上体现的是不同利益集团的汇率偏好如何通过政治过程转化为国家政策。弗里登认为，不同的国内利益集团和社会行为体具有不同的汇率政策偏好（包括汇率制度和汇率定价水平），这些集团和行为体会围绕国家的政策选择进行一系列博弈，最终的汇率政策体现

---

① Waltz Kenneth, *Man, the State and War: A Theoretical Analysis*, New York: Columbia University Press, 1959.

② Gourevitch Peter, "The Second Image Reversed: The International Sources of Domestic Politics", *International Organization*, Vol. 32, No. 4, 1978, pp. 881 – 912.

③ Ibid., pp. 906 – 907.

④ 参见［美］古列维奇《艰难时世下的政治：五国应对世界经济危机的政策比较》，袁明旭、朱天飚译，吉林出版社2009年版。

⑤ 关于贸易政策造成的国内社会分化参见［美］罗纳德·罗戈夫斯基《商业与联盟：贸易如何影响国内政治联盟》，杨毅译，上海人民出版社2012年版。

出的就是胜出的利益集团和社会行为体的偏好。① 研究显示，面向国内的生产者更倾向于采用浮动汇率制度，而面向国际的生产者，如国际投资者、国际金融机构、跨国公司、专业化制成品的出口商、净外币负债的经济主体，则更愿意支持固定汇率制；贸易品生产商希望货币贬值，而非贸易部门生产者则支持强势货币。②

汇率低估能否帮助本国的制造业出口竞争？逻辑上是可以的，但是按照美国学者戴维·斯坦伯格在《汇率低估政策的制度研究》一书中的观点，这低估汇率产生作用也需要符合特定政治前提。它要求政府不但能够干预汇率，而且要有相对于社会的强势，尤其是能够压低劳动者成本和利率成本，否则长期内汇率低成本产生的局部好处会被贸易顺差带来的市场反应抵消。③

以社会为中心的解释路径强调汇率制度的国内政治后果，以及在此基础上形成的偏好博弈。但问题在于，汇率制度选择的社会联盟理论假设面向国际的生产者是风险规避的，因此会排斥浮动汇率制所带来的贸易和投资风险，但这种假设并未得到经验证实。而且汇率制度的分配性后果与贸

---

① ［美］杰弗里·弗里登：《货币政治：汇率政策的政治经济学》，孙丹、刘东旭、王颖櫟译，机械工业出版社 2016 年版。

② Broz J. Lawrence, Frieden Jeffry, Weymouth Stephen, "Exchange Rate Policy Attitudes: Direct Evidence from Survey Data", IMF Staff Paper, Vol. 55, No. 3, 2008; Frieden Jeffry, Ghezzi Piero and Stein Ernesto, "Politics and Exchange Rate: A Cross-Country Approach", in Frieden Jeffry and Ernesto Stein, eds., The Currency Game: Exchange Rate Politics in Latin America, Baltimore: Johns Hopkins University Press, 2001; Blomberg S. Brock, Frieden Jeffry, Stein Ernesto, "Sustaining Fixed Rates: The Political Economy of Currency Pegs in Latin America", Journal of Applied Economics, Vol. 8, No. 2, 2005, pp. 203 – 225; Frieden Jeffry, Leblang David, Valev, "The Political Economy of Exchange Rate Regimes in Transition Economies Neven", Review of International Organizations, Vol. 5, No. 1, 2010, pp. 1 – 25.

③ ［美］戴维·斯坦伯格：《汇率低估政策的制度研究》，王宇译，商务印书馆 2018 年版。

易政策不同，在实际中很难克服集体行动的困境。①

第三种解释路径是选举政治的经济周期。不同于经济学家关注汇率制度的经济效率和社会联盟理论家关注汇率制度的社会福利后果，政治学家将汇率制度视作国家和政府干预经济的政策工具，并探究政治因素在其中所起的作用。政治学家们认为，在实行竞争性选举的国家，投票人关心经济现实和社会福利，而政治家关心在选举中获胜，在投票人和政治家的共同作用下，国家宏观经济可能呈现出随着选举周期的临近而相应变化的趋势，这种现象被称为"政治性经济周期"（political business cycle，PBC）。固定汇率制能为国家的经济活动提供较大的稳定性，从而促进贸易和投资，但同时也限制了政治家运用货币政策调节宏观经济状况、解决经济问题、并进而影响选举的能力；而在浮动汇率制下，执政党可以最大限度保持货币政策的自主性，从而在短期内创造有利的宏观经济环境以获得选票。② 罗德里格兹（Cesar M. Rodriguez）的观察——任期制政府距离下一次选举的时间越长，越有可能选择固定汇率制——也同样证实了这一观点。③

弗里登在研究拉丁美洲的汇率政策时同样对选举的作用进行了考察，他指出，政策制定者如何决定汇率制度取决于他们所针对的目标选民：如果劳工和普通民众是目标选民，则大致的战略是鼓励货币在大选前夕相对升值以提高民众购买力；如果目标选民是面临进口商品竞争的本地生产商，执政党则可能在选举之前实行货币贬值；以上两种策略都要求执政党采取浮动汇率制。如果执政党想要争取有国际关联的经济主体，则更可能选择

---

① 曲博：《危机下的抉择：国内政治与汇率制度选择》，上海人民出版社2012年版，第116页。

② Bernhart William and Leblang David, "Democratic Institutions and Exchange-Rate Commitments", *International Organization*, Vol. 53, No. 1, 1999, p. 93.

③ Rodriguez, Cesar M., "Economic and Political Determinants of Exchange Rate Regimes: The Case of Latin America", *International Economics*, Vol. 147, 2016, pp. 1–26.

固定汇率制；而且到了竞选最激烈的时刻，信誉也会成为政治家继续实行钉住汇率的动力。① 虽然"选举周期理论"并未提供一条从国家特定政治经济状况到汇率制度选择的确定的因果链条，但该理论为理解国家汇率制度选择提供了一个新的视角，它表明没有预先设定的最优政策，强调不同政策之间的替代性和机会成本。②

最后一种解释路径是制度与历史特征。以制度为研究中心的学者通常关注国内政治制度安排和历史因素所带来的初始条件不同对国家汇率制度选择的影响，其中受到学者们广泛关注和深入研究的是选举制度。伯恩哈特和勒布朗的研究显示，根据选举制度和反对党的影响力将现有的制度分为四类，其中多数制/低反对党影响的制度（majoritarian-low opposition systems）最不可能采取固定汇率制，而比例选举制/高反对党影响的制度最有可能采取固定汇率制。③ 罗戈夫斯基（Ronald Rogowski）则指出，多数选举制令政府更迭的可能性较高，为了保证政策的稳定和透明，政党愿意采取固定汇率制而放弃货币政策自主性；而在比例选举制度下，政府更倾向于选择浮动汇率制。④

由于固定汇率制意味着国家频繁地干预外汇市场以保持汇率稳定，因此需要国家拥有强大的调控能力和大规模的外汇储备，只有权力集中的政府才有能力实现这样的目标。权力集中程度的区分不只体现在民主和专制体制之间，还体现在选举制度所造成的政府能力上的差异。多数

---

① ［美］杰弗里·弗里登：《货币政治：汇率政策的政治经济学》，孙丹、刘东旭、王颖樑译，机械工业出版社 2016 年版，第 180—182 页。

② 曲博：《危机下的抉择：国内政治与汇率制度选择》，上海人民出版社 2012 年版，第 111 页。

③ Bernhart William and Leblang David, "Democratic Institutions and Exchange-Rate Commitments", *International Organization*, Vol. 53, No. 1, 1999, p. 77.

④ Rogowski Ronald, "Trade and the Variety of Democratic Institutions", *International Organization*, Vol. 41, No. 2, 1978, pp. 203 – 223.

选举制度更容易产生单一政党执政的政府，由于权力集中、掣肘较小，因而能够保证固定汇率制的有效性；相反，比例选举制度产生的多党联合执政经常会带来龃龉、协商、妥协，难以维持固定汇率制，因而更愿意采用浮动汇率制。[1] 还有学者指出央行独立性和国内金融部门的发展程度对汇率制度的影响。实证研究显示，中央银行的独立性与低通货膨胀/物价稳定之间存在稳健的正相关关系，因此央行独立性较大的国家更容易采取浮动汇率制，而独立性较小的国家则需要采取固定汇率制来治理通货膨胀；[2] 而金融部门越发达的国家越倾向于采取浮动汇率制。[3] 布罗兹（Broz J. Lawrence）则从货币制度的功能性出发，认为如果一国政治体系的透明程度较高，其政府将倾向于选择浮动汇率制，因为政治体系的透明度可以弥补浮动汇率制带来的独立中央银行透明度低的缺陷，从而保证货币政策的可信性，同时保持货币政策的自主性；如果一国政治体系的透明度较低，则政府需要实行固定汇率制以增强货币政策承诺的可信性；这是因为固定汇率制的透明程度高而灵活性低，浮动汇率制透明程度低而灵活性高。[4]

---

[1] Roubini Nouriel and Jeffrey Saches, "Political and Economic Determinants of Budget Deficits in the Industrial Democracies", *European Economic Review*, Vol. 33, No. 5, 1989, pp. 903 – 933.

[2] Jacome Luis I. and Vazquez Francisco, *Any Link between Legal Central Bank Independence and Inflation? Evidence from Latin America and the Caribbean*, IMF Working Paper, 2005; Christopher Crowe and Ellen Meade, "Central Bank Independence and Transparency: Evolution and Effectiveness", *European Journal of Political Economy*, Vol. 24, No. 4, 2008, pp. 763 – 777.

[3] Markiewicz Agnieszka, "Choice of Exchange Rate Regime in Transition Economies", *Journal of Comparative Economics*, Vol. 34, 2006, pp. 484 – 498.

[4] Broz J. Lawrence, "Political System Transparency and Monetary Commitment Regimes", *International Organization*, Vol. 56, No. 4, 2002, pp. 861 – 887; 曲博：《危机下的抉择：国内政治与汇率制度选择》，上海人民出版社2012年版，第117—118页。

◇ 第二节　对汇率的民本主义政治经济学理解①

一　汇率研究的路径问题

自1973年各主要货币的汇率自由浮动以来，汇率研究便是金融市场专业人士智力较量的一个战略高地，相关的研究也已经汗牛充栋。人们试图建立各种模型来解释和预测汇率波动。但是，预测汇率的难度非常大，因为相对于其他市场价格，它牵涉更多政治和国家间关系的非市场因素。也正是因为如此，民本主义政治经济学对国家权力和人的因素的强调，使之更胜任对汇率的理解和解释。关于汇率研究，笔者认为有以下几点值得注意。

其一，应识别并还原政府政策对汇率的扭曲。正如货币政策反映出经济和权力游戏的"混合双打"，货币的对外价格——汇率——也不是一个纯市场问题。即便是所谓自由浮动的货币，货币政策是公共部门和私人部门之间博弈的结果。政府政策和国家间关系对汇率影响甚大，比如日本和中国为代表的东亚模式下，本币容易被适度低估，日元曾经长期拒绝和拖延升值，中国社会也曾经患有所谓的"升值焦虑症"，而来自贸易逆差大国美国的巨大经济外交压力最终都导致了中日两国的汇率升值。对于研究者而言，并不能因为存在政府的巨大影响就放弃对汇率的理论化解释，而是应该把政府和外交因素纳入我们的分析框架中来。政府干预汇率的方式主要有两个方面：其中行政化的手段则是对资本跨境流动的管制，市场化手段则是通过增加或减少外汇储备的手段直接入

---

① 本节的实证研究部分由王雪莹同学负责数据的收集、处理与图表制作。

市干预汇率。当然，政府的干预有其限度，虽然能够在短期内改变汇率价格的轨迹和波动幅度，但是一般来讲难以在长期内改变汇率波动的大趋势。在研究和判断中，我们应该权衡资本管制和政府买卖外汇的因素对汇率走势的影响程度，比如将每个季度外汇储备的增量部分参照贸易量等指标，折算成对汇率的影响幅度，这样的技术处理可以较好地看出纯经济影响下的汇率走势。

其二，对于全球市场体系中心外围圈层中不同地位的国家应该做必要的区分。这200个经济体中间，有50多种货币是大体可以视为独立浮动的。即便是这50种货币之间，也不存在一个连续的量的渐变过程，而是断裂的、存在质的差异的。由于基本面的差异和经济约束条件的不同，各国的货币汇率并不遵从同一个规律。体系中心国家面对的是需求约束，而体系外围国家面对的是供给约束。这些国家虽然生活在同一个地球上，运行在同一个世界经济体系中，但是不得不面对不同的社会规律和经济规则。即便同样是外围发展中国家，资源禀赋结构的差异也使得人口过剩和资源过剩的国家的汇率遵从不同的波动特征。美国虽然和日本、欧洲都是体系中心国家，但是美元汇率的规律同日元欧元存在差异，原因在于美元是典型的全球储备货币，有许多经济体将自己的货币锚住美元甚至直接使用美元，因此美元所对应的经济基本面不仅仅是美国的基本面，还包括这些美元区经济体的基本面。美国一国的贸易逆差虽然绝对值巨大，但是很大程度上被美元区的贸易顺差抵消，所以美元的基本面往往与美国本国的国际收支变化不一致。总之，民本主义政治经济学认为应该区别对待世界市场体系中不同圈层的货币汇率，而不是试图将其纳入同一个普遍性理论框架中而忽视其逻辑差异。否则，就是犯了货币投机大师乔治·索罗斯所说的"移植性错误"（fertile fallacy）。

其三，在不同时间维度上汇率的主要影响因素是不同的。几分钟至三个月的短期内，对某个货币的浮动汇率的主要影响因素是市场情绪和预期，而这种情绪非常不稳定，乐观与悲观反复切换，而且理由五花八门。三个月至三年的中期框架内，政策因素似乎经常占主导地位。应当注意的是，由于汇率是一个货币对之间的比价关系，所以两国各自的某些政策因素都可能有意或无意地影响汇率。而放在更长期的时间框架来看，政府政策的效果在持久性上是值得怀疑的，因为假如一国货币汇率长期高估，市场的力量将会带来越来越大的贸易赤字和资本外流，最终迫使汇率向合理水平靠拢；反过来，假如一国货币的汇率长期低估，贸易顺差和升值预期带来的资本流入最终将导致外汇储备过高、热钱泛滥、外部贸易伙伴的外交压力增加。因此，在三年以上的长期维度上，笔者主张回归国际收支平衡表来考察汇率走势，其中以经常项目为主，辅之以资本项目的影响。[①] 两个相互开放的经济体的可贸易品价格水平最终会趋同，根据这个原理，我们可以推论出：两个货币之间的名义汇率长期来看取决于两国各自的可贸易品加权平均价之比，而且呈倒数关系。甲国可贸易品的价格相对于乙国的价格下降，那么甲国货币会有升值压力。

其四，金融学专业的教科书通常告诉学生应该用巴拉萨—萨缪尔森效应来分析汇率，许多人在探讨汇率时往往根据巴萨效应而将经济增速与汇率走势相联系。事实上，巴萨效应讨论的是生产效率同实际汇率之间的关系，不能直接套用到经济增速。而且该理论仅仅是学术界的一种"假说"（B-S Presumption）而已，其观点的成立需要一系列严格的假设条件，关于它在亚洲经济和汇率史上的适用性学界也颇有争议。巴萨效应最初提出时的历史背景是布雷顿森林体系的金汇兑本位，与1971年之后的浮动汇率体系不是一回事。更重要的是它的逻辑不够简洁有力，就笔者自己的研究体

[①] 一国发展的资源来源对其汇率的长期走势也有不小的影响，如果是较大幅度地依赖外源融资求发展，无论是以外商直接投资产生的股权形式，还是以公私部门借外债形成的债权形式，最终都会促成汇率波动相对于经济的顺周期性，原因在于资本的提供方总是有"晴天借伞、雨天收伞"的习性。

会来看，远不如抛开它直接看名义汇率的历史数据来得更加直接而清晰。

笔者从巴萨理论中吸取的有益成分是区别可贸易部门和非贸易部门。根据本书第一章的理论框架，只有可贸易部门才大体符合一价定理，所以应被视为财富创造环节，而不可贸易部门应该被视为财富分配环节。讨论汇率的时候，应该仅仅讨论可贸易部门的相对价格水平，而不应该将非贸易部门的价格牵扯进来。许多研究者用通货膨胀指数或者GDP平减指数来讨论汇率，其研究成果的解释力和预测力总是令他们自己失望，原因主要在于这两个价格指数中包含了大量的非贸易部门价格。正如笔者在第一章中提到的案例，一国理发和按摩服务的价格贵一点或者便宜一点，对于汇率没有任何影响。汇率在短期内受资本跨境流动的影响很大，在中期内受政府干预的影响也很大，但是从长期看，汇率主要取决于一国可贸易部门相对于其他国家可贸易部门的竞争力。如果世界上只有甲乙两个国家且相互开放市场，那么甲国的可贸易部门的加权平均价，应该与乙国可贸易部门的加权平均价是大体相等的，否则迟早会发生经济失衡和汇率调整。我们的研究应该从这个基本逻辑出发，探讨究竟有哪些经济和非经济因素影响到可贸易部门的相对竞争力和相对价格水平。

在讲课中为了帮助非专业的听众理解货币汇率背后的逻辑，同时也是受中国古人讨论物价时的"轻重"概念启发，笔者喜欢使用如下比喻：不妨将美元这种全球性货币视作一种液体，其他货币则是漂浮或浸没在这个液体里的各种质地的球体。多数球体的密度要大于液体，所以在不断地下沉。有些相当于重金属球体，下沉得特别快，而有些则似乎是空心的球体，浮力特别大，即便是人为地压到水面之下，它也会快速地浮上来。根据过去四十多年的几十种货币兑美元汇率的波动数据，结合其各自国家的基本面，我们便可以探究这些货币汇率之轻重或者说密度，以及究竟是哪些深层次因素塑造了这些货币汇率的密度。为了衡量这些货币的密度，笔者创造了一个概念：汇率贬值指数。汇率贬值指数可用来衡量一国的汇率稳定性，为确保汇率数据的易获得性，本节的贬值指数取样周期为进入21世纪至2017年。汇率贬值指数＝ln（期末汇率/期初汇率），其中期末汇率采用2016年与2017年官方直接汇率（一美元可兑换该货币数）均值，期初汇率采用2001年与2002年官方直接汇率均值。因而汇率贬值指数数值越大代表该货币在统计周期内贬值越剧烈。本节对汇率的实证研究基于此汇率贬值指数而展开。

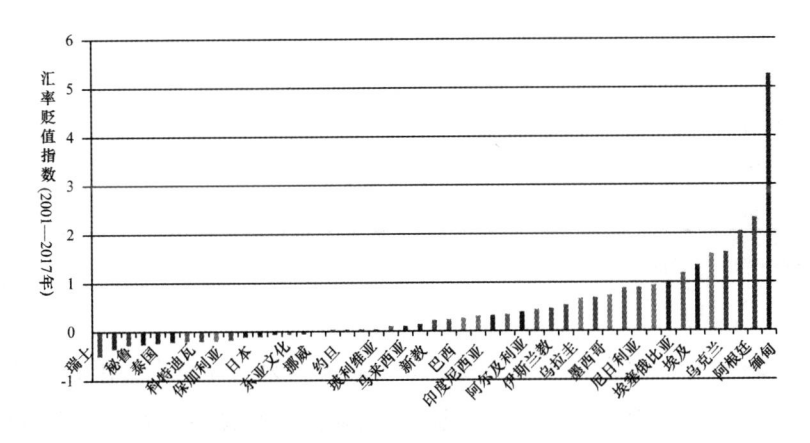

图5—1 各货币的汇率贬值指数 2001—2017年

资料来源：世界银行数据库。

二　关于汇率的常见谬误

最值得讨论同时也是最常见的谬误是关于经济增长同汇率之间的关系，许多评论分析人士会想当然地认为如果一个国家的经济增速放慢，那么该国的货币汇率应该下跌。此前多个实证研究都发现如下现象：有一部分货币汇率具有逆（经济）周期性，还有很多货币具有顺周期性，还有一部分货币的汇率同经济周期关系不明显。而且，如果详细考察哪些货币顺周期、哪些逆周期，就不难发现本书所主张的中心—外围之间的结构差异在此问题上具有重要意义。

表5—3　　　　　　　　　　顺周期货币与逆周期货币

	顺周期货币	逆周期货币	周期中性货币
外围经济体	阿根廷、巴西、智利、墨西哥、印度尼西亚、马来西亚、泰国、俄罗斯、土耳其	无	中国、南非
中心经济体	芬兰、冰岛、澳大利亚、新西兰、瑞典、韩国	日本、瑞士、德国、法国、荷兰、挪威、美国	加拿大、丹麦、西班牙、希腊、意大利、英国

资料来源：笔者自制。

表5—3中，其总体分布体现出如下特质：只有体系中心国家的货币，或者说资本输出国的货币才可能具有逆周期性；而典型的外围国家货币汇率则必然是顺周期的。人民币和南非兰特的汇率表现同经济周期关系不大，除了有各自外汇储备的影响因素之外，还与这两国在体系中的特殊地位有关。中国原本具有外围特征，但是通过成功而快速的工业化，正在从资本净输入国变为资本净输出国，所以可以视为介乎体系中心和外围的门槛国家。而南非原本是非洲唯一的工业国，但是从20世纪90年代种族隔离取消并开启重大政治变革之后，政府对公共产品的供给质量以目视可见的速度快速下降，其经济结构正在发生"去工业化"的重大蜕变，出口产品越来越依赖大宗商品。所以中国和南非正在体系中心和外围之间的门槛上擦肩而过。未来十年的汇率走势，正如近期趋势所暗示的那样，南非兰特的汇率将具有越来越明确的顺周期性，而人民币正在表现出更多逆周期性。

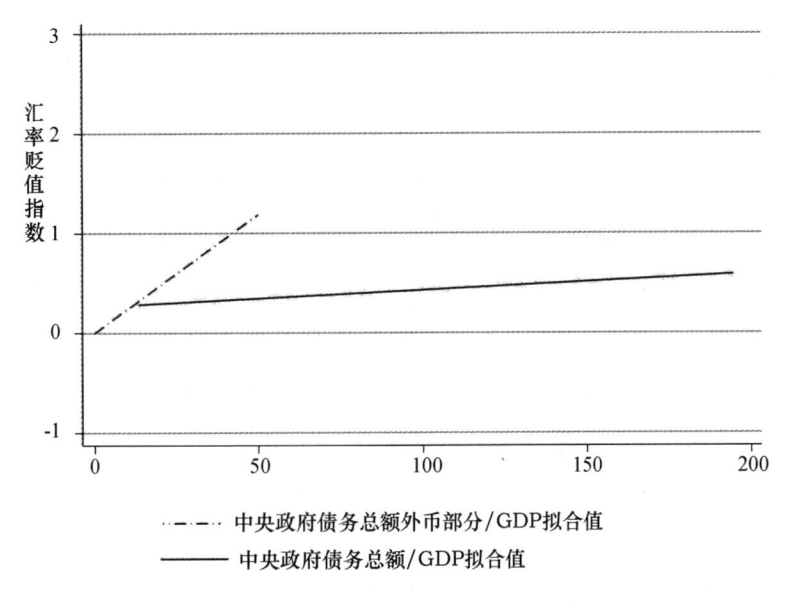

图 5—2　中央政府债务与汇率贬值指数

资料来源：世界银行数据库，CEIC 数据库。

另一个常见的谬误是用债务率的高低来推论汇率贬值，他们的逻辑是：当一个国家欠了很多钱还不起的时候，难道不会印钞票吗？印钞票难道不会导致汇率贬值吗？从实证数据来看，债务（变化）与汇率的确也有点关系，虽然相关性不强，但是正相关，这意味着政府债务率越高的经济体其汇率越有可能强势而不是像人们想当然认为的那样贬值。事实上，债务有很多侧面，比如说债务的绝对值、债务占 GDP 的比例、债务率的增速、债权人是本国公民还是外国公民、债务定价的币种是本币还是外币等。笔者的研究发现，对汇率而言最重要的不是债务率或者其变动速度，也不是内债外债的区别，而是定价货币的发行权。本币债与汇率基本不相关，因为本币债无须用外币还，相当于自己家的左口袋欠右口袋。而外币债则与汇率贬值高度相关。发展中国家的所谓"原罪"便是无法用本币融资，因为本国处于前工业化状态，居民储蓄率偏低从而无法为自身的发展提供资本；

而向国际社会融资则必须用外币计价,因为外国储蓄者不信任其财政与货币实力。所以,对预测汇率贬值压力真正重要的指标,是外币计价的净负债占其进出口的规模。

人们通常认为,地缘政治冲突和国家内部的军事冲突也是导致某些发展中国家债务高企和爆发汇率危机的重要原因,比如俄罗斯和土耳其的汇率大幅下跌时,分析家们往往用其卷入的军事冲突来予以解释。为验证这个流行观念,笔者采用军费开支占中央政府支出比例和军费开支占一国GDP的比例等指标来衡量一国政府在军费上"浪费金钱"的程度,实证研究发现,这两个指标与中央政府财政赤字占比以及汇率贬值指数之间并不具有明显的相关关系。

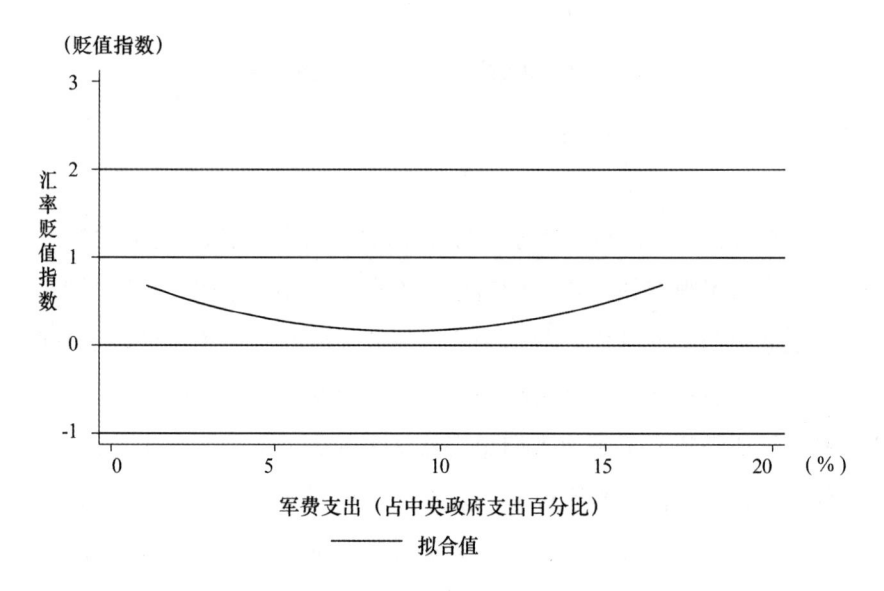

图5—3 汇率贬值指数与中央政府军费开支

资料来源:世界银行数据库。

如图5—3所示,有一些国家的汇率贬值指数趋势性偏离拟合线,本文认为这主要与是否真正卷入持久而代价巨大的战争,以及战争地是否在某国附近有关。更进一步地，这也与战争开支是否影响到本国的工业化发展有关。具体来说，对于日本、加拿大、挪威、美国、韩国、以色列等体系中心国家，其军事开支并未影响到自身的产出能力，因而在趋势线下方。而埃塞俄比亚、尼日利亚、阿根廷、安哥拉等国，却因战争阻碍了工业化进程或者受限于产出瓶颈，而导致其汇率贬值指数显著高于趋势线拟合结果。体系外围国家多是不得已卷入战争，并长期难以削减战争开支，基于其本身工业化程度较低，不得不以举借外债的方式保持维持战争的高额开支，因而对货币稳定性形成冲击。

三 汇率波动与经济基本面的实证关系

金融学界曾对汇率波动做过很多实证研究，即抛开各种理论模型，直接考察汇率价格的变化同各自经济体基本面之间的关系。随着时间的推移，美元指数的波动已经走出了三个完整周期，研究者能获得的样本数据相比此前更加丰富完整，笔者和所指导的学生也展开了独立的实证研究和验证，获得了一些有趣的发现。

一国的经济结构，尤其是可贸易部门的出口产品构成，对汇率长期趋势的影响非常显著。凡是工业制成品为出口主体的经济体，其国内的通胀率低，其货币汇率通常处于强势。而凡是以资源采掘业为主的经济体其通胀波动更加明显，长期看它们的汇率以不断贬值为主。之所以有这种现象，正如在第一章中所说，资源采掘业的繁荣容易引发资源诅咒，在国内政治中往往对应着各个阶层之间的分配博弈。在资源价格的上升期，许多资源出口国的统治者为了安抚民众，往往答应给予各个阶层以大量福利和补贴，但是这些补贴的财源是物的采掘而不是人的能力提升。在资源价格下行周期，财政收入迅速减少，为了能以较小的政治代价对这些承诺的补贴和福利（entitlement）实施软违约，政府常见的招数是多印本币钞票，而在一个存在供给约束的前工业化经济体，多印钞票必然会引发通胀和本币贬值。与工业制成品相比，资源品的价格弹性很小：过剩时的价格可以下跌很严重，而稀缺时价格会大幅上涨；反过来，当资源品价格下跌时，需求并不会增加，价格上涨时，需求也并不明显减少。所以，当资源出口国的汇率下跌时，尽管资源品的国际价格下跌了，但其出口量并不明显增加。相比而言，一个工业制成品出口国的汇率下跌，会导致其出口产品的价格竞争力提升，外部需求增加带来贸易平衡改善，最终导致汇率的反弹。如果要用哲学化语言来表述，那就是：货币汇率是人的能力与信用的表现，而资源采掘业的繁荣代表着物的重要性在该国压倒了人的重要性，所以凡是资源出口国，其货币购买力都不可信。

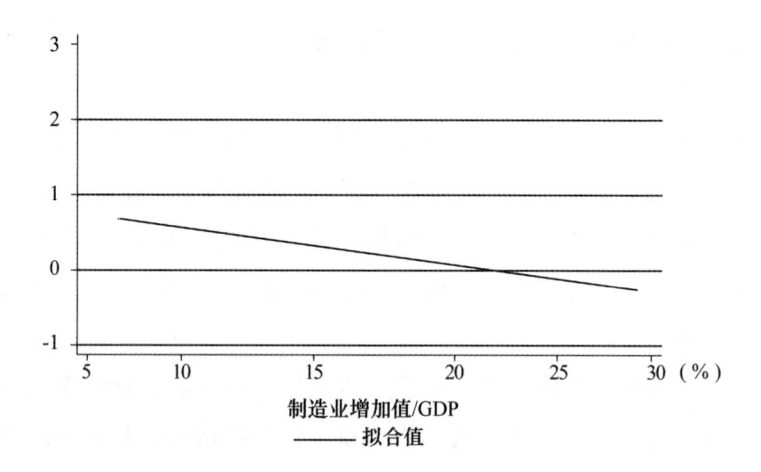

图5—4　汇率贬值指数与制造业增加值占比呈现负相关关系

注：汇率贬值指数 = -0.04，制造业增加值/GDP + 0.85

资料来源：世界银行数据库。

常识告诉我们，经常项目逆差是诸多发展中国家汇率脆弱的显然原因。如图5—5所示，经常项目盈余或赤字占GDP的比例与汇率贬值指数之间存在明显的负相关关系，出现显著汇率贬值的国家（如阿根廷、安哥拉、土耳其等国）普遍背负着沉重的经常账户赤字。

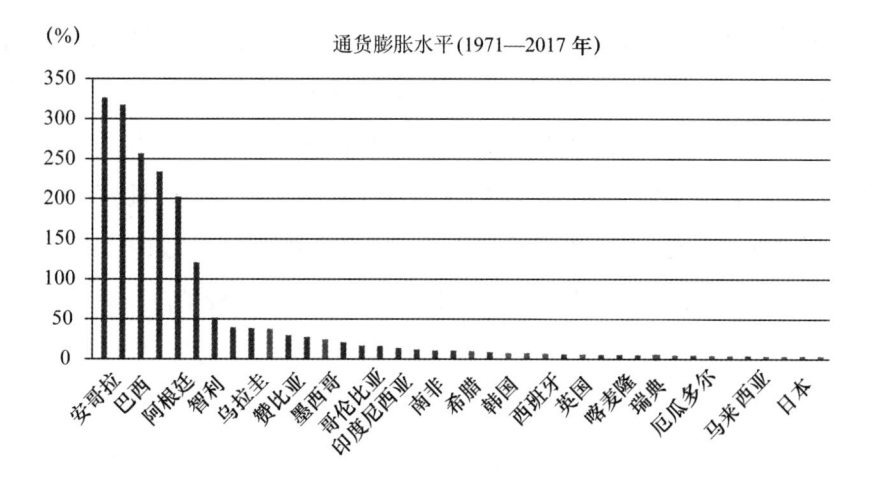

图5—5 资源型经济体的长期通胀率远高于制造业经济体

注：制造型通胀平均值 10.44　资源型通胀平均值 72.70

资料来源：世界银行数据库。

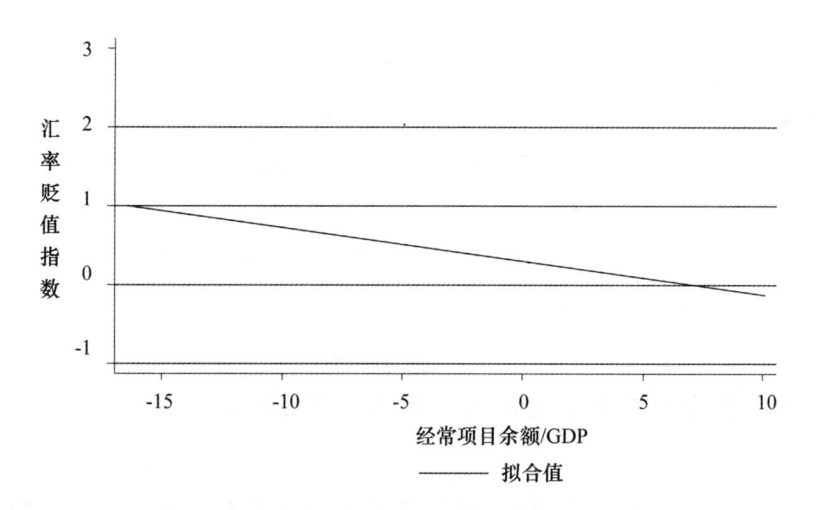

图5—6 经常账户盈余或赤字占比与汇率贬值指数负相关

资料来源：世界银行数据库，CEIC 数据库，Wind 数据库。

部分发展中国家通过举借外债来为本国政府开支融资，这样的国家往往国内财政收入增长乏力、财政开支（如福利或者战争开支等）削减乏力。笔者认为，如果一国政府可以通过本币实现融资，财政赤字尚不会使得本国汇率承压，但如果一国政府难以从国内有效融资，只能通过国际债务来维持国内财政开支，那么其汇率便更倾向于出现剧烈波动。如图5—7所示，中央政府债务中的外币占比越高，一国货币越容易出现贬值。

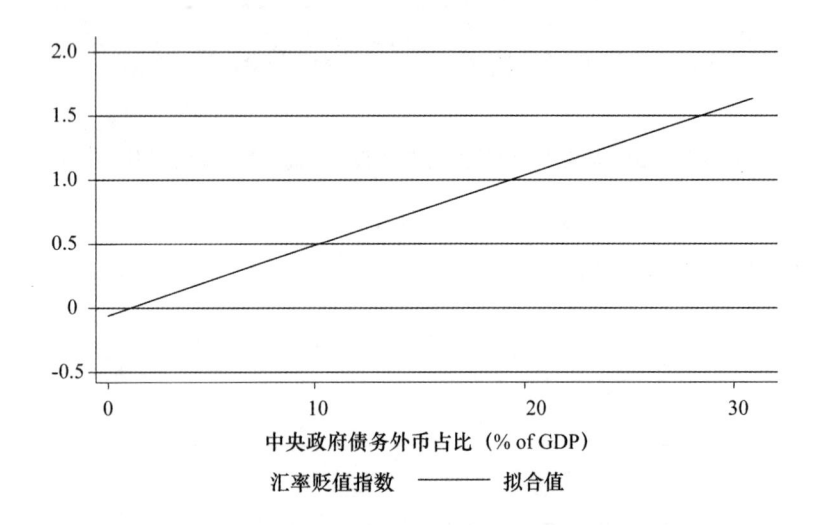

图5—7　汇率贬值指数与中央政府债务外币占比正相关①

资料来源：世界银行数据库，CEIC数据库。

四　汇率波动与非经济因素关系的实证检验

经济学家们通常将自身的研究限制在纯经济因素范围内，但是政治经济学乐于将视野拓展到非经济领域。套用卡尔·波兰尼的概念，既然经济、

---

①　中央政府债务中外币占比采用2015—2017年均值，其中泰国数据为2015年和2017年的均值，韩国、马来西亚为2015年和2016的均值。

贸易和投资活动是"嵌入"在更宏大的政治、社会和文化体系之中的，那么我们在理解经济现象时就必须有意识地考察非经济因素对市场各个侧面的形塑作用，因此笔者主张深入研究政治、社会、文化对汇率的影响。通过大量的数据整理和对比，发现汇率背后的确有深远的非经济背景，或者说若干非经济因素可以帮我们预言汇率的长期趋势。

国家提供公共产品、塑造市场并引导发展的能力是关乎外围国家汇率稳定性的重要因素。如图5—8和图5—9所示，国家能力与汇率贬值指数呈负相关关系。笔者先采用经济学人智库的民主指数中的一个指标——政府职能（functioning of government）来衡量一国政府的有效性，发现汇率贬值指数与该指标呈现明显的负相关关系。该指标的客观性在笔者看来值得存疑，（比如像哥伦比亚这样一个存在游击队内战和大量毒贩的国家，其政府职能指标居然高于中国），因而采用税收占GDP比例进一步以衡量一国公共部门的国家能力，发现汇率贬值指数与税收占GDP比例也呈显著的负相关关系（图5—9）。据此，笔者认为，一国的国家能力越强，汇率越稳定。

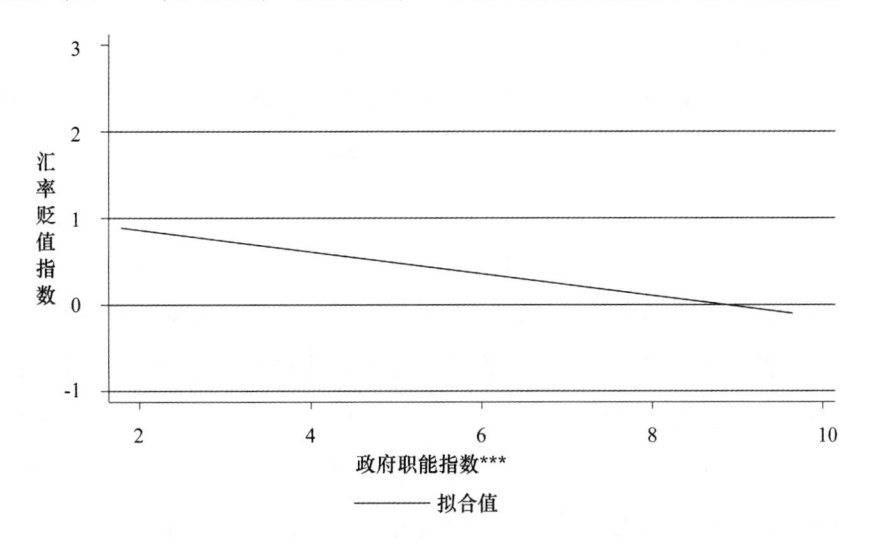

图5—8　汇率贬值指数与政府职能有效性呈负相关关系

注：汇率贬值指数 = −0.13，政府职能指数 +1.11。

资料来源：经济学人智库，世界银行数据库。

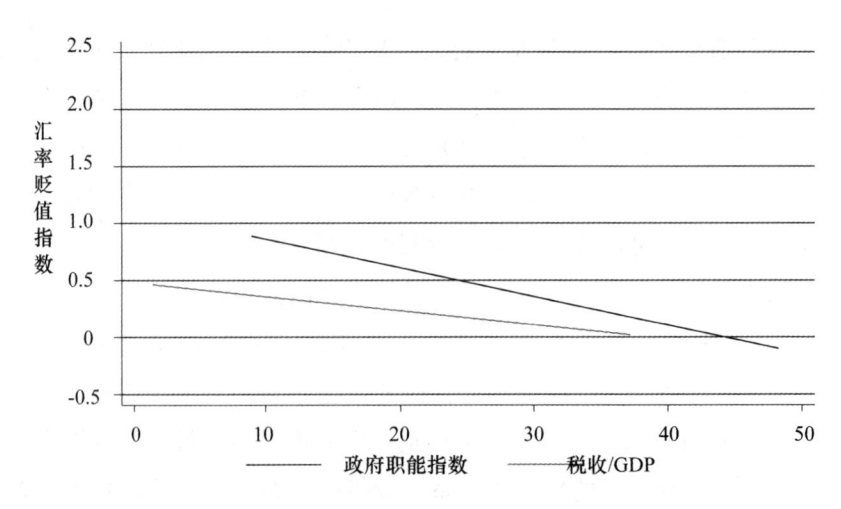

图 5—9 汇率贬值指数与税收能力、政府职能指数都呈负相关关系

资料来源：世界银行数据库，CEIC 数据库。

具体来说，能力越强的政府越能集中社会资源引导国家实现工业化，优化出口结构，国家有能力将外资转化为自身的生产能力，从而让其可贸易部门的竞争力得以强化。而且，强国家有能力从社会获得税收并回馈以公共产品，无须过度依赖公共债务来满足财政开支，从而其债务结构较为健康。

政治制度的形式对汇率没有明显影响。曾经有西方学者在接受笔者访谈时质疑人民币国际化的前景，认为一个非西方式民主制度的政府发行的货币难以保持其购买力承诺，因为其央行是不独立于政府的。这种观点显然是意识形态偏见的产物而不是学术理性的成果。如果从政治的角度来看，恰恰是多党制轮流坐庄的政府才会倾向于持续扩张其赤字，并用货币化和贬值来掩盖其财政问题，因为其政权具有公地悲剧的性质在其中，没有政治家愿意为长远后果负责。中国人民银行是在中国共产党的领导之下展开工作的，人民币的币值信用关系到执政党的信用，故而中国共产党对币值稳定是一贯非常重视的，人民币的购买力是有政治保障的。实证研究也的确部分证实了笔者的相关猜想：选举民主同货币汇率的贬值不具有明显的相关性。

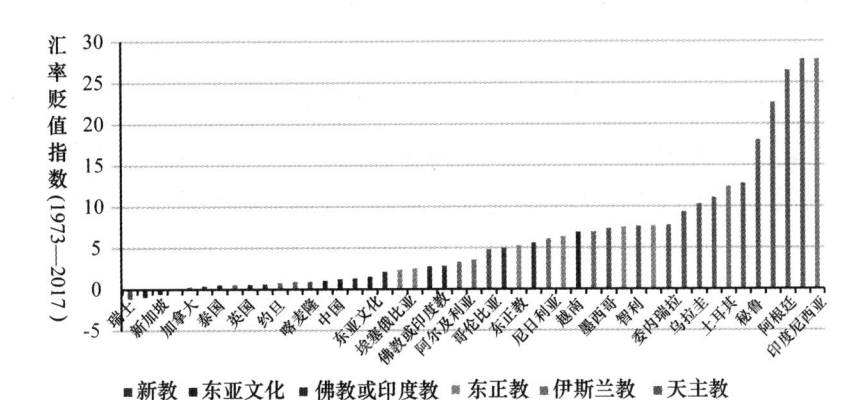

图5—10 主要宗教与汇率贬值指数

注：各宗教文化区均值，新教：1.312，东亚文化：1.526，伊斯兰教：5.269，佛教或印度教：2.758，天主教：6.923，东正教：5.269。

资料来源：世界银行数据库；The World Factbook（CIA）。其中各文化圈货币贬值指数采用各统计样本1973—2017年货币贬值均值。

文化特质也与汇率贬值呈现明显的相关性。越是世俗化的经济体其货币越坚挺，而越是信仰宗教的国家其货币汇率越容易贬值。美国是发达国家中最宗教化的国家，但其货币汇率坚挺，在汇率和信仰关系上算是一个特例，这种特殊性来源于其全球储备货币的地位。就文明圈的大类而言：东正教、天主教、伊斯兰教等传统一神教文明圈的货币容易贬值；印度教—佛教文化圈的货币居中；比较坚挺的是新教和儒家文化圈的货币。以笔者对这些文明特质的粗浅理解，猜想这可能与这些不同的宗教文化对人的生活态度的不同塑造方向有关系。天主教、东正教和伊斯兰教这三大传统一神教文化倾向于鼓励民众享受生活，比如圣经告诉其信徒说，"小鸟不稼不穑，上帝将它照顾得很好""富人想要升天堂，比骆驼穿过针眼还要困难",这意味着在尘世间积累财富被视为一种罪恶,它们的文化倾向于鼓励信徒重消费而轻生产和积蓄。而印度教—佛教文化虽鼓励信徒节制欲望,但也不鼓励人们努力创造和积累财富,相当于在生产和消费两个方向都予以弱化。而新教伦理中的"因信称义"之说则鼓励信徒通过尘世间的成功以证明自己是上帝的宠儿;① 东亚儒家文化更强调勤俭持家,重视血脉传承。这两种文化都是鼓励多生产少消费多积累,有利于激励信徒在尘世间努力积累财富与成就。无论上述猜想是否说得通,一个基本事实是,这几个文化圈在汇率表现上差异十分明显。

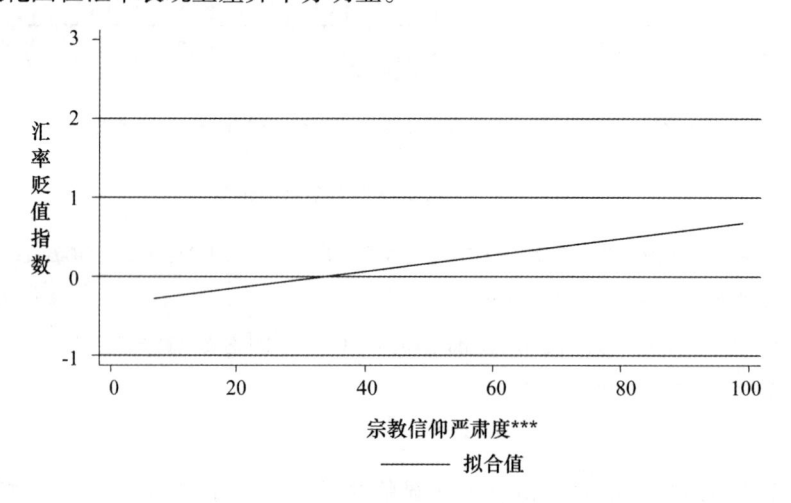

图5—11 宗教信仰的严肃程度与汇率贬值指数

注:(1)汇率贬值指数=0.01;＊＊＊宗教信仰严肃度-0.35。

(2)宗教信仰严肃度以认为自己有信仰的人口百分比来衡量(percentage of people feel religious)。

资料来源:世界银行数据库;The telegraph, https://www.telegraph.co.uk/travel/maps-and-graphics/most-religious-countries-in-the-world/ 。

---

① [德]马克斯·韦伯:《新教伦理与资本主义》,于晓等译,生活·读书·新知三联书店1987年版。

从人口角度来说，人口年龄结构是一个比较复杂的问题：年龄中位数越大，其汇率越强势；而人口年轻的经济体，汇率通常很难稳得住。根据本书的民本主义政治经济学关于人口的理论和关于长期利率的探讨，年轻人口的特点是消费力强而生产能力弱，而壮年人口（42—65 岁）的经济特征则是生产能力强而消费欲望持续萎缩，因而是净储蓄者。一个以壮年人口为主的国家，其劳动的短缺可以通过机器化自动化信息化以及外部劳工的引入来弥补，但是其需求的萎缩是难以在本国找到办法，最终导致国际收支的持续顺差和汇率强势。据笔者的观察，在对汇率有影响的各种指标中，人口中位数可能是最有力的单一因素。

总体来看，货币汇率的波动规律与大众舆论或者普通人的想象存在很大的差异。货币汇率同许多因素其实关系不大或者只在特定条件下有关，比如经济增速的快慢、军费开支的大小、债务率的高低、央行发钞票的速度等。以这些因素作为投资决策的理由会导致方向性错误。

正如本书的民本主义政治经济学所主张的那样，人的因素才是一切的关键，汇率也不例外。什么样的人民能在很大程度上决定他们的货币购买力是否可靠。重视教育的国度比起别的国家更容易拥有强势货币；不信来世而专注与世俗成功的国度比起那些笃信宗教的国度更有货币信用；主要靠挖掘人的潜力而不是挖掘地下之物的经济体，其货币汇率才是坚挺的；那些能用本币融资的国家不必担心他们的债务会导致汇率贬值，但是那些依赖外部非本币融资的货币则需要小心。老年人占比越高的社会比年轻的社会更清心寡欲，因此汇率也越坚挺。货币汇率是人的能力与信用的表现，而资源采掘业的繁荣代表着物的重要性在该国压倒了人的重要性，所以凡是资源出口国，其货币购买力都不可信。

人的能力的集中表现便是国家能力。在国家治理能力同汇率的关系上，实质重于形式，是否民主不重要，重要的是强势有为政府的存在才能让汇率保持强势。

◇ 第三节　美元、人民币与"一带一路"货币汇率

一　美元指数

美元指数是通过计算美元和对选定的一揽子发达国家货币的综合变化率，来衡量美元的强弱程度，其中每个币种占美元指数的权重都不同：欧元57.6%、日元13.6%、英镑11.9%、加拿大元9.1%、瑞典克朗4.2%、瑞士法郎3.6%，通过美元指数走势的分析能间接反映美国的出口竞争能力和进口成本的变动情况。并以1973年3月的平均数值为基数取值100，追踪其波动。之所以将该月数值作为基准，是因为从那时起，根据华盛顿史密松尼协议全球主要货币开始自由浮动。

如果说20世纪70年代以来美国的国债收益率曲线取代了黄金成为全球价值基准，那么最直观的价格尺度便集中在美元指数，因为在任何一个时刻，前者是一条曲线，而后者则是这条线相对于全球非美经济体的类似曲线之间的变化而在外汇市场上投射出的一个点。这个点的波动，直接或间接地撬动了全球几乎所有重要价格的波动。所以研究美元指数波动背后的规律便成为世界经济和金融市场研究的制高点。有趣的是，如此重大的理论和实证问题，在学术界并没有公论，在经济政策界和金融投资界的理解中则充满混乱。比如，笔者在上海参加过一个财经节目的录制，讨论美国政府关门的经济金融影响，其中有一节嘉宾们围绕美元汇率和美国国债收益率争论起来。多数人认为既然政府将由于财政资源告罄而关门，那么资金应该逃离美元和美国国债，美元指数应该下降而美国国债会被抛售。但是真实的市场走势是，美元指数走高，美国国债因为新增的买入力量而收益率走低。市场投资者们的行为与经济学家想象的正相反，美国政府财政

越是有问题，金融市场认为风险和不确定性越大，则美元和美国国债这样的安全资产越是受追捧。又比如，在 2009 年美联储推出量化宽松政策之后，大部分经济学家预测，伴随着美联储的大量印钞，美国通货膨胀形势将会急剧恶化，那么美元汇率很有可能崩溃。但事实截然相反：即使美联储将自己的资产负债表扩大了 5 倍，美国的通货膨胀仍旧维持在低位，而且美元不仅没有崩溃，反而扭转了之前的绵绵下滑，对欧元、日元、人民币等全球主要货币大幅升值。再比如，财经媒体人士喜欢议论美国如何通过印钞票来剥夺全球的财富，但事实上美元是 40 年来全球最坚挺的少数货币之一，本章展示的全球汇率贬值指数足以说明这一点。

上述例子是非专业人士对美元的常见错觉。但还有一些错觉或者误解是连相当专业的研究人士也难以逃过的。

第一个专业性误解是，美元指数与经常项目的关系不大。有许多金融业研究人士认为美元作为全球最主要的融资和金融交易货币，跨境资本流动的交易量远远大于经常项目的贸易量，因此应该着眼于资本项目而不是贸易来分析和预测美元指数。① 这种观点之所以在专业人士中流行，是因为美国的贸易逆差变动同美元指数之间相关性令人失望，而他国买入美国金融资产的行为则会显著地影响美元汇率，这些事实令每天关注外汇市场短期趋势的专业人士印象深刻。但是正如本书反复提到的那样，表层的直觉和经验会欺骗我们。上一节笔者也强调过：资本流动和市场情绪能够决定的主要是短期汇率价格，政府能够影响中期汇率价格，而长期来看汇率取决于经常项目，因为只有经常项目的表现才是一国可贸易部门竞争力的终极指标。如果用一个比喻的话，相当于主人牵着狗散步，活泼的狗蹿前蹿后跑得很欢，但是最终决定整体散步路线的是牵着狗绳的主人而不是狗。离市场越近的人越注意狗的轨迹（资本流动和市场情绪），但只有深度研究

---

① Marc Chandler, *Making Sense of the Dollar*, New York: Bloomberg Press, 2009.

主人的路线（经常项目平衡）才能避免被迷惑。或者换一个更加贴近金融市场的类比，经常项目、资本项目和美元汇率就如同上市公司业绩、股票的二级市场成交量同股价的关系：短期内成交量对于股价有明显的带动作用，二级市场成交金额比企业每年的净利润和销售额往往要高出很多倍，但是从长期来看，最终决定股价大趋势的不是市场投机热情，而是企业的经营表现。

美国贸易逆差无法解释美元指数，这主要是因为观察者忘了一个基本事实，美元不仅仅是美国的货币，还是广义美元区的共同货币。这里的所谓广义美元区，不仅仅是指那些直接使用美元的国家，还包括将本币锚住美元的国家，因为后者自身发行的主权货币相当于是美元信用的衍生物，它们同美国之间的贸易往来，对于美元而言相当于是境内贸易，性质上等同于欧元区内部的德国与法国之间或者意大利与西班牙之间国际贸易，都不会对货币汇率产生实质性影响。当我们统计广义美元区的贸易平衡同美元指数的关系的时候，两者的相关性就充分表现出来了。图5—12说明，我们最终还是应该着眼于经济基本面来分析汇率，但是这个基本面不仅仅是美国3.2亿人的基本面，而应该是包括了东亚、拉美和中东在内的广义美元区的经济基本面。①

当然，现实中，美元货币区是一个动态的概念，比如中国从1994年起锚住美元，到2005年7月21日开始逐步脱离美元，2015年8月11日之后基本脱离美元。这个过程中，头十年应该算作美元区，而后十年则理应算作"半美元区"的角色。金融界读者如果据此逻辑设计投资策略，应该更加精细地统计各国在多大程度上可以算作以及何时进出美元区。

---

① 换一个角度看，美元指数的成分是美元兑欧洲、日本、加拿大的货币，所以除了这些准中心经济体之外的全球经济体才是美元的实体基础。

(十亿美元)

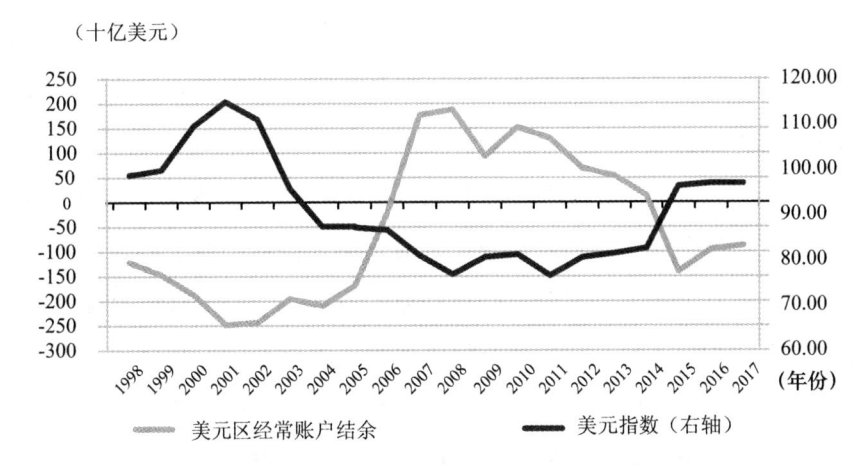

图5—12 美元指数与广义美元区经常账户差额之间的高度相关性

注：此处的广义美元区，笔者将其定义为美国、东亚、拉美、中东等四个主要区域。

资料来源：世界银行数据库，CEIC数据库。

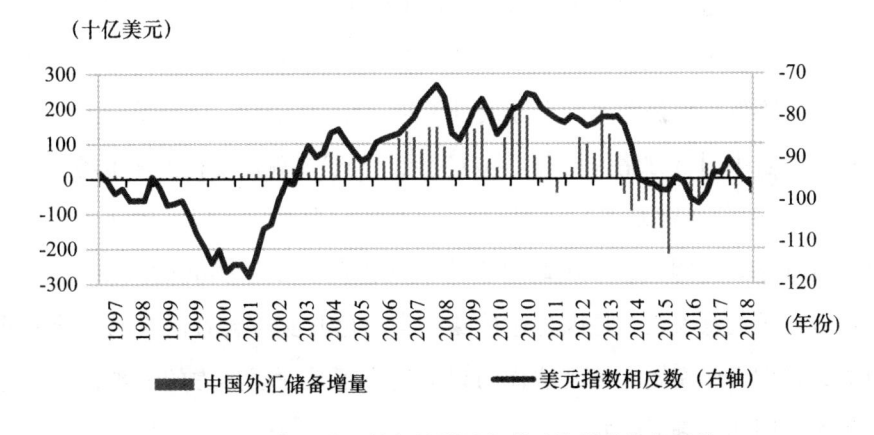

图5—13 中国外汇储备的增量与美元指数的负相关性

资料来源：CEIC数据库。

第二个专业性误解是中国的巨额外汇储备在美元汇率上的影响。许多人认为中国买入并持有如此多的美元国债，是美元指数的主要多头力量之一。换言之，当中国的经常项目—资本项目双顺差增大导致外汇储备增加时，会推动美元指数上升，反之下跌。但是实际上，两者的相关性恰恰与人们的直觉相反。

如图5—13所示。中国外汇储备的升降与美元指数的波动出现高度的负相关性，说明当中国外汇储备加速上升时，美元指数下跌了，而当外汇储备下降时，美元走强了。笔者对此想现象的解释是：中国很可能无意识地扮演了一个"做空美元"的角色。要想理解中国外汇储备在全球货币体系中的角色，就必须跳出一国自身的视角去看待问题，而要考察整个货币循环。由于美元是全球流动性的主要提供者，中国的双顺差获得的外汇主要是美元。企业结汇给商业银行，银行在外汇市场上卖给外管局，外管局进行储备的币种和资产配置。在国家外汇管理局的配置环节会发生一个转换：无论是从政治和安全角度考虑，还是从金融投资角度考虑，都不能把鸡蛋放在美元资产这一个篮子里，而是要在币值上多元化。在2012年6月的时点点上，有分析认为中国的外汇储备中美元资产占到了49%。美元的绝对比例似乎不低，但是考虑到企业的外汇进项中可能90%是美元资产，那么这就意味着中国官方储备每增加100美元，外管局就需要在国际市场上将大约40美元的资金从美元资产转换为欧元日元等非美资产以实现其多元化的储备管理原则。因此，中国政府实质上无意间扮演了美元的大空头角色。之所以称她无意为之，是因为这种裸空头角色其实蕴含着巨大的风险而非好处，长期大规模做空美元这样的超级货币不是深思熟虑的表现，因为这样做对中国几乎毫无好处。

除了上述两点之外，美元指数还有很多值得深度挖掘的特点：它与美国各届总统的民意调查支持率的变化高度正相关，即美元指数走高时伴随着总统支持率走高；在美国公共部门中，能干预美元指数的不仅有美联储，美国财政部也可以通过调整其国债久期来影响他国的储备头寸调整从而影响美元指数，当他们还掉远期债务多借短期债务的时候，能够有效压低美元指数;美元的强势周期,包括道琼斯指数在内的体系中心股市的表现将远好于外围股市,而在美元的弱势周期,外围股市好于体系中心的股市。大宗商品领域,中长期看美元指数与有色金属铜、铝、锌、铅期货价格显著负相关,而与铜期货价格相关程度最高,这也是为什么铜期货有"铜博士"的雅号,因为它最能指示全球经济的前景。

二 人民币汇率的未来趋势

进入新时代,人民币汇率开始越来越趋于自由波动,由此而引发了各界人士对汇率走势的关注和分析。但是无论是大众媒体的评论还是市场人士的所谓专业分析,关于人民币汇率前景的判断充满了谬误。除了上文提及的将中国经济增速和债务率同人民币汇率凭想象联系在一起之外,还有其他一些流行的谬误。

比如说,有人提出"保房价还是保汇率"的问题,他们认为北京的房价大大高于美国绝大多数城市的房价,将来要么房价下跌要么汇率下跌;而房价背后有地方政府的土地财政和银行系统的金融安全问题为支撑,中国政府显然不能让房价下跌,所以最终只会让人民币汇率下跌。这个逻辑迎合了大众对房价的不满和对中国政府"操控"各种价格的能力的迷信,所以获得了很多信徒。但是它显然是错的,因为其中蕴含的假设是不同国家的房产价格具有趋同性。实际生活中极少有人因为本国房价比海外的高而实施套利,因此资产价格不具备全球一价的规律,那么所谓政府在保汇率还是保房价中二选一的问题就是一个伪命题。全球40年60国经济与汇率数据显示资产价格的波动同汇率也没有明确的相关性。日本房地产泡沫崩盘消退得如此惨烈也未妨碍日元长期走强。

又比如,有人认为中国人工工资和环境等要素的价格上涨正在驱走大量外资,为了避免出现失业和社会问题,中国政府最终将不得不让人民币贬值,从而降低中国制造的出口成本。自1992年以来中国最高决策者一贯奉行并从不讳言"保增长—保就业—保稳定"的治国理念，而且制造业竞争力同汇率水平之间也的确存在此消彼长的跷跷板关系。但是，假如我们分析一下中国劳动力供给的结构，包括年龄结构和能力结构，就不难认识到上述逻辑在新时代恐怕不管用了。中国人口的独特之处在于，近年来由于年龄和身体原因退出低端就业市场的劳动者规模每年有2500万人左右，而能够替补他们的每年新增年轻体力劳动者只有800万人，如此巨大的缺口只能通过劳动力市场的价格竞争和技术进步来弥补。正因此，尽管2012年之后包括制造业和资源业在内的"旧经济"面临相当困难的局面，中国社会却并没有出现大规模的失业现象，甚至仍然存在招工难的问题。中国真正面临的就业压力是大学毕业生所需要的白领就业，而要想在写字楼里创造足够多白领岗位，如果说汇率政策对此能有什么贡献的话，那么保持强势和稳定的人民币汇率可能要比让人民币贬值更有帮助。可以说，2012年之后新时代的主要特征之一，就是核心决策者开始逐步挣脱"稳增长—保就业"的政策牢笼。

再比如，基于中美M2同GDP的比例，认为中国货币超发，故应贬值。但是从全球汇率史来看，广义货币的增速同汇率水平之间并不存在明确的相关性。以中国自身为例，1994—2012年，人民币的M2年增速平均在20%左右，这意味着每十年增长近6倍，而即便是在如此快速地"印钞票"，市场还是坚信人民币被大大低估了，数千亿美元热钱涌入人民币资产以牟取升值套利。而2012年之后，货币增速大大下降，这两年稳定在9%上下，但是人们开始看空人民币，认为印钞票太快了。那么，如何解释M2/GDP指标在中美两国之间的差异呢？这种差异主要是两国的融资模式差异导致的，中国主要是以银行的间接融资为主，而美国的融资体系中直接融资和金融衍生品占据了很大比例，所以如果要比，就应该比更广义口径的货币，比如M3。

M2增速与人民币汇率之间不是"面多了加水、水多了加面"的关系，反而存在某种替代性关系。这需要弄清楚M2怎么来的。三外路线下，外资和贸易顺差的涌入带来巨量外汇，为了避免升值影响出口工业的扩张，央行不得不扩张本币货币基础来买入外汇。这过量流动性一部分通过央票、财政存款和存款准备金政策对冲掉了，但是还有一部分表现为 M2 广义货币。换言之，要不是 M2 扩张得那么快，人民币早就升到 6 甚至 5 去了。外资流出中国，贸易出现逆差，本应导致人民币贬值，但是假如中国政府有意或者被迫维持本币汇率强势的话，只需卖出外汇储备收回本币，与此同时降低存款准备金率，买入国债、金融债和地方债便可。

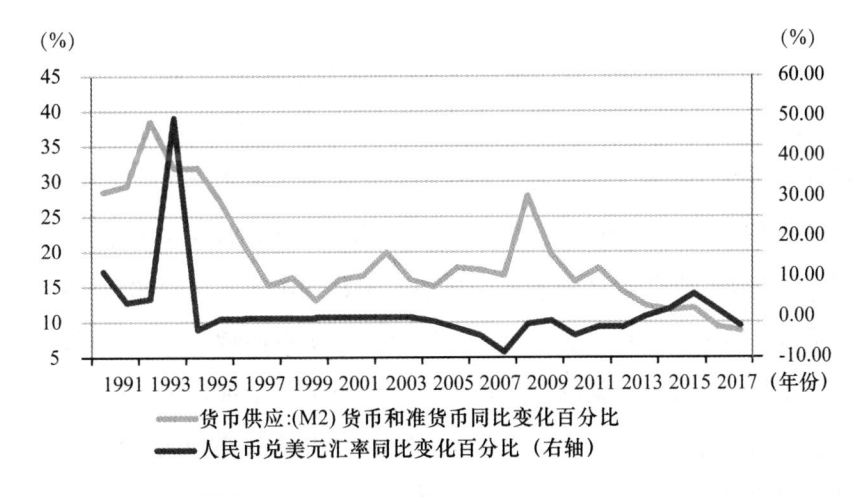

图 5—14　中国 M2 增速走势与人民币汇率走势（1990—2019 年）

资料来源：CEIC 数据库。

要准确把握人民币汇率（兑一篮子货币的 CFET 加权指数）的波动趋势，至少有以下几类因素值得纳入我们的考察范围。

第一类是对经常项目产生重大影响的因素，它们从不同的方向拉扯中国的贸易平衡。新时代的五大发展理念中，绿色发展的推进可能会抬高工业制成品的成本，协调发展和共享发展可能会降低中国的储蓄率，这三者都倾向于压低我们的贸易盈余，但是创新发展可能大幅提升中国可贸易部门的竞争力，尤其是在电子通信、新能源汽车、机器人、页岩油气、光伏以及芯片等领域的技术进步和赶超，在未来 3—5 年内对贸易平衡产生每年千亿美元规模的积极变化，毕竟能源和半导体的年进口规模分别达到了2000多亿美元，而汽车、手机和电脑则是更大宗的国际贸易品种，它们的边际变化都会大幅影响中国的国际收支平衡。此外，由于东亚产业链正在快速地向越南延伸，原本出现在中国名下的外资加工贸易顺差正在转移到越南等国名下，而中美贸易谈判中承诺的对美采购扩大和减小双边逆差也可能在短期内对国际收支平衡形成一定影响。将这些因素综合起来看，如果能掌握好改革与开放的力度和节奏，中国应该可以在较长时期内维持一个大体平衡、略有盈余、偶尔季度性逆差的贸易新常态。

第二类是对资本项目产生重大影响的因素，既有中国在"一带一路"倡议下的对外资本输出，又有人民币国际化带来的资本流入。人民币跨境支付系统CIPS二期全面投产，意味着中国为全世界铺设了又一个货币支付高速公路系统，那些担忧受美元支付体系制裁的国家、企业和金融机构从此有了可靠的第二选项。人民币石油期货和铁矿石期货形成人民币国际化的新一轮增长动能。包括欧盟成员国在内的众多国家都在把人民币债券纳入到他们的储备资产篮子中，这可以看作2015年人民币加入特别提款权货币篮子的后续效应正在逐步显现。考虑到中国在全球政治经济结构中的巨大份额和独特地位，国际储备资本流入的增长空间非常巨大。

第三类是政治性的影响因素。近年来，中国政府对汇率的态度已经悄然发生了重大转变：此前倾向于保持人民币适度低估以帮助制造业，而进入新时代之后则倾向于让人民币保持强势。这种政策意图的重大转变背后有其深刻的政治经济路线调整的背景，充分体现了汇率政策的再分配功能，而不仅仅是逼迫实体经济转型升级或者以强势来吸引国际储备流入这么简单。另一个值得考虑的政治性因素，是中国GDP追上美国重回世界第一的时间节点问题，目前多数预测认为会在2025—2027年前后发生。笔者认为这不完全是一个客观趋势，而在很大程度上是一种政策选择。假如继续以美元为锚，那么中国经济规模超过美国并继续成长的空间是不存在的。只有与美元脱钩并稳步升值,才能实现经济规模的可持续成长。笔者主张在条件允许的情况下尽早实现经济规模重回第一的阶段性目标,因为这一事态对于国际国内各方面事业都具有重大的政治意义和心理价值。要想在未来三年内经济规模赶上美国,不仅要求名义增速快于对方,也需要统计口径上做点与时俱进的调整,更需要人民币兑美元汇率有一定幅度的上涨。自2016年秋季以来,笔者多次预测人民币兑美元汇率在2021年可能在1∶5.5左右,一定程度上即与此有关。强行单方面拉抬人民币汇率固然会给实体经济形成不必要的伤害,但是考虑到未来数年内的美欧政治经济趋势,美元指数当前已经进入了又一个长期下行周期。美国可能会把贸易伙伴的汇率问题纳入贸易战的议程中,要求人民币和欧元汇率像1985年广场协议之后的日元一样兑美元主动升值。所以考虑到美元下行因素,笔者的预测并不算太激进。

在中短期内(1—3年)上述因素都会以不同方式作用到人民币汇率上来,但是从长期(5—10年)看,决定一国货币汇率大趋势的最终还是其可贸易品的相对价格水平,而其背后的决定性因素则是供需两侧的主要力量:技术进步和老龄化。技术进步会让我们的产品相对他国更加物美价廉,而快速老化的人口结构意味着本土的通缩压力,同时满足这两个条件的经济体,其货币必然走强,甚至与印钞速度无关。这也是笔者长期看多人民币汇率的终极信心所在。当然,比起人民币汇率的涨跌,笔者更关注的是人民币汇率波动的逆周期性。相信随着中国成为产业资本的净输出国,人民币将越来越成为显著的逆周期货币。

三 模型建构与"一带一路"国家汇率稳定性预测

通过上文对各政治经济社会因素的解析,本文发现,汇率现象不可单独作为一种货币金融现象分析,而应该深入一国政治、社会、经济的底层结构进行分析。通过上文分析,国家能力、社会结构、经济结构,都是解释发展中国家汇率稳定性较差的关键因素。本书试图构建统一的多元线性回归模型来解释汇率稳定性，由于上文所述各指标间的相关性较强，存在着较为严重的多重线性问题，本文采用逐步回归法，选取政府职能、年龄中位数、IQ、制造业增加值占 GDP 比例作为自变量，汇率贬值指数作为因变量构造模型。各自变量相关性矩阵如表5—4，其中标星号的为在95%置信度下相关的变量。由于各变量的引入能较为明显地改变 R^2 且不会对某一自变量 β 值产生大幅度影响，因此采用上述指标作为自变量。宗教信仰严肃度等指标也与汇率贬值指数存在显著相关性，但由于多重共线性问题较为严重便没有引入。

汇率贬值指数 = ϵ + $\beta 1$ 政府职能指数 + $\beta 2$ 年龄中位数 + $\beta 3 IQ$ + $\beta 4$ 制造业增加值/GDP

表5—4　　　　　　　　各自变量相关性矩阵

	政府职能指数	IQ	年龄中位数	制造业增加值/GDP
政府职能指数	1			
IQ	0.3774* (0.0233)	1		
年龄中位数	0.6202* (0.0000)	0.4069* (0.0138)	1	
制造业增加值/GDP	0.1330 (0.3890)	0.0651 (0.7063)	0.3155* (0.0370)	1

资料来源：笔者自制。

基于最小二乘法估计，模型回归回归结果对应的表达式为：

$\widehat{\text{汇率贬值指数}}$ = 3.90 − 0.05 政府职能指数 − 0.01 年龄中位数 − 0.03 IQ − 0.04 $\dfrac{\text{制造业增加值}}{\text{GDP}}$

(0.71) (0.05)　　　　　(0.01)　　　　　(0.01) (0.01)

$R^2 = 0.57; \bar{R}^2 = 0.51; F = 9.2; P = 0.0001$

基于以上模型构建，对"一带一路"国家汇率稳定性进行预测。筛选"一带一路"沿线国中有独立货币且采用浮动汇率制度的国家的汇率贬值指数进行预测。

表5—5　　"一带一路"国家汇率贬值指数预测值

国家	政府职能指数	IQ中位数	年龄中位数	制造业增加值占比	汇率贬值指数预测值	2035年汇率预测值
新加坡	7.86	108	37.88	17.88	-0.41	0.91
捷克	6.43	98	40.07	24.25	-0.32	16.92
匈牙利	6.07	97	40.35	20.10	-0.13	241.08
马来西亚	7.86	92	26.99	22.44	-0.05	4.10
波兰	6.07	95	38.55	17.85	0.02	3.87
克罗地亚	6.07	99	42.38	12.64	0.07	7.10
罗马尼亚	5.71	91	39.09	19.91	0.07	4.34
保加利亚	6.43	93	42.84	14.06	0.16	2.04
印度尼西亚	7.14	87	27.47	20.55	0.19	16153.45
以色列	7.5	95	30.01	11.73	0.25	4.63
土耳其	6.07	90	29.04	16.94	0.28	4.81
塞尔维亚	5.36	89	38.38	15.62	0.30	146.03
菲律宾	5.71	86	22.74	19.71	0.36	72.20
俄罗斯	1.79	97	38.22	12.18	0.39	86.18
格鲁吉亚	4.29	94	37.43	10.62	0.41	3.79
印度	6.79	82	26.07	15.21	0.55	112.74
哈萨克斯坦	2.14	94	29.2	10.93	0.58	582.67
约旦	4.29	85	23.06	16.12	0.58	1.27
亚美尼亚	2.86	92	32.3	9.91	0.61	887.45
巴林	3.21	81	30.07	18.00	0.62	0.70

续表

国家	政府职能指数	IQ中位数	年龄中位数	制造业增加值占比	汇率贬值指数预测值	2035年汇率预测值
埃及	3.21	83	24.93	16.66	0.66	34.28
阿曼	3.93	85	25.88	9.12	0.83	0.88
也门	0	83	18.78	14.80	0.94	549.31
阿塞拜疆	2.14	87	29.34	4.87	0.99	4.63
黎巴嫩	2.57	82	29.4	7.23	1.02	4175.72

资料来源：笔者自制。

◇◇第四节 人民币汇率波动的政治经济博弈

货币问题既是经济问题也是政治问题，而且在很多时候，由于它巨大而又隐蔽的财富再分配效应，它的政治特性往往超过经济特性。对于人民币汇率政策的政治含义中国学界的关注和挖掘是不充分的。本节旨在分析中国货币政策在国际和国内层面上的政治含义，并由此探讨中国内政外交的大转型。

一 2005年之前：贬值、低估与固定汇率政策的再分配效应

从1979年开始的40年内，中国共产党的执政路线从以"阶级斗争"（政治）为中心切换到"以经济建设为中心"。与之对应，中国在全球政治经济体系中的角色发生了一个巨大转变。尤其是1992年邓小平同志的南方谈话之后，政治和外交上采取"韬光养晦"，经济上融入美国主导的全球化浪潮，中国敞开大门欢迎来自美国及其亚洲盟友的外商直接投资，为他们提供超国民待遇。正如第五章关于中国与全球化的探讨中已经提及，共产

党领导的社会主义中国在资本主义世界市场体系中并没有获得免费搭车资格，而是向体系主导者支付了昂贵的车票。上述超国民待遇体现在市场准入、税收减免、廉价甚至免费的土地使用权、基础设施补贴、出口补贴以及提供顺从而廉价的中国劳工群体等方面，而在很长一段时期内，这些优待政策是中国国内的民众和私营企业难以企望的。但是对外部世界的最大补贴，还不是上述优惠政策，而是本节的主题——人民币汇率。人民币汇率政策如同一个巨大的杠杆，撬动了中国的快速工业化奇迹；但作为奇迹的必然代价，它也把中国民众的部分权益和劳动成果输送给全球的投资者、消费者和美欧日政府部门。在政治上，这笔"大交易"的合理性在于它能创造每年近千万的非农就业，借助外资和外部市场将中国社会迅速转变为一个工业制成品出口大国。在2010年出版的《中国为什么有前途——对外经济政策及其战略潜能》一书中，笔者以"三外路线"即外资、外贸、外汇的组合拳来称呼这种发展模式。

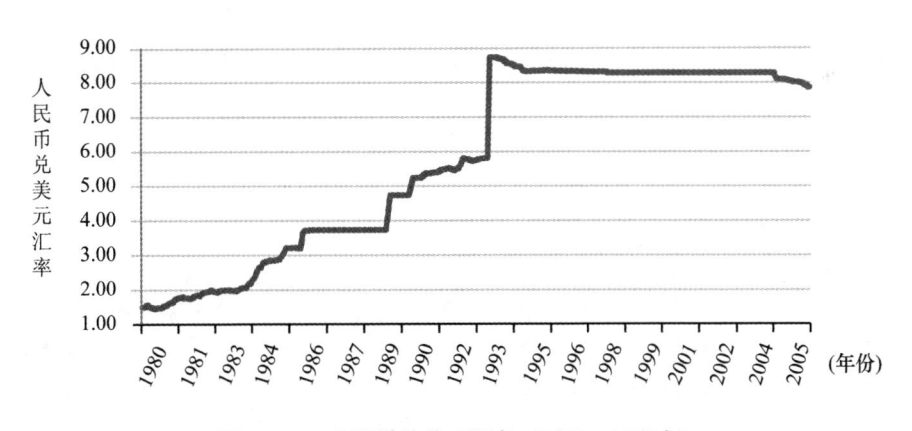

图 5—15　人民币兑美元汇率（1980—2005 年）

资料来源：CEIC 数据库。

如图 5—15 所示，从 20 世纪 80 年代初一直到 1994 年，人民币兑美元的名义汇率持续大幅贬值，从大约 2∶1 贬为 8.7∶1，此后的 11 年里，即便两国间的通胀率、全要素生产力差异发生了明显的变化，这个价格锁定在8.28∶1。连1997—1998年的亚洲金融危机也没有撼动这个价格。①

这种锚定美元的价格是由中国人民银行的货币政策二司来负责实施的，通过每天在银行间外汇市场上买入任何低于8.27∶1报价卖出的美元或者其他等值外汇，他们把人民币兑美元的价格牢牢锁定在这条政策目标线上。由于加入世贸组织之后的中国出现持续的经常项目和资本项目双顺差，巨量美元从外部涌入中国，央行为了维持人民币汇率的稳定，不得不照单全收，而用以支付的则是增发的人民币（即所谓外汇占款），其后果是国内基础货币的持续扩张。

但问题是，对于货币汇率低估、双顺差、超额外汇储备以及背后所体现的整套治国路径的整体后果，中国付出的代价必须向国内分摊，而这个分摊过程就不是愉快的"请客吃饭"了。在西方政治学中，所谓政治，是对资源的权威性分配；但是在过去30年的中国政治实践中，国内政治则成了对负债和代价的分配过程。对外经济政策背后的成本向本国民众分摊的过程通常是非常复杂的，隐藏在许多专业化的术语和政策

---

① 回顾亚洲金融危机前后的货币汇率政策决策，会发现其中充满了戏剧性和政治性。有一种观点认为1997年的亚洲金融危机之所以发生，除了美元加息、当地虚拟经济泡沫化和索罗斯等人做空这些金融市场因素之外，在一定程度上也跟中国的大规模招商引资和人民币在1994年年初一次性35%的大幅贬值有关，因为这抽空了东南亚出口导向经济体的实体经济基础。由于中国贬值在先，而且制造业实力不断提升，所以1997—1998年的危机期间中国完全有实力履行人民币不贬值的国际承诺。中国政府在危机时期之所以公开承诺不贬值，主要是因为政治考量：当时香港刚刚回归祖国，国际对冲基金在香港市场的兴风作浪被解读为西方敌对势力的政治阴谋，所以才要不惜代价地捍卫其政治经济信用。而这一政策虽然在当时为中国经济带来了部分困难，但是在21世纪初则让中国收获了政治红利。东南亚各国的政要圈中流行这样的观点："当天塌下来的时候，有中国这个大个顶着；日本虽然经济上比中国更强大，却没有政治担当，让日元贬值得比我们还快。"2005年，时任菲律宾总统的阿罗约女士曾在国际场合公开赞誉中国："有中国这样的老大哥，是我们亚洲国家的幸运。"这样的政治红利，确是无心插柳。而日本政客和学者们事后纷纷反思当时胆怯而短视的"临阵脱逃"。

操作细节中，令受损者很难识别和逃避。限于主题和篇幅，在此仅仅把货币冲销的成本分摊过程作为案例提供给读者，虽是一管之窥，也有助于解其全豹。

如上文所述，美帝国体系中的制造业资本把生产环节外包给了中国，作为交换中国把自己的货币政策"外包"给了美联储。巨量美元涌入中国，为了维持人民币汇率稳定，央行持续"印钞"以买入美元，导致基础货币快速扩张。为了避免高通胀带来社会动荡，央行必须冲销这种"外汇占款"带来的过度流动性。在中国的货币政策实践中，冲销手段主要有三种：一是发行央票、二是存款准备金、三是国家财政在央行的存款。所谓央票，是中国央行自创负债，以每年3%左右的利率向金融市场借款从而收回部分流动性。[1] 由于成本越滚越高，而且其法理地位颇为可疑，央票自2006年起逐渐让步于存款准备金。中国的存款准备金利率为1.62%，明显低于央票，用存款准备金对冲外汇占款，可以节约不少利息支出。[2] 由于央行的货币超发是为了服务于中央政府保护出口工业的政策目标，所以让中央财政承担一部分冲销成本也是理所应当的事情，于是央行便理直气壮地把中央政府的大量财政存款压在库底，用以分摊部分冲销成本。由于财政存款的利率低至0.36%，所以尽管规模不如存款准备金，但是对于央行冲销成本

---

[1] 自2003年4月起，中国人民银行开始以发行中央银行票据作为调控基础货币的新形式，连续滚动发行3个月、6个月、1年期、3年期央票。从冲销操作的实际效果看，2006年10月以前，央行通过发行央票，基本上实现了基础货币的平稳增长。在央行票据推出的初始几年，央行票据对回收流动性有比较明显的作用。2006年后，票据回收流动性的效率不高，央行票据有效对冲比率呈下降趋势。新发行的央行票据不仅要对冲不断增加的外汇占款，而且要置换到期的央行票据。央行票据的发行规模越来越大，但是净回笼的货币不断减少，冲销效率降低。

[2] 2003年1月至2011年3月，中国人民银行共调整存款准备金率33次，累计提高存款准备金率13个百分点，由此收缩基础货币达33416.09亿元，对冲外汇占款比例高达58.69%。为央行节约利息支出累计为3032亿元。

的分摊作用不可小觑。①

从政治角度分析，我们需要追问的问题是，上述对冲手段的代价最终由谁承担？或者说，羊毛出在哪些羊身上？

央行通过压低存款准备金利率获取的收益，源于商业银行等存款性金融机构的利润让步。然而，由于国内商业银行享有国家政策保护下的存贷差，可以将存款准备金负担部分或者全部转嫁给提供存款或者接受贷款的社会主体。最后的分配局面是，商业银行、企业或居民等微观主体，共同分担存款准备金对冲外汇占款的隐性成本。正是因为这一机制，中国的金融抑制才非常严重。居民储蓄利率被定在非常低的位置（2%左右），扣除利息税之后，储蓄者获得的利息收入往往抵不上通胀。国有银行把廉价的资金输出到国有企业中，而私营的中小企业不得不支付远高于官方信贷利率的价格从国有企业手中转贷。

财政在中央银行的存款源自政府税费及债务收入，是属于全体中国公民的现金资产。央行却将其压在库底对冲外汇占款，并以低利率支付利息，由此节约的对冲成本显然是以财政存款利息损失为代价，这将增加未来全国公众的纳税负担。换句话说，财政存款对冲外汇占款的成本，由全国纳税人共同承担。如果是中央财政来承担其代价，其整体社会后果还算可控，因为中央政府发行的国债成本较低，位于年息3%—4%。但是在现实中，由于中央地方之间的分税制，近2/3的税收集中在中央，而大量支出责任压在地方政府肩上，所以地方政府不得不以6%—12%（取决于不同地方的经济发展水平和信用质量）的利率从金融市场上融资以弥补财力的不足。地方政府用以抵押的资产，以及最终的还款来源，基本上是土地。地方政府通过从农民手中廉价收储土地，然后高价拍卖给地产商或者质押给银行等

---

① 中央政府在央行的财政存款增加，相当于从流通中吸收等量的基础货币。财政存款从2003年1月至2011年3月累计增长26047.72亿元，对冲外汇占比重为13.09%。在此期间，财政存款为央行节约利息支出累计为2047.6亿元。

金融机构获取资金,把本应由民众获得的级差地租和家庭消费变成了政府投资的资金来源。考虑到上述转嫁机制,三万亿财政占为央行节约的利息支出,最终变为数万亿"土地财政"和由此增加的社会和政治代价。

二 2005—2012年中美之间围绕汇率升值问题的双层博弈

2005年人民币汇率政策的调整是国际国内压力共同作用的结果。一方面,人民币升值的外在压力来自美国为首的发达国家的政治压力,要求人民币升值的人将人民币汇率与本国宏观经济形势以及商界利益联系在一起,认为锚住美元的人民币汇率导致了中国制造业对本国的产品倾销,从而损害了本国商界的利益。这些美欧的产业和工会利益通过其民意代表而把压力传导给政府,并为国家间经济外交设置了汇率议题。另一方面,中国国内社会各社会团体基于自身利益对汇率制度有着不同的偏好和要求,他们也尝试影响着货币汇率政策选择。

在2001年之前,由于中国的国际贸易体量较小,中国对美国的贸易刚刚从逆差逐渐变为顺差不久,因此中美关于汇率问题的争端相对较少。但2001年11月10日中国加入WTO之后,东亚国家面向美欧出口的制造业加速转移到中国,中国出口量每年以30%上下的速度快速增长,贸易盈余持续增加,人民币汇率成了有关国家的攻击重点,特别是对华贸易中的巨额逆差的美国,更是对中国的人民币汇率问题反复施压。

2002年,美国国内多个组织,如健全美元联盟(Coalition for a Sound Dollar)宣称,由于中国政府的操纵行为,人民币汇率严重低估,阻碍了美国产品的对华出口,进而形成美中之间上千亿美元的贸易逆差,属于违反国际货币基金组织、世界贸易组织等规则的行为,要求美国政府积极交涉乃至通过国际法、国内法解决。

2003年6月16日,美国时任财政部部长约翰·斯诺(John Snow)首次就人民币汇率问题发表公开谈话，称中国政府正有意实行基于市场的灵活汇率制度，美方乐见其成。同年9月，美国国会要求中国政府实现人民币兑美元自由浮动的提议遭到拒绝后，国会民主党参议员查尔斯·舒默（Senate Charles Schumer）[①]在参议院提出一项关于人民币汇率的法案——《2003年舒默法案》（编号S.1586），主要内容是"中国政府如果不在6个月内调整人民币汇率，美国政府将对所有进口的中国产品加征27.5%的惩罚性关税"。[②]这是第一个有关汇率的国会法案，从此也被看作美国政府对华强硬姿态的一个象征。2004年9月9日，美国26家纺织、钢铁、农业企业组成"中国货币联盟"，要求美国政府根据美国贸易法"301条款"对中国是否操纵货币进行调查，并实施制裁。但美国政府几小时后迅速拒绝了该项申诉。虽然布什政府拒绝了来自劳工组织的申诉，但也表示美国会继续向中国施压以改革其货币汇率制度。同年10月，时任中国人民银行行长周小川和时任财政部部长金人庆受邀参加G7会议，邀请人正是美国财长斯诺，这被一些人士看作一次鸿门宴，压力焦点还是在人民币汇率问题上。

整体上看，美国国会和产业界总是在试图挑起中美之间的汇率和贸易纠纷，但是多年来，美国财政部在其每年两次的评估中，从来没有一次把中国确定为汇率操纵国。究其原因，美国财政部代表着美国国家的整体利益，而所谓的美国整体利益中，由于美国特殊的政治生态，华尔街金融资本的话语权明显超过了其他利益团体。

同时在中国国内，一些社会团体和产业部门担心自身利益受汇率政策影响，通过不同方式对政府施加影响。2005年5月10日，统计局贸经司首

[①] 舒默美国国会参议员，来自纽约州，美国民主党核心人物，是对华经济问题的强硬人物，在人民币升值等一系列问题上从不放过任何机会。

[②] 笔者在美国调研时获知，这个27.5%的数字来源于两位参议员（查理斯·舒默和林德赛·格雷汉姆）之间的折中，其中一位认为人民币被低估了15%，而另一位认为被低估了40%，两者相加除以二，就产生了27.5%这个看起来颇为考究的数字。

次公开发文称，不论汇率改革何时出台，仅对人民币升值的预期，就已经干扰了中国出口的均衡性。如果人民币在年内升值，将会严重困扰中国的出口。如果人民币升值3%—5%，在其他因素的共同作用下，当年出口增幅将下滑至10%或以下；如果升值15%甚至更多，中国当年的出口增幅有可能转为负增长，甚至出现较大幅度的负增长。这种观点得到了一些经济学者的支持。① 这类学术观点被一些产业部门利用，比如纺织工业协会和船舶工业协会，以行业的生存和就业问题为理由希望人民币尽可能不升值，或者在升值中给予他们以特殊补贴。②

中国决策者除了面临来自学界和产业界的压力之外，也有来自中国人民银行的反向压力，后者要求尽早实现汇率的适度浮动，从而把他们从货币政策不自主的窘境中解放出来。根据三元悖论，为了维持汇率稳定和产业资本流入的局面，中国央行失去了很大部分货币政策的自主性。2005年前后的中国央行尝试了各种手段来对冲过剩的流动性，比如发行央票、财政存款和提高存款准备金率，但是即便如此，通胀率仍在走高。此种情况下，中国央行希望通过实现汇率适度浮动来恢复货币政策的自主性。

为平衡来自国际国内的各方压力，最终中国政府采取了一种折中的汇率政策。2005年7月21日，央行宣布人民币兑美元汇率一次性升值2.1%，从8.2765∶1跳涨至8.11∶1，并由此而进入了一个兑美元"渐进、自主、可控"地升值的时期。图5—16反映的是此后的三年内人民币兑美元升值方式。

---

① 复旦大学孙立坚教授认为对于中国这样一个对外依存度高达70%的国家来说，汇率调整给制造业带来的压力太大。

② 事实上，人民币升值并没有导致中国制造业和中国出口的崩溃，2006—2007年两年间，中国出口继续保持高速增长，纺织工业和船舶工业的利润，在扣除掉国家给予的补贴之后，也都是创出了新高。

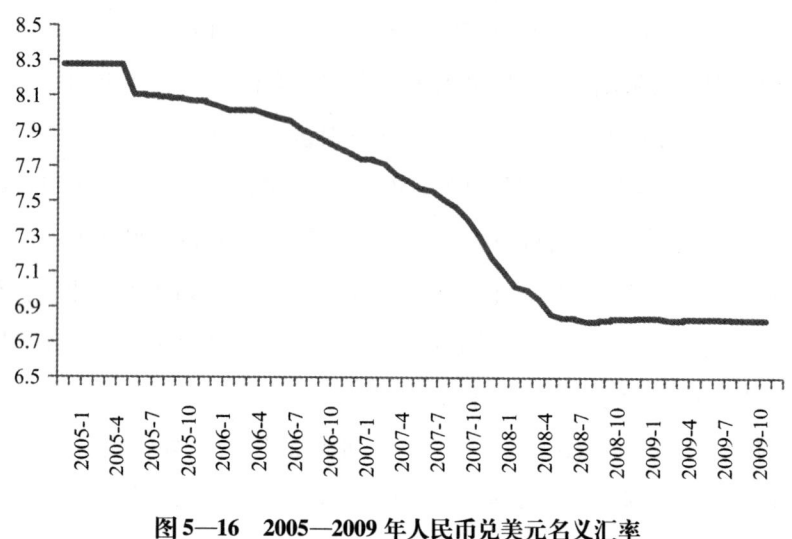

图 5—16　2005—2009 年人民币兑美元名义汇率

资料来源：IMF。

2005 年 7 月汇改之后的三年时间中，人民币呈现了单向匀速升值趋势，在实践中变成了人民币兑美元名义汇率曲线以每月约千分之五的速度稳步升值。这种由政府隐性担保而实现的汇率价格的可预测性，充分体现了国家对制造业企业的支持：假如一家出口企业 7 个月后获得海外客户的美元回款，那么他可以在合同中提前将出口价格增加 3.5% 的汇率变化即可，而不需要担心因为汇率风险导致其亏损。这种做法其实是政府主动把出口企业的汇率风险揽到自己手中。

中国汇改政策出台以后，暂时平息了美方的怒火，但是这条光滑的升值曲线为金融市场玩家们提供了无风险套利的机会。投机者从香港或者华尔街借入美元并换成人民币，就可以同时获得两笔收入：一是美元贷款同人民币投资之间的利差；二是人民币兑美元升值带来的汇差，据业内人士透露，每一次交易可以实现 5% 左右的收益。而如果三个工作日可以做一轮交易，那么全年下来就是约 400% 的暴利。大量实体企业也借机进行套利活动，通过在香港和深圳同时设立公司，伪造两者间的出口收入以把资金带入人民币资产。这种借道贸易而引入热钱的行为进一步推高了贸易顺差的统计值，让中国的人民币看起来更有升值的理由。于是出现了一个自我实现的预言和自我增强的趋势。

人民币兑美元在2005—2008年升值幅度已达20%以上，其持续升值问题对中国实体经济带来的困扰已引起政府和学界的重视。2008年全球金融危机爆发之后，中国政府为保持经济和金融的稳定，重新采取了钉住美元的临时性汇率安排。美方的不满再次上升，因为金融危机期间，美国失业率迅速上升到10%的高位，大量民众流离失所，创造就业成为政府的重中之重。为转移国内的政治经济压力，美国又开始将"敦促"人民币汇率改革提上议程。

2009年1月16日，时任美国总统奥巴马表示将"通过所有途径"，包括向世界贸易组织投诉的方法，向中国施压，逼使中国调高人民币汇率。由此，中美开始了新一轮的人民币汇率争端。[①]

彼得森国际经济研究所所长伯格斯坦宣称，人民币对美元汇率仍然被大幅低估，对美国经济带来严重影响。[②] 如果人民币升值25%—40%，则美国每年的贸易赤字将降低1000亿—1500亿美元，美国将可以新增就业60万—120万人，这是实现奥巴马政府新出台的国家出口战略和再工业化战略的最有效且最廉价的手段。[③]

自2010年起，相当一部分美国国会议员、学者和美国媒体倾向于把美

---

① 《人民币汇率不应被某国当作掩盖本国问题遮羞布》，2010年10月5日，news.sohu.com/20101005/n275426260.shtml。

② 2010年秋季人民币兑美元再次放开浮动之后，笔者曾与他有一次电台上的全球连线对话直播节目，笔者当时预测人民币兑美元的升值速度不会太快，每年只有2%左右，而他则表示这种慢速升值是无法令人满意的。

③ 张志强、雷雨：《货币战争中的人民币》，经济日报出版社2011年版。

国经济复苏缓慢、失业率居高不下、大宗商品价格暴涨以及世界经济失衡归咎于人民币汇率问题。众议院筹款委员会主席莱文，保罗·克鲁格曼，经济政策研究所（Economic Policy Institute）的斯考特（Robert E. Scott）等人纷纷发声声讨中国的人民币汇率政策。① 2010年2月中旬，130名美国众议员联名致信美国时任财长盖特纳和时任商务部部长骆家辉，要求奥巴马政府"动用一切资源促使中国结束汇率操纵，不再利用被低估的汇率来促进出口"。同年3月，美国参议员查尔斯·舒默召开发布会，公布升级版"舒默议案"，并启动立法程序，再度就人民币汇率问题向中国施压。

在美国国会和媒体掀起的舆论狂潮中，美国政府的态度则相对温和。如同历史上一样，美国国会和政府总是在扮演"坏警察好警察"的游戏。财政部部长盖特纳2010年3月24日在接受采访时说："中国是一个主权国家，我们不能强迫其改变汇率。"他表示，相信中国会以自己的理由来决定结束人民币钉住美元的政策。中国政府口头上采取了相当强硬的立场，② 但实际上还是采取了妥协让步的政策举措。2010年6月19日，中国人民银行新闻发言人表示："进一步推进人民币汇率形成机制改革，增强人民币汇率弹性。"这表明，美国对华汇率施压尤其是政府和国会软硬兼施的做法再一次奏效了。

① Robert E. Scott, "Unfair China Trade Costs Local Jobs", Economic Policy Institute, Report, March 23, 2010.

② 2010年3月14日，时任国务院总理温家宝否认人民币汇率存在低估，他还提醒美国，中国会在何时的时候调整外汇政策，外部压力不会加快这一进程。时任商务部部长陈德铭3月21日在中国发展高层论坛上表示，人民币汇率并不存在美国认为的低估和操纵，如果美国对中国采取贸易制裁，中国不会熟视无睹。时任央行行长周小川3月22日称过多地要求人民币升值的噪声对此没有任何帮助。2010年4月12日，时任国家主席胡锦涛在访美期间对美国时任总统奥巴马表示：中方推进人民币汇率形成机制改革的方向坚定不移，这是基于我们自身经济社会发展的需要。具体改革措施需要根据世界经济形势的发展变化和中国经济运行情况统筹加以考虑。尤其不会在外部压力下加以推进。

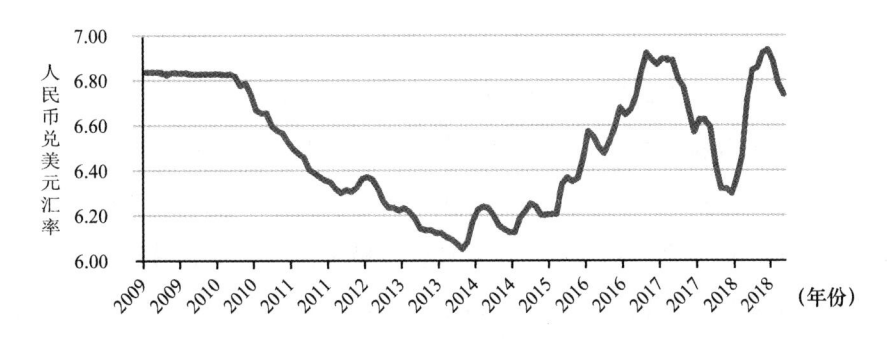

图 5—17 2009—2019 年人民币兑美元名义汇率走势

资料来源：CEIC。

但是问题在于，这一次人民币兑美元的升值并不符合市场内在的趋势和要求。在美国政府的施压及其制造的升值预期之下，美元兑人民币仅从 2010 年中期的 6.8 升值至 2013 年底的 6.0 附近，升值的速度和幅度都低于此前。而且更重要的是，国际外汇市场上出现了认为人民币过度升值的呼声，并因此而前所未有地出现了专门从事看空并做空人民币兑汇率的对冲基金。自 2014 年年初起的三年内，国际汇率市场掀起了一轮又一轮的做空人民币的投机热潮，大量资本外逃，中国政府动用巨额外汇储备苦苦支撑，才勉强维持了美元兑人民币汇率没有跌破七。

三　中美汇率争论的两个问题

纵观中美 20 年来围绕汇率问题的讨论，主要集中在两个方面：第一是定性的问题，即中国实施有管理的浮动汇率制度到底是不是美国政府指责的"汇率操纵"的行为；第二则是人民币汇率是否为美国巨额贸易赤字的罪魁祸首？

美国政治家们在公开讲话中一贯使用"汇率操纵国"的说法来威胁和压制中国，认为中国实施"有管理的浮动汇率"过程中的所谓管理实际上就是在"操纵汇率"。但在笔者看来,汇率操纵这个概念其实是一种政治话语而不是严谨的学术概念。全球有近1/3的国家实行的是有管理的浮动汇率制度,其中就有新加坡、中国香港、瑞士这样的高度开放的经济体,欧洲各国在20世纪70年代之后也反复实施过各种类型的汇率管理。在金融全球化的背景下,资本流动规模大、投机性强、破坏力大,很容易造成汇率剧烈波动并引发货币金融危机,因此政府进行必要的干预、保持汇率的适度稳定十分必要。这在后金融危机时代越来越成为国际学术界和政策界的主流观点。人民币汇率是G20国家中稳定性较高的,这对于中国成功避免金融危机、抵御风险传染冲击,保持经济稳定发展发挥了重要作用。

事实上,不论是以IMF的标准,还是以美国政府自己的标准来看,中国都未达到"操纵汇率"的标准,因此美国政府也难以绕过WTO的规定而武断的单方面决定对中美双边贸易施加惩罚措施。以美国财政部每半年出具的《国际经济和外汇政策报告》为准,当一国达到以下三个条件时,即可被认定为"汇率操纵国":(1)对美贸易盈余超过一年200亿美元;(2)经常项目盈余占到GDP的3%;(3)通过汇率干预买入的外汇超过GDP的2%。

自从中国加入WTO以来,历届美国政府和议员在大选或中期选举期间,都会发出指责中国人为操纵人民币汇率的指控和据此实施对华贸易制裁的威胁;而一旦选举结束,他们的态度通常都会出现微妙的变化。一个真正值得思考的问题在于,过去的20年间,尽管美国财政部每年都有两次机会把中国定义为汇率操纵国,尽管民意代表们反复向美国政府和中国政府施加压力,但是中国没有一次被定义为汇率操纵国。为什么美国财政部对中国如此友好?

对此问题人们可以有很多种解释,比如说中美的复合相互依赖或者中国对美成功的经济外交或者危机公关。但是还有一种有趣的解释是这样的:想象一下有人跑到自家附近的小超市愤怒地揪住老板的衣领说,"都怪你的超市价廉物美品种多，害得我长期预算超支而且过度肥胖。现在我要求你把卖给我的所有商品都提价27.5%，否则我将不再购买你的商品"。美国财政部当然不会傻到扮演这样一个滑稽的角色，更何况美国用来支付中国商品的货币是美方可以随时印制的。

人民币汇率的低估是不是美国贸易逆差的罪魁祸首呢？笔者认为根本不是。

其一，从全球市场体系的层面来看，正如本章第一部分我们已经强调过的，美国的贸易逆差同美元的全球储备地位是一个硬币的两面。中国政府的确使用了各种手段来争取越来越大的全球工业制成品出口份额，包括出口补贴，积累巨额外汇储备以减小汇率波动并延缓汇率的过快升值等。但所有这些举措的结果，无非帮助中国的出口商们在美国向非美世界提供的贸易逆差这块大蛋糕上切下尽可能多的比例而已，但是无法决定美国的贸易逆差的大小。因为归根结底，一国的贸易逆差是它本国内部的各种因素和政策决定的，包括人口结构、利率水平、税收政策和产业政策等各个方面，这些因素最终都通过本国的储蓄、消费和投资的关系作用于贸易。

其二，这就牵涉到第二个方面，即美国国内的储蓄率问题。储蓄率受到各种因素的影响，比如生活方式和文化传统，但是最直接有力的政策杠杆还是利率。美国的储蓄率太低，很多美国人都喜欢寅吃卯粮，一旦有了工作和收入，就开始使用大量的信贷和信用卡来体现满足消费欲望。考虑到崇尚勤俭致富生活的新教徒曾经是美国主流人口，这种消费文化显然并非从来如此，而是现代商业、金融业和政府税收政策的共谋产物。归根结底，储蓄率低如同肥胖症一样，是自己选择的结果而不是超市和快餐店的错。就美国的情况而言，是跨国公司、金融部门成功地压倒了美国社会的劳工组织和中下层阶级，在美国国内政治中占据主导性地位，控制了美国的内外经济政策乃至更广泛的政策组合。如果处于长期失业或者半失业状态中的普通美国人把指责矛头导向中国，不但于事无补，反而放过了真正的罪魁祸首。因为中国对美出口减小之后，只要美国国内的结构性问题不解决，出口国会变成越南、柬埔寨和孟加拉国，其结果是美国蓝领人口仍然无法摆脱其被牺牲的命运。

其三，从实证研究的成果来看，人民币汇率也与美国逆差几乎无关。沈国兵对1998—2003年的中美贸易收支和人民币汇率的月度数据进行了EG（Engle-Granger）两步法检验，得出结论认为不论是长期的或者是短期的人民币有效汇率，与中美贸易收支之间既没有长期稳定的关系，也没有格兰杰因果关系，用汇率变动解释贸易收支的做法并不可靠，因此仅仅通过逼迫人民币汇率升值是无法解决美国对华双边贸易逆差问题的。

其四，中国所谓的贸易顺差背后也还有很大一部分水分，因为大量的中国出口到美国的制成品并非由中国人和中国企业生产，其附加值也并不归中国所有。东亚供应链上的三角贸易模式就是最主要的原因。加工贸易在中国的对外贸易中占据着重要的位置，日韩等国向中国的产业转移，将自身对美国的贸易顺差转移为中国对美国的贸易顺差，加重了中国与美国的贸易摩擦，恶化了中国的国际贸易环境。① 拉尔（S. Lall）②、斯洛勒克（M. Sriolec）③ 认为中国在国际分工中处于劳动密集的生产阶段，如对高技术产品的加工、装配等，之后再将成品出口到发达国家中，这无疑夸大了中国贸易顺差的规模。因此东南亚、日、韩等国将零部件出口到中国进行加工、装配，再从中国出口到欧美，导致中国对美国贸易盈余虚高，而亚洲其他各国对美贸易相对平衡（如图5—18）。学界普遍认为，如果不使用

---

① 文东伟：《亚洲三角贸易模式与中国的贸易增长》，《国际经贸探索》2012年第7期。

② Lall, S., QEH Working Paper Series - QEHWPS44 Page 1 Working Paper No. 44 "The Technological Structure and Performance of Developing Country Manufactured Exports, 1985–1998", 2000.

③ Sriolec, M., "High-Tech Exports from Developing Countries: A Symptom of Technology Spurts or Statistical Illusion?", *Review of World Economics*, Vol. 143, No. 2, 2007, pp. 227–255.

传统的贸易额而是使用增加值来计算中美之间的贸易逆差,那么中美之间的失衡值将缩减为目前数值的一半左右。

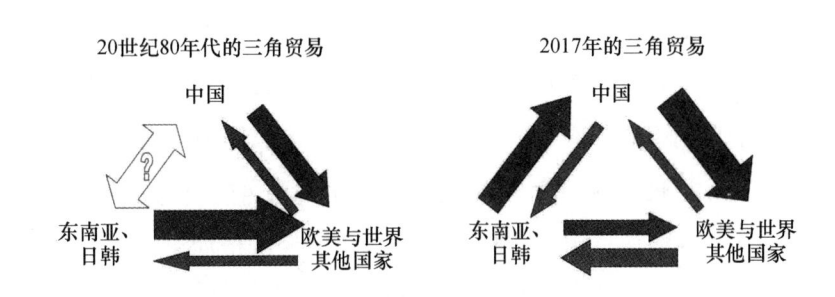

图5—18 亚洲供应链三角贸易变迁

资料来源:笔者自制。

中国向美国出口的中低端工业制成品和消费品,本来应该有足够规模的高价值高科技含量的美制产品出口到中国来平衡,但是由于美国方面对华的技术禁运和自我出口设限,中国希望购买的许多产品不能出口,而这种非经济因素扭曲了中美双方的贸易,并进一步扩大了对华贸易逆差。有研究认为,如果美国对华出口限制能够放宽到对巴西这样的新兴经济体的类似标准,目前对华贸易逆差将减小25%。

四 新时代的人民币汇率

如上所述,快速发展的奇迹背后是有代价的,中国民众既受惠于中国的工业化崛起,也为此承担了各种代价:贫富分化和地区差异迅速扩大;三亿劳动者不得不长期背井离乡、超时工作以养家糊口;持续上涨的房地产价格照多数经济学家的理解,是货币超发和土地财政共同作用的结果引起普遍的社会焦虑;工业化、城镇化所伴随的拆迁补偿问题、环境污染问题往往是社会不满的重要爆发点。而这种"三外路线"的发展模式的必要性随着时代的变迁却在悄然消失。

随着中国工业化进入中后期，中国人口的年龄和产业分布都已经出现了重大变化，"三外路线"所带来的经济增长和政治效果都呈现边际性弱化趋势，而代价则越来越难以接受。低端劳动力市场上退出者多而新进者少，劳动密集型行业普遍招工难。而见多识广的、更具权利意识的中产阶级民众占人口的比例不断提升，他们不会因为经济增长的傲人数据而轻易兴奋和自豪，而是把政治诉求集中在民生、环境和社会公平正义方面。

正是由于清醒地意识到这种新的国内政治经济格局，习近平总书记带领着中国特色社会主义建设进入了新时代。在党的十八大和十九大报告中，除了"经济建设为中心"之外，还悄然出现了一个新词："以人民为中心。"一系列重大改革显示出新一代领导核心的政治责任感和坚强领导力。铁拳反腐、全面从严治党、绿水青山就是金山银山、全面脱贫攻坚战，对外政策更加有所作为，所有这些重大政策调整都在回应民众的多元而现实的需求，有利于提升民众的获得感，党的合法性不再单纯地依靠经济增长和创造非农就业来支撑。在这个全面深化改革的大背景下，金融和货币的改革当然也是题中应有之义，其中最引人注意的是，人民币政策的核心问题不再是过去的汇率水平问题，而是人民币国际化和资本项目放开，政府对汇率的态度从偏好低估转变为允许自由浮动。

2015年8月11日的新一轮人民币汇率改革，标志着人民币开始脱离美元本位，转而根据我们的外贸国别结构参考一篮子货币而不是锚住美元，并且明显扩大了日常波动幅度。当时正值股市出现了无序去杠杆导致的暴跌，而外部美元加息升值预期正甚嚣尘上，所以这轮汇改所处的时机与内外环境不是非常有利，加速了国内资本的外流。这种资本外流其实是迟早要发生的，因为有三股力量一直在等着离开。一是"三外路线"的发展模式导致在中国积累了十万亿级别的外资权益，它们以持有房产和股权的形式在中国滚动投资，享受人民币上涨和高息带来的双重好处，一旦人民币开始进入下跌周期,其中一部分便会离开。二是此前在人民币上升周期中通过各种手段进入中国的套息热钱,由于美国的加息和人民币的贬值趋势,它们必须尽快撤离。三是中国富人群体出于各种动机需要将一部分资产配置到海外去。

于是,2016年在中美汇率争议的历史上出现了一副奇特的景象,那就是中美双方的政府以及国会异口同声地强调人民币应该兑美元升值。在美国方面,美国中下层白人在全球化时代的相对被剥夺感带来了左右两翼民粹主义的高涨,让特朗普和桑德斯等非主流政治家异军突起,他们坚定地反对全球化,批判自由贸易尤其是对华贸易逆差。在他们的竞选演讲中,人民币当然是被严重操纵和低估的,理应对美元继续大幅升值。而有趣的是,2016年的中国政府正在努力应对市场上排山倒海的资本外逃和汇率贬值预期,中国政府反复声明"人民币没有贬值基础",并且消耗了一万亿美元的外汇储备来支撑人民币兑美元汇率,却无法迅速逆转贬值预期和做空人民币的投机行为。站在两国政府和政治家们的对立面的是两国的金融市场,华尔街、香港和上海的金融机构在看空人民币的问题上形成了一致预期,认为人民币兑美元不但很快跌破7∶1的关键位,而且将在未来持续大幅贬值。这种市场一致舆论引发了中国富人和中产阶级的财富恐慌,纷纷将手中的人民币存款换成美元,而他们的羊群效应又反过来进一步压低了人民币汇率,并形成了自我实现的预言(self-fulfilling prophecy)。在此背景之下,中国政府反而乐于见到美国政治家施压人民币兑美元升值,因为多少有助于对冲掉一部分市场做空人民币的力量。

第六章

债务的政治经济学

◇ 第一节 债务的政治经济学

一 关于债务杠杆的基本事实

债务也称杠杆，它既是市场和政府的功能重要交汇之处，又是研究全球政治经济体系的富矿所在，但也是一个充满误解和偏见的金融经济知识领域。因此，在深入探讨美国、中国和世界的债务问题之前，我们有必要用逻辑和数据澄清关于债务的若干事实。

第一个事实是，债务的永久增长是经济增长和发展的自然结果，也是无锚货币体系的必然产物。

整个世界的财富量自工业革命之后便以此前数千年难以想象的速度快速扩张。这种财富量的增长，从源头上看是因为人的能力的大幅跃升，但是从结果来看是人的财产权的总量在持续增长而且越来越多样化：房产、股权（票）、债券、保险合约、期货期权合约、社会福利（entitlement）、知识产权、资产支持证券等，无论何种形式的财产，归根结底可以拆解为底层的股权（所有权）和债权。但是债权与债务必然是对应，当一个人拥有一笔债权的时候，必然有人在承担着相应额度的债务，两者必然守恒，加总必然为零。

自上而下地看，一国债务的总量扩张，取决于财产权总额的增长和股权与债权之间的比例。由于文化传统和产业结构的不同，有的国家偏好直接融资（股权融资），比如英美系国家，有的国家则偏好以债权和信贷为基础的间接融资。但是只要一个国家的经济总量在持续扩张，人们变得越来越富有，那么他们的股票和房产的所有权就会变得越来越昂贵，与之伴随的是相互之间的债权债务关系也在快速扩张。在金本位或者复本位时代，这种同步扩张受到黄金为首的硬通货供给规模的限制，最终债务人相当于是全球硬通货的天然储备库。而从金本位和金汇兑本位制度向今天所处的无锚货币时代的转变，导致了各国的中央银行取代自然界而成为最终债务人。人们的财富量、产出量、交易量增长，必然导致总负债的扩张，从而也就意味着最终债务人的资产负债表规模扩张。

事实上，现代经济中，货币、信贷几乎是债务的同义词。

1972年之后，全球央行的重资产规模处于持续的、近乎匀速的扩张状态之中（如图6—1所示）。用中国对外经贸大学副校长赵忠秀教授的说法，我们所生活的整个经济货币世界其实并非坚实而静止的大陆，而是像宇宙大爆炸一样的永恒扩张的一个虚拟球体。这个信用大爆炸或者说债务大爆炸的时间起点应该是在1972年，即从布雷顿森林体系向今天的牙买加体系转变的时刻，因为从此全球央行的货币政策脱离了黄金或者其他硬锚的约束，而是锚住通货膨胀率的软锚。各主要央行纷纷把目标通胀率设定在2%左右的水平，因为这个目标水平一方面不太高从而不会把储蓄者从货币和银行体系中吓跑；另一方面又足以悄悄地帮助债务人减少其部分真实负债压力。

在这样一个永恒扩张的信用宇宙之中，政府的债务空间得以事实上的无限化，因为只要不是在短期内扩张得难以为继，政府债务可以用时间换空间，不断地借新还旧，而且利率也是部分地由自己设定，所以我们可以看到一个现象：第二次世界大战后主要经济体的债务占GDP比例经历了一个明显的大U形，而底部区域便发生在20世纪70年代（图6—2）。

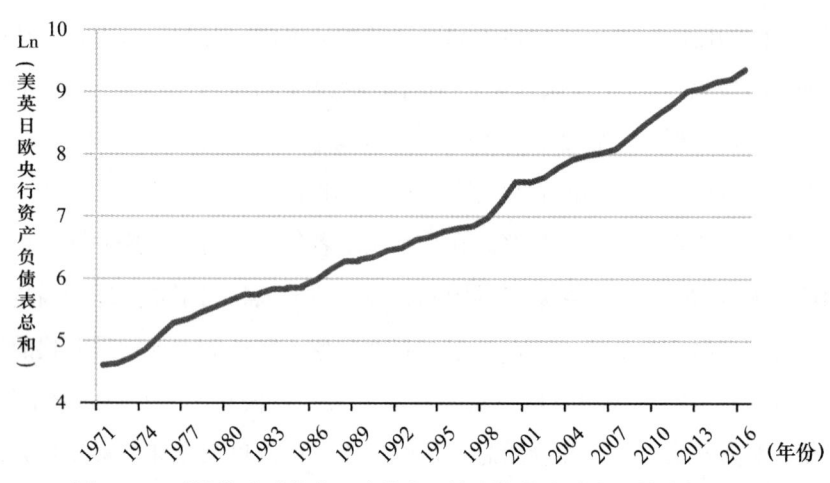

图6—1 无锚货币时代美日欧英央行资产负债表总和呈持续扩张趋势

注:日本数据为日本央行总资产(十亿美元),美国数据为 Central Bank Assets;英国数据为 Bank of England Balance Sheet - Total Assets in the United Kingdom(十亿美元);1999 年之后的欧元区数据为 Central Bank Assets for Euro Area(11 – 19 Countries)。1985 – 1998 年为荷兰、比利时、卢森堡、法国、意大利、德国、希腊、西班牙、奥地利、爱尔兰、芬兰、葡萄牙 12 国央行资行总和,其中希腊应该是 2001 年才加入欧元区,1971—1984 年为除卢森堡外上述 10 国的加总。

资料来源:笔者根据美联储网站、世界银行、Wind、CEIC 等数据库整理所得。

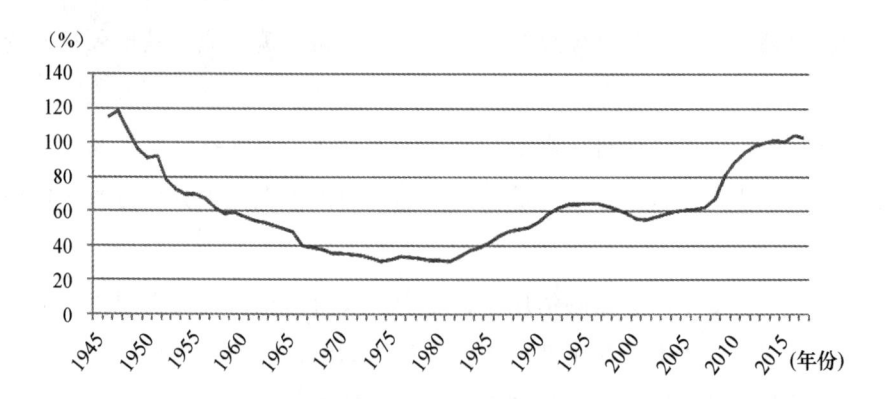

图6—2 第二次世界大战后美国联邦总债务占 GDP 的百分比

资料来源:Office of Management and Budget, the White House。

图6—1与图6—2说明，既然这个世界选择了让全球货币体系脱离黄金硬锚，那么就必须接受货币基础的持续扩张，从而也就必须接受债务相对于经济的持续扩张。

第二个事实是，债务率的高低与经济金融风险无关。前文已经指出，全球市场体系的中心比外围更加富有，而且更加稳定。但是如果我们将各国的债务率数据同其人均GDP放在一起的时候，不难发现，中心国家的债务率整体上要高于外围发展中国家。

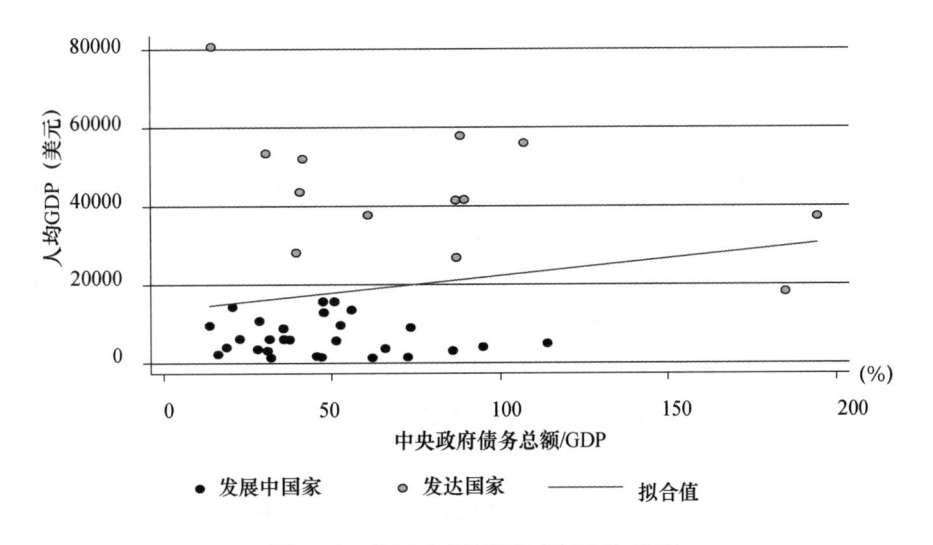

图6—3 各国政府的债务率与人均GDP

资料来源：世界银行数据库，CEIC数据库。

排除掉中东石油生产国之后，人均GDP与政府债务率呈正相关关系。债务率越高的国家其经济未必更稳定，但是图6—3至少说明债务率越高并非经济越不稳定。

也有流行观点认为政府债务会对汇率形成压力，笔者的研究发现，债务率同汇率之间的关系是正相关关系，债务率越高的国家汇率越坚挺，这与人们直觉印象正相反。一个典型例子就是日本，日元是1979年至今最坚挺的货币，而日本政府的债务率也碰巧是世界上最高的；另一个例子就是美国，40年来比美元更强势的货币只有四种，而美国联邦政府的债务率也是全球偏高的。为什么欠钱越多的国家货币信用越好？答案是：只有强势有信用的经济体才能从市场上借到更多钱。

债务究竟为什么带来风险？对普通借贷者而言，在排除掉经营失利亏掉资本的情形之后，主要的债务风险来源于两种错配：一是周期错配；二是币种错配。所谓周期错配通常是借入了短期负债投入了长期项目，通过续短为长来获取利差收益，但是当融资链条出现断裂时，要么违约要么不得不低价出售长期项目的股权和资产来还款，从而导致巨大损失。所谓币种错配是指负债端用货币甲计价结算而资产端用货币乙计价结算，当甲乙两种货币之间的汇率出现大幅波动时或者甲乙两种货币的兑换受限时，债务人将承受损失乃至不得不违约。对于国家为主体的债务人而言，作为本币的债务人兼发行人，只要是本币债务就不会出现周期错配，主要的风险在于外币债务。

看历史上各个国家所爆发的债务危机的案例，危机爆发时的债务率差异非常巨大。拉美国家的债务危机爆发时，其外币债务率往往并不是特别高（见表6—1）。拉美债务危机爆发时，其外币债务率并不比东南亚国家高，但是随着危机的爆发带来资本外逃和本币贬值，债务率反而急剧上升。

表6—1　　　　　拉美和东亚国家20世纪80年代外币负债率　　　　　（%）

年份 国家	1980	1981	1982	1983	1984	1985	1986
墨西哥	24.54	26.02	39.45	52.25	45.19	65.44	64.73
阿根廷	35.50	45.51	51.94	44.34	62.03	57.86	47.49
巴西	30.27	31.68	34.81	52.27	55.00	49.35	42.53
哥伦比亚	21.36	24.53	27.00	30.05	32.09	41.49	44.60
马来西亚	26.91	36.60	49.68	58.39	55.03	64.77	78.65
泰国	25.65	31.14	33.44	34.69	35.86	45.01	42.91

注：所用负债率计算公式为：一国年末外债余额与GDP的比值。
资料来源：世界银行。

如果说发展中国家的债务危机同债务率高低的关系不明显，那么发达国家呢？2008年国际金融危机时，日本的各方面债务率全球最高，但危机的发源地恰恰是债务水平并不高的美国。

杠杆水平对风险的影响很重要的是看债务主体的信用状况和抵御风险的能力。政府部门拥有主权信用且偿债能力强又无倒闭风险，即使杠杆水平高一些，风险程度并不高。而非金融企业部门和居民部门的信用状况和偿债能力相对较弱，则杠杆水平高风险就相应较大。国有企业具有政府信用隐形担保，则杠杆水平较高，风险也相对不大。民营企业尤其是小微企业的情形则相反。由于金融市场高度的信息化和一体化，金融部门杠杆水平高往往导致风险暴露甚至金融危机。

第三个事实是，流行杠杆率的计算有逻辑问题。最常见的宏观杠杆率是债务占 GDP 之比。按照国际通行惯例，一国实体经济的杠杆率是一国非金融部门的杠杆率，即是政府、非金融企业和居民三个部分杠杆率之和。① 公共部门的杠杆率，通常是用中央政府的债务除以 GDP，对于某些中央和地方财政存在某种连带偿付责任的国家，比如中国，有些研究者常常会把地方政府的债务也加总进去。但是，会计学中要分析一个债务人的还款能力和违约可能，那么应该用债务（存量）除以其资产（存量），或者利息支出（流量）除以其利润或者可支配收入（流量）。债务是存量，GDP 是流量，用存量除以流量，能说明什么问题？好比说，甲乙两家企业，各自负债 1 亿元，甲的年产值是 1 亿元，乙的年产值是 2 亿元，则套用流行的（宏观）杠杆率的算法甲的杠杆率比亿高出一倍。但是哪个企业风险更高？恐怕很难说，因为年产值同还款能力和违约风险之间的联系非常弱，不同的行业产值规模和利润率差异非常

---

① 之所以不包括金融部门，是因为金融部门作为全社会的资金中介机构，其杠杆率的计算与上述其他三个部门存在交叉和重复，因此在衡量实体经济杠杆率时通常予以剔除。

大，有经验的信贷员会考察其税后利润、成长性和抵押物质量，而不是看宏观杠杆率。因此显而易见，流行的所谓宏观杠杆率在逻辑上是有严重缺陷的。

在这个存在缺陷的公式基础上进一步发展出的广泛传播的债务焦虑，则将问题更加复杂化了。分子（债务）和分母（GDP）之间是一种非线性的"纠缠态"关系，减少一个单位的分子，可能导致两个单位的分母的消失。两者联动的前提下，这种焦虑会引发资产负债表的收缩。有些人认为这种焦虑就是在分母不受影响的情况下减少分子，这种线性和局部化思维在思想上是幼稚的，在实践中是有害的。它体现出一种西医的思维倾向，即头痛医头、脚痛医脚，根据指标来治病，把调指标当作治病本身。病人的体温高了，他们就开退烧药，然而体温不是病灶本身，发烧仅仅是人体在受到病毒或者细菌入侵时而动员自身肌体的能量进行反抗时的一个副产品而已，真正的治病应该是杀死病毒和细菌，或者强健患者肌体的抵抗力促使尽快形成抗体，而不是一刀切地要求体温指标的下降。有趣的是，这种西医风格的债务思维正好源自美国。

二　从莱因哈特到雷伊·达里奥：美国知识界的债务情结

美国社会存在强大的自由主义思想传统，他们厌恶政府，厌恶官僚，厌恶公共部门债务，这种思想传统当然也浸润和塑造了他们的知识界。在债务问题上，美国学者们比起其他国家的学者似乎更焦虑，尤其是在2008年金融危机之后的大拯救（bail out）导致联邦债务暴涨之后，对杠杆率的研究成为学术界和投资圈的热门话题。

最有影响的研究是2010年哈佛大学肯尼迪政府学院教授卡门·莱因哈特女士（C. Reinhart）与肯尼思·罗格夫（K. Rogoff）两位学者关于债务转

折点的著名观点。① 他们认为,一旦政府债务水平超过了 GDP 的 90%,国内生产总值增长将明显放缓。他们在论文中把债务按照数字排序分成四类,并为每个类别计算出平均增长率,结果发现,公共债务率较低时对增长率的影响不大,而一旦债务达到 GDP 的 90% 以上,增长率就会急剧下降。两个世纪(1790—2009 年)的样本中,在平均增长率大于 3% 的年份中仅有 1.7% 的年份该国债务率超过了 GDP 的 90% 这一临界值。而政府债务水平超过 90% 的年份,平均增长从 3% 急剧下降到了负 0.1%。他们认为超过 90% 是一个门槛,在其附近市场的风险是跳跃性的而非连续性的,这种跳跃会转化为飙升的利率或金融市场的压力,迫使政府面临艰难的政策选择,要么财政紧缩,要么通货膨胀,再或者就是债务违约。这个清晰的转折点理论引起了学界、政策界和投资圈的许多关注。②

2013 年,美国马萨诸塞大学阿默斯特分校的一名博士研究生托马斯·赫顿(Thomas Herndon)在罗伯特·波林(Robert Pollin)与迈克尔·阿什(Michael Ash)共同开设的计量经济学课上公布了一项极为引人注目的发现,直接挑战了哈佛大学两位经济学家的权威文章,并指出两位哈佛经济学家犯了极为低级的错误。③ 他们重做莱因哈特和罗格夫在 2010 年的研究发现编码错误、选择性排除可得数据、对加总统计量进行非常规赋权,导致了他们在描绘 20 个发达经济体第二次世界大战后公共债务与 GDP 增长之间关系时犯了严重错误。他们发现:当正确计算的时候,公共债务与 GDP

---

① Reinhart, C. M. and Rogoff, K. S., "Growth in a time of Debt", *American Economic Review: Papers and Proceedings*, Vol. 100, No. 2, 2010, pp. 573-578.

② 笔者与莱因哈特教授在世界银行的 2015 春季年会上曾经就其债务研究和全球债务形式有过交流,此后收到她的演讲 PPT,本书中关于第二次世界大战后全球主要经济体的债务率变化趋势即源自其中。尽管笔者不同意她的核心主张,但感觉 Reinhart 教授是一位和蔼谦虚而努力研究的资深学者。

③ [美] 托马斯·赫顿、[美] 迈克尔·阿什、[美] 罗伯特·波林:《高公共债务一贯扼杀经济增长吗?——对莱因哈特和罗格夫的批判》,《政治经济学评论》2015 年第 6 期。

之比大于90%的国家的平均GDP增长率实际是2.2%，而不是莱因哈特和罗格夫所说的 –0.1%。

如果说哈佛教授们的研究存在方法论上的漏洞和结论上的偏差，那么金融投资圈的研究则更加随意而自由。笔者在美国接触过多位基金经理和投行研究人士，这一行当的思想特点是求新求变、吸引眼球、交易导向，但是严谨、规范、系统、缜密等要求则显然不是他们的习惯。这一特点是由他们的行业生态所决定的：只有新奇尖锐的思想才能被当前市场的交易价格"吸收"（priced in），才能吸引新的资金委托人，才能引领市场新一段趋势；至于观点是不是片面偏颇，是不是存在夸张扭曲之处，金融市场的交易者无暇顾及也不必顾及，因为自有另一群交易者用资金来引领另一段行情来与之"辩论"。

桥水基金的创始董事长雷伊·达里奥（Ray Dalio）便是这样一位成功的投资家，他在资产管理的主业之余，试图用其对债券市场的知识和经验来解释经济运行乃至国家兴衰。在其一系列非正式出版却流传甚广的关于债务和去杠杆的文章中，他声称研究了若干案例（常见的是六个去杠杆案例），发现当一个经济体的债务率在五年内快速上升一定比例，那么随后的一段时间内很可能会发生信用扩张的被动与无序收缩，导致金融或者汇率危机。在他看来，去杠杆无非财政开支紧缩、债务货币化、财富再分配、债务减免等四种方法，不同的去杠杆方法会带来不同的宏观经济后果。有的去杠杆被他称为"漂亮的去杠杆"，有的则是"丑陋的去杠杆"。作为雷伊·达里奥在中国的最早一批读者之一，笔者曾经颇为其理论的独到与前卫而着迷。

华尔街投资银行圈子中，有不少人以此理论为基础，预言中国经济将会面临类似的宿命，理由是中国的债务率正在经历快速的上涨，影子银行高速扩张。比如，2015年夏季，笔者曾在华盛顿旁观了卡耐基基金会举办的一场辩论，辩论双方分别是卡耐基华裔经济学者黄育川（Yukong Huang）

教授和摩根斯坦利的一位年轻的印度裔经济学博士。摩根斯坦利经济学家认为中国经济债务率太高，未来必然出现大规模违约，人民币必将暴跌。而黄育川教授则显示出扎实的学术功底，系统地解释了中国政府债务和GDP的构成和变化趋势，反驳了对手的浅薄观点。也正是这场正反双方的学术水平和研究深度云泥之别的辩论，让笔者开始系统反思自己此前对雷伊·达里奥的研究观点的迷信。

首先，他的研究在案例样本的选择上明显存在问题：他不是将所有的杠杆率变化历史，或者哪怕是几个主要经济体的杠杆率变化完整历史作为样本来进行全面的统计和研究，而是选取他认为重要的案例来展开分析，也没有注意到那些样本基本是金币本位和金汇兑本位时代的案例，而我们今天生活在无硬锚货币的时代，其可比性与相关性需要警惕。他的样本范围太小而且是高度选择性的，这只能说明他先有理论主张、后找案例论据，相当于先在墙上打一枪，然后围着弹痕画靶。

其次，方法论上存在明显的单因素论。多读一些雷伊·达里奥的研究成果，不仅会发现其研究和写作的肤浅与粗糙，而且能感觉到其知识结构相对狭隘，严重地受限于投资市场的经验和见闻。他试图抛开经济基本面和社会政治历史背景，抛开人口、产业、技术变迁、制度、消费、供给、生产等宏观因素和具体经济活动，而是从单纯的金融交易和投融资活动中找到杠杆波动的规律并以此解释世界市场运动乃至国家兴衰的周期。在社会科学的论文答辩中，导师们经常批评学生的一句话"单因素论"，用在他身上非常贴切。在金融投资界，两百年来存在着一批小众的"线仙"投资家，他们相信不需要看资产的基本面，只需要跟踪价格和成交量的变化便可预测未来走势，其理由是"历史会重复""价格总是呈趋势性变化"，而且"交易价格和成交量能消化一切信息"。当世没有一位知名投资家信奉这一套，但是作为金融圈出身的业余研究者，雷伊·达里奥用债务率变化的几个案例来总结出一套去杠杆的模式和规律，并以此指点江山，其中无疑隐含着"线仙"们看线炒股的思维模式，本质上是一种数浪画线看形态的投资玄学。

最后，从研究内容上看，他对一系列关于杠杆和去杠杆的基本问题并没有关注更没有回答：（1）合意的杠杆率究竟是多少？（2）究竟应该通过紧缩去杠杆还是通过宽松去杠杆？（3）如何区分好的杠杆和坏的杠杆？债务的运用有好坏之分，关键在于债务用来去做什么了，能否产生整体上足以覆盖利息的收益。对政府而言，好的债务是投到了高价值的项目上，能够有直接的高收益或者很好的正外部性的项目上去；而差的债务是拿去为透支消费买单，或者去搞了不可持续没有实效的政绩工程。

就笔者目前的认识而言，对宏观债务杠杆问题的纠结，是美国社会科学领域伪科学研究的典型案例之一，另一个可与之相类比的案例便是美国政治和国际关系学界乐此不疲的民主研究。他们的共同特点是使用很多案例、问卷和计量模型来装点其学术色彩，其目的无非用科学来论证和打扮其宗教般狂热的意识形态执念而已。

三　美国联邦债务的政治解读

正是由于美国社会对债务问题的意识形态情结，美国联邦治理体系中存在一个债务上限的问题，以体现美国国会作为立法机构对联邦政府开支的制约。自1940年开始设立债务上限以来至2019年，国会共计提升了107次债务上限，其限定金额从490亿美元一步步提升到了20多万亿美元。每年平均一次半的债务上限提升问题，构成了两党之间以及行政立法之间的博弈窗口。当双方难以达成妥协时，美国联邦政府体系便实施短暂的关门，因为无法向联邦雇员支付工资，只好实施无薪休假。1976—2019年已经出现了19次联邦政府停摆。

由于现代社会生活中存在很多需要联邦行政部门提供的公共产品，联邦政府的停摆会对社会大众的生活和工作带来诸多不便，所以对此制度的批评很多，但是美国国会中的两党议员们仍乐此不疲地操弄债务上限的规则和政府关门的游戏。美国政府和国会如同双重性格患者的债务瘾君子，左脑人格赌咒发誓说借完这一次下次再也不让借了，但过不了一会儿右脑人格又开始来讨价还价，偶尔表演一点左右互搏，但最终每一次都会让借债的快感占据上风。

在包括中国政府在内的"外国债主"眼中，美国国债是一种无风险资产，但是两党围绕债务上限的表演性争吵是一种不负责任的做法，罔顾美元和美债的国际义务，是美国民主制度的闹剧。这样一种把债务同民主制度联系起来的观点在美国国内也引起了共鸣。詹姆斯·布坎南（James Buchanan）和理查德·瓦格纳（Richard E. Wagner）首先提出民主制度下的政府天生具有"赤字倾向"，由于选民的不完备知识，个人并不知道政府预算约束和最优政策，增加支出和减低税收的好处是直接的，而成本（未来更低的支出和更高的税收以满足政府预算约束）是间接的，赤字倾向的出现不言而喻。

著名经济学者阿瑟莫格鲁教授也认为债务肿瘤的不断膨胀是美国的民主制度存在缺陷的结果：在联邦债务的各类利益相关者中，存在两个群体缺乏发声的权利：子孙后代和外国人。前者还未出生，后者没有美国公民权，所以都不能在美国当下的政治决策中投票，因而政客们倾向于借很多债，以便在自己的任期内提前获取其利益，而把还债的压力和责任留给子孙，把还不起债的风险留给外国人。这种观点初听起来似乎颇为机智，但经不起仔细推敲。

从全球比较政治经济学的角度来看，民主制度与赤字率之间的关系是可以用实证数据检验的。笔者的实证研究发现，民主制度导致国家多借债的逻辑适用于体系外围国家，但是不适用于体系中心国家。

选票民主制度下的政府倾向于通过高福利开支来收买和拉拢选民，而且这样的福利开支具有刚性,因为一旦福利开支被削减,民众就会通过选举权来反抗,所以只能通过扩张财政赤字来维持合法性。对于中低端制造业为主的外围国家,过高的福利支出导致国家无法集中资本以实现制造业发展;对于资源型外围国家,在大宗商品价格较高时,政府能通过高福利开支来获取支持度,但大宗商品价格下跌时又无法削减福利开支,只能举借外债,从而加剧了本国经济的脆弱性。但是在笔者研究的发达国家子样本内,则出现了选票民主越成熟、中央政府赤字率越低的现象,这主要是因为发达国家在实现工业化之后克服了供给瓶颈,具有推行福利社会和维持高政府开支的能力。

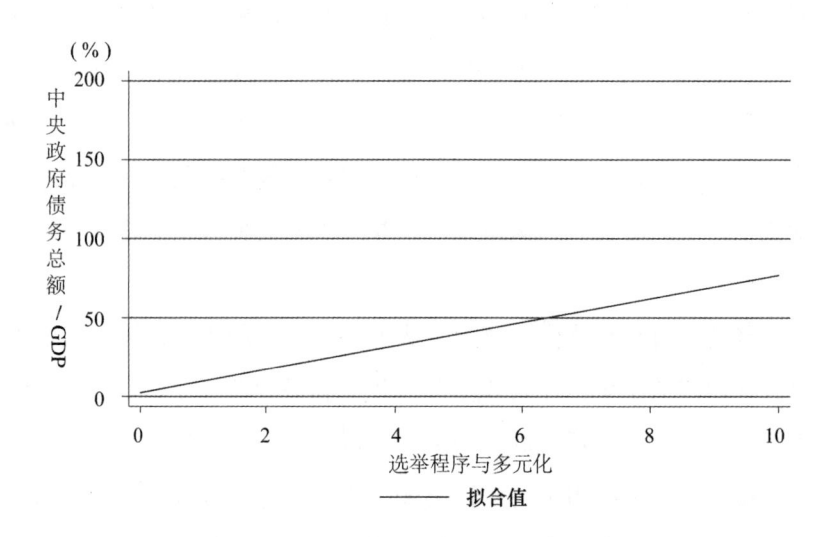

图6—4 中央政府债务总额占比与民主制度选择

资料来源:经济学人智库(EIU),世界银行数据库。

而笔者在2015年世界银行的年会上曾经当众驳斥了阿瑟莫格鲁教授的演讲观点,所用论据便是美国在第二次世界大战之后的债务率变迁趋势。上文的图6—2显示在1974年之前,美国的负债率一直在持续下降,而美国和欧洲的民主制度早就存在了。笔者认为，选票民主制度固然有其问题，但是在金汇兑本位之下，对于债务原本存在一种市场机制来弥补其不足，即一国政府借债越多，利率将会越高，高利率水平压低经济表现和就业，政治家要么落选要么面临改弦更张的政治压力。但是到了20世纪70年代，这种市场的围墙被拆掉了，那就是黄金窗口的关闭和汇率的浮动。黄金窗口的关闭意味着货币基础可以无限扩张。民主的前提在于政府的责任制，当权者受到制约与平衡。然而当政府拥有额外的无尽财源的时候，民主制度的基本前提遭到侵蚀和破坏。债务理论上是要连本带息兑付的，但是当一国主权政府用本币定义自己的债务，而且本币没有硬锚的时候，到期的债务和利息可以用更多的债务来偿还，没人买的时候可以让央行扩大货币基础来支持。正如格林斯潘曾在美国国会作证说：我们其实永远不需要还这些债了。

美国的债务究竟从何而来？传统的说法是美帝国穷兵黩武，四处征战，消耗了大量财富，最终债台高筑。但实际上，这是一种错觉。图6—5显示出第二次世界大战之后美国联邦财政开支的整体格局变迁。由图可知，随着战争的结束，美国军费开支在联邦支出中的占比持续下行，21世纪的反恐战争也不过仅仅略有抬升而已。占比持续上涨的是医疗占比，如今已经成为美国社会肌体内部的一个癌症，它的持续长大挤压了帝国肌体的各个正常器官，使得美国的联邦公共部门欲振乏力。就其政治根源，在于美国政治体系中排名第二的游说势力制药业和第一大游说势力金融业中的保险机构，双方共同努力让药价持续升高至令人难以置信的地步。当前美国两党内斗的格局下，极少数跨党派共识便是控制住药价从而抑制住持续升高的医疗保障开支。当然，这种跨党派努力能否最终成功，还有待观察。

美国的联邦政府债务事实上是美帝国构造的重要组成部分。正如本书第一章和第三章相关部分已经提到的那样：公共部门的能力与效率决定一个社会的总财富量，如果能够将图6—6中的真实税率从R3下降到R2而不影响公共产品的供给，则该国的财富量将获得大幅增长。在美国国债的持有者中，将近一半左右是外国投资者，所以美国依靠不断地借新还旧和债务上限的提升，相当于每年从全球储蓄者中间获得相当于 GDP 的 3%—5% 的铸币税，而这个价值通过上述杠杆效应而大大推高美国的经济规模和人均生活水平。

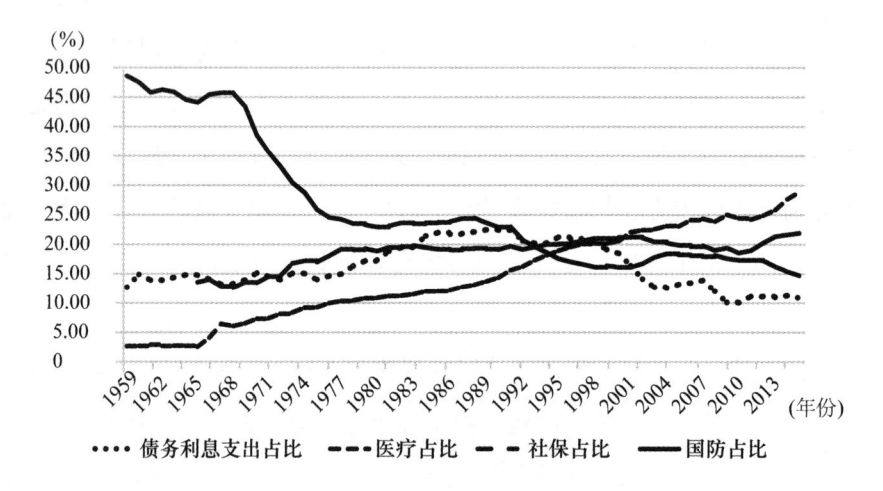

图 6—5　1959—2013 年美国联邦财政开支中的各大项

资料来源：美国经济分析局（U. S. Bureau of Economic Analysis），美国管理与预算办公室（Congressional Budget Office；Office of Management and Budget）。

图 6—6　无须偿还的债务与美国 GDP 的放大效应

资料来源：笔者自制。

除了两党之间围绕债务上限的政治博弈和政府关门作秀之外，美国联邦债务率的持续升高对于美国政治经济体系也的确存在某些影响和制约，比如它对美国的名义利率的上限形成压制。一个债务人在债权人眼中的安全性存在一个不可逆的债务转折点，超过该点即变成旁氏融资，债权人唯一的求生方式就是指望有傻瓜从自己手上接下最后一棒。这个点的标志就是债权人连滚动存量债务的利息支出都需要从市场上借入，那就意味着其债务率的持续上升已经不可逆。

进入21世纪，美国联邦债务的规模从5.8万亿美元上涨到22万亿美元，即在20年内上升了将近4倍，但是联邦政府的利息支出却并没有大幅增加，而是长期稳定在3500亿—5000亿美元的水平上，关键就在于美国利率曲线的不断下沉，令美国国债的平均融资成本从6.2%左右下降到2%左右。

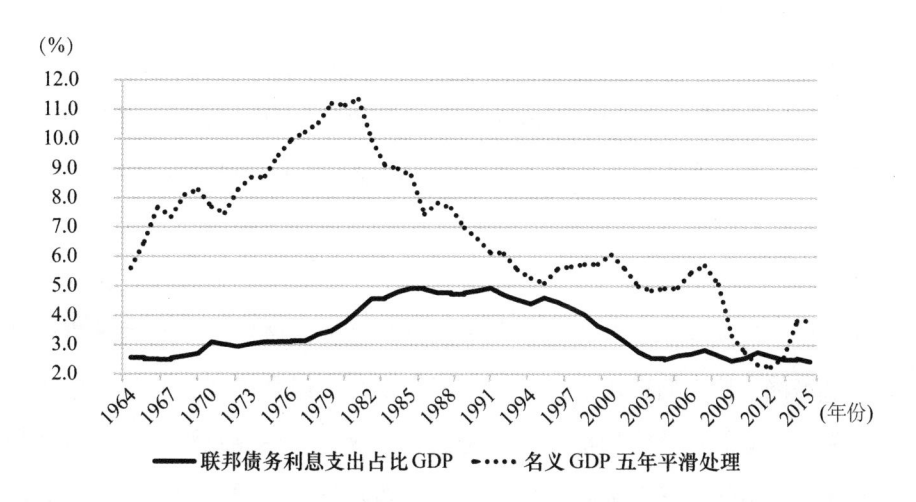

图6—7 1964—2015年美国联邦政府利息支出占GDP之比与美国名义GDP增速

资料来源：美国经济分析局。

图6—7中联邦利息开支占GDP的比例与GDP的名义增速之间越来越接

近,假如GDP的名义增速被利息曲线持续超过,那么就说明利息的支出持续超过新增财富量,很可能会引发全球储蓄者对美国国债信用和美元信用可持续性的怀疑。为此,在债务存量规模超过GDP并保持快速增长的前提下,只有确保美国国债的平均利率震荡下行,才能捍卫整个体系的稳健运行。因此,某种意义上说,美国联邦债务的问题已经不是两党之间或者白宫和国会之间的问题,而是政府和美联储之间的问题了。随着上述趋势的延续,最终的结局是美元利率不断下沉,并像欧元和日元一样进入负利率时代。

正如本书关于利率趋势的章节已经探讨的那样,随着老龄化的深化,负利率时代必然到来,这是社会现代化的必然结果,只不过有一个比较漫长的滞后期。生育率的长期下降带来一系列问题,少子老龄化是其中最重要的趋势。它对经济增长,总需求,产业结构,利率、汇率、通胀乃至商业形态和政治氛围都会形成缓慢而不可逆转的形塑作用。少子老龄化社会的挑战不是劳动力不足(因为有科技进步带来技术对劳动力的替代),而是总需求不足,从而导致产能过剩。通胀率会持续走低,直至通缩。固定资产价格会持续下行,因为不再有那么多人需要使用这些资产,某些价格弹性小的资产甚至会出现零价赠送的现象,比如日本和欧洲的某些小镇房产。通货紧缩最终将利率压到负值,如同我们在欧洲国家债券和日本债券的收益率曲线上看到的那样,名义利率为负成为长期现象。而这反过来又为体系中心国家的债务率上升构造了一个天然的边界。老龄化社会的政府债务率持续高涨,让人们担忧信用破灭、汇率暴贬,但是事实正相反,本书的研究发现,老龄化社会的汇率是最坚挺的,或者说在导致汇率走强的各种变量中,老龄化是最有解释力的变量。恰如政治经济学者们在人口生育问题上曾经犯过的时代性误判一样,关于老龄化社会的经济金融含义,主流经济学者们可能再次集体误判。一旦进入名义负利率时代,那么高杠杆就不再是一个问题,债务的名义规模会自动缩减,所以政府债务率的问题在笔者看来相当大程度上是一个伪问题。就如同当年担心人口的持续增长超出物质财富的增速导致绝对贫困化一样，对高杠杆率的焦虑很可能是新自由主义经济学的另一个杞人忧天。

◇ 第二节　中国债务的政治经济学

一　中国债务问题的态势

大约2015年以来，中国的债务问题引发了全球性的关注，许多人根据各种理论和数据认为中国经济即将硬着陆，某种形式的债务危机会触发人民币的大幅贬值。为了澄清种种误解，有必要系统地梳理一下中国整体债务形势。

中国的债务形势可以概括为以下几个特点。

其一，政府部门的债务率总的来说并不高，中央政府的债务率过低，而地方政府的债务率相对高。通过与全球主要经济体的债务率的比较，我们不难发现，中国官方部门的债务率是偏低的。全球最高的是日本政府的债务率（200%以上），而美国联邦政府的债务率为107%，欧洲各国中央政府的债务率在60%—150%（各国不同的计算口径会有不小差异）。中国中央政府的债务余额占GDP比例仅仅为20%左右，而且多年的赤字率（财政赤字/GDP）保持在3%以下。

一个有趣的现象是，许多市场派研究者常常把中国地方政府的债务加总到中央政府的债务余额上，以此数据与西方国家的中央或联邦政府债务率相比较。对于这种口径不一的处理方法，他们的解释常常是：西方公共部门的中央和地方之间财政分权清晰而独立，中国的政治体制意味着地方债务最终需要由中央政府来救助和埋单，所以应该加总计算，这种理由显然在政治学和财政学上看存在明显的缺陷。但是即便接受其逻辑（如图6—

8 所示），也难以得出中国公共部门债务率高企的结论。以 2017 财年为例，中央财政债务余额约为 13.47 万亿元，地方法定债务规模约为 18.58 万亿元，两者之和为 32.05 万亿元，占当年名义 GDP 的比重约为 38.76%，远低于 60% 这一所谓国际债务率警戒线。①

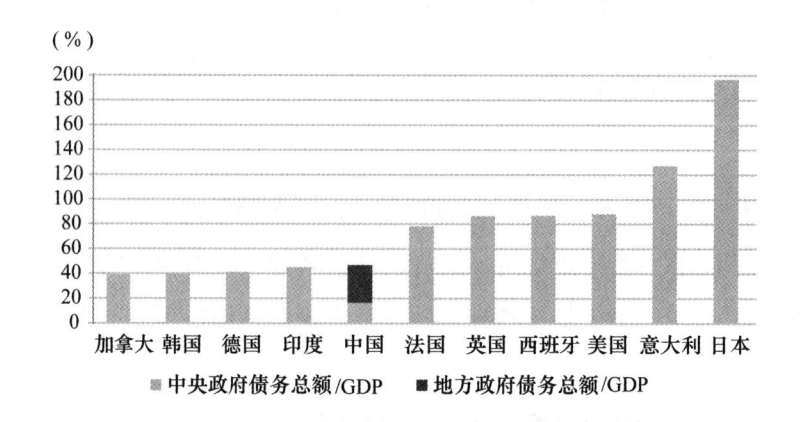

图 6—8 全球主要经济体的政府债务率

注：除日本采用 2016 年数据外，其余均为 2017 年数据。图中除中国外，皆采用中央政府债务率。

资料来源：CEIC 数据库，Wind 数据库。

中国债务的争议之处，在于各种隐性地方债的规模估算及其风险。地方政府的广义债务中，又可以分为不同的组成部分，按财政部分类标准可分为三类：政府负有偿还责任的债务（法定直接债务）、政府负有担保责任的债务（法定或有债务）以及政府可能承担一定救助责任的债务（非法定的或有债务）。后两类债务正常情况下由债务人以自身收入偿还，无须政府承担偿债责任，也统称为政府或有债务，其中包含城投债、以地方融资平台名义获取的但有政府担保的银行贷款。此外，随着近年政府与社会资本

---

① 张明：《中国政府债务规模究竟几何？》，《财经》2018 年 7 月 23 日。

合作项目（PPP）的展开，项目中的政府资本金以及银行贷款中政府隐性担保的部分也应当计入政府的隐性债务中。

根据国家审计署发布的官方数据看，截至2013年6月三类政府债务中，作为直接债务的政府负有偿还责任的债务规模达10.8万亿元；而政府或有债务总额达6.9万亿元，其中政府负有担保责任的或有债务为2.6万亿元，政府可能承担一定救助责任的债务为4.3亿元。而根据笔者的朋友张明教授的估算，2012年之后的5年内，地方政府法定直接债务存量从8.8万亿元增至2017年的18.58万亿元，年均增速16.03%；地方政府或有债务存量从2012年的6.84万亿元增至2017年的23.57万亿元，年均增速28.04%，增速明显快于地方政府法定直接债务。从区域来看，江苏、浙江等东部省份负债绝对值规模较高，但由于经济规模大，因此相对负债率较低；而债务风险较高的省份主要集中在西部和东北。中央对地方隐性债务快速扩张带来的风险非常担忧，每隔一两年便会实施全面排查、摸底和整顿。然而地方政府和金融机构之间存在强烈的合作意向，金融机构总是在不断地创新融资方式和工具，为地方政府提供绕过中央审查和监管的加杠杆通道。

其二，私人部门的债务率呈现结构性差异，家庭部门债务率偏低而企业部门债务率偏高，民营企业的债务率偏低而国有企业的债务率偏高。从国际比较看，中国非金融企业部门的杠杆率处在相当高的水平：根据央行发布的《中国金融稳定报告（2018）》，截至2017年年末，中国非金融企业部门杠杆率为163.6%，占宏观杠杆率的65.7%。横向比较来看，中国非金融企业部门的杠杆率在主要经济体中位列第一，远高于欧元区的101.6%、日本的103.4%和美国的73.5%，更高于俄罗斯、印度和巴西等新兴市场经济体[1]。

家庭部门低而企业部门高，反映出的基本事实是中国举债主要是为了生产和投资而不是消费，这与西方国家以及多数发展中国家的债务特点存

---

[1] 《中国金融稳定报告（2018）》，2018年11月3日，中国人民银行网站，http://www.gov.cn/xinwen/2018-11/03/content_5337137.htm。

在明显区别。当我们讨论债务风险的时候，不能只看债务的规模或者占GDP比例，还应该看人们借了钱用来做什么去了。如果是借了钱消费，那么支出转化为消费者的福利和生产者的收入，假如生产者不在本国，那么未来的还款就可能是个大问题。而如果借了钱去从事投资，包括基础设施的投资和产业投资，那么未来的还款能力需要进一步展开具体讨论：有些基础设施的建设和产业投资将会形成可贸易部门的竞争力提升，比如港口、公路、铁路、电力、网络等基础设施的建设虽然短期看大幅拉高债务规模，但是它们能把原本的巨量非贸易品变成可贸易品，让越来越多的人口接入全球市场体系的分工和竞争中，从而形成财富量的快速扩张；多数产业的投资能将新技术、新产品引入原有的可贸易品生产格局中，带来技术进步和产出增加；但是也有一些基础设施的建设形成了无用的"白象"，或者更多地出于政治考虑而非经济考虑而建设，① 也有一些产业投资在技术路线上选择错误或者经营管理不善而成为失败投资，那么伴随的债务将成为风险之源。就中国的情况而言，基础设施的绝对值很大且增速很快，但是从人均水平或者地区密度而言与美、欧、日等相比还存在不小差距，产业上也与他们相比存在很大的爬升追赶空间，因此尽管有不少投资的效率显得不高，但是总体上风险不大。

而且值得注意的是，在可贸易品的全球市场规模给定的前提下，一国可贸易品的竞争力提升意味着另一国的相对下降，一国市场份额的扩大意味着另一国份额的萎缩，所以一国基础设施投资和产业投资的成功，意味着别国基础设施和产业资本存量的价值降低。所以在一个开放性全球市场

---

① 比如笔者在比利时工作时，曾经见到一些毫无意义的道路桥梁，经过询问本地同事，原来是该国两个不同民族构成的南北地区之间常年在政治上闹矛盾，讲荷兰语的佛莱芒地区相对较富裕，而讲法语的瓦隆地区则比较萧条，当佛莱芒地区因为经济发展的需要而建设道路桥梁时，瓦隆地区要求中央政府的开支中必须在南部建设同等预算的基础设施。政治平衡的结果是南部出现了一些没有经济意义的桥梁，比如在两个山头之间建一座桥，却没有相应的公路利用之。

体系中，投资对债务风险的影响在地区分布上可能是不对称的。

在国企和民营企业之间，正如美国华裔经济学家黄亚生教授所说的，存在着某种隐形的主从秩序。国企在政策上、信贷上都享有优于民营企业的待遇，相比后者，融资的成本更低和规模更大。大约3/4的融资流向了国企，而仅仅1/4流向了民企。但是相比民营企业，国有企业的效率偏低、盈利能力较弱、财务上软约束，国有企业偏高负债水平是中国经济效率和质量偏低的主要问题所在。对国有企业的管理层而言，其未来的升迁往往取决于所辖企业的资产规模而不是盈利情况，其债务风险往往不在本身的任期内爆发，在很多时候也有主管部门和地方政府为之兜底，所以部分国企负责人表现出明确的投资和负债冲动，反而是那些较为谨慎的国企负责人难以得到提拔重用。

其三，中国的债务主要是人民币计价的国内债务，而且与债务对应的资产规模非常巨大。从全球经验来看，所谓宏观债务风险，主要表现为周期错配和币种错配。中国的储蓄率非常高，因此在为发展而融资的过程中，主要是靠内源融资而不是外源融资。人民币计价的债务在宏观上属于国民不同部门之间的债权债务关系，由于存在政府财政政策和央行货币政策的保驾护航，因而不宜被认为是真正的宏观风险所在。外源融资中，中国主要是依靠外商直接投资FDI而不是外币计价的债务。当然，近十年来外币计价的债务也有明显的增长，但是其动因主要是因为人民币利率较高而国际主流货币的基准利率太低，许多货币投机者利用进出口和跨境实业投资的便利，通过借入美元或者日元负债而持有人民币资产的套息交易（carry trade），以此追求利差和汇差带来的双重好处。但是总体上看，企业的跨境外币债务的规模远远小于中国官方的外汇储备。更加重要的新趋势是，随着人民币的国际化，越来越多的国际官方储备资金和养老基金、资产管理公司等机构投资者开始进入人民币计价的金融资产，相当于加入中国国民中来一起承担中国经济的风险、分享其红利。这一体制变迁将大大降低中国的宏观债务风险。

二 围绕杠杆率的探索与教训

金融危机之后的十年间，中国的宏观债务率大幅升高。根据国际清算银行的数据，2006年一季度，非金融部门的总体经济杠杆率为141.8%，10年后的2016年这一数字大幅升至237.6%，2017年尽管在第四季度实施了去杠杆政策，该指标仍进一步升至241.5%。中国在这一期间的杠杆率快速升高，笔者认为源自内外双重因素。

内部因素是经济增速的目标值过高。保增长速度是为了保就业扩张，以中国经济体的体量，经济增速每提高一个百分点，就能多创造一百万左右的非农就业。为了对抗2008年金融危机对中国经济的冲击，中央政府推出了大规模刺激计划和信贷扩张，在地方政府层面上形成了十几万亿债务，此后通过各种方式展期和扩张，利滚利形成了今天的地方债务问题。2008年金融危机的爆发使得全球经济活动急剧失速，曾引发短期内的民工失业返乡潮。20世纪80年代后期的高失业率曾经构成政治动荡的经济基本面，因此，近20年来确保经济增速和创造足够就业，成为执政党高层的内部共识和执政圭臬，当时的决策者推出了一系列刺激举措以支撑就业。但是2011年之后的招工难和人工工资快速上涨说明，当时的刺激计划规模和力度的确过大。2011年是劳动力市场的分水岭，在此之前中国社会存在大量闲置低端劳动力，而在此之后低端劳动力市场的总供给开始持续减少，笔者在2010年年初的专栏文章中曾经成功地预言人工工资的上涨压力，其根据便是中国人口年龄结构的特殊性。

随着人口结构的变化，政府本应致力于调结构而不是保增长，但是某些非经济动机，包括中央的政治承诺、对潜在失业潮引发社会动荡的恐惧，以及地方政府之间的竞争因素，主导了后危机时代的经济政策。决策群体中的多数意见倾向于人为地维持较高增速，即便是最高领导人自身的意见倾向于接受L形的目标增速台阶下行，但是还是无法抑制群体意见的惯性共识，其结果是这十年间杠杆率的异常升高。

外部因素是全球市场对中国增长的拉动作用下降。在金融危机前后中国经济的增长动力已经出现了重大切换。2002—2007年,"入世"帮助中国工业制成品打开了全球市场的大门,出口增速每年维持在20%以上,对于中国的经济形成很大的拉动作用;贸易顺差占GDP的比例最高峰时曾经达到10%的高位。但是在后危机时代,全球贸易占GDP的比例出现了停滞,中国出口平均增速大大下降直至停滞,贸易顺差占GDP的比例下降到2%左右的水平。国际收支平衡表上,原本的双顺差变成了经常项目顺差和资本项目逆差的组合。增量上看,中国的基础货币发行开始逐步与外汇储备脱钩。换言之,以前是美国、欧洲和全球的消费者在借钱购买中国的产出,而后危机时代我们与世界的关系逐步发生了转变,渐渐不再把那么多储蓄借给外国消费者,而是把钱借给国内的投资方进行基础设施和产能更新上的投资以及国内年轻消费者买房置业、改善生活。

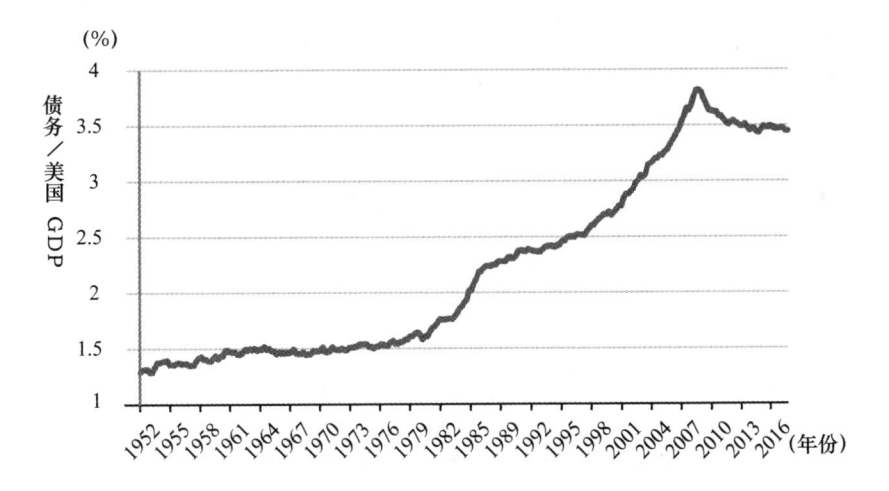

图6—9 美国宏观债务率的转折（1952—2016年）[1]

资料来源：美联储网站（Federal Reserve bank of St. Louis）。

---

[1] 分子债务数据采用 All Sectors; Debt Securities and Loans; Liability, Level, Billions of Dollars, Quarterly, Not Seasonally Adjusted, 分母为 Gross Domestic Product, Billions of Dollars, Quarterly, Seasonally Adjusted Annual Rate。

如 6—9 图所示，2008 年之后，美国整体上处于去杠杆的趋势中，这种持续十年的去杠杆现象在第二次世界大战之后首次出现。

此外，笔者从民本主义政治经济学的视角提出这样一种猜想：老龄化很可能也能解释很大一部分杠杆率增量。从全球来看，老龄化与债务率升高是高度正相关的，中国这十年是全球老龄化最快的国家，因此我们把发达国家 30 年的债务上升空间集中在十年内走完了。老龄社会意味着需求的相对萎缩和经济增速的下行，而为了维持中央的目标增速，东北等年轻人口流出、老龄化严重的地区只好不断增加杠杆以投资来填补消费。当然，这一点还需要做更多的实证检验。

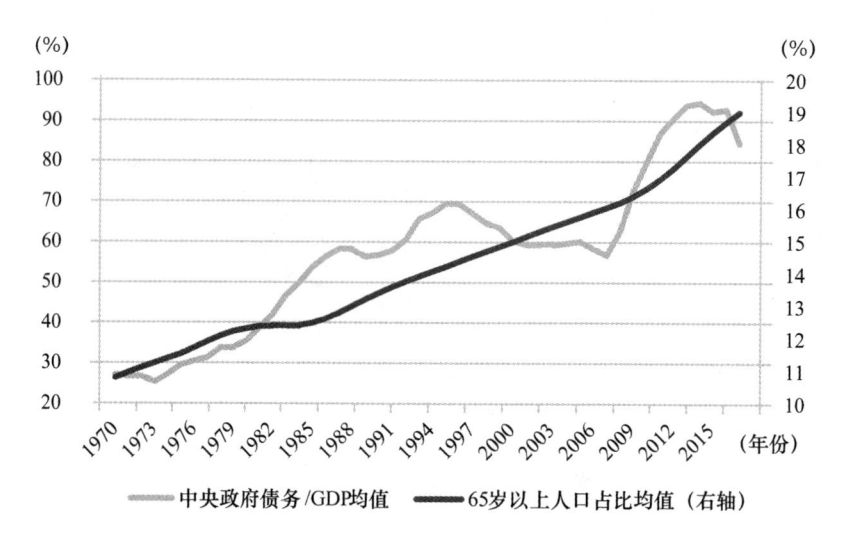

图 6—10 西方国家老龄化过程与债务率升高趋势（1970—2015 年）

资料来源：国际货币基金组织，世界银行。

中国杠杆率的快速升高引发了国内外的警觉和批评，尤其是 2015 年高杠杆牛市的崩塌伴随着美元强势周期的到来，引发了中国金融市场"股汇双跌"的动荡和资本外逃的局面,在此背景之下,在达里奥的"去杠杆"理论影响下,自2016年10月开始,中国启动了一轮自上而下的金融去杠杆,成为"三去一降一补"的供给侧改革的一个重要组成部分。在此后的两年里,融资环境开始发生加速变化,越来越多的企业和地方政府的融资平台发现资金链面临断裂的困局。不断加码的政策趋势和信贷实体之间的恶性循环引发了各种金融风险,此前被作为金融创新的P2P开始集中爆雷,大量城投平台信用违约,民企债务风险凸显。

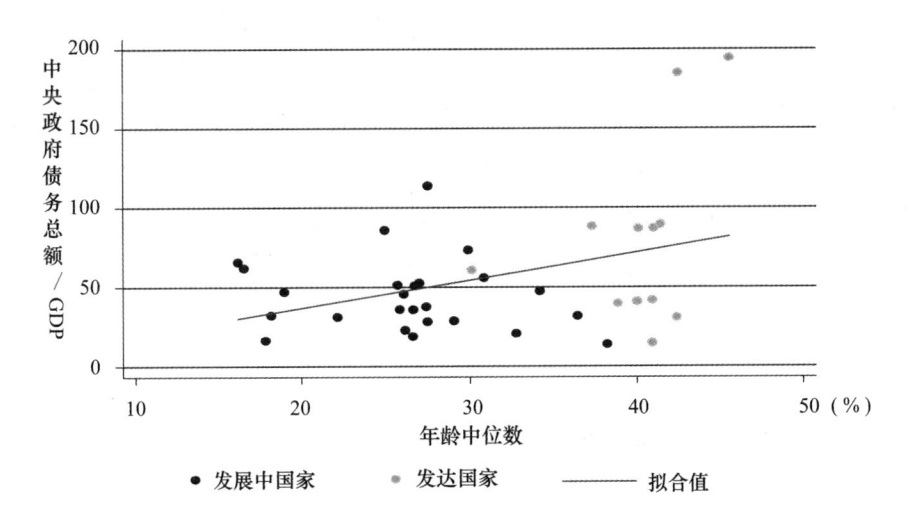

图6—11 各国老龄化程度与债务率回归

注:年龄中位数为2012年数据,债务率数据为15—17平均值。

资料来源:UN data,世界银行数据库。

私营工业企业的资产负债率从2017年12月起明显上升,在去杠杆的背景下,负债扩张速度反而加快,显示出现金流紧张、财务状况恶化的趋势。伴随着去杠杆与严监管,影子银行被极大限制,股权质押新规的出台又对场内场外质押业务进一步收紧。原本可以通过多元化信贷渠道获得外部融资支持的民营企业,运营更加艰难,民营企业杠杆率升高与其融资难的处境相互作用,凸显了民营经济面临的困境。雪上加霜是去杠杆政策对资本市场形成了负面影响,将近800家民企上市公司的大股东此前常年用大比例股权质押融资,但是随着股票市场价格跌破他们的质押平仓价,债权人纷纷采取强行平仓的自救措施,导致股票市场上连锁地出现无序去杠杆的惨烈景象,有些企业在经营基本正常的情况下,其股票甚至出现了连续38个跌停板。许多企业家失去了公司控股权,民营企业不得不主动寻求国企的收购以便求生。

为应对这种未曾预料的螺旋式恶化局面,中国金融高层迅速调整政策,纷纷出面喊话稳定民营企业军心、密集出台纾困政策,除紧急提供民营企业债券融资支持工具,推动基金、险资、地方国资入市等政策以外,银保监会主席郭树清提出对民营企业的贷款要实现"一二五"的目标,即在新增的公司类贷款中,大型银行对民营企业的贷款不低于1/3,中小型银行不低于2/3,政策力度加大充分显示了中国高层稳定市场信心、支持民营经济发展的决心。

三 如何解决民营资本融资难的问题

民营中小企业融资难、融资贵的问题,在自由主义思维的传统解读中,是因为公共部门及其附属群体比如地方政府的融资平台和各级国有企业占有了太多的贷款。但是,如果从整体上来考察,这个逻辑显然是存在缺陷的,至少不能解释核心问题,因为许多国企其实已经扮演了担保公司兼对冲基金的角色,把它们自己获得的信贷加了一个价格提供给了民营部门。我们不妨假设一下,如果公共部门不融资,如果国有企业不贷款,银行和其他金融机构是否就会乐意给民营企业提供信贷呢?这些信贷会有所增加,价格也会略有下降,但是恐怕未必会有根本性的改善。归根结底,银行是不愿意做亏本买卖的。

银行信托等金融机构不愿意为中小企业融资的关键是风险高。金融机构都是独立市场经济主体，面临自身的风险收益曲线的约束，一笔贷款或投资的风险越高，他们必须要求更高的风险回报。即使按照基准利率上浮70%放贷给中小企业，他们的积极性也不高，原因很简单，那个收益率无法覆盖其风险。

通过对融资链条各个环节的调研，笔者有以下发现。

首先，为什么金融系统放贷给中小企业风险高？首先是因为创新型中小企业通常没有足够的抵押物，也没有足够可靠、完整的财务报表来反映其真实经营情况，从而在银行或者其他资金提供方眼中缺乏足够的信用保障。既然如此，我们可以通过不同的政策手段来扩大其可抵押物的规模，也可以想办法让企业和银行之间的信息不对称减小，从而使创新型中小企业在银行眼中的风险降低。

其次，即便有了抵押物，当违约发生，银行需要通过诉讼来保全其贷款的时候，周期特别漫长，牵涉的精力特别巨大。而中小企业的信贷规模通常偏小，银行的人力是有限的。仅仅为了数百万或千把万贷款的收回，让银行把宝贵的人力和时间去耗在漫长磨人的司法诉讼拍卖程序中，是不符合效益最大化的经营原则的。所以，银行的必然反应就是减少这类小规模的信贷业务。

最后，政府本可以提供一部分资金来帮助中小企业提升其信用降低其融资成本。但是目前来看，政府绕过金融系统设立的各类政策性基金，由于它不是由市场主体按照市场逻辑来分配稀缺的金融资源，所以其带来的负面代价可能大于其综合收益。这些基金不但没有真正缓解中小企业融资难的问题，反而引发暗箱操作和逆向淘汰，让那些有人脉、会公关、善包装的企业通过迎合和勾兑权力而获得资金，而让那些专心技术研发专心经营的企业更加困难。

基于以上分析，笔者提出如下对策。

其一，应当千方百计扩大创新型中小企业的可抵押物。目前，银行基本上只认房产，原因在于中国的司法系统只保护房产和土地。中国的物权法保护个人和企业的各类财产权利，除了房产和土地使用权之外，还把企业应收账款列为企业财产权利。可惜的是，在我们今天的司法实践中，并没有珍惜这个充满远见和潜力的资产，并没有把它盘活用好。如果大型企业，比如央企和地方主要国企，向他们的商业伙伴采购商品和服务的时候，使用由国资委提供的统一格式的支付承诺，此表在央行的应收账款质押登记系统上注册确认之后，银行便可把对相关中小企业的信贷转变成对各级政府、事业单位、央企和地方大国企的债权。由此，大量的创新性中小企业将因此而获得低价的流动资金信贷支持。中国公共部门每年的采购规模大约稳定在GDP的33%上下，以2019年的经济规模可知公共采购规模应该在30万亿元人民币左右。如果这30万亿元的债权能够通过上述方式转变成中小企业在银行中的高质量抵押物，那么他们的实际融资成本将大大降低。

其二，涉及银行抵押物处置的诉讼，应该开通绿色通道，标准化快速处理，通过事先上传资料，专门部门快速查验资料真实性，大大缩减银行和其他金融机构为追回贷款所需要支付的实践和人力成本。商业银行从出现不良贷款到诉讼追收，每笔至少两年，资料数量非常巨大，人力和资金的时间成本非常昂贵。原因在于每位法官手里积压了8000多件案子，即便高效工作也都足以做到退休。这源于司法公共服务的投入不足，且立法、司法和执法的各个流程设计不符合现代市场经济的内在要求。

其三，通过对现有的创新激励机制做必要的改革，鼓励企业在纳税报表中提供完整真实的财务经营数据，从而减少企业和金融系统之间的信息不对称，增强企业在金融系统眼中的信用。如今，中国企业面对的税费比例偏高，而税务机关的自由裁量空间过大，导致绝大多数企业都在合法避税或者偷逃税收。应该统一税收，与其给予鼓励类企业减免税收，不如向企业返还一定量的所得税。因为前者保护了弱者从而不利于优胜劣汰，而后者奖励了优胜者。更重要的是，返税还培养了企业纳税的习惯，让这些企业有了积累性的可追溯的真实数据报表，从而让金融机构获得更可靠的风险识别能力。

其四，应当补偿融资体系中的那些风险承担者。无论是银行、基金或者担保公司，只要它们替创新类中小企业真实地承担了风险，发生了损失，那么国家就应当适当地予以补偿，因为这种损失的承担所换取的创新发展，其实是向社会各方提供了一种公共产品。应当由国家专门机构对金融系统各类行为者因为向创新型中小企业提供融资而发生的损失提供一定比例的补偿。该比例太低则激励不足，太高则容易引发道德风险。合理的补偿水平应为信贷或投资损失的30%—50%。这种补偿资金的来源，应当主要从现有的各个地方政府和各个行业系统针对本行业和本地区的创新企业提供的各种扶持资金中转移过来。目前的各类扶持基金名目繁多，暗箱操作严重，自由裁量权过大，非市场化特征明显，其结果往往是劣币驱逐良币。

功夫在诗外。要实现民营企业的繁荣局面，关键的难点和痛点反而不在这些企业和企业家本身，也不在银行信托等金融机构，而是在公共部门的改革和创新。融资难、融资贵的解决，恰恰需要政府的巧作为，需要司法对物权的扩大保护，需要国企央企向私人部门的信用延伸。

四 中国债务的改进空间

尽管从宏观来说中国的债务率上升并非什么生死攸关的事情，但是中国的债务安排也有很大的改进空间。笔者认为通过一系列改进，可以使得中国的债务更加可持续，并使中国与世界市场体系的关系更加合理。

首先，是坚定推进中央与地方之间财权事权的再分配，让中央扩大债务规模，地方控制债务比例。1994年的分税制改革有其特殊的政治必要性，设计者特意将绝大部分税收收入划归中央，少部分留给地方，并把大量的事权连同花钱的责任划归地方。由此而导致此后20多年间中央和地方的财务状况差距极大：越向上层财政越宽裕，越向基层财政越困难。这样的安排有其政治好处，但是会造成整体的不经济和政策错位，因为中央的融资成本低而地方的融资成本高。2013年，党的十八届三中全会的全面深化改革报告提出了中央和地方财权事权的再分配，此后国税、地税合并，房产税的酝酿，司法和环保等系统的事权上收，都反映出相关调整的趋势。但是到目前为止，这方面的进展仍不能说到位。地方政府通过招商引资发展经济，甚至自己直接扮演企业的角色，这种GDP政绩竞赛对于工业化过程中的中国可能是一种不错的制度安排，但是对于从高速发展向高质量发展转变，一切工作"以人民为中心"的新时代中国特色社会主义建设来说，这种制度恐怕已经不合时宜。地方政府应该回归公共产品的提供者的角色，应该回归为人民服务的初心和本行，否则就很容易越位和缺位：在经济功能上越位，在政治功能和社会功能上缺位。未来的全面深化改革应该与人工智能和通信技术的快速进步相结合，大幅改组和提升国家治理的模式与水平，压缩权力的代理层级以尽可能实现治理体系的扁平化，从本书的理论来看，这将会释放出难以想象的经济增长空间。

其次，可考虑降低GDP的目标增速，适当扩大GDP增速的弹性。经济增速不是越高越好，而是要同就业压力和其他约束条件相匹配。纵观全球，许多发展中国家的高增速其实是没有意义的，因为如影随形的汇率贬值会让其回归原位，如同卖药商人那只快速转动的笼子里的白老鼠一样，奔跑了半天还在原地。拔苗助长地追求高增速，通过财政政策刺激则积累巨额债务，借助货币政策刺激则可能导致汇率贬值（非工业化国家）或者资产泡沫（工业化国家）。中国的人口结构决定了我们如今不需要高增速，继续刻舟求剑般地拉高增速必然费力而不讨好。让经济增速回归基本面，并不妨碍我们的经济规模超越美国成为全球第一大经济体，因为只要可贸易部门的竞争力持续上升，汇率会持续上涨，这样用国际货币计价我们未来30年的复合增长率仍然可以是全球大国中的第一。容忍经济增速下滑，保留一定的财政空间，避免资产泡沫，可以为未来的全球性极端尾部风险的来临（比如大危机和地缘战略冲突）留出足够的政策空间。

最后，应改革和发展中国的资本市场，增加股票直接融资比例，扩大和打通债券市场的广度和深度，管好影子银行。企业部门杠杆水平大幅上升与中国股权融资发展缓慢是密切相关的。长期以来，非金融企业股权融资的发展受到种种因素的制约，其中最主要的问题是决策者对资本市场的理解能力和治理能力。在进入21世纪以来到2018年，非金融企业境内股票融资占社会融资规模的比重只有两年超过5%，其余十五年均低于5%，2018年的占比仅为1.9%；在此期间，非金融企业境内股票融资年度同比增速有八年为负增长。① 融资结构得不到改善、股权融资处于缓慢发展的瓶颈状态，非金融部门降杠杆就难以有效实现。换言之，如果能通过综合性的举措，推动非金融企业部门股权融资增速超过债务融资增速，就能有效控制企业部门杠杆水平。带有注册制色彩的科创板的推出体现了最高层的战略决心，但其成功则需要中层主事者的专业能力和操守。

中国债券市场的构成目前处于半封闭化和碎片化状态，这与全球性大国的地位和人民币国际化的时代要求不相适应。打造一个向全球开放的统一便捷的人民币债券市场以容纳全球储蓄资金对高流动性、高信用等级资产的需求，这对于改善全球经济失衡、提升中国在全球经济运行中的主导权都有很实际的意义。除了美国国债市场之外，欧盟的财政是分散的因而不可能有这样的统一债券大市场，日本、印度的体量又太小，所以只有中国才有可能提供美元国债之外可与之媲美的第二个无风险资产大池子。

开前门的同时还有管住后门，管理好影子银行是未来结构性稳杠杆的必然要求。与企业部门杠杆水平快速上升相伴随的是2011年之后的影子银行大幅增长，这可以从委托贷款、信托贷款和非保本理财之类主要产品的发展中清晰地看到：2011—2017年均增速高达80%左右。由于这些融资方

---

① 连平：《反思中国杠杆问题》，2019年2月25日，http://www.chinacef.cn/index.php/index/article/article_id/5540。

式的监管明显不足，不存在准备金率的调节，也基本不受资本充足和拨备覆盖要求的制约，因而存在不少风险隐患。

◇ 第三节 债务评级的霸权

一 评级霸权何以形成？

信用评级，又称资信评级，是由专业的机构或部门按照一定的方法和程序对企业、政府等对象进行全面了解、考察调研和分析的基础上，对债务人如期足额偿还债务本息的能力和意愿进行评价，并用简单的评级符号表示其违约风险和损失的严重程度。

现代意义上的信用评级产业，出现在20世纪初期的美国。20世纪70年代之前评级机构的主要收入来自投资者的订阅费，评级机构的收入与其表现直接挂钩，鼓励其提供更加精准的金融资讯分析。但是自20世纪80年代美国主导的新自由主义全球化开启之后，评级机构的经营模式由主动评级转为委托评级，向发行人收取费用。① 去监管化带来各种复杂的金融衍生品不断涌现，增加了市场对第三方评级机构的需求，金融机构依赖评级服务以增加市场透明度、减少交易成本。随着美国在全球成功推广资本项目

---

① 这种转变有其技术性因素，也有制度性原因。技术上，随着低成本复印机和其他高新技术的出现和发展，在投资者付费的经营模式下，"免费搭便车"的问题日趋严重。同时，金融市场对高质量信用评级的需求迅猛发展，单靠投资者订阅费很难维持一个训练有素、价格不菲的分析团队。制度上，信用评级被写入美国资本净值法案（*Net Capital Rule*），发行人开始不得不为评级支付费用。参见 Levich, Richard M. Majnoni, Giovanni and Reinhart, Carmen, *Ratings, Rating Agencies and The Global Financial System*, NY: New York University, 2002, pp. 33 – 35; Cantor Richard and Packer Frank , "The Credit Rating Industry", *Federal Reserve Bank of New York Quarterly Review*, 1994, Vol. 19, No. 2, pp. 1 – 26。

开放的政策议程,资本市场由传统上相对封闭的国内市场,演变为开放而高流动性的全球性市场,美国信用评级业务不再局限于本土,美资评估机构逐渐成为世界投资者投资的标杆,美国的全球信用评级霸权逐步显现。

发展到今天,全球评级市场高度集中在三大评级公司手中。目前被全球主要市场认可的评级机构一共有117家,其地区国别分布如表6—2所示:

表6—2　　　　　　　　评级机构地区与国别分布

地区/国家	评级机构数量	%
北美: 美国12,加拿大1,墨西哥1	14	12
欧洲: 德国9,英国9,法国4,意大利9,西班牙2,保加利亚1,葡萄牙1,塞浦路斯2,乌克兰1,俄罗斯4,瑞士2,波兰1,希腊1,斯洛伐克1,土耳其6	53	45
中美洲: 哥斯达黎加1,加勒比海地区1	2	2
南美洲: 巴西1,秘鲁1,智利2,厄瓜多尔2,哥伦比亚2,乌拉圭1	9	8
亚太地区: 澳大利亚2,日本2,中国6(含中国台湾1家),乌兹别克斯坦1,科威特1,印度1,孟加拉国6,泰国3,韩国1,马来西亚4,菲律宾2,巴林1,斯里兰卡1,新加坡1,巴基斯坦1,印度尼西亚2	35	30
非洲: 南非1,尼日利亚2,赞比亚1	4	3
所有评级机构	117	100

资料来源:Ahmed Naciri, *Credit Rating Governance: Global Credit Gatekeepers*, New York: Routledge, 2015, p.14。

但是在如此众多的竞争者中,穆迪、标普和惠誉三家占据了95%的市场份额，形成了"双寡头+"的状态，市场越来越受到行业惯例的影响，发行债券的企业主要从这三个评级机构获得重要评级。① 在所有参加信用评级的银行和公司中，穆迪公司涵盖了80%的银行和78%的公司，标普公司涵盖了37%的银行和66%的公司，惠誉公司涵盖了27%的银行和8%的公司；就信用评级收入而言，穆迪和标普总共占收入的77%，惠誉国际则占据了余下评级收入的15%。② 这种"双寡头+"的格局的形成，既有市场和技术因素，又离不开美国政府的干预和保护。

从技术上看，评级行业本身存在天然的"高门槛"，使得新进入者难以与三巨头竞争。评级行业的前期投入大而边际成本低。多年的业务使得三巨头在全球累积了40多个分支机构、雇用了大量评级分析师、积累了相当广泛的专业知识和庞大的数据库，并发展出复杂的评级模型。更重要的是，三大评级机构通过高额付费与客户形成了利益绑定，尤其是和关键客户建立了长期的合作关系。企业在提供内部信息时可以尽量选择对自己较为有利的数据，而三大评级机构也会为企业提供咨询，从而改善客户的评级。由于信用评级机构不需要为自己提供的评级服务承担法律责任，三大机构可以部分地牺牲质量来迎合重要客户，让发行人得到满意的评级结果。这种与重要客户的商业共生关系既维护了他们的市场份额，又提高了市场准入壁垒，让其他评级机构更难以与其竞争。③

但更加重要是美国政府对于三大评级巨头垄断地位的护持，信用评级业是美国少数采取垄断保护的行业。④ 首先，美国政府设置了行业准入壁垒。1975年，美国证券交易委员会（SEC）认定穆迪、标普、惠誉三家公

---

① Rhee, Robert J., "On Duopoly and Compensation Games in the Credit Rating Industry", *Northwestern University Law Review*, Vol. 108, Issue 1, Fall 2013, pp. 85–138.

② 国际清算银行：http://www.bis.org/，2011年数据。

③ John C. Coffee, Jr. *Gatekeepers: The Professional and Corporate Governance*, Oxford: Oxford University Press, 2006.

④ 孙立坚：《信用评级就是制定金融标准》，《东方早报》2010年7月14日。

司为"全国认定的评级组织"(NRSRO),并且规定外国筹资者要在美国金融市场上融资时,必须接受拥有 NRSRO 资格的评级公司的评估。此后 30 年,证券交易委员会一直限制其他公司进入资本评级市场,更是设置障碍阻止外国评级机构进入美国市场。[1] 其次,证券交易委员会对三大评级巨头的监管非常松散,平均每 5 年才进行一次例行检查。欧盟曾多次要求美国增加评级机构的透明度,包括公开其评级所采用的模型和相关数据更新情况,美国当局均表示拒绝,理由是评级模型为评级机构的核心竞争力,理应作为商业机密加以保护。其后果是三大评级机构不受外来监督和约束,其评估结果也不容学术挑战。最后,美国政府直接为之赋权。美国监管部门认可三大评级机构的评估结果,并将其作为监督金融机构的重要指标——规定银行、保险公司、养老基金不能购买低于一定等级的债券,美联储要求与其往来的金融机构的抵押品必须获得三大评级机构的可投资级别。这在无形中将民间中介服务机构的私权转化为公权,增加了其话语权和垄断性。[2]

国内部分学者将三大评级机构的寡头地位以及美国政府在其中的角色理解为美国政府的战略阴谋,但笔者认为这种观点恐怕未能准确把握美国政治经济体制的特点。美国的选票民主体制使得其公共部门很容易被资本利益集团操纵,正如本书关于全球化和金融部门的章节所讨论的那样,金融资本借道竞选资助、人事混合以及新自由主义意识形态等手段,成功地

---

[1] 日本最大的信用评级机构格付研究所自 1998 年起申请进入美国市场,历经 10 年才获得批准,且在开展业务过程中受到诸多限制。即使 2006 年的《信用评级机构改革法案》放宽了市场准入,美国证券交易所在 2003—2008 年也陆续所给其他的评级机构签发了认可证书,如 A.M、日本格付研究所,伊根—琼斯等,但是这些评级机构还是没有与三大机构相竞争的能力。信用评级行业市场的新进入者由于缺少可靠的信用评级记录,很难争取到客户。但矛盾的是,如果没有第一个客户,又无法形成这样的评级记录。Coffee Tohn, Jr, "Rating Reform: The Good, The Bad, and The Ugly", Columbia Law and Economics Working Paper, 2010, No. 359. p. 4。

[2] 邱仰林:《评级真相》,中国经济出版社 2013 年版,第 22 页。

在经济政策领域操控了美国的各类广义公共部门。而三大评级机构与美国公共部门一样，都是他们操纵来获取市场优势地位的战略性工具而已。

对三大机构股东名单的研究不难发现，评级机构并非是独立的第三方，其所有者主要是大投行和部分对冲基金。由于穆迪和标准普尔占据了全球市场份额的80%以上，他们与金融的关联对机构本身的独立性构成严重的威胁，并加剧了利益冲突。穆迪的最大股东为巴菲特，资本集团、黑石集团、道富银行等都是穆迪和标普两家共同的所有者。

表6—3　　　　　　　　　主要评级机构及所有者

评级机构	所有者
穆迪公司（Moody's）	邓白氏（Dun & Bradstreet） 2000成为独立上市公司，巴菲特为最大股东，占有12%股权
标准普尔（S. & P.）	麦格劳希尔出版集团（McGraw-Hill）
惠誉（Fitch）	法国菲马拉克（Fimalac Holding）60% 美国赫斯特集团（US Hearst Corporation）40%
日本格付研究所株式会社（JCR）	金融机构
晨星（Morning star）	创始人Joe Mansueto约57%，日本软件银行集团20&
克罗尔证券评级公司（Kroll Bond Rating Agency）	美世咨询公司（Marsh & McLennan Companies）
伊根—琼斯（Egan-Jone）	独立
DBRS加拿大（Dominion Bond Rating Service）	独立

资料来源：雅虎财经，https：//finance.yahoo.com/? guccounter=1。

二　现有信用评级体系的治理缺陷

对现有信用评级体系的学术研究和批判相当丰富，主要集中在以下几个方面。

首先，评级付费模式导致的激励扭曲和系统性腐败问题，会降低评级结果的公正与准确性。现行的行业规则由发行人支付信用评级服务的费用，而不是债券投资者和获取评级信息的用户，因此发行人和投资银行可以"购买"评级，这种利益导向的商业模式不仅损害了评级机构的客观性，而且增加了评级机构为了争取客户而形成的内在利益冲突。[1] 它使得评级机构有动力给予证券发行者更高的评级，以免客户流失到其他评级机构。发行者也乐于为高估的评级付款，最终导致信用评级业偏离了公正独立的基本原则，高估信用评估结果。在经济形势良好的时候，这种系统性的高估会引导市场投资者忽视潜在危机、推动经济泡沫的聚积。

2008年以美国次贷危机为例：评级机构根据发行额和证券复杂程度的不同而收取不同的费用。结构性金融产品由于其结构的复杂性，评级费用也远高于普通证券，成为信用评级机构收入和利润的最重要和增长最快的来源。在巨额利润的刺激下，三大评级机构对结构性金融产品的评级结果明显高于传统的公司债券评级。数据显示，2007年美国次贷资产规模约为1.3万亿美元，三大评级巨头通过提供次贷产品评级服务获得的总收入是18亿美元。而在美国证券交易委员会2008年的调查中发现，一些对高风险次贷金融产品进行评级的技术人员竟然直接参与评级费用的商谈，是信用评级机构受利益导向影响最直接的证据。[2] 这种利益导向一定程度上助长了次级贷款的泡沫，为金融危机的全面爆发埋下了隐患。

其次，主要评级机构的风险评估能力和评估模型的可靠性与合理性得不到保证。

---

[1] Rhee, Robert J., "Incentivizing Credit Rating Agencies under the Issuer Pay Model Through a Mandatory Compensation competition", *Banking & Financial Services Policy Report*. 2014, Vol. 33, No. 4, p. 10.

[2] 邱仰林：《评级真相》，中国经济出版社2013年版，第71页。

三大评级机构在金融危机中令人失望的表现，除了其本身的收益结构问题外，也和机构本身的评级能力较差、缺少职业道德有关。有学者关注信用评级机构的业务能力问题，包括评级模型保密导致行业缺乏透明度、评级指标选取的不合理及部分因素不可量化，[1] 使评级结果的准确性大打折扣，以及对经济危机风险预警能力不足等。评级机构的分析师往往是刚毕业的年轻经济学家或数学家，缺乏工作经验和社会阅历。他们需要分析的数据规模巨大，且面临尽快发布评级报告的时间压力，[2] 因此评级结果缺少准确性，三大评级机构评级结果趋同的现象也就变得很正常。由于重复使用相同的测试标准，评级机构渐渐迷失在自己的评级方法里，无法敏锐捕捉市场体系的结构性变化。

虽然三大评级机构将评级程序和计算模型视为商业机密，不对外公开，但是从其评级指标的选取中，也可以发现存在的问题。部分指标尤其是在主权国家债务评估中所选取的指标无法定量，如企业所在国的政策环境等。反过来，像日本的评级机构对于亚洲政府就表现得更为宽容，平均的评级结果准确率比穆迪、标普和惠誉要高。中国的大公国际的评级结果也时常与这三个"领导者"有着巨大的分歧，差异率达到73.1%，而这也与大公国际渴望打破西方信用评级机构的垄断有关。[3]

评级机构作为华尔街生态的一部分，带有很强的泛自由主义意识形态偏见，影响到他们对发展中国家的客观公正评估。三大机构倾向于根据华盛顿共识中的"自由化、私有化、全球化"程度，衡量一国经济的健康程度和发展前景，忽视政府对经济稳定发展的调节作用。正如本书的政治经

---

[1] [美] 诺伯特·盖拉德：《国家信用评级世纪述评》，孙森等译，东北财经大学出版社2014年版，第103—109页。

[2] [德] 乌尔里克·霍斯特曼：《评级机构的秘密权力》，王煦逸译，上海财经大学出版社2015年版，序言1—2页。

[3] [美] 诺伯特·盖拉德著：《国家信用评级世纪述评》，孙森等译，东北财经大学出版社2014年版，第103—109页。

济学理论所指出的那样，新自由主义经济学提供给信徒的是一种本末倒置的世界观，在其政策指导下的拉美模式恰恰是最明确的失败案例：私有化、自由化、全球化加剧了外围经济体的依附性和脆弱性，周期性的金融崩溃、政府垮台、社会动乱，致使拉美国家普遍陷入"中等收入陷阱"。他们将"独立的中央银行"和"国际通货"作为 AAA 级的必备条件，并将"民主政治"体制作为衡量一国政治风险或制度竞争力的根本标准，但对于发展中国家而言，正如全球比较政治经济学研究已经反复表明的那样，实现工业化之前提前享受民主化果实往往是社会动乱的根源。[①]

最后，作为金融市场一部分的评级行为本身具有索罗斯所说的"反身性"特点。按照索罗斯的说法，市场参与者的思维和所参与的情境之间可以分解为认知函数和参与函数。在认知函数中，参与者的认识依赖于情境；在参与函数中，情境受参与者的影响。[②] 可见，两个函数从相反的方向发挥其功能，相互干扰。在金融市场中，参与者的偏向是确定未来价格的重要因素，市场行情的变化均源自参与者偏向的影响，忽略认知函数必定会造成严重的失真，形成市场泡沫。评级机构和被评级单位之间也存在一系列的反身性联系。评级机构用一些定量指标——资产负债结构、盈利能力（GDP 和税收）、现金流量（外汇储备）的充足性——来衡量一个企业、国家的还款能力，认为这些指标是客观的衡量标准，然而事实上盈利能力（GDP）和现金流量（外汇储备）在一定程度上受到企业或国家信用评级的影响，只要债务人保持较高的信用评级，获得自我增强的信贷扩张，企业或国家的繁荣就会持续下去，形成泡沫。显然，信用评级的反身性特征意味着自我实现的预言能够左右一国经济状况；美国三大评级巨头对评级话语权的垄断，强化了评级业的反身性特征，更容易滋生资产价格泡沫。正如诺贝尔经济学获得者弗

[①] ［美］塞缪尔·P. 亨廷顿：《变化社会中的政治秩序》，王冠华等译，上海世纪出版集团 2008 年版，第 69 页。

[②] ［美］乔治·索罗斯：《金融炼金术》，孙忠译，海南出版社 2011 年版，第 6 页。

里德曼所言,"我们生活在两个超级大国之间,一个就是美国,一个就是穆迪,美国可以用炸弹摧毁一个国家,穆迪可以用评级毁灭一个国家"。① 三大评级机构对评级话语权的垄断,致使它们有能力操纵资本的定价,直接影响一国的主权与经济安全。

以欧债危机为例,2009年12月,标普、惠誉、穆迪三大评级机构轮番下调了希腊的主权信用评级,拉开了欧债危机的序幕。此后,尽管欧盟批准希腊援助计划向希腊提供贷款、通过财政紧缩方案促使财政一体化,三大评级机构仍然持续下调希腊的主权信用评级。

2010年5月10日,欧盟批准7500亿欧元希腊援助计划,IMF可能提供2500亿欧元资金救助希腊。

2010年6月14日,穆迪下调希腊主权信用评级,下调4级至垃圾级。

2010年9月7日,欧元区财长批准为希腊提供第二笔贷款,总额65亿欧元。

2011年1月14日,惠誉下调希腊主权信贷评级有BBB-级下调至BB+级,评级展望为负面。

2011年7月21日,欧元区17国领导人在布鲁塞尔举行特别峰会,最终敲定对希腊实施第二轮紧急救助方案。

2012年2月27日,标普宣布将欧洲金融稳定基金(EFSF)评级前景从"发展"下调至"负面",希腊主权评级在垃圾级别中进一步下调。

将欧洲小国的债券降为垃圾级,意味着大量的养老基金和资产管理公司不得不进一步卖出相关金融资产,由此导致利率的进一步升高和经济的

---

① 参见弗里德曼《纽约时报》专栏,转引自史昂《国际信用评级改革势在必行》,《中国金融家》2011年第9期。

进一步紧缩。这种"严厉"的评估结果几乎扼杀了希腊、葡萄牙等高负债国在资本市场上融资的可能性，致使欧盟的救助措施收效甚微，希腊经济前景黯淡，危机持续蔓延，最终导致三大评级机构进一步调低欧元区成员国的主权评级。这就形成了自我实现的预言和自我增强的恶性循环——信用评估等级的走势图呈现阶梯式下降的局面（如图6—12所示）。

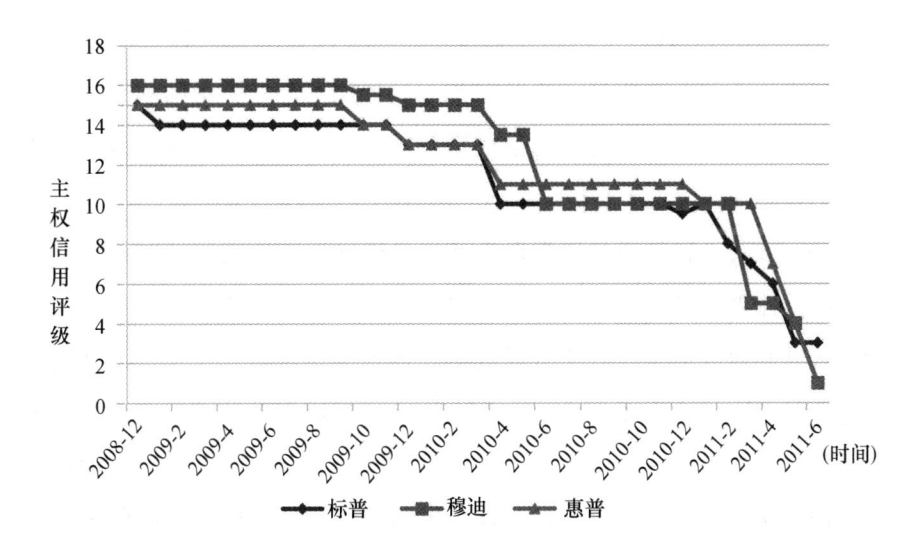

图6—12　2008—2011年三大评级机构对希腊的主权评级

资料来源：Gunther Tichy, "Credit Rating Agencies: Part of the Solution or Part of the Problem?", *Intereconomics*, May 2011。

金融投资界的另一个事实可以从侧面佐证当前评级服务体系对金融市场资源配置的扭曲和低效：有部分对冲基金专门依靠金融产品的评级变化来寻找无风险套利机会，被称为"堕落天使策略"。评级机构在事前评级虚高，事后又过激降级的行为导致投资机构不得不卖出相关资产，因为他们的资金委托合同禁止他们持有某个级别以下的资产，这种被动抛售会导致价格过低，于是这些对冲基金利用金融市场的低效，通过买入那些被动抛售的垃圾债而获得无风险的套利空间。这种策略的长期存在，说明评级机构不仅没有充当好看门人的角色，反而变成了搅局者。

三 全球与中国评级市场的治理与改进

显然，由于上述不合理不公正的机制存在，全球评级市场的治理模式亟待改革。未来5—10年，随着中国逐步超越美国成为全球第一大经济体，随着中国本土金融市场的进一步开放和人民币国际化，中国的固定收益市场规模必然会超过美国成为全球最大市场。这一重大变迁为我们改革评级市场的结构和规则提供了契机。探讨如何改革正当其时。

首先，透明度和责任制作为现代社会治理的基本准则应该在评级行业得到应有的体现。华尔街的政治影响力保护了三大评级机构的特权，让他们免于公开其评级模型，以及为评级结果承担法律和财务代价，这其实是美国体制性腐败的结果而不是行业生态的合理组成部分。中国在开放本土评级市场的过程中，应以司法主权和市场准入为条件，要求包括三大评级机构在内的所有评级服务者公开其评级模型，至少是其模型背后的理论依据和历史可靠性报告，以便同业之间相互比较和监督。这就如同药品企业必须公布其配方和临床实验效果一样。如果药品企业不公开其配方和临床效果，也不对疗效和副作用负责，那么必然假药泛滥。同时，评级机构也应为其评级报告的重大失误承担部分责任，比如说某笔评估为 AAA 的债券出现了违约而评估机构没有及时预警，那么应该将该笔业务的评估费收入作为罚金缴纳给证券监督管理委员会或者受理相关诉讼的人民法院。即便这种象征性的赔偿额度与投资者的损失完全不在一个数量级上，也至少能让评级机构不再为了评估费收入而人为抬高评估级别。评级机构的能力也应该曝光于公众的监督之下，具体的办法就是要求每个评级机构根据其研究和模型，在媒体上公布对全球和国别政治经济风险的标准化预测，并由媒体对其每年的准确率进行行业排名。这样的排名评比一方面有利于公众和用户更好地了解和对比其评估的可信度；另一方面也有利于形成评级机构之间强化自身专业服务能力而不是讨好客户需求的良性竞争，从而打破既有三大机构的垄断地位。

其次，改革行业主体也是一种可行的探索。评级服务是不是只能由营利性企业来承担才合理呢？恐怕未必。评级牵涉到市场秩序、经济信心和巨大的（正向与负向）外部性，因而具有公共产品的特征，让盈利新的私人企业来把持这种公器才诞生了上述治理缺陷。公器应该回归公共权力，全球性的公器更不能让一国的私人部门来把持。所以笔者主张应该在全球层面上成立非营利性的评级机构。① 最有效的方法是政府或几大多边机构如世界银行、亚投行、金砖银行、亚行等共同发起，成立受其监管的评级组织。不同于过去的扶持其他评级机构分享市场份额，或者政府加强监管，强行扭转评级机构营利模式的改革思路，这是一种"替代性思维"，即建立一个独立于市场、投资方、融资方，无利益关系且非利润导向的、全新的国际评级组织来取代现有的评级机构。其可行性在于：第一，这种评级组织由于在性质上是非营利且利益中立的，其背后的支持者并非是财团等，在成立之初便会获得很高的公信力；第二，它的服务对象主要是政府的公共部门，而且应当成为公共部门投资融资过程中唯一指定的评级机构。第三，由世界上主要的多边机构共同成立的评级组织，在组织规模、专业人才以及技术能力上（评级的准确性），相比于其他私人评级机构都具备着一

---

① 美国次贷危机后，国际社会普遍意识到应加强对信用评级机构的监管，并削弱美国机构在市场上的主导地位。2012年，中国、美国和俄罗斯（大公国际资信评估有限公司、伊根—琼斯评级公司、俄罗斯信用评级公司）三家独立的评级机构联合成立了具有非主权和非营利性质的新型国际评级组织——"世界信用评级集团"。总体来说，这个为改革世界信用评级体系打破市场垄断现状而成立的国际评级组织，具有一定的首创性和改良意义，但由于其发起者是中美俄三国的营利性信用评级机构，在所有制上与市场上现存的评级机构实际上别无二致。详见"Universal Credit Rating Group（UCRG）: History"，http://www.ucrgratings.com/about/history.html。

定优势，而这些又会进一步转化为机构的权威和市场份额上的优势。

评级主体除了可以升级为国际多边机构的附属机构外，各国内部可以由具备任职资格的职业评级师如同律师一样以个人名义来提供服务，并对其评级的结果承担个人职业声誉的责任。上文倡议的多边国际评级组织可以为其提供任职的培训、考核和资格认证，并追踪和监管其职业生涯的纪录，对于那些有重大失误和职业道德问题的从业人员应取消其评估从业资格。这样的制度改进，既有国际公共部门的非营利性服务和监管，又有个人从业人员群体的竞争和淘汰机制，不但能提升评级的准确性和公正性，而且也能为融资方降低一部分融资成本，此前学者们所主张的将信用评级机构的盈利模式从发行人付费转变为用户付费[1]才有现实可能性。

最后，如何在进一步的改革开放中提升中国国内的评估行业治理水平和竞争格局也是一个值得探讨的方向。目前，中国国内既存在行业寡头格局和评级质量堪忧的问题，也存在行业过早开放的问题。三大资信评级机构，分别是大公国际、中诚信国际、联合信用，共占据了中国资本市场95%以上的份额。穆迪于2006年收购中诚信49%的股权，到2019年仍然持有其30%股权。同年中国香港新华财经收购上海远东62%的股权，2007年惠誉收购联合资信49%股权，2008年标普与上海新世纪签署战略合作协议，大公国际成了中国唯一独立的主要信用评级机构。可见在自由主义意识形态的影响下，开放变成了一种政治正确，与国际接轨实践中简化为引入美国标准。中国国内全面地模仿甚至直接引入了美国评级行业，却没有意识到美国模式的重大缺陷和美资机构占据主导地位可能给中国经济金融安全带来的危害。试想：假如中国资本试图收购美国的基础设施，能否通过CFIUS的审查？评估行业作为金融资本体系的重要基础设施，更不可能向中

---

[1] Rhee, Robert J., "A Critique of Proposals to Reform the Credit Rating Industry (with a Comment on Future Reform)", *Banking & Financial Services Policy Report*, 2013, Vol. 32 No. 3, pp. 14–24.

资开放。中国在对美的双边投资和贸易谈判中强调开放的对等性和安全性，即要么双向开放，要么双向封闭。

日本自20世纪80年代中期以来，一定程度上的政府管制策略使美国的信用评级机构在其国内越来越被边缘化，本土的两大评级机构（格付投资情报R&I和格付研究所株式会社JCR）在日本国内金融机构和财政部的支持下市场份额和评估能力都有了大幅提升，得到了持续的发展，[1] 其背后的经验教训值得我们做进一步的研究和借鉴。

---

[1] Gotoh, Fumihito, and Sinclair, Timothy J., "Social Norms Strike Back: Why American Financial Practices Failed in Japan", *Review of International Political Economy*, 2017, Vol. 24, No. 6, pp. 1030–1051, p. 22.

第七章

结　论

作为全书的总结，笔者觉得有必要再向读者提示一下本书的若干原创和独特之处，它们可以归为两大类：一是对流传甚广的谬见进行了批判，批判对象主要集中在自由主义经济学的理念及其思想方法上；二是就本书的研究内容提出了一系列独特的观点和主张。概括如下。

一　对流行谬见的批判

首先值得指出的一种思想方法上的常见错误是用武断而随意的求商法来讨论复杂而多维的社会政治经济关系。表7-1罗列了本书中涉及的三种求商法及其带来的谬误。社会是一个动态的、复杂的生命体，社会科学研究不可避免地需要将问题进行某种程度上的简化才能展开研究。但是当有些分析者试图将问题简化的时候，他们倾向于找一个分子除以一个分母，从而获得一个指标，然后用这个指标的大小或者变化速度来为各个社会作诊断乃至开方子。这些治国庸医的常见做法，相当于用一个体温计为目标对象量体温，然后开退烧药，假装已经把病治好了。这是研究者在复杂性面前懒惰的表现。在人与物的问题上，从马尔萨斯开始就有人用GDP除以人口求商，要求控制人口的数量以便提升该指标，却忽略了分子与分母之间的钩稽关系。人既是财富的分配者又是财富的创造者，减少了人口会导致经济活动的相应下降。极而言之，假如地球上没有一个人的话，就没有任何财富可言，而只有少数人活着的话，这几个人的生活将是非常穷困而低效的，如同困在海岛上的鲁滨逊。在债务风险问题上，许多人认为债务率过高或者上升太快会导致经济的崩溃，他们建议控制债务做大GDP，却没有注意到债务本身会产生GDP，消灭一部分债务本身会抑制GDP的增速。这种思维混淆了微观债务和宏观债务，微观主体没有征税和印钞的权力而宏观主体可以征税印钞，而且即便对于微观主体而言，用债务存量除以收入（GDP流量），这样的求商处理对于揭示风险没有多大意义。事实上，对于国家债务风险而言，真正重要的是定价货币的种类和国民储蓄率。在利率决定问题上，此前的多数经济学家认为投资和储蓄之比决定利率的走向，但是他们忽略了投资本身可以创造更多的储蓄，投资不过是一个中间变量而已。代表对实际财富的最终需求的其实是国际国内总消费，投资带来的产出增加只有满足了消费才有意义，所以当经济过热的时候，调控的着力点应该是消费而不是投资；把握未来利率大趋势的关键在于弄清储蓄和消费力量的消长变化之势。

上述三种错误理论的共同点是随意地确定分子分母，而理论家们犯错的原因是缺乏对研究对象的整体理解和准确把握。

表7—1 本书列举的三类错误理论

	理论命题	公式：流量与存量相比	分子与分母关系	思想流派
生育控制理论	生育率过高导致绝对贫困	GDP/人口	人是财富创造者也是消费者	自由主义经济学
去杠杆理论	杠杆率过高导致经济或财政崩溃	债务/GDP	债务既是财富的原因，也是其结果	自由主义经济学
利率定价理论	利率取决于投资	投资/储蓄	投资来自储蓄但又创造储蓄	自由主义经济学

资料来源：笔者整理。

本书致力于批判的第二类错误主要是政治经济学思想史上一些影响深

远的底层世界观,这些错误观点主要体现在自由主义学者的著作中,但实际上其流毒远不止于意识形态右派知识分子。学者们倾向于将财富理解为物的积累而不是人的能力提升和需求的满足。学者们倾向于将政府视为对市场空间的限制和对社会财富的榨取,却意识不到政府多数时候是(一定范围内)人民意志的集中代表,市场是政府的公共产品之一,无政府状态下市场和社会可能难以延续,而发展必然意味着政府相对于社会的规模越来越大,功能越来越复杂。学者们专注于中心对外围的剥削和压迫,却容易忽略中心与外围的共生关系,从而也就忽略了中心外围格局的内在稳定性,也无法获得真正能够帮助外围穷国走上持续发展的恰当政策组合。学者们将经济活动中的可贸易品和非贸易品混为一谈,这给衡量国家间经济规模、评估汇率变化趋势以及发展地区经济策略时带来许多混乱。基于这些批判,笔者发展出一套民本主义的政治经济学理论框架,以人民为中心,围绕不同国度的人民及其政府的能力、需求与结构性差异来理解全球经济金融现象,打开了若干新的研究视角。当然,这个理论体系在本书中属于初试锋芒,未来还需要进一步丰富和检验。

本书致力于批判的第三类谬误是关于宏观债务和货币汇率。许多经济评论人士根据他们的想象而非实证规律来探讨汇率的波动和宏观经济风险的高低。他们认为一个国家的债务率高低、房价的高低、经济增速快慢、货币发行增速甚至军费支出比例的高低会影响货币汇率的涨跌,但本书和其他同行的实证研究显示,这些因素要么与汇率根本没有多大关系,要么只有在某些条件下才与汇率相关。许多汇率研究之所以经不起实践检验,是因为他们的研究框架中将非贸易部门和贸易部门混为一谈,从而难以逃脱类似于巴库斯—史密斯悖论这样的思维陷阱中。类似的想当然也发生在人们关于宏观债务率的理解上,本书的研究驳斥了债务恐惧症,并发现宏观债务率同国家的发达程度的关系,与风险的关系,与币种的关系,在实证中与流行观点大不相同。

二 若干观点与猜想

除了破除流行的谬见之外，本书还提出了若干观点和猜想，以供同行学者参考和批判。

关于国际货币体系和国家力量之间的关系，本书认为美国的国力获得了货币体系和帝国杠杆的加成与放大。凡是以美元作为本币信用基础的其他国家很难在规模上超过有权发行美元的美国，因为可贸易品的生产是有限的，而货币的发行可以是无穷的，再大的一个实数都大不过无穷大。中华民族伟大复兴要求我们逐步脱离美元体系，在新的价值基准上建立起自己的人民币体系。

关于人民币的国际化前景和汇率趋势，本书认为人民币的国际化可能沿着幂律结构的阶梯拾级而上，而不是成为与美元欧元平行的三极中的一极。2035 年前后，人民币国际化指数应该处于 11—25，其份额主要取自欧元而不是美元。届时，人民币对美元的汇率可能处于 4.5∶1 的水平，而中国经济规模将 2 倍于美国，人均 GDP 为美国的一半左右。人民币汇率应保持强势，对篮子货币的波动幅度不宜太大。伴随着人民币国际化的进步，中国外汇储备应该逐步主动减少直至最终消失。事实上，作为全球最大的制造业出口国，持有巨量外汇储备的必要性是很值得商榷的。目前剩下的三万亿美元外汇储备可以有几个方面的去处：一是在美元加息顶端和经济危机期间大笔购买全球跨国公司股权；二是购买黄金并运回中国；三是在联合国框架内以领土为抵押物向发展中国家放贷；四是在人民币弱势周期买入人民币，保持其相对强势。

中国在 1870 年至 20 世纪 30 年代的快速贫困化和社会动荡，不仅仅是一系列战败赔款导致的，还可以从白银与黄金的比价关系中找到解释。英帝国的成功和金本位在全球的确立，导致了白银被全球抛售和金银比价的大幅拉升，引发中国社会普遍的贫困化、内乱以及国际地位的快速下降。

本书对美国梦和中国梦予以新的解释。所谓美国梦，可以理解为整个世界如今生活在美帝国自身的梦境中，做梦的主体是美帝国，它做的是美元之梦，而世界市场体系中的所有个人、企业、金融机构乃至国家，都不过是其梦境中的一个符号，这些大大小小主体的命运取决于美元之梦的跌宕起伏。美帝国发行的美元国债取代了黄金成为全球价值基准，从此我们脚下不再是黄金铸就的坚实大地，而是如同宇宙大爆炸一样持续扩张的美帝国信用。由于黄金是金融投资界用以对冲整个美元体系的极端尾部风险的终极手段，所以黄金价格长期看反映了全球市场对美帝国健康程度的忧虑。换言之，美帝国之梦的叫醒服务将来自一个黄金之铃。

今天世界所处的无硬锚货币体系，无论是对美国还是对整个世界，都既有其好处也有其缺陷。对美国而言，无硬锚的美元全球储备地位令其获得一系列特权，比如可以向全球征收广义铸币税，可以借债不还而将其内部的负担转嫁给全球，可以让其民众生活水平长期高于正常值。但是其代价则是美国可贸易部门的空心化，尤其是制造业的萎缩和转移助长了其挑战者的壮大，并为其新自由主义帝国体系的最终崩塌埋下伏笔。对于他国而言，尤其是对处于体系外围的发展中国家而言，美元输出所伴随的美国贸易逆差带动了部分国家出口导向的工业化，但是美元体系内在的不稳定性也给他们带来了巨大的外部冲击。

美国金融部门对其内政外交和意识形态的掌控，开启了20世纪80年代之后新自由主义全球化时代。全球市场开放带来的规模经济和生产率提升，使得整个世界的生活水平都有所改善，但是其收益和代价的分布存在不对称性。尤其是在美英等国的内部，金融资本和科技资本从全球化和去监管化浪潮中获益良多，而工农业地区掌握大量选票的白人蓝领成为相对受损者，由此而为美国本土民粹主义逆全球化势力的抬头埋下了伏笔。后金融危机时代，美国的经济弱复苏很大程度上依赖超常规货币政策的保驾护航，美联储资产负债表的大幅扩张和长期零利率环境带来显著的再分配效应：美国股市在10年内从6000多点涨到了2.7万点，民众生活所感受到的实际通胀率远高于官方公布的所谓核心通胀率，但是美国房产和工资收入中位数并没有明显上涨；换言之，拥有股权尤其是数字经济股权的富人由于货币政策而变得更加富裕，而依靠出卖劳动和养老金储蓄账户生活的中产和下中产则根本没有多大改善。货币政策的再分配效应激化了美国的民粹主义，导致了特朗普当选这样的非正常政治事态的出现。未来数年内，美国企业债泡沫即将破灭，美国中部白人选民的经济状况将再次遭受沉重打击，他们的民粹主义可能再一次出现极端化倾向，2020年或者2024年的美国大选能不排除极左翼势力登台的可能性。

关于央行的货币政策，本书解构了央行货币政策独立性的神话。即便是美联储的利率政策，也无法真正摆脱来自政治的干预和压力，在2002—2005年以及2015—2017年的利率政策表现尤其明显。小布什执政时期，格林斯潘主政的美联储长期压低了利率从而有助于共和党的选情却助长了美国的地产泡沫；而奥巴马执政后期，耶伦在2016年年底之前连续三年推迟加息以帮助民主党大选，在民主党大选失利之后则快速加息缩表，其行为的前倨后恭显然无法用美国经济的表现来解释。特朗普则更是毫无顾忌地批评甚至威胁美联储的货币政策取向。

对于收益率曲线的远端利率，本书认为人口春秋比能够指示出利率波动的长期趋势。尽管各种财政与货币政策能够令市场利率暂时地偏离人口结构决定的基本面，但是从长期来看，利率走向是有规律可循的。从幼儿到青少年的阶段，人是净消费者，该阶段人口规模的扩张将驱动利率上行；而从40岁至65岁的中年或者壮年人口则是净储蓄者，该阶段人口规模的扩张将驱动利率下行。欧洲和日本的名义负利率现象其实是其人口结构"少子老龄化"的必然结果。

关于汇率的涨跌，本书主张抛开非贸易部门，而仅仅以可贸易部门的竞争力来讨论和预测汇率；汇率的本质是一国人民在可贸易部门的国际竞争力的反映。通过实证研究，笔者发现汇率的大幅贬值通常发生在这样一些国家：人口结构年轻，未能真正实现工业化，政府弱势税率偏低，民众平均受教育水平不高，认知能力有限，笃信神与来世而不是指望人在现世的努力与成就。反过来，强势汇率的背后往往是这样的人民：强政府、高税率、高工业化水平、智商高和教育水平，人口老化而世俗化。绝大多数发展中国家的货币汇率将是兑国际主流货币持续大幅贬值的，所以他们所公布或者预测的经济增速只有政治和宣传意义而没有经济和投资参考价值。

参考文献

一 中文文献

(一) 专著

翟东升：《中国为什么有前途——中国对外经济政策及其战略潜能》，机械工业出版社2015年版。

《管子·牧民》，李山注解，中华书局2009年版。

《贾谊〈新书〉卷九·大政上》，阎振益等校注，中华书局2000年版。

《老子·第四十九章》，李存山校注，中州古籍出版社2008年版。

《论语·颜渊》，中华书局2006年版。

中共中央马克思恩格斯列宁斯大林著作编译局：《马克思恩格斯全集》（第26卷），人民出版社1958年版。

《孟子·梁惠王下》，方勇译注，中华书局2010年版。

中国人民大学国际货币研究所：《人民币国际化报告2016——货币国际化与宏观金融风险管理》，人民大学出版社2016版。

《尚书·多方》，王世舜译注，中华书局2011年版。

《尚书·周书·泰誓》，王世舜译注，中华书局2011年版。

《尚书·周书·泰誓》，王世舜译注，中华书局 2011 年版。

程颐：《代吕晦叔应诏疏》。

戴金平等：《全球货币量化宽松：何时退出？》，厦门大学出版社 2012 年版。

付丽颖：《日元国际化与东亚货币合作》，商务印书馆 2010 年版

黄薇：《汇率制度与国际货币体系》，社会科学文献出版社 2014 年版。

黄宗羲：《明夷待访录·原君》，中华书局 2011 年版。

李巍：《制衡美元：政治领导与货币崛起》，上海人民出版社 2015 年版。

罗思义：《一盘大棋：中国新命运解析》，江苏凤凰文艺出版社 2016 年版。

潘英丽等：《国际金融中心：历史经验与未来中国》，上海人民出版社 2006 年版。

潘维：《比较政治学理论与方法》，北京大学出版社 2014 年版。

骈宇骞：《贞观政要·务农》，中华书局 2011 年版。

邱仰林：《评级真相》，中国经济出版社 2013 年版

曲博：《危机下的抉择：国内政治与汇率制度选择》，上海人民出版社 2012 年版。

全汉昇：《中国近代经济史论丛》，中华书局 2011 年版。

司马光：《资治通鉴》，中华书局 2009 年版。

文一：《伟大的中国工业革命——"发展政治经济学"一般原理批判纲要》，清华大学出版社 2016 年版。

徐天新、王红生、许平：《世界通史（现代卷）》，人民出版社 2017 版。

薛波等：《国际金融中心的理论研究》，上海财经大学出版社 2009 年版。

荀子：《荀子·大略》，孙安邦等译注，山西古籍出版社 2003 年版。

张振江：《从英镑到美元：国际经济霸权的转移：1933—1945》，人民出版社 2006 年版。

周弘等主编：《德国马克与经济增长》，社会科学文献出版社 2012 年版。

（二）译著

［英］阿尔弗雷德·马歇尔：《经济学原理》，廉运杰译，华夏出版社 2005 年版。

［英］阿尔佛雷多·萨德-费洛等主编：《新自由主义批判读本》，陈刚等译，江苏人民出版社 2006 年版。

［挪威］埃里克·赖纳特：《富国为什么富，穷国为什么穷》，杨虎涛译，中国人民大学出版社 2013 年版。

［美］艾麦德·莫萨：《大而不倒之谜》，周世愚、吴晓雪译，中国金融出版社 2015 年版。

［美］巴里·埃森格林：《资本全球化：一部国际货币体系史》，麻勇爱译，机械工业出版社 2014 年版。

［匈牙利］卡尔·波兰尼：《大转型：我们时代的政治与经济起源》，冯钢、刘阳译，浙江人民出版社 2007 年版。

［匈牙利］卡尔·波兰尼：《巨变：当代政治与经济的起源》，黄树民译，社会科学文献版社 2013 年版。

［美］查尔斯·金德尔伯格：《1929—1939 年世界经济萧条》，宋承先、洪文达译，上海译文出版社 1986 年版。

［美］查尔斯·凯罗米利斯、［美］史蒂芬·哈珀：《人为制造的脆弱性：银行业危机和信贷稀缺的政治根源》，廖珉等译，中信出版社 2015 年版。

［美］查尔斯·威尔伯：《发达与不发达问题的政治经济学》，高铦等译，商务印书馆 2015 年版。

［美］查尔斯·P. 金德尔伯格：《世界经济霸权（1500—1990）》，高祖贵译，商务印书馆 2003 年版。

［美］戴维·斯坦伯格：《汇率低估政策的制度研究》，王宇译，商务印书馆 2018 年版。

［美］德隆·阿西莫格鲁、［美］詹姆斯·罗宾逊：《国家为什么会失败》，李增刚译，湖南科学技术出版社 2015 年版。

［美］菲歇尔：《利息理论》，陈彪如译，上海人民出版社 1999 年版。

［美］弗朗西斯·加文：《黄金、美元与权力：国际货币关系的政治》，严荣译，社会科学文献出版社 2016 年版。

［美］弗雷德里克·米什金：《下一轮伟大的全球化》，姜世明译，中信出版社 2007 年版。

［德］贡德·弗兰克：《白银资本：重视经济全球化中的东方》，刘兆成译，中央编译出版社 2008 年版。

［美］古列维奇：《艰难时世下的政治：五国应对世界经济危机的政策比较》，袁明旭、朱天飚译，吉林出版社 2009 年版。

［英］霍布斯鲍姆：《极端的年代：1914—1991》，郑明萱译，中信出版社 2014 年版。

［美］哈瑞·丹特：《人口峭壁》，萧潇译，中信出版社 2014 年版。

［意］杰奥瓦尼·阿瑞其：《漫长的 20 世纪：金钱权力和我们社会的根源》，姚乃强等译，江苏人民出版社 2011 年版。

［美］杰弗里·弗里登：《货币政治：汇率政策的政治经济学》，孙丹、刘东旭、王颖椮译，机械工业出版社 2016 年版。

［美］杰拉尔德·F. 戴维斯：《金融改变一个国家》，李建军等译，机械工业出版社 2011 年版。

［美］劳伦斯·米切尔著：《美国的反省：金融如何压倒实业》，钱峰译，东方出版社 2011 年版。

［美］理查德·加德纳：《英镑美元外交》，符荆捷等译，江苏人民出版社 2014 年版。

［美］罗伯特·J. 萨缪尔森：《大通胀：美国财富的过去与未来》，鲁刚伟等译，中信出版社 2012 年版。

[美] 罗伯特·吉尔平:《国际关系政治经济学》(第 2 版),杨宇光译,上海人民出版社 2011 版。

[美] 罗伯特·吉尔平:《全球政治经济学:解读国际经济秩序》,杨宇光、杨炯译,上海人民出版社 2006 年版。

[美] 罗纳德·I. 麦金农:《美元本位下的汇率——东亚高储蓄两难》,王信、何为译,中国金融出版社 2005 年版。

[美] 罗纳德·罗戈夫斯基:《商业与联盟:贸易如何影响国内政治联盟》,杨毅译,上海人民出版社 2012 年版。

《资本论》,中共中央马克思恩格斯列宁斯大林著作编译局译,人民出版社 1972 年版。

[德] 马克斯·韦伯:《新教伦理与资本主义》,于晓等译,生活·读书·新知三联书店 1987 年版。

[美] 诺伯特·盖拉德:《国家信用评级世纪述评》,孙森等译,东北财经大学出版社 2014 年版。

[奥地利] 庞巴维克:《资本论实证》,陈端译,商务印书馆 1997 年版。

[奥地利] 庞巴维克:《资本与利息》,何崑曾、高德超译,商务印书馆 1959 年版。

[美] 乔尔·米格代尔:《强社会与弱国家:第三世界的国家社会关系及国家能力》,朱海雷等译,江苏人民出版社 2008 年版。

[美] 乔治·索罗斯:《美国的霸权泡沫——纠正对美国权力的滥用》,燕清等译,商务印书馆 2004 年版。

[美] 乔治·索罗斯:《金融炼金术》,孙忠译,海南出版社 2011 年版。

[美] 塞缪尔·P. 亨廷顿:《变化社会中的政治秩序》,王冠华等译,上海世纪出版集团 2008 年版。

[美] 斯蒂芬·沃尔特:《驯服美国权力:对美国首要地位的全球回应》,郭胜、王颖译,上海人民出版社 2008 年版。

［美］斯蒂格利茨：《让全球化造福全球》，雷达、朱丹、李有根译，中国人民大学出版社2013年版。

［瑞士］西斯蒙第：《政治经济学研究》，胡尧步、李直、李玉民等译，商务印书馆2014年版。

［英］苏珊·斯特兰奇：《国家与市场》，杨宇光译，上海人民出版社2006年版。

［法］萨伊：《政治经济学概论》，陈福生、陈振骅译，商务印书馆1998年版。

［英］托马斯·孟、尼古拉斯·巴尔本、达德利·诺思：《贸易论（三种）》，顾为群等译，商务印书馆出版社2009年版。

［德］乌尔里克·霍斯特曼：《评级机构的秘密权力》，王煦逸译，上海财经大学出版社2015年版。

［美］亚历山大·温特：《国际政治的社会理论》，秦亚青译，上海人民出版社2014年版。

［英］约翰·F. 乔恩：《货币史：从公元800年起》，李广乾译，商务印书馆2002年版。

［以色列］尤瓦尔·赫拉利：《人类简史（从动物到上帝）》，林俊宏译，中信出版社2014年版。

［美］约瑟夫·E. 斯蒂格利茨：《不平等的代价》，张子源译，机械工业出版社2013年版。

［瑞士］尤瑟夫·凯西斯：《资本之都：国际金融中心变迁史（1780—2009）》，陈晗译，中国人民大学出版社2011年版。

［美］朱迪斯·戈尔茨坦、［美］罗伯特·基欧汉：《观念与外交政策：信念、制度与政治变迁》，刘东国、于军译，北京大学出版社2005年版。

［美］詹姆斯·R. 巴斯、［美］小杰勒德·卡普里奥和［美］罗斯·列文：《金融守护人：监管机构如何捍卫公众利益》，杨农等译，生活·读书·

新知三联书店 2014 年版。

斯泰尔：《布雷顿森林货币战：美元如何统治世界》，符荆捷、陈盈译，机械工业出版社 2014 年版。

（三）期刊报纸

陈雨露、王芳、杨明：《作为国家竞争战略的货币国际化：美元的经验证据——兼论人民币的国际化问题》，《经济研究》2005 年第 2 期。

丁剑平、方琛琳、叶伟：《"一带一路"区块货币参照人民币隐性锚分析》，《国际金融研究》2018 年第 10 期。

杜晓蓉：《发展中国家偏好钉住汇率制度的新理论分析》，《安徽大学学报》（哲学社会科学版）2006 年第 5 期。

贺水金：《论近代中国银本位制下的汇率变动》，《社会科学》2006 年第 6 期。

黄琪轩：《技术大国起落的历史透视——政府主导的市场规模与技术进步》，《上海交通大学学报》2013 年第 4 期。

赖建诚：《金属货币复本位的设计与终结》，《金融博览》2016 年第 11 期。

李向阳：《布雷顿森林体系的演变与美元霸权》，《世界经济与政治》2005 年第 10 期。

李晓：《"日元国际化"的困境及其战略调整》，《世界经济》2005 年第 6 期。

刘群：《世界货币：人民币走向强势货币的必然选择》，《世界经济与政治》2005 年第 6 期。

刘晓辉、张璟、甘顺利：《资本账户自由化、实际资本控制与汇率制度选择——来自 88 个发展中国家的经验证据》，《国际金融研究》2015 年第 7 期。

陆寒寅：《再议金本位制和 30 年代大危机：起因，扩散和复苏》，《复旦学报（社会科学版）》2008年第1期。

［美］罗伯特·蒙代尔、王娜：《论国际货币体系的重建：基于创立世界货币的设想》，《厦门大学学报》（哲学社会科学版）2012年第1期。

潘红宇：《固定汇率制度还是浮动汇率制度？》，《世界经济探索》2016年第3期。

孙立坚：《信用评级就是制定金融标准》，《东方早报》2010年7月14日。

王正毅、曲博：《汇率制度选择的政治经济分析——三种研究路径比较及其启示》，《吉林大学社会科学学报》2006年第5期。

韦森：《货币的本质再反思》，《社会科学文摘》2017年第4期。

文东伟，《亚洲三角贸易模式与中国的贸易增长》，《国际经贸探索》2012年第28期。

吴承明：《论二元经济》，《历史研究》1994年第2期。

习近平：《在民营企业座谈会上的讲话》，《人民日报》2018年11月2日第1版。

易纲、汤弦：《汇率制度"角点解假设"的一个理论基础》，《金融研究》2001年第8期。

殷剑锋：《人民币国际化："贸易结算离岸市场"，还是"资本输出跨国企业"？——以日元国际化的教训为例》，《国际经济评论》2011年第4期。

余振、顾浩、吴莹：《质化宽松货币政策的作用机理与实施效果——基于美日中比较的视角》，《国际经济评论》2016年第2期。

张明，王永中：《构建天然气人民币体系的可行性与人民币国际化》，《上海金融》2018年第3期。

张明：《中国政府债务规模究竟几何？》，《财经》2018年7月23日刊。

张亚兰：《白银"洼地"与分层的世界货币体系》，《中国金融》2009年第13期。

张一兵：《西斯蒙第人本主义经济学的哲学解读》，《洛阳师专学报》1998

年第 6 期。

赵柯:《工业竞争力、资本账户开放与货币国际化—德国马克的国际化为什么比日元成功》,《世界经济与政治》2013 年第 12 期。

周琪、付随鑫:《特朗普现象与桑德斯现象解析——对美国大选的阶段性分析》,《清华国家战略研究报告》2016 年第 4 期。

周宇:《论汇率贬值对人民币国际化的影响——基于主要国际货币比较的分析》,《世界经济研究》2016 年第 4 期。

二 英文文献

(一) 英文专著

Ahmed Naciri, *Credit Rating Governance: Global Credit Gatekeepers*, New York: Routledge, 2015.

Allan H. Meltzer, *A History of the Federal Reserve*, Vol. 2, Book 2, Cambridge: Cambridge University Press, 2008, Chapter 8.

A. O. Hirschman, *The Strategy of Economic Development*, New Heaven: Yale University Press, 1958.

Eichengreen, *Global Imbalances and the Lessons of Bretton Woods*. Cambridge U. S: Mit Press, 2010.

Charles Tilly, Troubling Confessions, *Coercion, Capital, and European States, AD 990 – 1992*, Hoboken, New Jersey: Wiley-Blackwell; Revised, 1992.

C. P. Kindleberger, *Formation of Financial Centers: A Study in Comparative Economics*, Princeton: Princeton University Press, 1974.

David Baldwin eds., *Neorealism and Neoliberalism: The Contemporary Debate*, New York: Columbia University Press, 1993.

D. Porteous, *The Geography of Finance: Spatial Dimensions of Intermediary Behavior*, Aldershot: Avebury. 1995.

G. H. Stern and L. J. , Feldman, *Too Big to Fail: The Hazards of Bank Bailouts*, Washington: Brookings Institution Press, 2004.

Howard Reed, *The Preeminence of International Financial Centers*, New York: Praeger Publishers, 1981.

John C. Coffee, Jr. Gatekeepers, *The Professional and Corporate Governance*, Oxford: Oxford University Press, 2006.

Kenneth Waltz, *Man, The State and War, a Theoretical Analysis*, New York: Columbia University Press, 1959.

Michael Kaufman, *Soros, the Life and Time of a Messianic Billionaire*, New York: Vintage Books, Press, 2002.

O. Kirshner, *The Bretton Woods-GATT System: Retrospect and Prospect after Fifty Years*, Abingdon-on-Thames : Routledge, 2015.

Richard M. Levich, Giovanni Majnoni, and Carmen Reinhart, *Ratings, Rating Agencies and The Global Financial System*, New York: New York University, Press, 2002.

R. Triffin, *Gold and the Dollar Crisis: The Future of Convertibility*, New Haven: Yale University Press , 1960. William Bonvillian, Charles Weiss, *Technological Innovation in Legacy Sectors*, Oxford: Oxford University Press, 2015.

Wooley John, *Monetary Politics, The Federal Reserve and the Politics of Monetary Policy*, Cambridge: Cambridge University Press, 1984.

（二）期刊杂志报纸中的文章

Agnieszka Markiewicz, "Choice of Exchange Rate Regime in Transition Economies", *Journal of Comparative Economics*, Vol. 34, 2006, pp . 484 – 498.

Alan Greenspan, "The Crisis", Brookings Institute, March 19th, 2010.

Andre C. Jordaan, "Choice of Exchange Rate Regime in a Selection of African Countries", *Journal of African Business*, Vol. 16, No. 3, 2015, pp. 215 - 234.

Bernstein J, "Dethrone 'King Dollar'", The New York Times, August 28, 2014, A25.

B. J. Moore, "A Global Currency for a Global Economy", *Journal of Post Keynesian Economics*, Vol. 26, No. 4, 2004, pp. 631 - 653.

Carmen M. Reinhart and Kenneth S. Rogoff, "The Modern History of Exchange Rate Arrangements: A Reinterpretation", *The Quarterly Journal of Economics*, Vol. 119, No. 1, 2004, pp. 1 - 48.

Cesar M. Rodriguez, "Economic and Political Determinants of Exchange Rate Regimes", *International Economics*, Vol. 147, 2016, pp. 1 - 26

Christopher Crowe and Ellen Meade, "Central Bank Independence and Transparency: Evolution and Effectiveness", *European Journal of Political Economy*, Vol. 24, No. 4, 2008, pp. 763 - 777.

C. R. Henning, "Choice and Coercion in East Asian Exchange Rate Regimes", Working Paper 12 - 15, Washington: Peterson Institute for International Economics, September, 2012.

David K. Backus, Gregor W. Smith, "Consumption and Real Exchange Rates in Dynamic Economies with Non-Traded Goods", *Journal of International Economics*, Vol. 35, No. 3 - 4, 1993, pp. 297 - 316.

Dongsheng Di, Warren Coats, Yuxuan Zhao, "Why Does the World Need a Reserve Asset with Hard Anchor", *Frontiers of Economics in China*, Vol. 12, No. 4, 2017, pp. 545 - 570.

Eduardo Levy-Yeyati and Federico Sturzenegger, "Classifying Exchange Rate Regimes: Deeds vs. Words", *European Economic Review*, Vol. 49, No. 6, 2005, pp. 1603 – 1635.

E. Philip Davis and Christine Li, "Demographics and Financial Asset Prices in the Major Industrial Economie", Public Policy Discussion Papers, April 2003.

M. Flandreau, "The Economics and Politics of Monetary Unions: A Reassessment of the Latin Monetary Union", 1865 – 71. *Financial History Review*, Vol. 7, No. 1, 2000, pp. 25 – 44.

Fumihito Gotoh, and Timothy J. Sinclair, Social Norms Strike Back: Why American Financial Practices Failed in anization, Vol. 56, No. 4, 2002, pp. 861 – 887

G. Selgin, "Salvaging Gresham's Law: The Good, the Bad, and the Illegal", *Journal of Money, Credit and Banking*, Vol. 28, No. 4, 1996, pp. 637 – 649.

H. Singer, "The Distribution of Gains between Borrowing and Investing Nations", *The American Economic Review*, Vol. 40, No. 2, *Papers and Proceedings of the Sixty-second Annual Meeting of the American Economic Asociation*, May 1950, pp. 473 – 485.

Jeffry Frieden, David Leblang, Neven Valev, "The Political Economy of Exchange Rate Regimes in Transition Economies", *Review of International Organizations*, Vol. 51, 2010.

J. Lawrence Broz, "Political System Transparency and Monetary Commitment Regimes", *International Org.* 4, 1963, pp. 475 – 485.

J. Marcus Fleming, *Does Financial Politics under Fixed and under Floating Exchange Rates*, *IMF Staff Paper*, Vol. 9, No. 3, 1962, pp. 369 – 380.

John Geanakoplos, "Demography and the Long-Run Predictability of the Stock Market", *Brookings Papers on Economic Activity*, Vol. 2004, No. 1, 2004, pp. 241 – 307.

John Geanakoplos, "The Ideal Inflation-Indexed Bond and Irving Fisher's Impatience Theory of Interest with Overlapping Generations", *The American Journal of Economics and Sociology*, Vol. 64, No. 1, 2005, pp. 257 – 306.

J. R. Hicks, "Mr. Keynes and the 'Classics'; A Suggested Interpretation", *Econometrica*, Vol. 5, No. 2, 1937, pp. 147 – 159.

Kenneth Austin, "Systemic equilibrium in a Bretton Woods II-type International Monetary System: The Special roles of Reserve Issuers and Reserve Accumulators", *Journal of Post Keynesian Economics*, Vol. 36, No. 4, 2014, pp. 607 – 634.

M. Srholec, "High-Tech Exports from Developing Countries: A Symptom of Technology Spurts or Statistical Illusion?" *Review of World Economics*, Vol. 143, No. 2, 2007, pp. 227 – 255.

Mundell Robert A., "Capital Mobility and Stabilization Policy under Fixed and Flexible Exchange Rates", *Canadian Journal of Economic and Political Science*, Vol. 29, *Review of International Political Economy*, 2017, Vol. 24, No 6, pp. 1030 – 1051, p. 22.

N. Birdsall, T. Pinckney and R. Sabot, "Natural Resources, Human Capital and Growth", Carnegie Endowment for International Peace Working Paper, 2001.

Nouriel Roubini and Jeffrey Saches, "Political and Economic Determinants of Budget Deficits in the Industrial Democracies", *European Economic Review*, Vol. 33, No. 5, 1989, pp. 903 – 933.

Obstfeld M., A. M. Taylor, "Sovereign Risk, Credibility and the Gold Standard: 1870 – 1913 Versus 1925 – 31", *The Economic Journal*, Vol. 113, No. 487, 2003, pp. 241 – 275.

Orazio P. Attanasio and Guglielmo Weber, "Consumption and Saving: Models of

Intertemporal Allocation and Their Implications for Public Policy", *Journal of Economic Literature*, Vol. 48, No. 3, 2010, pp. 693 – 751.

Paul Krugman,"Vehicle Currencies and the Structure of International Exchange", *Journal of Money, Credit and Banking*, Vol. 12, No. 3, 1980, pp. 513 – 526.

Paul S. Calem and Gerald A. Carlino,"The Concentration/Conduct Relationship In Bank Deposit Markets", *The Review of Economics and Statistics*, Vol. 73, No. 2, 1991, pp. 268 – 276.

Pedro Alvarez Ondina, Jose Luis Perez Rivero, Saul de Vicente Queijeiro and Maria Rosalia Vicente Cuervo,"The Determinants of Choice of Exchange Rate Regimes in Latin America: A Mixed Multinational Logit Approach", *Cuadernos de Economia*, Vol. 34, No. 95, 2011, pp. 55 – 61.

Peter Gourevitch,"The Second Image Reversed: The International Sources of Domestic Politics", *International Organization*, Vol. 32, No. 4, 1978, pp. 881 – 912.

R. E. A. Farmer ,"Qualitative Easing: A New Tool for the Stabilization of Financial Markets", *Bank of England Quarterly Bulletin*, Vol. 4, 2013, pp. 405 – 413.

Reinhart, C. M. and Rogoff, K. S. ,"Growth in a Time of Debt", *American Economic Review: Papers and Proceedings*, Vol. 100, No. 2, 2010, pp. 573 – 578.

Richard Cantor and Frank Packer,"The Credit Rating Industry", *Federal Reserve Bank of New York Quarterly Review*, 1994, pp. 1 – 26.

Robert A. Mundell,"A Theory of Optimum Currency Areas", *The American Economic Review*, Vol. 51, No. 4, 1961, pp. 657 – 665.

Robert J. Rhee, "A Critique of Proposals to Reform the Credit Rating Industry (with a Comment on Future Reform)", *Banking & Financial Services Policy*

Report, Vol. 32, No. 3, 2013, pp. 14 – 24.

Robert J. Rhee, "Incentivizing Credit Rating Agencies under the Issuer Pay Model Through a Mandatory Compensation Competition", *Banking & Financial Services Policy Report*, Vol. 33, No. 4, 2014, p 10.

Robert J. Rhee, "On Duopoly and Compensation Games in the Credit Rating Industry", *Northwestern University Law Review*, Vol. 108, Issue 1, 2013, pp. 85 – 138.

Ronald I. McKinnon, "Optimum Currency Areas", *The American Economic Review*, Vol. 53, No. 4, 1963, pp. 717 – 725.

Ronald Rogowski, "Trade and the Variety of Democratic Institutions", *International Organization*, Vol. 41, No. 2, 1978, pp. 203 – 223.

R. Prebisch, *The Economic Development of Latin America and Its Principal Problems*, New York: Unitied Nations, 1950.

S. Brock Blomberg, Jeffry Frieden, Ernesto Stein, "Sustaining Fixed Rates: The Political Economy of Currency Pegs in Latin America", *Journal of Applied Economics*, Vol. 8, No. 2, 2005, pp. 203 – 225.

S. E. Oppers, "A Model of the Bimetallic System", *Journal of Monetary Economics*, Vol. 46, No. 2, 1995, pp. 517 – 533.

Simon Johnson, "The Quiet Coup", *The Atlantic Monthly*, Vol. 303, No. 4, May 2009, pp. 46 – 57.

S. M. Murshed, "When Does Natural Resource Abundance Lead to a Resource Curse", IIED-EEP Working Paper 04 – 01, 2004.

Stephen Krasner, "State Power and the Structure of International Trade", *World Politics*, Vol. 28, No. 3, 1976, pp. 317 – 347.

Susan Strange, "The Persistent Myth of Lost Hegemony", *International Organization*, Vol. 41, No. 4, 1987, pp. 551 – 574.

T. Ito, "China as Number One: How About the Renminbi?", *Asian Economic*

Policy Review, Vol. 5, No. 2, 2010, pp. 249 – 276.

William Bernhart and David Leblang, "Democratic Institutions and Exchange-Rate Commitments", *International Organization*, Vol. 53, No. 1, 1999, p. 93.

(三) 文集中的文章

Bemanke B., James H., "The Gold Standard, Deflation, and Financial Crisis in the Great Depression: An InterNational Comparison", in Hubbard, eds. *Financial markets and Financial Crises*, Chicago: University of Chicago Press, 1991, pp. 33 – 68.

D. J. Porteous, "The Development of Financial Centres: Location, Information Externalities and Path Dependence", in R. L. Martin, eds., *Money and the Space Economy*, Chichester: John Wiley & Sons, 1999, pp. 95 – 114.

G. Dufey and I. Giddy, "The International Money Market: Perspective and Prognosis", in R. E. Baldwin and J. D. Richardson, eds., *International Trade and Finance (2nd eds.)*, New York: Little Brown, 1981, pp. 533 – 543.

Jeffry Frieden, Piero Ghezzi and Ernesto Stein, "Politics and Exchange Rate: A Cross-Country Approach", in Jeffry Frieden and Ernesto Stein, eds., *The Currency Game: Exchange Rate Politics in Latin America*, Baltimore: Johns Hopkins University Press, 2001, pp. 24 – 25.

R. Roberts, "The Economics of Cities of Finance", in H. A. Diedericks and D. Reeder, eds., *Cities of Finance*, Royal Netherlands Academy of Arts and Science, 1996, pp. 7 – 19.

(四) 政府或国际组织出版物

A. Subramanian and M. Kessler, "The Renminbi Bloc is Here: Asia Down, Rest of the World to Go?", Washington, D. C.: Peterson Institute for International

Economics Working Paper 12 – 19, August 2013.

Atish Ghosh, Anne-Marie Gulde, Jonathan Ostry and Holger C. Wolf, "Dose the Nominal Exchange Rate Regime Matter?", NBER Working Paper, No. 5874, 1997.

Barry Eichengreen, International Monetary Arrangements for the 21st Century, Working Paper of Center for International and Development Economics Research, No. C93 – 021, 1993.

B. J. Cohen, "Renminbi Internationalization: A Conflict of Statecrafts", CHATHAM HOUSE Research Paper. March, 2017.

E. Farhi, P. Gourinchas and H. Rey, "Reforming the International Monetary System", CEPR research paper, 2011.

Fahrettin Yagci, "Choice of Exchange Rate Regimes for Developing Countries", Africa Region Working Paper Series, The World Bank, No. 6, 2001.

Gold Commission Report, Washington, D. C. : US Congress, March 1982.

Jeffrey A. Frankel, "No Single Currency Regime is Right for all Countries or at all Times", NBER Working Paper, No. 7338, 1999.

J. Lawrence Broz, Jeffry Frieden, Stephen Weymouth, "Exchange Rate Policy Attitudes: Direct Evidence from Survey Data", *IMF Staff Paper*, Vol. 55, No. 3, 2008.

Luis I. Jacome and Francisco Vazquez, "Any Link between Legal Central Bank Independence and Inflation? Evidence from Latin America and the Caribbean", IMF Working Paper, 2005.

Maurice Obstfeld and Kenneth Rogoff, "The Mirage of Fixed Exchange Rates", NBER Working Paper, No. 5191, 1995.

Michael B. Devereux and Charles Engel, "The Optimal Choice of Exchange-Rate Regime: Price-Setting Rules and Internationalized Production", in Magnus

Blomstrom and Linda S. Goldberg, *Topics in Empirical International Economics: A Festschrift in Honor of Robert E. Lipsey*, NBER Book, 2001.

Michael G. Papaioannou, "Determinants of the Choice of Exchange Rate Regimes in Six Central American Countries", IMF Working Paper, 2003, pp. 5 – 7.

Milton Friedman, "The Role of Monetary Policy", *The American Economic Review*, Vol. 58, No. 1, 1968, pp. 1 – 17.

Ohn C. Coffee Jr. , "Rating Reform: The Good, The Bad, and The Ugly", Columbia Law and Economics Working Paper, 2010, No. 359. p. 4.

R. E. A. Farmer , "Qualitative Easing: How It Works and Why It Matters", National Bureau of Economic Research, 2013, pp. 405 – 413.

Robert E. Scott, "Unfair China Trade Costs Local Jobs", Economic Policy Institute Report, March 23, 2010.

Shengzu Wang, "Does Monetary Policy Credibility Matter for Exchange Rate Volatility? A Small Open Economy Case", Paper on the 43rd Annual Conference of the CEA, 2009.

S. Lall QEH Working Paper Series – QEHWPS44 Page 1 Working Paper No. 44 "The Technological Structure and Performance of Developing Country Manufactured Exports, 1985 – 1998", 2000.

Virginie Coudert and Marc Dubert, "Does Exchange Rate Regime Explain Differences in Economic Results for Asian Countries", CEPII Working Paper, No. 2003 – 05, 2004.

(五) 互联网资料

Center for Responsive Politics, "Interest Groups Summary: Financial/Insurance/Real Estate", https://www.opensecrets.org/industries/indus.php?Ind=F.

Consumer Education Foundation, "Sold Out—How Wall Street and Washington Betrayed America", March 2009, p. 15, http://www.wallstreetwatch.org/reports/sold_out.pdf.

Fahrettin Yagci, "Advantages and Disadvantages of Exchange Rate Systems", 2001, pp. 4 - 6, http://www.sanandres.esc.edu.ar/secondary/economics%20packs/international_economics/page_60.htm.

F. Bergsten, "Why World Needs Three Global Currencies", *Financial Times*, February 15, 2011, https://www.ft.com/content/d4845702-3946-11e0-97ca-00144feabdc0.

John Williamson, "Are Intermediate Regimes Vanishing", Speech Given at the International Conference on "Exchange Rate Regimes in Emerging Market Economies" Tokyo, Japan, 1999, https://piie.com/commentary/speeches-papers/are-intermediate-regimes-vanishing.

L. Spaventa, "Economists, Economics and the Crisis", August 12, 2009, http://www.voxeu.org/index.php?q=node/3862.

M. Pettis, "An Exorbitant Burden", *Foreign Policy*, September 7, 2011, https://foreignpolicy.com/2011/09/07/an-exorbitant-burden/.

Paul Krugman, "O Canada: A Neglected Nation Gets Its Nobe", Slate Magazine, 1999, http://www.slate.com/articles/business/the_dismal_science/1999/10/o_canada.html.

后记与鸣谢

科研写作与教学之间是相辅相成的关系。"货币、金融与汇率的政治经济学"最初是笔者讲授多年的一门研究生课程。从最初借鉴英美同行课件"以其昏昏使人昭昭",到逐步形成自己的理论体系和核心观点,再到最终写出一本专著,竟花了整整10年时间。每次想起自己曾教过的那些可爱而认真的学生们(他们基本上是各省高考文科前80名、理科前500名的优秀学生),总觉得自己的研究还不够扎实,多少有些误人子弟,很可能愧对他们的天赋与热忱。在本书付梓之际,再给学生上课时,笔者总算心里有了点底。

在本书的酝酿和写作过程中,得到了来自方方面面的支持和帮助。在境外,首先值得一提的是笔者的好友朱宁博士。作为资深华尔街资产管理人,他自20世纪90年代初至今经历了三个牛熊周期,许多金融和货币大事件他都是亲历者,对于经济金融问题的理解力非同寻常。笔者对全球金融市场的许多知识直接或间接地来自这些年同他的交流和辩论。笔者的忘年之交Warren Coats博士将其整个职业生涯都献给了IMF的事业,与他以及世界银行赵宇轩先生之间的合作研究非常有助于笔者对全球货币体系的构造和内在优缺点有更深切而系统的理解。Andrew Walter教授的研究与本书有着不少重合,与他的数次交流也对笔者很有帮助,事实上2009年最初准备这门课程的时候参考最多的资料便是他在伦敦政治经济学院(LSE)任教时的课件。美联储达拉斯分行副行长文一教授对本书的第一章基础理论部分做了颇为详尽的批改和建议，帮助本书提升了基础理论与思想水准。此外，伊利诺伊理工大学的 Khairy TourK 教授、香港中国银行的王卫博士、香港大学的肖耿教授、世界银行的石正芳博士、英国国际战略研究所（IISS）的 Paola Subacchi 博士，与这些专家们的频繁学术交流都给笔者的研究和本书的写作带来各种启发。

在国内，作为中国人民大学国际货币所的特约研究员，笔者在陈雨露教授、涂永红教授、宋科博士等人的领导之下，多次参与了《人民币国际化报告》的写作，并因此而与货币所平台上聚集的各路专家和领导保持了高质量、高频率的交流，尤其是与魏本华、张之骧等资深专家的共事令笔者受益匪浅。丁一凡教授和滕青教授伉俪主持的非正式思想沙龙伴随着本书整个酝酿和写作过程，丁老师本人是政治经济学大行家，他组织的数十次饭局更让我接触到众多学界和政策界名家，包括张宇燕教授和乔良将军等人。中国人民大学的杨光斌教授、北京大学的潘维教授、上海社会科学院及复旦大学的黄仁伟教授都对本书的修改提出了中肯的意见；事实上，正是由于他们三位的建议，本书的理论部分才取名为民本主义政治经济学。中国人民大学的时殷弘教授和金灿荣教授都是笔者的老师兼同事，尽管他们并非货币金融问题专家，但是在思想方法和学术视野上对笔者的研究和写作过程给予了重要的帮助和鼓励。同时，感谢中国社会科学出版社的王茵总编辑助理、马明编辑与郭枭编辑为本书的顺利出版付出的心血与努力。

在本书的写作过程中，笔者动员了许多研究生参与到资料收集、文本处理和图表制作的工作中来：周思畅、王淼、王雪莹、张珊、冯一帆、胡怡、曹心慧、倪晨昕、杨燕媚、张倩雨、钟点、白天舒、艾雪颖、向恬君怡。由于研究和写作进程的拖沓，他们之间甚至差了好几届。尤其是王雪莹同学，她特别擅长数据收集和图表制作，很好地弥补了笔者的能力缺陷，本书中的大多数图表最终由她完成。

当然，笔者的家人尤其是夫人田华女士对本书的写作提供了巨大的支持。十年来笔者免于家务杂事的烦扰，专心于研究、授课和学术交游，这种时间精力上的奢侈来自夫人替我担负起对家人的很大部分责任。

在此，笔者对上述友人、同事、学生和家人的支持一并表示衷心的感谢。

当然，交稿之际，笔者自己还想感恩笔者所服务的这个伟大的时代、伟大的国家和伟大的学校。

人类史上，只有很少一部分人能在相对短暂的一生中经历农业社会向工业社会乃至智能社会的急剧变迁，而我们这代人亲手按下了历史的快进键，全球的数百年变迁在中国被浓缩进40年之中，这种对历史性变迁的目睹和亲身经历对于社会科学的研究者而言价值尤其巨大。

全世界只有少数国家能以当事人的心态去探讨和研究全球政治经济秩序及其替代品，今天的中国正在逐步转变成全球新秩序的设计者、历史趋势的塑造者以及国际市场各种价格曲线的决定者，而不再是一个被动接受者。这种转变对国家和世界而言，既是机遇，又是风险；但是对专业研究者，这种转变是荣耀，更是责任和压力。在研究中，笔者常常由衷地感慨，关键思想者的一念之差会对世界和后代们带来多大的福利或者伤害，因而更感责任重大。

对于全中国的知识精英而言，只有少数平台能够让他们的思想成为主流，中国人民大学便是其中之一。中国人民大学是一所特别的大学，她是中国共产党创建的第一所新型大学，也是中国社会科学界的一面旗帜，"实事求是"是她与中央党校共享的校训。笔者从7岁起就跟家人说将来要读中国人民大学，从18岁进入人大学习至今已经25年，受惠于其强大的政治学、经济学、哲学、社会学、历史学等多学科的深厚学术积淀。这所大学与政策界的紧密联系，也让笔者有机会参与到多个部委机构的实践相互结合与印证。

即便有以上各方面的支持,即便有来自时代、国家和学术平台的恩惠,本书的理论和观点一定还有很大的谬误隐藏其中,欢迎读者们来邮予以及时指出,令笔者有所进步。笔者的工作邮件是 didongsheng@ruc.edu.cn。